서문

2015 개정 교육과정에서 학습 과정에 대한 평가를 강조함에 따라 평가 패러다임의 변화가 더욱 가속화되고 있다. 이에 수학교육학 분야를 비롯한 다양한 교육 분야에서 학생의 성장과 배움에 초점을 맞춘 과정 중심 평가에 대한 관심과 논의가 지속되고 있다. 비록 과정 중심 평가라는 개념에 대한 합의된 조작적 정의가 존재하지는 않지만, 과정 중심 평가는 결과 중심 평가와 대비되는 개념으로 학습을 위한, 학습으로서의 평가이다. 몇몇 연구자들은 과정 중심 평가의 개념을 다음과 같이 정의하였다.

"수업과 연동된 평가를 실행하고 그 결과를 교수학습에 반영함으로써 학생의 수학 학습을 돕는 평가"(이경화 외, 2016, p. 826).

"교육과정의 성취기준에 기반한 평가 계획에 따라, 교수학습 과정에서 학생의 변화와 성장에 대한 자료를 다각도로 수집하여 적절한 피드백을 제공하는 평가"(한국교육과정평가원, 2017, p. 4)

그러한 정의를 토대로 과정 중심 평가에서는 평가의 대상에 학생의 학습 과정과 수행 과정을 포함시키며, 평가 결과에 대한 활용 범위를 확장하고 평가를 학습의 도구로 사용하고자 하는 의도가 내포되어 있음을 알 수 있다(한국교육과정평가원, 2017).

또한, 과정 중심 평가는 학생의 학습뿐만 아니라 교수의 질 제고로 이어지는 교수-학습 향상을 목표로 하는 평가로 볼 수 있다. 그러나 이러한 목표는 과정 중심 평가만이 추구하는 고유한 목표는 아닐 것이다. 예를 들면, 2009, 2015 개정 수학과 교육과정에서는 수학과의 평가는 학생의 인지적 영역과 정의적 영역에 대한 유용한 정보를 수집, 활용하여 학생의 수학 학습 및 전인적인 성장을 돕고, 교사의 수업 방법 개선을 목적으로 해야 한다고 제안하고 있다. 그럼에도 불구하고, 학교 현장에서의 평가는 그 본연의 목적을 달성하기 위해 수행되기 보다는 학생들의 학습 결과에 대한 평가로 수행되는 경향이 짙었다.

학교 현장에서 평가가 그 본연의 목적에 맞게 올바르게 수행되기 위해서는 무엇보다 평가에 대한 교사들의 충분한 이해가 선행되어야 하며, 이를 위해서는 무엇보다 교수의 질과 학생의 성장 및 배움에 기여할 수 있는 평가 방법에 대한 교사 교육이 매우 중요하다고 볼 수 있다. 이에 본 연보는 수학 교수-학습 향상을 위한 평가를 주제로 삼아, 과정 중심 평가를 중심으로 수학 교수-학습 향상에 기여할 수 있는 평가 방법에 대한 교사들의 이해 및 전문성 신장을 돕고자, Part 1. 수학과 평가의 원리 및 방향, Part 2. 수학과 교수-학습 과정에서 평가 사례, Part 3. 평가 도구 및 전략 설계, Part 4. 교사의 평가 전문성 신장 관련 내용으로 구성하였다.

Part 1은 수학과 평가에 대한 독자들의 기본적인 이해를 돕기 위하여 NCTM 및 선행연구를 토대로 도출된 수학과 평가의 7가지 원리(수학, 학습, 공평성, 개방성, 타당성, 일관성, 역동성)에 대한 소개 및 우리나라의 수학과 평가의 방향에 관한 내용으로 구성하였다. Part 2는 독자들이 수학 교수-학습 향상에 기여할 수 있는 평가 수행 과정을 더욱 쉽고 구체적으로 이해할 수 있도록 하기 위하여 초, 중, 고등학교급에서 실제로 수행된 총 6개의 과정 중심 평가 사례에 대한 소개로 내용을 구성하였다. 각 사례에서는 수업에서 사용된 교수-학습 지도안, 평가 자료, 학생 자료 등을 제공하여 독자들이 수학 교수-학습 향상을 위한 평가에 보다 쉽게 접근할 수 있도록 의도하였다. Part 3에서는 서술형/논술형 평가, 관찰 및 면담 평가, 프로젝트 평가, 포트폴리오 평가 방법의 개념 및 각 유형의 평가에서 활용할 수 있는 평가 도구와 전략에 대한 내용을 제시하였고, 이와 더불어 각 유형별로 평가 도구 및 전략의 적용 사례를 간략하게 제시하여 독자들이 평가 도구의 활용 방안에 대한 아이디어를 구체적으로 탐색해 볼 수 있는 기회가 되도록 하였다. Part 4는 교사 지식과 수업 평가, 국내외에서 진행된 교사의 평가 전문성 신장 사례, 우리나라의 학업성취도평가 및 대학수학능력시험, PISA 및 TIMSS 평가에 대한 소개로 내용을 구성하여 교사들의 평가에 대한 지식 및 전문성 신장을 돕고자 하였다.

저자들은 본 연보가 수학 교수-학습 향상을 위한 평가에 대한 교사들의 이해 및 실천을 촉진하고, 더 나아가 수학 교과에서 과정 중심 평가 체제가 확고히 구축되는데 부족하나마 조금이라도 기여할 수 있길 바란다.

마지막으로 이 책이 학교 현장에서 수학을 지도하는 교사, 미래 수학교육을 책임지게 될 예비교사, 수학교육을 연구하는 연구자, 교육정책 개발자 등에게 의미 있는 시사점을 제공하기를 기대하며, 이 책의 출판을 위하여 노력해 주신 경문사 여러분께 감사의 말씀을 드린다.

2019년 4월

한혜숙·서보억

참고문헌

- 교육부(2015). 수학과 교육과정. 교육부 고시 제2015-74[별책 8]. 세종: 교육부.
- 이경화, 강현영, 고은성, 이동환, 신보미, 이환철 외(2016). 과정 중심 평가의 실행을 위한 방향 탐색. 수학교육학연구, 26(4), 819-834
- 한국교육과정평가원(2017). 과정을 중시하는 수행평가 어떻게 할까요?(중등)(연구자료 No. ORM 2017-19-2). 서울: 한국교육과정평가원

차례

Part 1 수학과 평가의 원리 및 방향

Part 2 수학과 교수–학습 과정에서 평가 사례

Part 3 평가 도구 및 전략 설계

Part 4 교사의 평가 전문성 신장

Part 1

수학과 평가의 원리 및 방향

| 제1장 수학과 평가의 원리 및 방향

제1장

수학과 평가의 원리 및 방향

고상숙(단국대학교)

1 들어가는 글

평가란 학교 현장에서 교사와 학생 간에 이루어지는 교수·학습과 함께 매우 중요하게 다뤄지는 부분이다. 속도와 용량 면에 있어서 그 전례가 없었던 개인용 컴퓨터가 학교와 가정에 보급되면서 전미교사협의회(National Council of Teachers of Mathematics, 이하 NCTM)에서는 이런 교육 환경의 변화에 어떻게 대처할 것인가에 방향 설정이 필요하였고 이에 NCTM(1980)에서 권장 방안을 제안하였다. 이러한 제안에 따라 1989년에 발간된 전미교사협의회 규준집(NCTM Standards) "학교수학의 교육과정과 평가의 새로운 방향"은 수학교육에 방향을 제시하는 문서가 되었으며, 10여년 후 기술공학의 획기적인 발전으로 인해 이를 보완하고자 2000년에 "학교수학의 원리와 규준"이 발간되었다. 여기에는 수학교육의 6가지 원리로서 공평성(equity), 교육과정(curriculum), 교수(teaching), 학습(learning), 평가(assessment), 기술공학(technology)이 포함되었는데, 기술공학이 수업에서 도구로서뿐만 아니라 교육의 한 원리로서 자리 잡는 변화가 있었다.

인류는 지난 2016년을 기점으로 제4차 산업혁명 시대를 살고 있다고 한다. 이러한 세계적인 변화에 우리나라는 교육과정과 평가 역시 발 빠르게 대처해왔다고 볼 수 있다. 그러나 이러한 공학적인 발전을 통해 평가 수행의 외형적인 모습은 크게 변하였으나 여전히 평가의 목적과 의미에서 사회적 요구를 수용하지 못하고 구태의연한 모습에서 헤어 나오지 못하고 있는 것이 아닌가 하는 반성을 해야 하는 시점이다. 즉, 과거의 "성취도의 순위 매기기"라는 방식으로부터 "학교 수학과 교실 수업에 대한 학생 개개인의 질적 향상"으로 전환해야 한다는 것임에도 전통적 평가 관점이 갖는 단순·편이성에 여전히 얽매여 있는 것이다.

2 평가에 대한 인식 변화

NCTM(1989, 1995, 2000a)으로부터 미래 학교 평가에서 약화되는 측면과 미래 학교 평가에서 강조되는 측면을 조사하여 고상숙, 고호경, 박만구, 한혜숙, 홍예윤(2012)은 다음 [표 1-1]처럼 재구성하였다. 이러한 평가에 대한 관점은 우리나라 제7차 교육과정(교육인적자원부, 1997)부터 꾸준히 영향을 끼쳐왔다. 특히, 2009 개정 수학과 교육과정(교육과학기술부, 2011, p. 2)에서는 사회 구성원에게 필요한 핵심 역량을 증진하기 위해 수학적 과정 중심의 수학교육의 구현을 강조하고 있다. 이 표에서 평가에서 강조되는 측면의 요소들을 살펴보면 이들의 출처가 평가의 원리와 관련되어 있음을 알 수 있으며 뿐만 아니라 앞으로 나아갈 평가의 방향을 제시하고 있다는 것을 알 수 있다. 먼저, 평가에서 강조되는 측면을 살펴보면 '결과만이 아니라 과정 중시', '수업과 평가의 통합', '단편적 지식을 묻는 폐쇄형의 문항보단 맥락적인 개방형 또는 서술형 문항 사용', '다양한 평가 유형 사용', 그리고 '평가에서 도구 활용' 등을 포함하고 있어 현재 2015 개정 교육과정에서 논의되고 있는 주제와 매우 흡사함을 알 수 있다.

[표 1-1] 평가에서 변화되는 측면

강조되는 측면	약화되는 측면
• 학생들의 전반적인 수학적 힘을 평가한다.	• 단지 학생들의 특정한 사실에 대한 지식과 독립적인 기능만을 평가한다.
• 미리 정해진 기준에 의하여 학생들의 실행을 비교한다.	• 다른 학생들의 실행과 비교하여 학생들의 실행을 비교한다.
• 교사들을 지지하고, 그들이 가지고 있는 정보로 판단하는 것에 대하여 신뢰를 부여한다.	• "교사가 검증한" 평가 체제로 설계한다.
• 평가의 과정이 공개적이고, 참여적이고, 역동적이다.	• 평가의 과정이 비밀스럽고, 배타적이고, 고정적이다.
• 학생들에게 전반적인 수학적 힘을 보여 줄 수 있는 기회를 다양하게 제공한다.	• 학생들에게 자신들의 수학적 지식을 보여 줄 수 있는 한 가지 방법으로 제한한다.
• 무엇을 평가하고 어떻게 평가할 것인가에 대한 공유된 비전을 개발한다.	• 개별적인 평가를 개발한다.
• 평가의 결과가 모든 학생들이 자신들의 잠재력을 발휘할 수 있는 기회를 가질 수 있도록 한다.	• 평가를 통하여 수학을 학습할 수 있는 기회를 제한하거나 선정하기 위하여 사용한다.

강조되는 측면	약화되는 측면
• 교육과정 및 수업과 부합하는 평가를 한다.	• 교육과정 및 수업과는 독립적인 것으로 평가를 취급한다.
• 증빙에 대한 다양한 자료에 근거하여 판단하는 것에 기초한다.	• 증빙에 대한 제한적이거나 단일의 자료에 근거하여 판단하는 것에 기초한다.
• 학생들을 평가과정에서 적극적인 참여자로 본다.	• 학생을 평가의 대상으로 본다.
• 평가를 연속적이고 재귀적인 과정으로 간주한다.	• 평가를 산발적이고 결론적인 것으로 간주한다.
• 학습과정에 관련된 모든 것을 평가결과에 책임있는 것으로 접근한다.	• 학습과정에서 몇 가지만을 평가결과와 관련시킨다.

평가 규준의 개요를 설명하는 NCTM(1995)에서는 학교 현장이 다음과 같이 변화하고 있다고 하였다. 첫째, 오늘날 요구하는 수학 내용에서의 변화이다. 모든 학생이 대수, 기하, 삼각법 등 모든 수학 영역에 대한 이해를 증진시킬 기회를 가져야 하는데 이는 모든 학생을 위한 높은 기대 수준을 설정해야 한다는 것을 뜻한다. 학생들이 여러 가지 수학적 주제를 연결 짓도록 격려하고 문화적 다양성을 반영하는 풍부한 문제 상황의 균형잡힌 다양성을 지향한다. 대다수의 학생들이 계산만 잘하는 것을 충분한 수학적 능력이라는 믿는 생각에서부터 벗어나야 한다.

둘째, 수학 학습에 대한 관점의 변화이다. 단순히 보고, 듣고, 암기하고, 반복하는 것에서 벗어나 탐구하고 공식화하고, 표현하고, 추론하고, 다양한 전략을 문제해결에 적용하는 것으로 나아가야 한다. 따라서 학생들이 가져온 문제 상황을 이용하여 만들어가는 수업은 학생들이 문제를 해결하기 위해 노력할 수 있도록 동기화할 수 있고, 문제를 이해하고 학생 자신의 생각을 급우들과 나눌 수 있도록 해야 한다.

셋째, 교사 역할의 변화이다. 학생에게 무엇을 해야 하는지를 '말하는 역할'에서 벗어나 학급이 지적 학습 공동체가 되도록 '질문하고 경청하는 역할'로 바뀌어야 한다. 모든 학생이 성취해가도록 높은 기대, 도전적인 과제, 상호간의 존경과 협력이 함께하는 배움의 현장이 되도록 교사의 노력이 필요하다.

넷째, 평가의 대한 인식의 변화이다. 한 가지 검사로부터 얻은 정보에 의존하는 것에서 벗어나 다양한 출처에서 얻은 정보에 대한 체계로의 변화이다. 여기에는 외부에서 얻은 정보만을 이용하는 것으로부터 교사의 전문적인 판단에 의한 것으로의 변화도 포함된다. 특히 우리나라와 같이 획일성을 선호하는 나라가 교사의 전문적인 판단에 의한 평가를 인정하는 사회가 되려면 교사 혼자만의 노력으로 불가능하다. 평가 과정에서 교사들이 겪는 어려움을 조사한 고상숙 외(2015)의 연구에서는 설문에 참여한 수학 교사 234명의 응답자 중

38.5%가 '평가 관련 자료의 부족'을 1순위로, 19.7%가 '평가 문항 및 평가 기준의 타당성 확보의 어려움'을 2순위로 평가에서의 어려움으로 토로하였다. 교사가 손쉽게 활용할 수 있는 다양한 평가 자료를 연구 결과물에 근거하여 제공해 주는 교육행정기관의 역할과 평가에 임하는 교사의 전문성 개발도 교사교육에서 중요하게 다뤄져야 한다.

또한, 교육부(2015)에서 고시한 2015 개정 수학과 교육과정에서 제시하고 있는 교과 역량 중 '정보 처리 능력'에서는 복잡한 계산 수행, 수학의 개념, 원리, 법칙의 이해, 문제해결력 향상 등을 위하여 계산기, 컴퓨터, 교육용 소프트웨어 등의 공학적 도구를 활용할 것을 강조하고 있다. 평가 원칙에서는 평가의 목적과 내용에 따라 다양한 평가 방법을 활용할 것을 권장하고 있으며, 평가 방법에서는 학생이 계산기, 컴퓨터, 교육용 소프트웨어 등의 공학적 도구를 이용할 수 있도록 해야 한다고 안내되어 있다. 이처럼 평가 환경이 변화하면서 미래의 평가 방향을 반영하듯이 국제학업성취도평가(Program for International Student Assessment, 이하 PISA) PISA2015에서는 이전의 지필 평가 방식이 모두 사라지고 전 영역에 걸쳐 컴퓨터 기반의 평가 방식이 적용되었다. PISA에는 각국의 성취를 상대적으로 비교할 수 있는 다양한 지표들이 포함되어 있기 때문에, 참여국은 PISA의 결과를 통해 해당 국가의 교육시스템에 따른 교육적 성취를 국제 기준에서 판단할 수 있으며 이를 기초로 자국의 교육을 개선할 수 있다(구자옥, 김성숙, 임해미, 박혜영, 한정아, 2015). 이처럼 국제적으로 큰 의의를 가지고 있는 PISA의 평가 방식에 대한 변화에 우리나라 학생들도 적극적으로 대처하여야 한다.

3 평가 원리

수학교육에서 평가 원리는 평가가 그 목적을 실현하는 데 근간을 이룬다. 평가 원리를 NCTM(1995)에서는 수학, 학습, 공평성*, 개방성, 타당(추론)성, 일관성의 여섯 가지 규준으로 설명하였고, NAS(1993)에서는 내용, 학습, 공평성이라는 세 가지 원리로, 신준식, 고정화, 박문환, 박성선, 서동엽(2011)에서는 학습 원리만으로 언급하였다. 또 정상권, 이경화, 유연주, 신보미, 김구연(2012)에서는 평가 원리로 진정성, 배경화, 구성, 기본이라는 네 가지 원리를 제안하였고, 고상숙 외(2013)에서는 수학, 학습, 일관성, 공평성, 그리고 역동성

* 가끔 공정성 또는 기회균등으로도 번역이 되지만 원어로는 equity이므로 공평성이 더 적절해보임.

을 포함하였다.

이들 중 정상권 외(2012)와 고상숙 외(2013) 연구들이 과정 중심 평가에 초점을 두고 제안한 원리로서 미래 평가에 대해 관련이 있을 것으로 사료되어 자세히 살펴보겠다. 진정성은 서열화보다는 교수·학습 내적 동기의 강화로서 수학적 과정의 세 요소인 문제해결, 추론, 의사소통에 근거한 교수·학습이 반영되어야 하고 교수·학습을 촉진하는 문항을 개발하는 것을 원칙으로 한다는 것이다. 이는 NCTM(1995)에서 제안한 평가의 목적 중 학습 향상과 교수법 개선이라는 것에 초점을 두는 것으로 학습 및 일관성 원리를 동시에 포함하고 있다고 할 수 있다. 배경화 역시 NCTM(1995)에서 언급한 수학 원리를 다른 용어로 표현하는 것으로서 오늘날 평가가 수학을 고립되고, 분리된 조각, 사실, 그리고 절차들로 연결되어 있지 않게 제시함으로써 수학의 실재를 변형시켰다고 보는 관점으로, 다양한 문제 상황을 통해 수학 내외적 연결성을 보게 하여 수학 본래의 통합적이고 창의적인 지식과 기능을 주요 평가 대상으로 해야 한다는 것이라고 할 수 있다. 구성의 원리는 과정 중심의 평가가 문제해결, 추론, 의사소통에 관련된 학습자 나름의 해석과 표현을 구성하도록 하고 그 내용과 결과를 평가한다는 것이다. 이 또한 학습자의 학습(문제해결, 추론, 의사소통)의 과정과 결과를 의미 있다고 인정하는 것으로 학습의 원리에 해당된다고 볼 수 있다. 기본의 원리는 수학적 과정 평가를 위한 문항은 복잡한 지식 또는 훈련된 기능에 의해서만 해결되는 특수한 문제가 아니라 기본적인 지식과 기능을 적절히 활용하여 해결할 수 있는 것으로 정한다고 하였다. 이는 모든 학생이 알 필요가 있고 할 수 있는 수학이어야 한다는 수학 원리에 해당된다고 볼 수 있다. 수학은 모든 학문의 기초이므로 앞으로 융·복합시대에 기본에 충실한 사람만이 적용과 통합이 가능할 것이다. 또한 고상숙 외(2013)의 연구에서는 과정 중심의 평가 자체를 수업과 통합한 것으로서 자신보다 수준이 높은 동료 학생이나 교사의 도움을 허용한다는 미래 지향적인 평가 원리로 역동성을 강조하였는데, 이 역시 융·복합 시대를 살아가는 제4차 산업 사회에서 동료들과 협업하는 팀별 활동이 활성화될 것이기 때문이다.

따라서 앞서 살펴본 것과 같이 평가 원리에 대한 선행 연구 분석을 통해 본 장*에서는 평가의 원리로 수학, 학습, 공평성, 개방성, 타당성, 일관성 및 역동성을 제안하고자 한다. 역동성의 경우 미래 도구 활용 능력인 정보처리 능력의 배양을 고려할 때, 더욱 강화될 수 있는 원리이므로 평가 원리에 포함하였다. 본 장에서는 그러한 평가 원리에 대해서 보다 자세히 알아보겠다. 또한 교사가 평가 계획을 세울 때, 본 장에서 제시된 평가 원리 중 자신

---

* 공평성, 개방성, 수학, 학습, 타당성, 일관성은 NCTM(1995)를 참고하였고, 역동성은 Jitendra, & Kameenui (1996), 이봉주(2011)와 고상숙 외(2013) 등 여러 문헌을 참고하여 작성되었다.

의 의도에 맞는 적절한 평가 원리를 선택하여 평가를 계획하고 설계하기를 제안한다.

3.1 수학

평가는 모든 학생들이 알 필요가 있고 또 할 수 있는 수학(mathematics)을 반영하여야 한다. 때때로 수학교사는 현재의 수학에 대한 이해와 수학 학습을 기초로 학교수학 교육과정에 대한 진술을 형식화하려고 시도한다. 현재 수학과 평가가 지닌 문제점 중의 하나는 2015 개정 수학과 교육과정에서 언급되고 있는 수학과 핵심역량인 고차적인 수학적 추론, 문제해결력, 의사소통 능력, 수학적 태도, 창의·융합 역량을 효과적으로 평가하고 있지 못하다는 것이다.

어떤 평가는 익숙하지 않은 상황이 제시되었을 때 학생들이 이미 배웠던 것을 얼마나 잘 이용할 수 있는지를 결정하도록 설계될 수 있고, 또는 학생들로 하여금 평가 중에 새로운 수학 개념 또는 전략을 학습하고 이 지식을 문제해결에 이용할 것을 요구하기도 한다. 예컨대, 코딩 과정을 제시하고 그것을 문제해결에 활용하도록 문항을 개발하여 학생의 정보처리 능력을 평가할 수 있을 것이다. 학생들은 이런 평가 활동에 창의적으로 반응하며 미래 학습해야 하는 것들에 대해 방향을 감지하게 된다.

모든 학생들이 알아야 하고 또 할 수 있는 수학을 반영한 평가 활동을 개발하려면, 평가자는 수학을 이해하고 새로 개정된 수학과 교육과정에 익숙해야 하며, 학생들의 학습방법을 잘 파악해야 한다.

3.2 학습

평가는 단순히 학생들에게 실시되는 것이어서는 안 된다(NCTM, 2000a). 오히려 평가는 학생들을 위해 실시되어야 한다. 즉 평가는 학습 과정에 통합된 일부분으로 학생들의 수학 학습(learning)에 대한 현재 상태를 기술할 뿐만 아니라, 학생들의 학습을 안내하고 향상시킬 수 있어야 한다. 좋은 평가는 여러 가지 방식으로 학생의 학습을 향상시킬 수 있다. 평가에 사용된 과제는 어떤 종류의 수학 지식과 수행이 가치 있는지에 대한 메시지를 학생들에게 전달할 수 있으며 그것은 학생들이 학습을 할 때 어떤 부분에 더 노력을 기울여야 하는지에 대해서 결정할 때 영향을 줄 수 있다. 평가를 통해 제공되는 피드백은 학생들이 목표를 세우고, 자신의 학습에 관한 책임감을 가지며, 더 독립적인 학습자가 되도록 도울 수 있다. 예를 들면, 채점 기준표는 교사의 입장에서는 복잡한 과제에 대한 학생의 대답을 분석하고 기술하며 학생의 성취 수준을 정하는 데 도움이 될 수 있으나 학생의 입장에서는 완전하고 정확한 해답의 특징을 이해하는 데 도움을 줄 수 있다. 또한 평가 과제에 대한 훌륭한 답안이 갖추어야 하는 준거를 공개적으로 토론할 때 학생들은 다른 사람이 제안한 아이디어와 자신의 생각에 대하여 스스로 평가하고 반성할 수 있는 능력과 성향을 계발할 수 있다(NCTM, 2000a). 평가가 학생들의 수학 학습의 향상으로 이어지기 위해 교사는 다음의 2가지 사항을 적극적으로 고려해야 한다.

3.2.1 교수 학습의 개선을 위한 의사소통의 기회 제공

평가는 교사와 학생간의 의사소통 과정이다. 의사소통 활동을 통해서 교사는 학생들이 알고 있는 것, 할 수 있는 것에 대한 체계적인 정보를 얻으며, 학생은 교사가 교육적으로 가치 있게 여기는 것들에 대한 포괄적인 정보를 얻을 수 있다.

한국교육과정평가원(1999, p. 20)에 의하면, "수학 과목의 평가 활동이 학생들의 기본적인 학습능력, 학습동기, 선수학습의 정도 등에 대한 정보를 제공해 주어야 하고, 학습 과정에서 학습 단위의 구조에 따른 오류를 확인하여 그에 적절한 교수 학습 방법 및 다른 대안들을 모색하기 위한 지침이나 방향을 제공해야 한다"고 하였다.

결국, 평가는 교수 학습 과정에서 교사가 형식적인 또는 비형식적인 방법으로 학생과 의사소통할 수 있는 기회를 제공해 주며, 이를 통해 교사는 학생의 학습 활동에 대한 폭넓고 체계적인 정보를 수집하고, 학습 활동의 향상을 위한 의미 있는 교육적인 결정의 근거를 가지게 된다. 한편, 학생은 평가 과정에서 교사와의 의사소통 활동을 통해, 교육적으로 가치 있는 수학적 대상, 구체적인 수학적 활동, 수학적 사고의 방법, 수학 학습의 방법 등에 대한 정보를 얻을 수 있다.

3.2.2 자기주도적인 학습자 육성

학생은 평가 과정에서 자신의 학습 과정에 대해서 반성하고, 자신이 알아야 하는 것과 할 수 있어야 하는 것들을 이해하게 되며, 수학 학습에서 중요한 방법 및 수학적 활동의 방향에 대한 정보를 얻게 된다. 이를 통해 학생들은 자기주도적인 학습자가 될 수 있는 기회를 가질 수 있다. 특히, 교사는 학생들에게 학습 평가의 목표 및 구체적인 기준, 예시 평가 문항들을 미리 제공함으로써, 학생들이 자기주도적인 학습 경험을 가질 수 있도록 도울 수 있다.

3.3 공평성

교사가 평가 방법을 선택할 때에는 학생 개개인의 다양한 특성, 경험, 특별한 요구 사항 등을 고려해야 한다. 교사는 모든 학생들에게 그들이 알고 있는 것과 할 수 있는 것을 분명하고도 완전히 표현할 수 있는 다양한 기회를 갖도록 해주어야 하며, 모든 학생들이 높은 수준의 성취를 이루도록 기대해야 한다. 즉 공평한 평가가 되기 위해서 학생들에게 다양한 표현의 기회를 제공해야 하고, 학생 개개인의 개인차를 고려한 판단이 이루어져야 하며 평가자의 편향성이 배제되어야 한다.

3.3.1 다양한 표현의 기회 제공

평가에서 공평성(equity)이 이루어지기 위해서는 학생들에게 자신의 수학적 역량을 보여줄 수 있는 충분한 기회를 제공해야 한다. 각각의 학생들은 자신이 알고 있는 것과 할 수 있는 것을 다양한 방법으로 보여주기 때문에 평가는 각 학생들이 가장 잘 표현할 수 있는 방법을 통해서 자신의 수학적 역량을 보여주도록 표현의 다양성을 고려하여야 한다. 예를 들면, 수학경시대회에서 학생들이 자신의 수학적 영재성의 다양한 측면을 드러낼 수 있는 충분한 기회를 제공하기 위해, 문제들을 기하학, 대수학, 이산수학 등의 여러 영역으로 나누어 출제하여, 각 영역에서 한 문제씩 선택하여 골고루 풀도록 하는 것도 한 방법이다. 이것은 학생들이 자신의 수학적 역량을 표현할 수 있는 기회를 다양한 학습주제를 통해 보장하려고 시도했던 전형적인 예라고 할 수 있다.

3.3.2 개인차를 고려한 판단

학생 개개인은 다양한 가정적, 사회적, 경제적, 문화적 배경을 가지고 있으며, 개개인의 정신적, 신체적 상태 및 경험도 다양하다. 이러한 요인들은 학생들이 평가 상황을 수용하고 적절한 반응을 나타내는 데 중요한 영향을 끼친다. 따라서 학생의 수학 학습에 대한 공정한 추론 및 판단을 위해서는 학생들의 개인차를 고려해야 한다. 예를 들어, 학업성취에는 학생의 가정적, 경제적 배경이 커다란 영향을 미칠 수 있다. 어떤 학생은 과외나 학원과 같은 보충교육을 통한 반복 학습을 통해 높은 학업성취를 보였다고 하고, 다른 학생은 어떤 보충교육도 받지 않고 정규 수학 수업에서 다른 학생들보다 빨리 심도 있게 수학을 배워서 높은 학업성취를 보였다고 하자. 이들 두 학생이 유사한 수준의 학업성취를 보였다 하여, 이들의 수학적 재능에 대해 같은 판단을 내릴 수는 없을 것이다. 결국, 개인차를 평가에 어떻게 반영할 것인가에 대한 평가자의 평가 유형이나 요소별 선택과 점수화에서 가중치와 같은 선택에 세심한 준비가 필요하다.

3.3.3 평가자의 편향성 배제

평가자들은 다양한 사회적, 경제적 배경 및 경험을 가지고 있기 때문에, 평가 대상에 대해 선입견을 가질 수도 있으며, 평가 방법을 선정하며 평가 자료를 수집하고, 이것에 가치를 부여하는 과정에서 개인적인 편향성을 나타낼 수 있다. 예를 들어, '남학생이 여학생들보다 논리적 사고력이 우수하다'거나 '도시 학생들이 농촌 학생들보다 문제해결력이 우수하다'는 개인적인 편향성으로 인하여, 체계적인 자료 수집 및 합리적인 추론의 과정이 영향을 받을 수 있다. 평가자의 편향성을 배제하고 공정한 평가가 이루어지려면, 평가자는 각각의 학생을 각 집단의 전형적인 특징 속에서 보는 것을 지양하고, 각각의 학생을 고유한 특성의 개체로 보아야 한다.

또한 평가자의 평가 관점 또는 측정 방법에 대한 일관성도 필요하다. 예를 들면, 서술형 문항에 대한 답을 평가자가 이틀에 거쳐서 채점을 한다면 첫째 날과 둘째 날의 점수 부여가 달라질 수도 있다. 따라서 평가자는 평가 관점 또는 측정 방법에 대해서도 일관성을 유지하도록 노력해야 한다.

3.4 개방성

평가가 학생들의 수학 학습을 개선하고 교수학적 결정 및 사회적으로도 의미 있는 결론을 도출하기 위한 가치 있는 도구가 되기 위해서 평가는 개방되어야 한다. 평가의 개방성(openness)은 '평가에 관련된 정보의 개방성', '평가 참여의 개방성', '수정 및 개선에 대한 개방성'으로 나누어 살펴볼 수 있다. 이 세 가지 측면은 우리나라에서 시행되는 국가 차원의 외부 평가에서는 따르고 있는 원리이고, 학교 내에서 이루어지는 평가에서도 교사, 학생, 학부모 간에 충분한 의사소통이 이루어질 필요가 있다.

3.4.1 평가에 관련된 정보의 개방성

평가 방법, 평가 내용, 평가 결과의 해석 등과 같은 평가와 관련된 다양한 정보는 학생, 교사, 학부모 및 평가에 관심 있는 사회의 모든 구성원에게 개방되어야 한다. 학생들이 성공적으로 평가를 수행하기 위해서 학생들은 무엇이 평가되는지 알아야 하며, 학습한 지식과 능력을 표현하는 방법을 알아야 하고, 평가 결과 및 그 활용 방안에 대해서도 알고 있어야 한다. 그렇지 않은 경우에 학습에 대한 평가는 학생들의 수학 학습 개선에 긍정적인 영향을 끼치기 어렵다.

3.4.2 평가 참여의 개방성

평가는 관심 있는 전문가들, 특히 교사의 참여가 보장되어야 한다. 평가 참여의 개방성을 통해, 평가의 내용, 평가의 방법, 평가 결과에 바탕을 둔 판단에 대해 사회적 합의 및 공감대를 형성할 수 있으며, 결국 평가 내용 및 결과 해석에 대해 사회적으로 합의된 가치를 부여할 수 있게 된다.

3.4.3 수정 및 개선에 대한 개방성

평가는 평가 과정에 대한 지속적인 수정 및 개선 과정에 개방적이어야 한다. 평가 과정에서의 결점을 지속적으로 조사하여 평가 방법 및 평가 과정이 수학교육과 관련된 다양한 변화와 조화를 이루도록 개선되어야 한다.

3.5 일관성

일관성(coherence)은 평가 도구의 선택 및 개발, 평가 자료의 사용에 있어서 결정적인 사항이다. 학생들의 수학 학습에 대한 평가가 의미 있게 이루어지고 더 나아가 평가로부터 의미 있는 결론을 이끌어내기 위해서는 평가 방법과 과제*가 교육과정과 일관성이 있어야 한다. 구체적으로 연구자들은 '교육목표, 목적 및 수학 내용', 상대적인 강조점, 과정 및 관계성', '교수 방법 및 활동'의 세 가지 측면에서 일관성이 있어야 한다고 제안하였다. 만약, 평가 방법과 과제가 교육목적, 목표, 내용, 수학 프로그램에서의 강조점, 교수 방법 등을 반영하고 있지 않다면, 학생들이 교육과정의 내용을 얼마나 알고 있는가에 대한 정보는 거의 얻을 수 없다.

3.5.1 교육과정의 목표, 목적 및 수학 내용과의 일관성

교육과정과 평가 도구 사이의 일관성은 단순히 평가 도구의 목적과 내용을 교육과정의 목적, 내용과 비교하는 것만으로는 충분하지 않다. 개별적인 문항들이 측정하려고 하는 수

* 평가에서는 주로 문항 또는 문제로 사용하지만 평가 유형의 다양화로 인해 프로젝트나 포트폴리오를 포함하므로 좀 더 넓은 범위인 과제(task)로 사용하였다.

학 내용을 어느 정도 측정하고 있는지가 조사되어야 한다. 예를 들면, 둘레의 개념에 대한 학생들의 지식을 평가하는 것이 목표일 때 평가 과제로 아래의 [그림 1-1]과 같은 문항을 제시했다면 이 평가 과제는 교육과정의 목표와는 일관되지 않는 적절하지 못한 과제이다. 왜냐하면 학생들은 도형의 둘레의 개념에 대한 이해 없이도 문제에서 주어진 정보를 활용하여 정확한 답을 제시할 수도 있기 때문이다. 아래의 문제를 보고 학생들은 단순히 모든 숫자를 더하여 답을 제시할 수도 있다.

[그림 1-1]에서 제시한 과제를 [그림 1-2]의 문제들과 같이 변형시킨다면 도형의 둘레 개념에 대한 학생들의 지식을 평가하기 위한 더 바람직한 유형의 과제가 될 수 있다.

아래 도형의 둘레의 길이를 구하면?

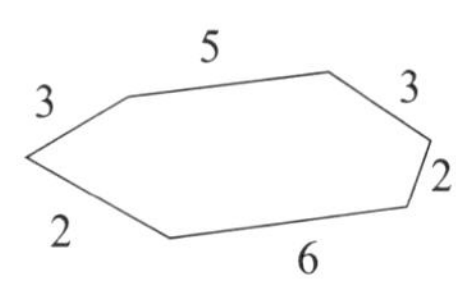

[그림 1-1] 둘레 개념에 대한 학생이해 평가로 좋지 못한 과제(NCTM, 1989, p. 194)

둘레의 길이가 23cm이고 변이 6개인 불규칙 다각형을 그려보시오. 각 변의 길이를 나타내시오.

아래 직사각형의 둘레의 길이를 구하는 방법으로 옳은 것은?

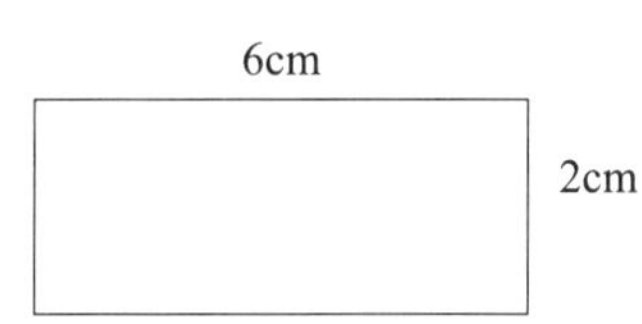

(1) 6cm+2cm
(2) 2(6cm+2cm)
(3) (6cm+2cm)/2
(4) 6cm+2cm+6cm

[그림 1-2] 둘레 개념에 대한 학생이해 평가로 좋은 과제(NCTM, 1989, p. 194)

3.5.2 상대적인 강조점, 과정 및 관계성

일관성의 정도는 평가가 다양한 과정, 내용에 대해 어느 것을 상대적으로 얼마나 강조하고 있느냐에 관련된다. 예를 들면, 계산 문항은 많지만 문제해결 문항이 적은 평가 도구는 문제해결과 추론을 강조하는 교육과정과 일관성이 있다고 볼 수 없다. 이와 비슷하게, 수학적 지식의 통합을 강조하는 교육과정과 일관성이 있는 평가 도구는 그런 통합을 요구하는 과제를 포함하고 있어야 한다. 따라서 교육과정과 일관성이 있는 평가 도구는 교육과정에서 강조하는 내용을 반영한 문항을 포함하고 있어야 한다.

3.5.3 교수 방법 및 활동

평가는 교수 방법 및 활동과도 일관성이 있어야 한다. 수학 교수·학습 시에 복잡한 계산 수행, 수학적 개념, 원리, 법칙의 이해, 문제해결력의 향상을 위하여 계산기, 컴퓨터, 교육용 소프트웨어 등과 같은 공학도구나 다양한 교구의 활용이 권장되고 있다. 이러한 도구들을 교수·학습 과정에서 활용했을 경우, 이들의 사용이 평가의 목적에 위배되지 않는다면 학생들은 평가 과정에서 그러한 도구들을 사용할 수 있어야 한다. 예를 들어, 수업 시간에 문제해결을 위해 계산기의 사용을 허용했다면, 문제해결의 평가에서도 계산기의 사용이 허용되어야 한다. 이와 비슷하게, 수학적 개념에 대한 학생들의 이해가 구체물의 사용과 밀접히 관련된다면 평가하는 동안 학생들의 이해 여부를 알아보기 위해 구체물의 사용을 허락해야 한다. 그러나 적당한 도구를 선택하기 위해서는 계산기, 컴퓨터, 교구 등의 사용이 허용되어져야 하는지 여부보다 더 많은 것을 고려해야 한다. 평가 문항이 그러한 도구들을 사용하는 데 적절한 것이어야 한다.

3.6 타당성

평가는 평가 목적에 따른 증거를 수집하고, 수집한 증거에 기초하여 추론 또는 결론(inferences)을 도출하는 과정이다. 타당한 설명은 증거가 얼마나 적절하고 관련성이 있는가에 의존한다. 또한 수집한 증거에 대한 타당한 설명은 그 증거를 해석하고 사용하는 사람의 판단에 많이 좌우되므로 교사는 편향된 추론이 이루어지지 않도록 유의해야 한다. 즉 타당성은 그들이 모은 평가 증거와 전문성에 달려있다.

3.6.1 다양한 출처로부터 증거 수집

일반적으로, 학생들의 학습에 대한 추론은 그들의 인지 활동을 직접적으로 관찰할 수는 없으므로 학생들의 수행에 관련된 증거를 토대로 이루어진다. 학생들의 학습에 대한 타당한 추론은 다양한 출처로부터 얻은 평가 정보를 수렴함으로써 이루어질 수 있으므로 교사는 학생들의 수행과 관련된 가능한 많은 증거를 다양한 방법을 통해서 수집해야 한다. 따라서 학생 평가는 객관식 문항이나 단답형 문항과 같은 전통적인 도구뿐만 아니라 관찰, 인터뷰, 개방형 과제, 여러 가지 다른 종류의 수학적 사고를 요구하는 과제, 같은 수학적 개념이나 과정을 다양한 문제 상황에서 제시하는 과제, 확장된 문제해결 프로젝트, 포트폴리오와 같은 다양한 상황 및 방법을 통해서 수집한 증거를 토대로 이루어져야 한다.

3.6.2 편향된 증거의 가능성

평가 결론의 타당성을 위협하는 요인으로는 수집한 증거의 잠재적인 불공정성과 증거 수집 및 계량화 과정에서 평가자의 잠재적인 편향성을 들 수 있다. 예를 들면, 프로젝트나 포트폴리오 등과 같은 평가에서는 학교 정규 수업 시간뿐만 아니라 방과 후에도 학생들이 평가에 관련된 수학적 활동을 수행하는 것을 허락한다. 그러면 학생들은 과제를 부모, 형제, 학원의 선생님 등과 함께 수행할 가능성이 있으며, 이로부터 얻어진 학생의 수행에 관한 증거는 학생의 수학적 활동에 대한 올바른 추론의 바탕이 되기는 어렵다. 평가자는 학생의 수행에 관한 다양한 증거들이 가지고 있는 잠재적인 불공정성을 염두에 두고, 올바른 추론이 이루어질 수 있도록 노력해야 한다.

평가자는 다양한 방법으로 학생들에 대한 정보들을 수집하며, 일정한 척도를 이용하여 이들에 대한 계량화를 시도하게 된다. 인터뷰, 관찰을 통해 학생의 수행에 대한 정보를 수집하는 과정에서 평가자에 따라 편향된 정보를 수집하거나 중요한 정보를 놓쳐버릴 가능성이 있다. 그리고 수집한 정보의 계량화 과정에서도 평가자에 따라 다양한 수치를 얻을 수 있다. 이와 같은 증거 수집 및 계량화에서의 잠재적인 편향성은 학생의 수행에 대한 올바른 추론(판단)에 큰 영향을 줄 수 있으므로, 평가가 이루어지기 전에 평가자는 평가 방법에 대한 충분하고 적절한 훈련을 받을 필요가 있다.

3.7 역동성

최근 수학 평가의 큰 변화 중 하나는 과정을 중시한다는 점이다. 이 과정에서 수업이 진행되는 시간의 흐름에 따라 학생이 어떻게 성장하였는지에 대한 발달 정도를 파악할 수 있다.

3.7.1 과정 중심 평가로써 피드백 강화

역동성(dynamics)에 사용되는 대부분의 과제들은 기존 정적(전통적) 평가에 사용되는 과제들과 유사하다. 그러나 평가를 실시하는 방법 및 절차 측면에서 서로 다르다. 전통적인 정적 평가는 학생의 이미 학습된 정도를 나타내지만, 과정 중심의 역동적 평가는 학습자가 학습을 하는 동안에 학습 행위를 관찰하고 학습의 장애를 진단하게 되므로 그에 따른 피드백을 통해 학생의 성장을 돕는다.

3.7.2 동료나 교사의 도움 허용

역동성은 학습을 고정된 것으로 보지 않고, 발달할 수 있는 것으로 가정한다. 발달 수준에 관해 학생이 독립적으로 문제를 해결할 수 있는 수준뿐만 아니라, 더 유능한 사람의 보조를 받아 수행을 할 수 있는 수준을 판단하는 것이 가능하다. 그러므로 이것은 학생의 미래 발달을 예측하는 것뿐만 아니라, 평가 과정에서 학생에게 변화를 줄 수도 있다. 이러한 의미에서 역동성은 수업의 한 형태가 된다. 이 점은 앞서 학습의 원리에서의 지향점과 일치한다. 정적인 평가에서 능력을 측정하는 평가 절차들은 모든 학생들에게 같은 환경을 제공하고 교사는 중립을 지켜야 한다. 그러나 역동성 원리를 반영한 평가의 절차는 학생이 가능한 수준으로 성취할 수 있도록 교사가 도움을 주고 안내를 할 수 있다. 교사는 학생들이 할 수 없는 과제를 같이 해결할 수 있고, 전략을 제시해 주고, 피드백을 제공하여 학생이 성공할 수 있도록 돕는 말 그대로 조력자의 역할을 하게 된다.

이러한 역동성은 평가에서 도구를 활용하였을 때 더 유용하게 작용한다. 도구 활용 평가는 학생들이 이들을 활용하여 문제를 해결하거나 교사가 이들을 활용하여 학생의 수학 능력을 평가하는 방법이므로 교사의 개입이 자연스럽다. 이러한 평가에서는 학생들이 알고 있는 수학적 개념에 대한 이해와 기능 습득 여부를 도구 활동을 통하여 구체적으로 보여줌으로써 학생의 학습 수준과 미달정도를 진단할 수 있다. 즉, 역동성에서는 적절한 질문에 의한 안내를 포함하므로 학생의 수학 문제해결 과정에서 드러나는 발달 수준과 그 수준에서의 문제점을 확인할 수 있다(Jitendra & Kameenui, 1996). 미래의 평가에서는 도구 활용이 빈번해질 것이므로 언어와 수학적 기호로 이루어지는 지필평가에 익숙하지 않은 학생들의 수학 평가에도 기여할 것으로 보인다.

4 수학과 평가방향

우리나라는 지금 상대평가에서 절대평가로 평가의 방향이 변화하고 있는 추세이며 변화에 따라 알맞은 교육평가 제도가 자리 잡도록 안내하여야 한다. 중국과 일본을 제외한 대부분의 나라에서는 이미 절대평가가 이루어지고 있으며 우리나라는 성공적인 절대평가제 도입을 위해 국제평가에서 좋은 성적을 보이는 핀란드와 같은 다른 나라의 평가제도를 참고하여 우리나라 현실에 맞는 평가 방안을 마련해야 할 것이다. 본 절의 내용은 고상숙(2017)을 참고하여 재구성하였다.

4.1 서술형 평가 활성화

우리나라 교육과정에는 '선택형 위주의 평가'를 지양하고 '서술형 평가'를 비롯한 다양한 평가 방법을 활용하여 학생들의 수학 학습에 대한 종합적인 평가가 이루어질 수 있게 한다고 명시하고 있지만 채점 및 평가 결과에 대한 객관성 확보의 어려움으로 현장에서 잘 이루어지지 않고 있다. 하지만 암기하고 계산하는 수학에서 문제점을 해결하는 수학교육을 위해 주관식 평가만을 실천하는 나라들이 있었다. 류희찬 외(2012)에 따르면 선진 여러 나라의 수학시험은 100% 주관식 문제로만 수학 시험 문제가 출제되는 경우가 많다. 독일은 10점 만점 중 정답만 틀리면 2점만 감점되지만 정답이 맞아도 과정이 틀리면 8점이 감점된다. 핀란드 수학 시험에서도 객관식이 전혀 없다. 단답식 문제를 빼고는 풀이 과정을 고려하여 부분 점수를 준다. 호주의 수능 시험(Higher School Certificate)도 가장 낮은 수준의 수학 시험만 빼고는 모두 주관식으로만 출제되고 있다.

NCTM에 따르면 평가 문항은 사고의 확장 요구정도에 따라 폐쇄형, 준개방형, 개방형으로 분류된다(고상숙 외, 2012에서 재인용). 선다형 객관식 문항은 주로 지식을 알고 있는지 모르는지 만을 묻고 그 이유나 반례의 제시를 요구하지 않기 때문에 폐쇄형에 해당된다. 하지만 준개방형 문항은 예나 반례를 제시하고 그 이유를 밝히기를 요구하며, 개방형은 여러 개의 답과 이들 답을 이끌어내는 풀이 과정이 여러 개인 경우이다. 따라서 준개방형과 개방형 문항이 서술형에 해당된다. 우리나라가 앞서 살펴본 나라들과 똑같이 모든 문항을 서술형으로 출제할 필요는 없을지라도 학생의 성취도에 따라서 답할 수 있는 준개방형 또는 개방형 문항의 비중을 높여서 고차원적인 수학적 사고가 이루어지는지를 평가하여야 한다. 이렇게 출제하는 경우 단답형보다 서술형 문항을 더 많이 출제할 수밖에 없으므로 시간이 소요되는 서술형 문항으로 인해 전체 문항 수를 줄여서 학생이 평가에 임할 수 있도록 배려해야 한다.

서술형 주관식 문항의 중요성을 알지만 보다 적극적으로 실천되지 못하는 가장 큰 원인은 채점의 어려움이다. 채점하는 데 시간이 많이 걸리는 문항뿐만 아니라 채점 결과를 신뢰하기 힘들다는 것도 문제이다. 다음에서는 주관식으로 수학 평가를 하는 대표적인 핀란드, 독일, 호주의 사례를 통해 서술형 주관식 평가의 객관성 및 신뢰성 확보 방안을 살펴보겠다.

4.1.1 평가 문항 신뢰도

학생들을 평가하는 평가 문항들이 얼마나 공들여서 신뢰성 있게 만들어졌는지에 대해 학생과 학부모들에게 믿음을 주어야 한다. 예를 들어 문제해결 역량을 위한 문항이라면 문제해결 과정을 답하게 하는 질문들로 구성하고 그 과정을 분석적 채점 기준표로 평가하는 예시 문항들을 제공하여 학생과 학부모들로 하여금 문제해결 역량에 대한 평가에 대비하게 하여야 한다. 문제해결 역량에 대한 학생의 성장을 관찰하고 지원해주기 위해 평가의 원리에 근거한 시스템을 학년 단위로 구축하는 것이다. 물론 학습 원리에 따라 여러 핵심 역량들을 위한 문항 개발도 마찬가지이다. 이러한 과정에는 평가를 실시하여 학생들의 성적표를 일방적으로 제공하는 것으로 끝나는 것이 아니라 핵심 역량에 대한 학생들의 의견도 들을 수 있는 통로가 필요하다. 따라서 상시적으로 평가 전담 기관을 운영할 필요가 있으며 이와 관련된 정보에 쉽게 접근할 수 있도록 전담 홈페이지 개설 등이 도움을 줄 수 있다.

4.1.2 채점자 신뢰도

서술형 평가지에 대한 신뢰도가 높아도 누가 채점하는가에 따라 평가의 객관성 및 신뢰도가 좌우될 수 있다. 미국 정부에서 미국 전역에 실시하는 유일한 평가 제도인 국가교육평가시험(National Assessment of Educational Progress, 이하 NAEP)에서 서술형 주관식 채점은 답안을 스캔하여 컴퓨터 파일로 보관하고 훈련받은 채점자가 미리 제공되는 채점 기준표를 바탕으로 채점하도록 하고 있다. 현장에서 이루어지는 평가에서 하나의 평가지를 세 명의 채점자가 채점하도록 하여 평가의 신뢰도를 높여 나갈 수 있다. 즉, 평가 전문성을 갖춘 한 명의 채점자에 의한 채점 또는 다수의 채점자에 의한 채점을 통해 평가의 신뢰성을 높일 수 있다. 하지만 어떤 방법이든 기본적으로 채점자가 평가의 전문성을 갖추어야 한다.

4.1.3 채점방법 신뢰도

평가지와 채점자의 신뢰성뿐만 아니라 채점 방법에 대한 신뢰성도 갖추어야 한다. NCTM (2000b, pp. 94~101)에는 학교현장의 평가 문항에 대한 채점 기준표가 명확하게 제시되어 있다. 평가를 통해 무엇을 확인하고 싶은지 그 기준을 명확하게 하고 있는 것이다. 예를 들어, 미국의 학교 평가 사례에서 드러난 채점 기준표에 의하면 학생이 문제해결 전략을 선택하여 잘 수행하는가, 자신의 생각을 정당화하기 위한 수학적 추론을 잘 사용하는가, 해결과정에서 수학적 언어와 표현들을 잘 사용하는가, 개념적 이해 또는 핵심개념을 잘 연결하고 있는가 등을 통해 답과 답을 끌어내는 과정이 정확한가에 대한 채점 기준을 마련하고 있다. 그동안 '학생이 문제를 잘 해결하고 있는가, 얼마나 알고 있는가'만을 확인하기 위한 채점은 정답인지를 체크하는 결과중심의 평가였다면 이젠 과정을 평가할 수 있는 구체적인 채점 기준 마련이 일상이 되어야 한다. 하지만 너무 세부적인 채점 기준으로 인해 학생들의 창의적이고 다양한 사고를 고취하기보다 오히려 불필요하게 과정만을 포장하는 사례가 발생하지 않도록 유의해야 한다.

4.2 정의적 영역 평가

최근 우리나라 학생들은 PISA와 TIMSS와 같은 국제성취도 평가에서 수학의 정의적 영역(affective domain) 측면에서 참가국 중 매우 낮은 수준을 나타내고 있으며, 우리나라 청소년들의 자살률이 OECD 국가에서 가장 높다는 점 등은 우리나라의 교육에서 인성교육을 포함한 긍정적인 학습 태도의 함양이 시급함을 뜻한다. 우리나라의 과거 평가가 오랫동안 지식 습득에 관한 인지적 영역의 평가에 주력해왔기 때문에 정의적 영역의 평가는 다소 생소할 수 있다. 정의적 영역의 평가는 평소 수업 시간에 학생의 관찰 및 면담을 통해서 이루어지는 것이 일반적인데 과인수 학급에서 시간의 부족 및 객관적인 평가의 어려움으로 그동안 현장에서 잘 이루어지지 않았다. 하지만 최근에는 다양한 연구에서 수학교과에서 정의적 영역의 평가 방법 및 검사지에 대한 구체적인 안내 자료를 제공하고 있으므로 그러한 선행 연구(예: 고상숙 외, 2012)를 참고해볼 만하다.

4.2.1 인지적 영역 평가에 덧붙이기

선행 연구에서 몇 몇 사례를 제시한 것은 있지만 학교 현장에서 정의적 영역의 모범 평가 사례를 찾기는 아직 쉽지가 않다. 인지적 영역의 시험 성적이 7점이더라도 수업 시간의 모습을 반영하여 성적이 8점으로 상향될 수도 있고 반대로 6점으로 하향될 수 있는 핀란드 평가를 참고할 만하다. 즉, 핀란드의 경우 인지적 영역의 평가 결과에 정의적 영역의 평가를 반영하여 1점을 더하거나 빼서 평가하고 있다. 평가에서 공학도구활용이 허용될 경우, 인지적 영역의 평가 결과에 학생의 도구화의 정도가 반영되어 평가가 이루어질 수 있는데,

학생의 도구화 정도에 따라서 1~2점을 더하거나 빼는 형태로 반영할 수 있을 것이다(고상숙, 주홍연, 한혜숙, 2014, p. 171). 도구화에 대한 성적은 학생의 총괄평가에 꼭 반영하려는 의도보다 학생의 새로운 학습 환경에 대한 적응력을 높여서 수학적 태도에 더 긍정적 도움을 주고자 하는 의도로 활용할 수 있다.

정의적 영역의 평가는 학생들에게 수학의 여러 영역에서 인지적으로 어느 정도 잘 성취하였나하는 것도 중요하지만 수학을 학습하는 태도도 중요하다는 것을 깨닫게 한다. 이러한 평가가 가능하기 위해서는 평가에 대한 교사의 자율권을 인정함과 동시에 교사의 평가 전문성을 갖추도록 꾸준한 교사 재교육이 뒷받침되어야 한다.

학급	평가영역	수학적 문제해결								도구사용			
A	평가요소	이해와 전략				실행 및 답 구하기				적절성			
학생 순번	학생이름	0	1	2	기타	0	1	2	기타	0	1	2	기타
1	○○	✔				✔				✔			

[그림 1-3] **인지적 영역인 문제해결 평가에 도구화 평가 덧붙이기**

4.2.2 인성교육 중시

2009 개정 교육과정(교육과학기술부, 2009)에서 창의·인성교육으로 진술되었던 인성교육은 각 교과교육에서도 이제 실천해야 하는 교육의 목적으로 '상대방의 수학적 생각에 대한 존중심', '자신의 수학적 생각을 상대에게 이해시키려는 배려심', '서로의 수학적 생각을 나누고자하는 공유심', 그리고 '수학적 사고를 유연하게 실행코자 하는 개방심'이라는 네 가지로 명시되었다. 또한 2015 개정 교육과정(교육부, 2015)에서 창의·융합교육으로 강화되면서 인성교육이 약화되는 듯 보이나 수학과에서는 수학적 태도 및 실천으로 영역이 재진술됨으로써 수학을 선호하고 흥미를 느끼는 것을 바탕으로 인성교육이 이뤄지는 것을 제안하는 것이다. 각 교과에 맞는 인성교육이 이뤄지면 각 개인은 전교과목을 통해 종합적으로 인성교육의 효과를 습득하게 되고 우리가 추구하는 민주시민으로서 인재양성이라는 교육목표에 따라 의도했던 목표가 이뤄질 것이라 가정하는 것이다.

이러한 인성교육에 대한 관심으로 인해 수학교육에서도 인성함양을 위한 연구가 활발히 진행되었다. 인성교육과 관련된 선행 연구들은 크게 수학적 태도(또는 성향)와 관련된 인성교육과 범교과적 인성교육으로 나뉜다. 전자는 우리가 정의적 영역으로서 전통적으로 다루어왔던 것이며 본 절에서 설명하듯이 국제평가에서 우리나라 학생들의 낮은 성취도로 인해 정의적 영역의 평가는 더 중요하게 되었다. 반면 후자는 도덕·윤리시간에 다루었던 범교과적인 요소를 수학 수업에서도 다루고자 하는 것이다. 후자의 관점은 인성교육의 특징 상 이를 구성하고 있는 인성적 요인들 간에 구별이 어렵고, 전체 교육과정에서 강조하고 있으므로 수학교사도 다른 교과와 함께 일관성 있게 이에 대응해야 한다는 것이다.

대표적인 연구로서 수학 교수·학습 자료를 통해 범교과적 인성교육을 조사한 홍인숙, 고상숙(2016)과 김현주, 고상숙(2017)을 들 수 있다. 홍인숙, 고상숙(2016) 연구에서는 나(약속), 너(용서, 책임, 소유), 집단(공동체 의식)에서 인성 요인들에 대해 고등학교 자연계 학생과 인문계 학생들을 대상으로 수학 수업 시간을 활용하여 인성교육을 실시한 후 인성의 함양을 조사하였는데 수학교과 내에서 이뤄졌기 때문인지 사후 검사에서 자연계 학생들은 용서, 책임 요인에서, 인문계 학생들은 약속, 소유, 공동체 의식이 유의한 수준의 향상을 보임으로써 서로 다르게 나타남을 알 수 있었다. 김현주(2018)는 인성교육을 강조한 수학 수업을 실시한 후 그 효과를 살펴보았다. 그 연구에서는 인성교육을 강조한 수업을 위하여 학급이 민주적 학습공동체가 되도록 자율성, 소속감, 역량감이 만족되는 환경(김재춘 외, 2012)을 조성하였고, 자율성의 주체는 '학생 자신', 소속감의 주체는 '교사', 그리고 역량감의 주체는 '과제의 수준'으로서 그러한 환경이 단계별로 이루어지게 수업 지도안을 구성하였다. 그러한 인성교육을 강조한 수업의 효과를 살펴보기 위하여 김현주, 고상숙(2017)이 정규 수학 수업 시간에 쉽게 발현되고 함양될 수 있는 인성 요인으로, 개인적 요인(정직, 책임, 용기, 자기이해)과 사회적 요인(소통, 배려)으로 구성한 인성 검사지가 활용되었다. 그 결과 학생들이 교사 및 동료들은 나의 편이라는 생각을 가지게 되기 때문에 소극적인 자세에서 벗어나 자신의 의견을 공유하고 타인의 의견을 열린 마음으로 경청하는 모습을 보였으며 앞서 제시된 6가지 요인들이 각각의 환경에 따라 성취되었다(김현주, 2018). 물론 이 모든 요인들을 한꺼번에 향상시키고 평가하기는 어려울 것이다. 학년 초나 학기 초에 동료 수학교사들과 인성교육을 단계별로 실천하고 평가할 수 있는 방안을 세울 때 위와 같은 연구 결과물을 참고하여 도움을 얻은 것이 필요하다.

최근 핵가족화로 인해 가정에서 인성교육이 적절히 이루어지지 않는 경우가 많고, 이들 인성 요인들이 단기간에 향상될 수 없기 때문에 가정의 학부모도 현실의 문제를 개선하는 파트너로서 교육 책임을 담당하게 하여야 한다. 따라서 평가의 일환으로 학부모와 의사소통의 통로(가정통신표)를 이메일 또는 회의를 통해 지속적으로 기록하고 보관하여 인성교육에 활용하여야 한다.

4.3 도구를 활용한 평가

4.3.1 공학도구활용 평가

국제학업성취도평가인 PISA 2015부터는 전 영역에 걸쳐 컴퓨터 기반 평가 방식을 적용하였으며, 학부모 설문을 제외한 나머지 설문 조사의 경우 USB에 입력하거나 온라인 입력 방식으로 전환되었다(구자옥 외, 2015). 2012년 2월에 발표한 '공교육 강화-사교육 경감 선순환 방안'(교육과학기술부, 2012)에서는 고등학교 수학 평가에 전자계산기 사용 허용 검토를 위한 정책연구 추진이 있었지만 5월에 발표된 '공교육 강화-사교육 경감 선순환 방안'에서는 빠졌다. 그러나 주관식으로 수학 시험 문제를 출제하고 있는 호주, 독일, 핀란드의 경우 먼저 호주와 독일 두 나라에서 계산기 또는 컴퓨터를 허용하였으며 그 후 핀란드에서도 수학 평가에 계산기를 허용하였다. 수학 문제해결 과정에 주목하기 위해서 공학도구의 허용을 통제할 필요는 없다. 하지만 도입하기에 앞서 다음과 같은 세 가지를 고려할 필요가 있다.

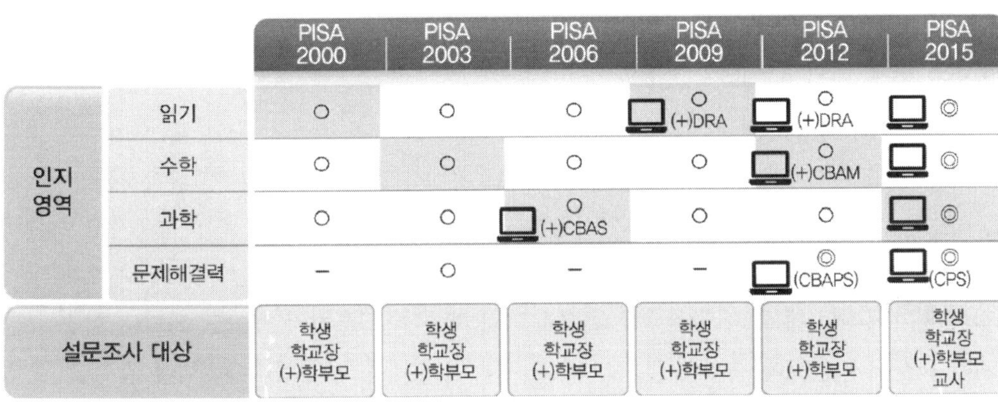

※ ○: 지필평가(PBA), □/◎: 컴퓨터 기반 평가(CBA)
　 –: 시행되지 않음, (+): 선택사항으로 시행됨.
- 음영된 부분은 주영역을 나타냄.
- CBAS: Computer Based Assessment in Science(컴퓨터 기반 과학 평가)
- DRA: Digital Reading Assessment(디지털 읽기 평가)
- CBAM: Computer Based Assessment of Mathematics(컴퓨터 기반 수학 평가)
- CBAPS: Computer Based Assessment of Problem Solving(컴퓨터 기반 문제해결력 평가)
- CPS: Collaborative Problem Solving Competency(협력적 문제해결력 평가)

※ 학생 대상의 설문에는 기본 설문과 함께 선택 사항인 교육경험(EC), 정보기술(ICT) 설문이 포함되어 있음.

[그림 1-4] PISA 주기별 평가 영역과 평가 방식(구자옥 외, 2015, p. 6)

첫째, 공학도구를 허용하는 국제평가에서는 단답형 또는 선다형 객관식 출제가 여전히 있지만 이미 여러 나라들은 선다형 객관식 문제로 평가하지 않고 있다. 한편 공학도구의 활용은 개방형 문제로의 접근을 용이하게 하므로 수학적 사고 과정을 묻는 서술형 평가가 더욱 활성화될 수 있다(고상숙, 이서빈, 김선호, 2017).

둘째, 평가에서의 공학도구를 허용하는 나라들 모두 중학교 이상에서 부분적으로, 고등학교 졸업 및 대학 입학시험에서 전면 허용하고 있음을 알 수 있다. 따라서 도입 시기에 대해 이들 나라를 참고한다면 우리나라는 IT 나라답게 도입을 주저할 이유는 없다.

셋째, 교사교육기관을 중심으로 교사들의 평가 수행 능력을 키울 수 있는 강좌 개설이 선행되어야 하고, 학교 현장에 공학도구를 활용할 수 있는 환경이 구축되어야 한다. 이를 통해 공학도구 도입으로 인해 발생되는 기기 활용 능력에 따른 수학 성취도의 차이가 나는 문제, 또는 계산기와 컴퓨터 소프트웨어 관련 시장의 확대 문제 등 수반되는 문제에 대해 평가 틀 안에 제시하여 평가의 목적에 따른 산출물의 활용이 유용하도록 안내할 수 있다. 예들 들면 정의적 평가 영역인 수학적 태도와 관련된 창의성 또는 끈기, 자신감과 같은 평가 요소에 적용할 수 있다.

4.3.2 수학 공식집 제공

공학도구가 계산하는 과정을 용이하게 하고 문제해결 과정에 집중하도록 도와주는 수단이라면 수학 공식집은 암기하는 수학이 아니라 공식을 이해하고 적용 및 응용하는 것을 집중하도록 도와주는 수단이 될 수 있다. 따라서 주관식 서술형 평가 또는 고등사고 능력에 대한 평가뿐 아니라 대학입시 평가에서도 수학 공식집이 제공될 수 있다. 그러나 수학 공식집이 평가에 제공됨에 따라서 수학 공식을 가볍게 여겨 공부하지 않아도 된다는 학습 분위기가 조성되지 않도록 주의할 필요가 있다. 평가 수행에서 실제 문제해결력을 발휘할 수 있도록 학생의 평가 수행 과정에 도움을 제공하고자 하는 것이다.

5 나오는 글

1980년대 중등학교 현장에서는 매월 정기고사가 있었고, 그때마다 교사들은 미리미리 시험지를 타자기로 작성하여 제출하여야 했으며, 학교 평가 담당자는 그 시험지를 받아 등사지에 본을 떠서 새카만 잉크를 롤러에 발라가며 한 장 한 장 인쇄를 하였다. 매우 오래 전의 이야기인 듯 보이지만 개인용 컴퓨터와 복사기가 보급되기 바로 이전의 현장의 모습이다. 이런 획기적인 도구의 변화가 우리의 삶과 교육현장을 바꾸어 오고 있는 것이며 시대의 요구에 따라 평가의 유형도 변화되어 왔다.

동료를 경쟁 대상으로서 바라보는 규준지향평가(상대평가)에서는 성적 지상주의에 갇혀 인성교육이 등한시될 수밖에 없으며 그 결과 인류는 제2차 세계대전을 경험하였다. 다양성의 사회로 급변해가면서 2009 개정 교육과정 이후 우리나라 학교 현장에서도 인성교육의 중요성을 강조하게 되었고, 따라서 평가의 본연의 모습인 자신의 성취정도를 파악하여 부족한 부분을 보완할 수 있는 준거지향평가(절대평가)로 평가의 방향이 변화하여야 한다. 이를 위해 대학 진학을 우선순위에 두는 우리나라와 같은 환경에서는 학생개개인의 특성에 초점을 두고 선발하는 대입 제도에서의 변화가 우리나라의 평가뿐만 아니라 초, 중등교육의 성패를 좌우하리라는 것은 두말할 나위 없다. 이 변화에 따른 교육 평가 제도가 잘 자리잡도록 우리 모두 노력하여야 한다. 중국과 일본을 제외한 대부분의 나라에서는 이미 절대평가제가 이루어지고 있음을 인지하고 우리나라의 성공적인 절대평가제 도입을 위해서는 앞서 언급된 다른 나라의 평가 제도를 참고하여 우리나라 현실에 맞는 평가 방안의 구축에 필요한 연구들로 꾸준히 뒷받침하여야 한다. 또한 교육부는 교원양성기관의 각 교과교육학 분야에서 평가와 관련된 강좌의 개설을 적극 권장하여 교과교육의 평가 전문가 양성을 강화하도록 하고, 학부모를 포함한 국민들의 평가에 대한 인식의 변화를 위해서 매스컴을 통한 긍정적 여론 형성에도 노력을 기울여야 할 것이다.

참고문헌

- 고상숙, 고호경, 박만구, 한혜숙, 홍예윤(2012). 수학교육평가론. 서울: 경문사.
- 고상숙, 박만구, 한혜숙, 홍예윤, 유기종, 이순용, 주홍연, 이창연, 채은숙, 이강숙(2013). 교구 및 공학 도구를 활용한 평가 기반 조성(연구보고서 No. 2013-6). 서울: 한국과학창의재단.
- 고상숙, 주홍연, 한혜숙(2014). 그래핑 계산기를 활용한 수학적 과정의 평가도구 개발에 관한 연구 -중학교 수학을 중심으로. 수학교육, 53(2), 163-184.
- 고상숙, 고호경, 박만구, 임현정, 강경은, 김혜영, 김정완, 김정현, 한세호, 정홍명(2015). 학생성장을 위한 평가시스템 개선 및 평가모델 개발 연구. 서울: 한국과학창의재단.
- 고상숙(2017). 국제평가동향에 따른 우리나라 수학과 평가방향. 글로벌융복합연구, 2, 9-22.
- 고상숙, 이서빈, 김선호(2017). 컴퓨터기반수학평가(CBAM)의 문항 제작 가능성 탐색: 동적 기하소프트웨어 환경에서 PISA2012 또는 2015 울타리 문항을 중심으로. 한국학교수학회논문집, 20(3), 325-344.
- 교육인적자원부(1997). 제7차 수학과 교육과정. 서울: 교육인적자원부.
- 교육과학기술부(2009). 창의와 배려의 조화를 통한 인재 육성-창의·인성교육 기본 방안. 서울: 교육과학기술부.
- 교육과학기술부(2011). 수학과 교육과정. 서울: 교육과학기술부.
- 교육과학기술부(2012). 공교육 강화-사교육 경감 선순환 방안. 교육부 보도자료. 서울: 교육과학기술부.
- 교육부(2015). 초·중등학교 교육과정 총론. 교육부 고시 제2015-74호 [별책 8]. 세종: 교육부.
- 구자옥, 김성숙, 임해미, 박혜영, 한정아(2015). OECD 국제학업성취도평가 연구: PISA 2015 본검사 시행보고서(연구보고서 No. RRE, 2015-6-2). 서울: 한국교육과정평가원.
- 김재춘, 강중열, 소경희, 손민호, 진동섭, 이상수(2012). 실천적 인성교육이 반영된 교육과정 개발 방향 연구. 서울: 교육과학기술부.
- 김현주(2018). 민주적 학습 공동체를 기반으로 한 수학교과 인성 함양 효과 : 혼합연구. 단국대학교 일반대학원 박사학위논문.

- 김현주, 고상숙 (2017). 수학교과 인성 검사지 개발. 교육문화연구. 23(6), 251-270.
- 류희찬, 이광호, 강윤수, 박선용, 신인선, 신재홍(2012). 외국의 수학교육현황 조사 연구 (연구보고서 No. 2012-6). 서울: 한국과학창의재단.
- 신준식, 고정화, 박문환, 박성선, 서동엽(2011). 수학적 사고력 측정을 위한 수학 평가 도구의 개발. 한국초등수학교육학회지, 15(3), 619-640.
- 이봉주(2011). 초등학교 저학년 수학교육에서의 역동적 평가 방안 탐색. 수학교육, 50(1), 13-25.
- 정상권, 이경화, 유연주, 신보미, 김구연(2012). 2011년 과정 중심의 수학교과 평가방안 연구. 서울: 한국과학창의재단.
- 한국교육과정평가원(1999). 국가 교육과정에 근거한 평가기준 및 도구개발 연구 : 고등학교 수학 I (연구보고서 No. RRE 1999-4-6). 서울: 한국교육과정평가원.
- 홍인숙, 고상숙(2016). 인성교육을 위한 수학 교수·학습에서 고등학생들의 범교과적 인성요소에 대한 인식변화. 수학교육학연구, 26(3), 607-633.
- Jitendra, A. K., & Kameenui, E. T. (1996). Expert's and novice's error patterns in solving part-whole mathematical word problem. The journal of Educational Research, 90(1), 42-51.
- National Academy of Science. (1993). Measuring what counts: A conceptual guide for mathematics assessment. Washington, DC: National Academy Press.
- National Council of Teachers of Mathematics. (1980). An Agenda for Action: Recommendations for School Mathematics of the 1980s. Reston, VA: National Council of Teachers of Mathematics.
- National Council of Teachers of Mathematics. (1989). Curriculum and Evaluation Standards for School Mathematics. 구광조, 오병승, 류희찬(역) (1992). 수학교육과정과 평가의 새로운 방향. 서울: 경문사.
- __________. (1995). Assessment Standards for School Mathematics. Reston, VA: National Council of Teachers of Mathematics.
- __________. (2000a). Principles and standards for school mathematics. Reston, VA: National Council of Teachers of Mathematics. 류희찬, 조완영, 이경화, 나귀수, 김남균, 방정숙(역) (2007). 학교수학을 위한 원리와 규준. 서울: 경문사.
- __________. (2000b). Mathematics Assessment: A Practical Handbook for Grades 6-8. Reston, VA: National Council of Teachers of Mathematics.

Part **2**

수학과 교수-학습 과정에서 평가 사례

제2장

수업한 방식 그대로, 배움이 있는 과정 중심 평가

채은숙(서울아주초등학교)
권점례(한국교육과정평가원)

1 들어가는 글

학생 참여 중심 수업과 과정 중심 평가를 실시한 1학기 말에 학생들이 과정 중심 평가를 어떻게 생각할지 궁금하였다. 수학 교과전담교사로서 수업했던 5학년 5개 학급 125명을 대상으로 '과정 중심 평가 이런 점이 좋아요'라는 간단한 설문을 하였다.

[표 2-1] **'과정 중심 평가 이런 점이 좋아요'에 대한 학생들의 답변**

시험이 예전같이 무섭고 싫지 않게 됐다.(임○○) / 시험 때 좀 더 마음이 안정됐다. 더 쉬어진 느낌이 든다.(이00) / 시험에 대한 부담감이 줄었다. 시험이 친근해지고 좋아졌다.(이○○) / 배운 것을 시험 내주니까 좋다.(김○○) / 선생님께서 도와주시니까 어려운 것도 쉽게 이해할 수 있어서 좋았다.(정○○)

답변에서는 과정 중심 평가를 통해 평가에 대한 긴장과 불안이 많이 줄었지만 학생들에게 직접 물어보니 그래도 여전히 시험이 무섭고 부담스럽고 평가이기에 괜히 더 어렵다고 대답했다. 배운 것을 평가하고 문항을 이해할 수 있도록 도와주어도 평가는 학생들을 긴장하게 만들고 불안하게 하는 교육활동임에 틀림없다. 교사도 불안하기는 마찬가지이다. '제대로 평가하고 있나, 많이 틀리면 어쩌지, 제대로 못 가르쳤으면 어쩌지'라는 두려움이 있다.

평가가 애써 피하고 싶은 활동이지만 수업에서 이미 성취기준에 도달하고 실시하는 평가라면 긴장과 불안이 덜 할 것이다. '수업을 잘 하자. 학생들을 최대한 도와주자. 그리고 수업한 방식대로 평가하자.'라고 다짐하고 2학기에 더욱 제대로 실천해 보았다.

2 수업에서 놓치지 말자고 다짐한 것들

2.1 수학 교육 목표를 놓치지 말자

[표 2-2]는 국가수준 교육과정에서 제시하는 수학 교육의 목표이다. 모든 학생이 목표에 도달할 수 있도록 수업과 평가를 설계하고 실시한다면, 그래서 학생들이 평가 시간마저 수업과 같이 배움이 일어나는 순간이라면 교사로서 얼마나 뿌듯할까? 수학 교육 목표가 교수-학습 활동의 결과일 뿐만 아니라 그 자체가 과정이 되도록 재미있고 의미 있는 수업을 고민하였다.

[표 2-2] **수학 교육 목표(교육부, 2015)**

수학의 개념, 원리, 법칙을 이해하고 기능을 습득하며 수학적으로 추론하고 의사소통하는 능력을 길러, 생활 주변과 사회 및 자연 현상을 수학적으로 이해하고 문제를 합리적으로 창의적으로 해결하며, 수학 학습자로서 바람직한 태도와 실천 능력을 기른다.

(1) 생활 주변 현상을 수학적으로 관찰하고 표현하는 경험을 통하여 수학의 기초적인 개념, 원리, 법칙을 이해하고 수학의 기능을 습득한다.
(2) 수학적으로 추론하고 의사소통하며, 창의·융합적 사고와 정보 처리 능력을 바탕으로 생활 주변 현상을 수학적으로 이해하고 문제를 합리적이고 창의적으로 해결한다.
(3) 수학 학습의 즐거움을 느끼고 수학의 유용성을 인식하며 수학 학습자로서 바람직한 태도와 실천 능력을 기른다.

2.2 수학 교과 역량을 놓치지 말자

버크민스터 퓰러(Richard Buckminster Fuller)가 제시한 '지식 두 배 증가 곡선'은 교사인 내겐 꽤 충격이었다. 이 개념을 알게 된 후 급변하는 미래를 위해 교사로서 나는 어떻게 수업해야 할지 두려웠다. 버크민스터 퓰러는 건축학자이며 미래학자로서 변화하는 사회에서 비약적으로 늘어나는 인류의 지식 총량을 '지식 두 배 증가 곡선'으로 설명하였다. 현재에는 13개월을 주기로 지식의 총량이 두 배로 늘어나는데, 머지않아 이 주기가 최대 12시간으로 단축될 것이라고 한다. 그때가 되면 교사가 오전에 가르치는 지식이 오후가 되면 벌써 옛날 지식이 되고 만다. 너무 두렵지 않은가? 지식이 폭발하는 시대에 과연 교사는 어떤 교육을 해야 하는가 스스로에게 물었다. 그리고 방법을 찾아 헤맸다. 그러다 결국 원점으로 돌아왔다. 원점은 교육부가 고시한 국가수준 교육과정이다.

역량	요소	역량	요소
문제 해결	• 문제 이해 및 전략 탐색 • 계획 실행 및 반성 • 협력적 문제해결 • 수학적 모델링 • 문제 만들기	추론	• 관찰과 추측 • 논리적 절차 수행 • 수학적 사실 분석 • 정당화 • 추론 과정의 반성
창의·융합	• 독창성 • 유창성 • 융통성 • 정교성 • 수학 내적 연결 • 수학 외적 연결 및 융합	의사소통	• 수학적 표현의 이해 • 수학적 표현의 개발 및 변환 • 자신의 생각 표현 • 타인의 생각 이해
정보 처리	• 자료와 정보 수집 • 자료와 정보 정리 및 분석 • 정보 해석 및 활용 • 공학적 도구 및 교구 활용	태도 및 실천	• 가치 인식 • 자주적 학습 태도 • 시민의식

[그림 2-1] **6가지 수학 교과 역량을 지식 폭발 시대의 해법으로 삼다**

교육부(2015)에 따르면, 초등학교에서 학습한 수학은 중학교 및 고등학교 수학 학습의 토대가 되고, 자연과학, 인문학 등 다른 분야를 학습하는 데 기초가 되며, 창의적 역량을 갖춘 융합 인재 성장의 기반을 제공해야 한다고 한다. 이를 위해 학생들은 지식을 이해하고 기능을 습득하는 것과 더불어 문제해결, 추론, 창의·융합, 의사소통, 정보 처리, 태도 및 실천의 6가지 수학 교과 역량을 길러야 한다.

교과역량이란 교과를 학습한 결과이기도 하고 지식, 기능, 태도 등을 통합적으로 운용하여 학습 과정 중 문제를 해결하는 데 필요한 능력이기도 하다. 폭발적으로 생겨나는 낱낱의 지식들을 많이 가르치려고 애쓰지 말고, 교과 역량을 기를 수 있도록 수학 수업을 설계하고 실천하는 데 노력을 쏟는다면, 학생들이 폭발하는 지식에 허우적대는 것이 아니라 되레 이를 활용하여 살아가는 힘을 기르는 데 도움을 줄 수 있지 않을까 생각해 본다.

2.3 과정 중심 평가의 개념을 놓치지 말자

저자가 속한 초등학교는 기존의 '매우잘함/잘함/노력요함' 3단계 평어를 '참 잘했어요/잘

했어요/잘할 수 있어요'와 같이 칭찬하고 격려하는 용어로 변경하였다. 본 교사는 평가 담당자로서 교사·학생·학부모의 다양한 의견을 수렴하고 학업성적관리위원회의 심도 있는 회의를 거쳐 학교운영위원회의 심의를 받았다. 번잡한 과정을 거치면서까지 3단계 평어를 변경한 데에는 여러 가지 이유가 있지만, 평가가 학생의 학습 성과를 알려주는 수단이라기보다 학생의 전인적 성장과 발전을 돕기 위한 목적으로 평가 패러다임이 변화하고 있다는 것을 교육공동체의 구성원 모두가 느꼈기 때문이다.

서울특별시교육청(2017)에 따르면, 과정 중심 평가란 교육과정의 성취기준에 따른 평가 계획을 수립하고, 교수-학습 과정에서 학생의 성장을 지원하는 자료를 다양하게 수집하여 상시적인 피드백을 제공하는 평가이다. 수업이 마무리되는 학기말이 아니라 학생의 학습 성장을 지원할 수 있도록 교수-학습 과정 중에 평가와 피드백이 수시로 실시되는 것이다. '나의 평가가 학생들의 학습을 성장하도록 지원하고 있는가, 학생들은 평가를 통해서 또 평가 중에 배움이 일어나고 있는가, 배움이 일어나도록 학습의 성장을 지원하는 평가는 어떻게 이루어져야 할 것인가'를 스스로에게 수시로 묻고 수업을 설계하였다.

[표 2-3] **과정 중심 평가의 특징(서울특별시교육청, 2017)**

• 교육과정의 성취기준에 기반을 둔 평가
• 수업 중에 학습활동을 적극적으로 유도하는 평가
• 산출물뿐만 아니라 실제 수행 과정을 반영하는 평가
• 인지적·정의적 영역을 모두를 강조하는 평가
• 자기, 동료, 교사 등 다양한 주체가 다양한 유형을 활용하는 평가
• 학습자의 발달을 위해 결과를 활용하는 평가

3 모든 학생들이 성취기준에 도달하도록 수업하고 평가하기

3.1 수업과 평가의 기준을 찾다

학업성적관리지침(서울특별시교육청, 2017) 제7조 ②항에 따라 본교는 각 학년협의회에서 교육과정 성취기준에 기반하여 평가 계획을 수립하였다. 교육과정 성취기준을 그대로 따르는 것이 아니라 교과 내용을 분석하고 학년 특성을 반영하여 과정 중심 평가를 위한 성취기준으로 변경하였다. 이를 교육과정 성취기준과 구분하기 위하여 평가의 방향과 도달점을 의미하는 용어로 '평가준거 성취기준'이라고 명명하였다.

[표 2-4] 학업성적관리시행지침 제7조 ②항

성취기준이란 교육과정에 명기된 학년별 교과 목표를 세분한 지도목표를 의미하며, 각 학년협의회는 교육과정과 교과서 내용 분석, 학교의 특성을 고려하여 학년별·교과별(단, 1,2학년 통합교과는 영역별) 성취기준, 평가 단원을 정하고 <학년평가 기본계획>에 반영하여 학업성적관리위원회에 제출한다.

3.1.1 교육과정 성취기준을 분석하여 평가준거 성취기준을 계획하다

측정 영역의 교육과정의 성취기준을 약간 수정하여 평가준거 성취기준을 '실생활에서 넓이를 나타내는 $1km^2$, 1a, 1ha를 알고 넓이 단위 사이의 단위 변환을 할 수 있다.'로 계획하였다. 계획을 세워놓고 5학년 125명 모두가 평가준거 성취기준에 도달할 수 있을까 두려웠지만, 모두가 도달할 수 있도록 어떤 수업을 전개할 것인가를 늘 고민하였다. 학생들의 평가 결과를 염두에 두면서 넓이 단위를 적절하게 사용하는 다양한 활동을 통해 수학의 유용성을 인식하도록 수업을 계획하였다.

영역 및 관련단원	[교육과정 성취기준] 평가준거 성취기준	평가기준		평가방법 및 평가시기
측정 ☞ 5. 여러 가지 단위	**[6수03-04]** 실생활에서 넓이를 나타내는 $1km^2$, 1a, 1ha를 알고 넓이 단위 사이의 단위 변환을 할 수 있다.	참 잘했어요	넓이 단위 간의 관계를 정확히 알고 주어진 문제의 80% 이상을 해결할 수 있다.	지필 ☞ 11월 3주
		잘했어요	넓이 단위 간의 관계를 알고 주어진 문제의 60% 이상 80% 미만을 해결할 수 있다.	
		잘할 수 있어요	넓이 단위 간의 관계에 대한 이해가 부족하여 주어진 문제의 60% 미만을 해결할 수 있다.	

[그림 2-2] 5학년 2학기 수학과 평가 계획(측정 영역)

3.2 평가준거 성취기준에 도달할 수 있도록 수업을 전개하다

교육과정 내용체계에서 측정 영역의 핵심개념은 양의 측정과 어림하기이다. 측정은 1, 2 학기에 1개 단원씩 구성되어 있다. 아래 수업은 5학년 1학기에 있는 내용으로 '어림을 통해 양을 단순화하여 표현하는 것'을 여러 차시에 걸쳐 학습한 것이다.

본교는 개교기념일(4월 24일)을 맞이하여 전교생 모두가 '아주' 글자를 만들고 기념촬영하기로 하였다. '아주'라는 글자를 얼마만한 넓이로 써야할 것인가라는 고민이 생겼다. 이를 수업의 소재로 활용하면 좋겠다는 생각이 들었다. 수업을 계획할 때는 '아주'보다는 '아주30'으로 하여 한 획에 한 학년이 들어간다는 상황을 주었다. 1학년 85명은 'ㅇ'에, 2학년 78명은 'ㅏ'에, 3학년 104명은 'ㅈ'에, 4학년 96명은 'ㅜ'에, 5학년 114명은 숫자 '3'에, 6학년 97명은 '0'에 들어갈 수 있는 넓이여야 했다.

학생들에게 전교생의 재적을 학년별로 정리한 자료를 제공하였다. 학생들은 교실에 있는 신문지, 자, 계산기 등 다양한 도구와 자료를 활용하여 해결 방법을 찾았다.

학년	남	여	계
1	44	41	85
2	43	35	78
3	57	47	104
4	49	47	96
5	50	64	114
6	44	53	97
계	287	287	574

전교생의 재적을 학년별로 제시했다

다양한 방식으로 신문을 단위 넓이로 정하였다.

단위 넓이로 사용할 신문은 몇 cm^2일까?

아주30을 얼마나 넓은 글자로 써야할까?

아주30은 신문 몇 장으로 쓸 수 있을까?

조별 아이디어를 공유하였다

개교기념일에 '아주' 글씨를 썼다

전교생 574명 '아주'에 들어갔다

[그림 2-3] 전교생 574명이 들어갈 수 있는 '아주' 글자의 넓이 구하는 수업

다음 수업은 2학기에 진행된 측정단원으로 단위넓이 $1m^2$를 활용하여 1a 땅을 그리는 활동이다. 788mm×1097mm인 전지 2장으로 1000mm×1000mm인 $1m^2$ 넓이 자를 만드는 것은 쉽지 않았다. 가로와 세로를 똑같이 맞추는 과정에서 길이의 덧셈과 뺄셈, 단위 환산은 물론 평행과 수직의 개념도 적용해야 제대로 된 $1m^2$ 넓이 자를 만들 수 있었다. 학생들은 만들고 어림하고 수치화하는 수업을 통해 측정 영역에서 기대하는 성취기준에 도달해갔다.

[표 2-5] 5학년 측정 영역 성취기준 도달의 기대효과(교육부, p.231)

생활 주변에는 길이, 넓이, 부피 등 다양한 속성이 존재한다. 측정은 여러 가지 속성의 양을 비교하고, 단위를 이용하여 재거나 어림해봄으로써 양을 수치화하는 것이다. 측정 과정에서 경험하는 양의 비교, 측정, 어림은 수학 학습을 통해 길러야 할 중요한 기능이고, 이는 실생활이나 타 교과의 학습에서 유용하게 활용된다. 또한 측정을 통해 길러지는 양감은 수학적 소양을 기르는 데 도움이 된다.

788mm×1097mm 전지 2장을 1m×1m로 변환?

전지를 자르고 붙여서 1m^2 넓이 자를 만들었다

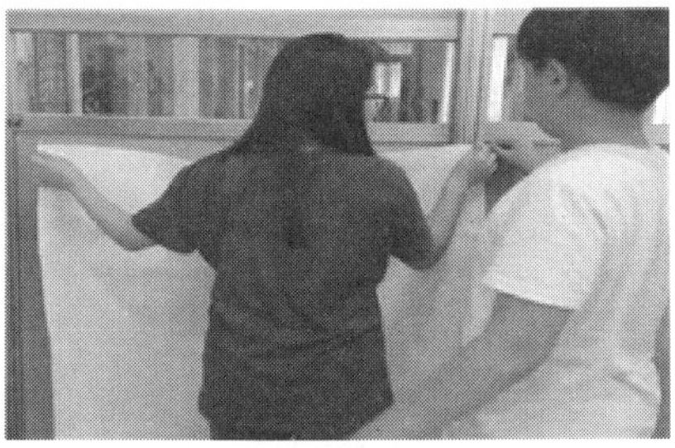

1m^2 넓이 자로 교실 이곳저곳을 측정하였다

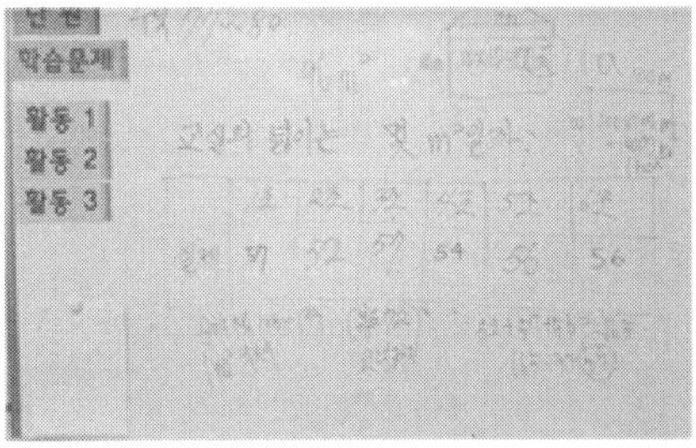

1m^2 넓이 자로 교실의 넓이가 약 55m^{2}임을 알았다

1m^2 넓이 자를 기준으로 1a를 그렸다

1a의 한 변이 9명이 양팔 벌린 크기 정도임을 알았다

[그림 2-4] 단위넓이 1m^{2}를 기준으로 1a 땅을 그리는 수업

다음 수업은 생활 주변 현상을 수학적으로 이해하고 문제를 합리적이고 창의적으로 해결해야 하는 과제이다. 본교 근처에는 코엑스와 잠실야구장이 있는데 도보로 현장학습을 가는 장소이기도 하다. 인터넷 기사에서 우연히 2021년에 코엑스 지하에 잠실야구장 30배인 42만m^2(=42ha) 부지에 복합환승센터가 조성된다는 것을 알고 이를 수업 자료로 활용하였다. 800a의 부지에 VR, AI 등 변화하는 미래를 반영하여 복합문화센터를 디자인하는 수업이다. 학기 초부터 4차 산업혁명과 관련한 동영상을 여러 번 시청하였다.

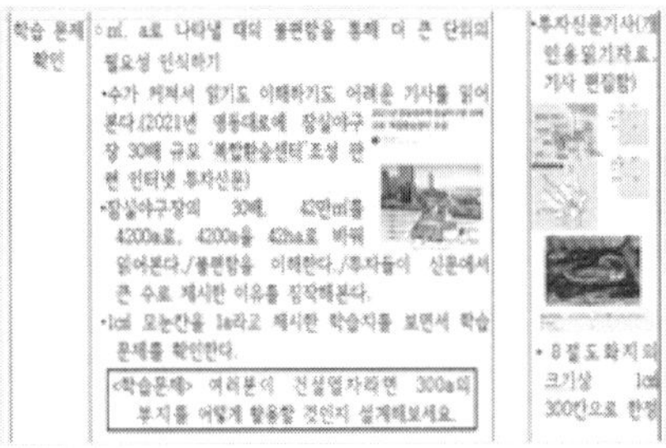

800a부지 복합문화센터 디자인 수업을 계획하였다

인터넷 기사를 문제상황으로 활용하였다

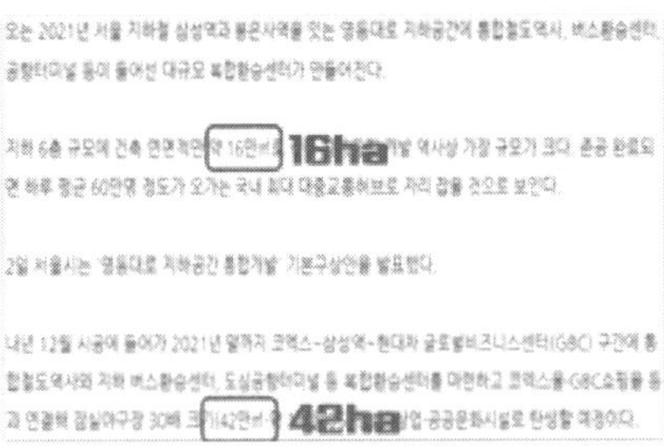

투자자의 입장에서 16만m^2와 16ha를 비교하였다

4인 1조 모둠별로 디자인을 의논하였다

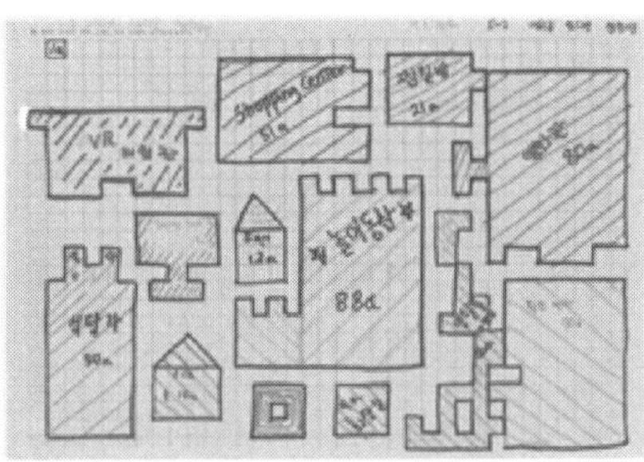

8모둠의 디자인이 다 달랐다

모둠 작품을 발표하고 질의응답시간을 가졌다

[그림 2-5] **단위넓이 a, ha를 적용하여 800a=8ha 복합문화센터를 설계하는 수업**

3.3 수업한 그대로를 평가하다

3.3.1 평가 도구를 개발하다

측정 단원과 관련된 교육과정 성취기준에는 새로운 단위 필요성을 인식하는 내용이 있는데 이에 대한 도달 여부는 수업시간에 집중하고 평가에서는 제외하였다.

[표 2-6] **교육과정 성취기준 및 평가준거 성취기준(측정 영역)**

교육과정 성취기준	실생활에서 넓이를 나타내는 새로운 단위의 필요성을 인식하여 $1km^2$, 1a, 1ha를 알고, 그 관계를 이해한다.
평가준거 성취기준	실생활에서 넓이를 나타내는 $1km^2$, 1a, 1ha를 알고, 넓이 단위 사이의 단위 변환을 할 수 있다.

$1m^2$ 넓이 자로 1a 땅 그리기, 800a(=8ha) 복합문화센터를 디자인하기, 세계 여러 나라 부지별 이산화탄소 배출량 비교하기(교과서 내용) 등을 통해 교육과정 성취기준에는 도달한 것 같다. 평가준거 성취기준 도달 여부로 학생의 변화를 진단해보고 부족한 경우 피드백을 통해 학생의 성장을 지원하고자 아래와 같이 수업한 방식 그대로 평가 문항을 만들고 평가를 실시하였다.

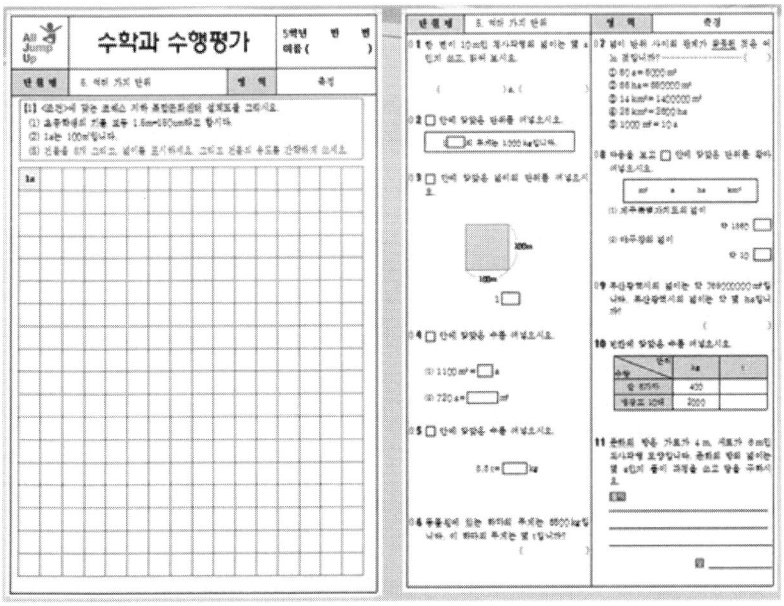

[그림 2-6] **5단원 측정영역의 지필평가 문항**

학생 참여 중심 수업을 진행하는 동안 학생들은 교과 역량을 발휘하여 문제를 해결하였고, 그 결과 6가지 교과 역량이 길러졌음을 관찰 평가를 통해 알 수 있었다. 인지적 측면에서의 성취기준 도달 정도를 알아보고자 평가지의 왼쪽은 수업한 방식 그대로를 평가 문항으로, 오른쪽은 단답형 평가 문항으로 제작하였다.

3.3.2 평가를 실시하고 결과를 피드백하다

수업에서는 $1cm^2$ 한 칸을 1a로 하여 800a 부지를 제공했지만 평가지는 한계가 있어 $1cm^2$ 한 칸을 1a로 하여 288a 부지로 하였다. 그리고 <조건>을 제시하였다. 건물을 입체로 그리고 싶은 학생이 있을 수 있다고 예상하여 <조건(1)>을 제시하였으나 이를 활용한 학생이 없어서 실제 평가에서는 제외하였다. <조건(2)>는 필요한 공식을 알려주었다.

[표 2-7] 수업한 방식을 반영한 평가 문항

[1] <조건>에 맞는 코엑스 지하 복합문화센터 설계도를 그리시오.
(1) 초등학생의 키를 보통 1.5m(=150cm)라고 합시다.
(2) 1a는 $100m^2$입니다.
(3) 건물을 3개 그리고 넓이를 표시하세요. 그리고 건물의 용도를 간략하게 쓰세요.

학생들은 수업에서와 마찬가지로 다양한 건물을 그리고 넓이를 표시하고 건물의 용도를 기술하였다. VR체험관, 쇼핑센터, 찜질방, 영화관, 놀이동산, 환경센터, 방탈출카페, 주택, 식당가, 화장실 등 용도도 다양하고 모양도 여러 가지였다. 125명 모든 학생들이 디자인은 달랐지만 주어진 문제를 성공적으로 해결하였다.

평가지의 오른쪽 문제를 해결할 때, 수치를 바꾸는 것이 아니라 1a를 $100m^2$로 바꿀 때는 운동장에서의 측정 경험을 떠올릴 수 있을 것이라는 생각이 든다. 다른 교과에서라도 실측하고 디자인하는 과제가 주어진다면 수학 수업에서 길러진 역량들이 유용하게 활용될 것이라고 본다. 125명 모든 학생들이 인지적 측면을 평가하는 문항을 해결하였다.

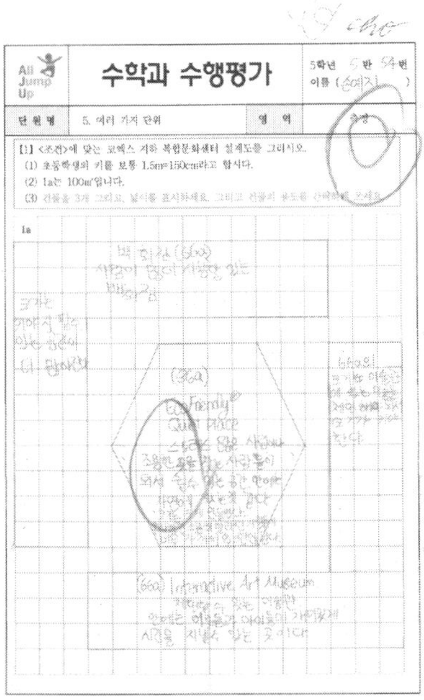

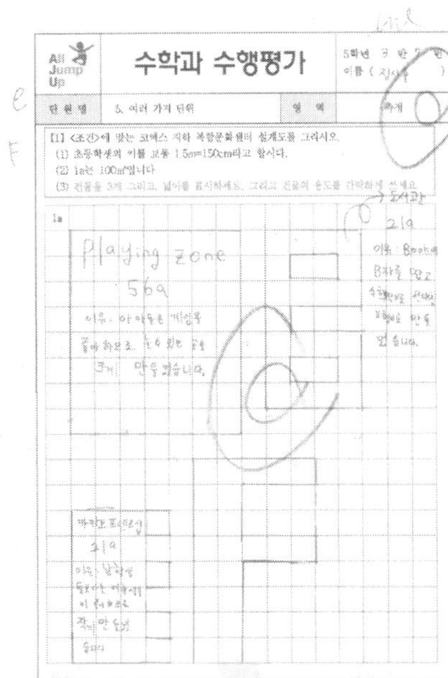

〈건물1〉 모양의 백화점 66a

〈건물2〉 모양의 체험미술관(Interactive Art Museum) 66a

〈건물3〉 모양의 스트레스를 해소하는 자연 공간(EcoFriendly Quiet Place) 36a
- 피드백 과정에서 36a가 틀렸음을 알고 넓이 분할 방법을 활용하여 48a로 수정함

〈건물1〉 Playing Zone 56a
- 아이들이 게임을 좋아하므로 크게 만듦

〈건물2〉 도서관 21a
- Book에서 B 글자를 땄고, 수학적으로 선대칭도형으로 만듦

〈건물3〉 카카오프렌즈샵 21a
- 남학생보다는 여학생이 좋아하므로 작게 만듦

[그림 2-7] 5단원 측정영역의 지필평가 결과(예시)

3.4 자기성장평가표를 활용하여 날마다 수시로 통지하다

평가의 주요한 기능을 선발과 분리로 인식해온 사람은 교사든 학부모든 평가가 학생들의 전인적 성장과 발달을 돕는 것으로서 변화해야 한다는 것을 수용하기 어렵다. 본교도 다양한 연수와 회의를 통해 아래와 같이 수시통지방법을 고안하였다. 날마다 가지고 다니는 독서록 뒤에 자기성장평가표를 부착하고 수시로 학습 성장을 확인할 수 있도록 하였다.

[표 2-8] **자기성장평가표로 과정 중심 평가를 이해시키다(부록3 참조)**

★모든 평가를 한 번만 실시하는 것은 아닙니다. 학생의 성취기준 도달 여부에 따라 교사의 지도 후 재도전을 실시하는 영역도 있습니다. 평가는 궁극적으로 학생의 성장과 발달을 지원함에 있으므로, 평가결과는 재도전에 따라 달라질 수 있습니다. 평정(평가결과) 및 기록은 7월 말에 이루어집니다. 학생들이 지나친 경쟁으로 평가의 부담감을 느끼지 않고 자기 성장에 초점을 맞출 수 있도록 가정에서의 따뜻한 지원과 격려를 부탁드립니다.

자기성장평가표의 '나의 평가를 되돌아보아요.'란에 자신의 평가를 반성해 보고 재도전의 기회를 주었다. 재도전의 횟수와 방식은 학년협의회에서 합의하고 운영할 수 있도록 학업성적관리위원회에서 결정하였다. 학생들은 '다시 한 번 나에게 부족한 부분을 공부할 수 있어서 좋다, 더 잘하고 싶다는 느낌이 들어서 좋다, 평생 기록에 남으니 더 잘할 수 있다, 자신이 틀린 문제를 다시 생각할 수 있고, 앞으로 실수를 하지 않을 수 있다, 자기가 얼마나 못했는지 알 수 있다.'라는 점에서 자기성장평가표가 좋다는 의견이다.

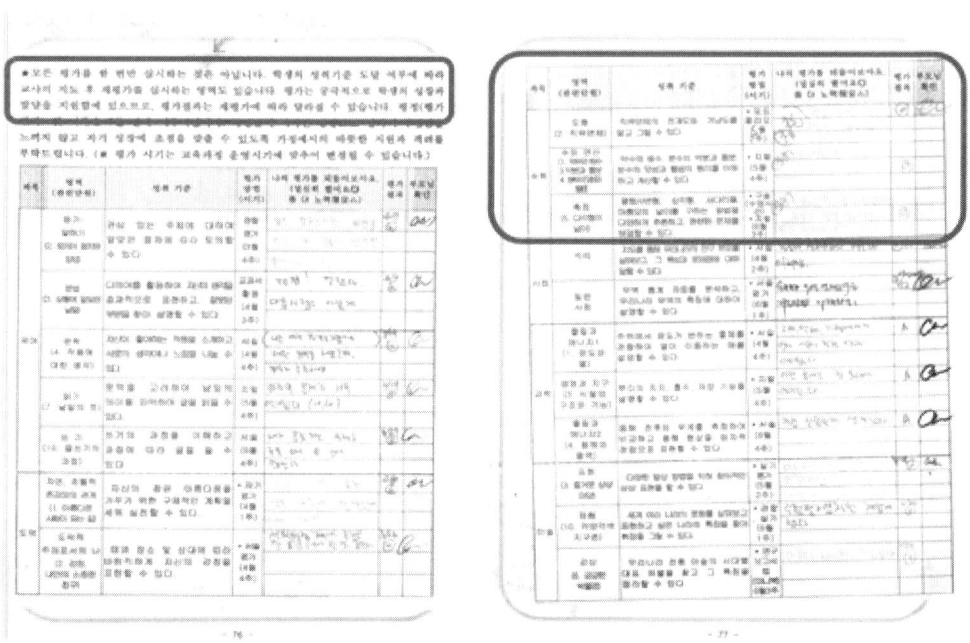

[그림 2-8] **통지표-자기성장평가표**

4 나오는 글

매시간 고민하면서 수업하고 평가했던 그 시절이 끝났다. 학생들과 헤어졌다. 수업이 성취기준에 도달하는 순간이 되도록 학생들을 최대한 도와주는 수업을 운영하고 평가의 부담은 최소화해야 한다는 판단은 옳았고 실천은 대체로 성공하였다.

다음 해인 올해 스승의 날 편지를 받았다. 편지의 내용을 보니, 학생들은 작년 1년 동안 진행했던 수학 수업을 많이 기억하고 있음을 알 수 있었다. 저자도 지난 수학 수업과 평가를 어떻게 계획하고 운영하였는지 1년이 지났음에도 선명하게 기억하고 있다. 학생에게도 교사에게도 그만큼 의미 있는 수업이었기 때문이리라.

학생A와 학생B의 인지적 영역에서의 능력은 상당한 차이가 났다. 하지만 두 학생의 정의적 영역에서는 수학 교육의 목표에 있는 바와 같이, 수학 학습의 즐거움을 느끼고 수학의 유용성을 인식하며 수학 학습자로서 바람직한 태도와 실천 능력이 길러졌음을 알 수 있다. 학생을 긍정적으로 변화하도록 도와주는 것은 교사로서 참 뿌듯한 일이다.

교육과정에 제시한 수학 교육의 목표와 교과 역량을 중심에 두고 교육과정-수업-평가가 일관성을 가지도록 과정 중심 평가를 고민하며 실행했던 것이 학생들뿐만 아니라 교사인 나도 성장시켰다.

[표 2-9] 작년 수학 수업에 대한 학생 편지(20○○.5.15. 스승의 날에)

학생A	선생님의 5학년 수학 수업을 들었었어요. 저는 항상 수학이 콤플렉스였어요. 가장 어려운 과목이었거든요. 근데 작년에 직접 1m^{2}를 이용해서 a(아르)도 만들어보고, 직육면체도 찾아보고, 쇼핑몰 건설계획 같은 걸 하면서 나름 '아, 수학도 할 만하구나!' 라고 느꼈던 것 같아요.
학생B	제가 선생님을 만나기 전까지는 수학에 대해 짜증나고, 지루하고, 다 놓고 싶은 마음이 있었는데, 선생님 덕분에 제가 수학에 한걸음 더 다가가고, 수학은 하기 싫지만 해야 하는 존재이기 때문에 맨날 문제집 풀고 있어요. 반을 틀려도, 다 틀려도 항상 1개라도 이해하게끔 천천히 하나하나 정성껏 가르쳐 주셔서 감사해요.

참고문헌

- 교육부(2015). 초등학교 교육과정. 교육부 교시 제2015-80호 [별책 2]. 세종: 교육부.
- 미래엔에듀(2017). 2015 개정 교육과정에 따른 수학과 교육과정의 이해. 서울: 저자.
- 서울특별시교육청(2017). 학생의 성장과 발달을 돕는 과정 중심 평가. 서울: 저자.
- 서울특별시교육청(2017). 초등학교 학업성적관리시행지침. 서울: 저자.

부록 1. 교수–학습과정안

교과역량중심 협력학습 교수-학습과정안(수학)

2017년 11월 1일 (수) 4교시 지도교사 채은숙 (인)

단 원	5. 여러 가지 단위	대상 (장소)	5-3 (교과교실3)	관련 교과서 (관련 차시)	150~155 (3~5/9)
교육과정 성취기준	[5수03-05] 실생활에서 넓이를 나타내는 새로운 단위의 필요성을 인식하여 a, ha, ㎢를 알고, 그 관계를 이해한다.				
학습목표	넓이와 관련된 실생활문제를 해결하는 데 a와 ha를 활용할 수 있다.				
협력학습 방법	■ 문제해결책 찾기에 협력하고, 역할을 성공적으로 수행함으로서 팀 문제해결에 기여하기				
교과역량	문제해결역량(협력적 문제 해결) 의사소통 역량(의견 나누기)	교수-학습모형	문제해결 모형		
수업자의도 및 참관관점★	■ 교과서에서 학습하는 넓이 단위가 실생활에 직접 활용되고 있음을 알고, 이와 관련된 문제를 해결하는 데 친구들의 아이디어를 수용하고 자신의 역할을 다하는 활동이다. ★ 다양한 아이디어로 팀원과의 협력과 문제해결에 참여하는지 관찰한다.				

단 계	학습요소	교수-학습 활동	본차시 시간 (연차시)	자료 및 유의점 (주요참관시점★)
문제 확인하기 전체 협력하기	전시학습 상기	○㎡와 a의 관계 확인하기  -10m*10m=100㎡=1a -100a=1ha ○㎡로 나타낼 때의 불편함을 통해 더 큰 단위의 필요성 인식하기 •지난 시간 운동장에 1a 크기를 그렸던 사진을 본다. •아주초 운동장의 넓이를 어림한다. -학교 운동장의 넓이는 어느 정도일까요? -약 56a입니다. 운동장 가로에 1a가 8개 정도, 세로에 1a가 7개 정도 그릴 수 있다고 보면, 8*7=56(a)입니다. -56a를 ㎡로 바꾸면 얼마입니까? 5600㎡입니다. -운동장을 ㎡로 나타내면 어떤 점이 불편한가요? -㎡로 나타내면 자릿수가 커져서 나타내는 데 불편합니다./수가 커져서 쉽게 읽거나 말하기 어렵습니다.	10´ (20´)	*연차시로 수업으로 학생들이 충분히 의사소통하고 아이디어를 표현할 기회를 제공한다. *교실 앞에 전체 학습대형으로 모인다. •1a그리기 활동 사진(TV화면)
	학습 문제 확인	○㎡, a로 나타낼 때의 불편함을 통해 더 큰 단위의 필요성 인식하기 •수가 커져서 읽기도 이해하기도 어려운 기사를 읽어본다.(2021년 영동대로에 잠실야구장 30배 규모 '복합환승센터'조성 관련 인터넷 투자신문)  •잠실야구장의 30배, 42만㎡를 4200a로, 4200a을 42ha로 바꿔 읽어본다./불편함을 이해한다./투자가들이 신문에서 큰 수로 제시한 이유를 짐작해본다. •1㎠ 모눈칸을 1a라고 제시한 학습지를 보면서 학습 문제를 확인한다. <학습문제> 여러분이 건설업자라면 300a의 부지를 어떻게 활용할 것인지 설계해보세요.		•투자신문기사(개인용읽기자료, 기사 편집함) 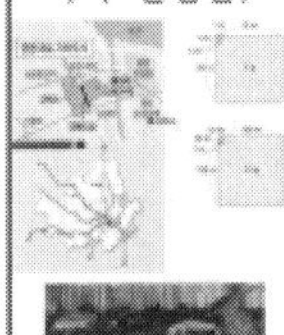  * 8절도화지의 크기상 1㎠ 300칸으로 한정

문제해결 방법찾기 모둠내 협력하기	부지활용 공유하기	○투자신문기사와 코엑스~아주초 지도를 보면서 실제 넓이 짐작하기 위해 충분히 이야기하기 -잠실야구장은 59,500㎡, 관중석 30000개인데, 복합환승센터는 잠실야구장의 30배이므로 30만명을 한꺼번에 수용할 수 있다 -아주초 학생이 500명이라면 학교 600개의 학생들을 한꺼번에 수용할 수 있다. ○부지활용 방법 이야기하기 -30만명이 왔다갔다하려면 통로로 넓어야 할 것 같다. -코엑스 별마당같이 많은 사람들이 기다리는 공간이 필요할 것 같다. -1a와 같은 작은 넓이의 가게들도 필요할 것 같다.	10′ (40′)	*친구들의 의견을 경청한다. *서로의 의견을 설명하느라고 소란스러울 수 있다. •코엑스~아주초 지도(모둠용) 
문제해결 하기 모둠내 협력하기	부지활용 하기	○모눈종이에 필요한 건물 설계하기(예시) -폭이 1a인 큰 길부터 위치시킨다. -넓이 4a도서관을 설계한다. -작은 도서관을 여러 곳 만들고 도서관마다 다른 책을 마련해 두는 것이 좋을 것 같다. 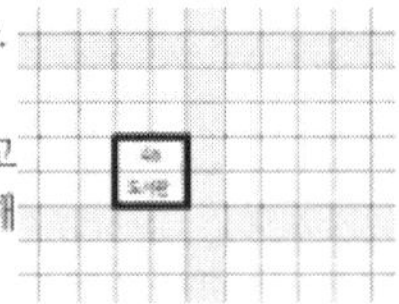		•1㎠가 300정도 있는 모눈종이(8절도화지, 모둠용) ★연차시로 구성하여 학생들의 문제해결방법을 충분히 의사소통하면서 아이디어를 배울 시간을 제공한다.
전체 질문하기	건물설계 공유하기	○모둠별 설계도면 관람하기 ○모둠별로 설계도면 발표하기(예시) -넓이 4a도서관은 너무 작지 않습니까? -작은 도서관을 여러 곳에 두려고 합니다. -1a의 한쪽변에 8명이 손을 잡고 서 있을 수 있었습니다. 도서관의 한 번 2m에 30명정도는 설 수 있을 정도의 공간은 너무 좁은 것 같습니다.		
문제해결 결과 정리하기 전체 질문하기	정리 및 평가	○학습 내용 정리하기 •a와 ha를 실생활문제에 활용해 본 소감을 이야기한다. •배운 내용을 토대로 수학일기를 써본다.(가정학습) -다음 시간에 수학일기 점검 후 이해도 및 피드백한다. ○평가하기 •교과서 151, 153쪽 마무리 문제를 푼다. -교사는 궤간순시하면서 어려워하는 학생을 도와준다.	10′ (20′)	•교과서 151쪽 마무리 문제
	차시예고	○차시 예고하기 •다음 시간에는 람사르에 등록된 습지의 넓이를 알맞은 단위로 나타내는 것에 대하여 공부합니다.		

※과정중심평가계획

평가준거 성취기준	평가기준(※구체적으로 자세하게 기술)		평가방법
넓이를 구하는 문제 상황에서 추론하고 의사소통할 수 있는가?	참 잘했어요	넓이를 구하는 문제 상황에서 추론하고 적극적으로 의사소통한다.	관찰 및 학습지
	잘했어요	넓이를 구하는 문제 상황에서 추론하고 의사소통하려고 노력한다.	
	잘할 수 있어요	넓이를 구하는 문제 상황에서 추론하고 의사소통하는 데 소극적이다.	

부록 2. 학습지–읽기 자료

2021년 영동대로에 잠실야구장 30배 규모 '복합환승센터' 조성

더비즈니스
2016.05.02. 17:58 | 3,482 읽음

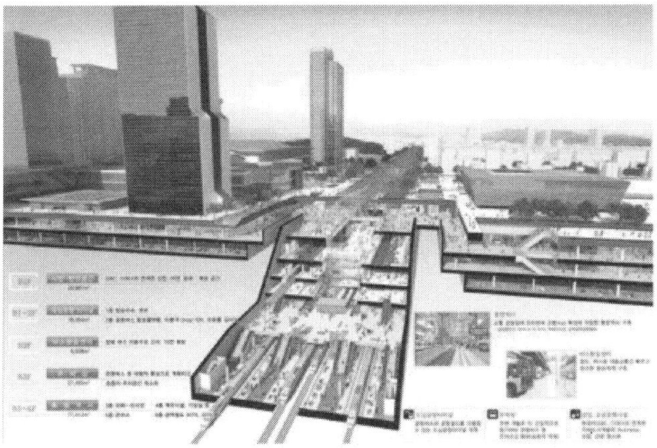

영동대로 기본구상 조감도 <출처=서울시>

오는 2021년 서울 지하철 삼성역과 봉은사역을 잇는 영동대로 지하공간에 통합철도역사, 버스환승센터, 공항터미널 등이 들어선 대규모 복합환승센터가 만들어진다.

지하 6층 규모에 건축 연면적만 약 16만㎡로 국내 지하공간 개발 역사상 가장 규모가 크다. 준공 완료되면 하루 평균 60만명 정도가 오가는 국내 최대 대중교통허브로 자리 잡을 것으로 보인다.

2일 서울시는 "영동대로 지하공간 통합개발" 기본구상안을 발표했다.

내년 12월 시공에 들어가 2021년 말까지 코엑스~삼성역~현대차 글로벌비즈니스센터(GBC) 구간에 통합철도역사와 지하 버스환승센터, 도심공항터미널 등 복합환승센터를 마련하고 코엑스몰·GBC쇼핑몰 등과 연결해 잠실야구장 30배 크기(42만㎡·약 12만7050평)의 상업·공공문화시설로 탄생할 예정이다.

또 지상부와 지하가 단절되지 않도록 '보행 네트워크'를 구축하고 코엑스와 잠실종합운동장에 이르는 보행축을 구상한다. 나아가 지하 6층까지 오픈된 공간을 만들어 자연채광은 물론 통풍과 환기가 가능한 실내공간을 만들겠다는 계획이다.

서울시는 인근에 개발중인 현대차GBC와 함께 상업시설도 대폭 확대한다. 기존 코엑스몰(16만5000㎡)에 영동대로 지하에 새로 조성될 상업시설(16만㎡), GBC쇼핑몰(9만6000㎡)까지 연계되면 총 42만㎡, 잠실야구장 30배 크기에 달하는 대규모 지하상권이 형성될 전망이다.

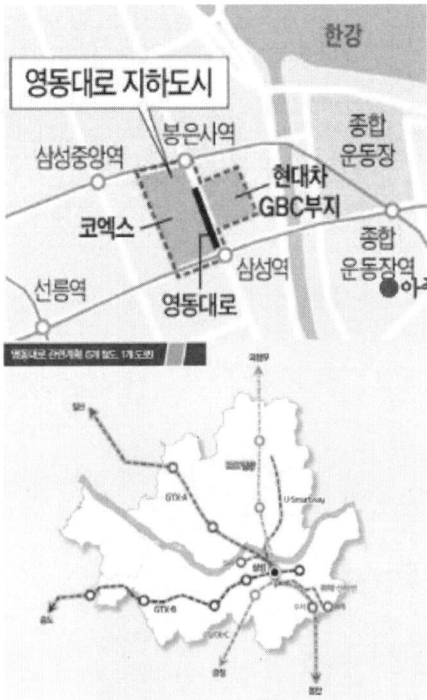

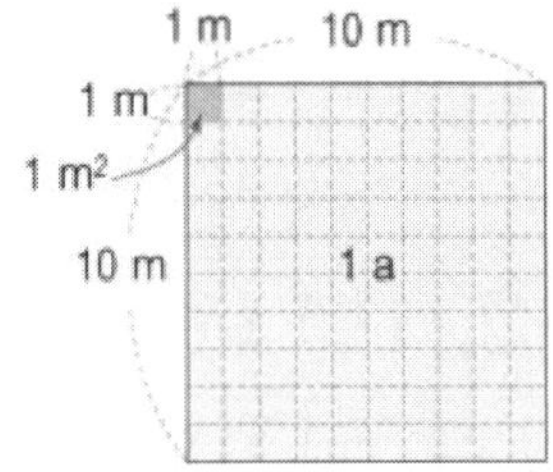

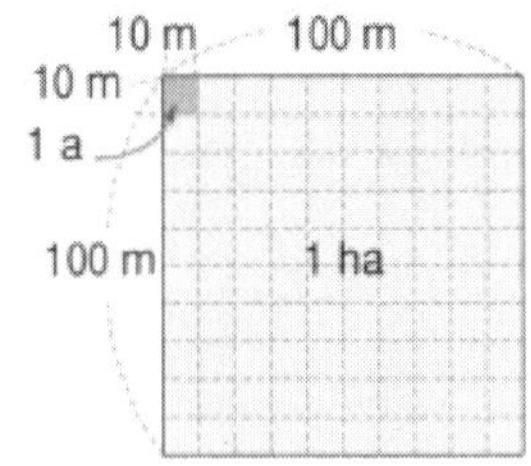

잠실 야구장은...부지 59,500㎡, 경기장 **면적** 13,880㎡에 관중석 30,306석.

출처 : 체육학대사전

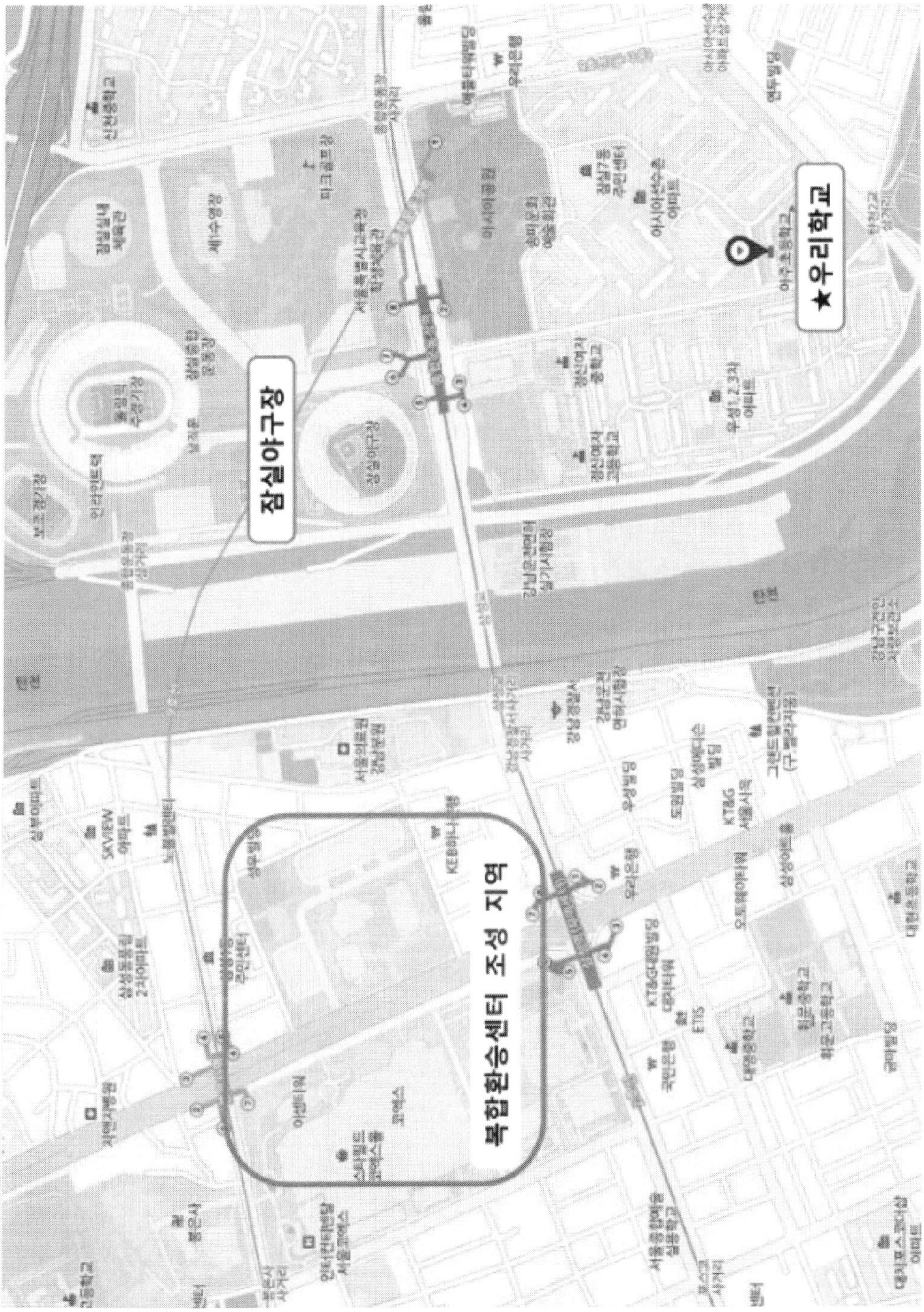
잠실야구장
★우리학교
복합환승센터 조성 지역

부록 3. 평가결과지

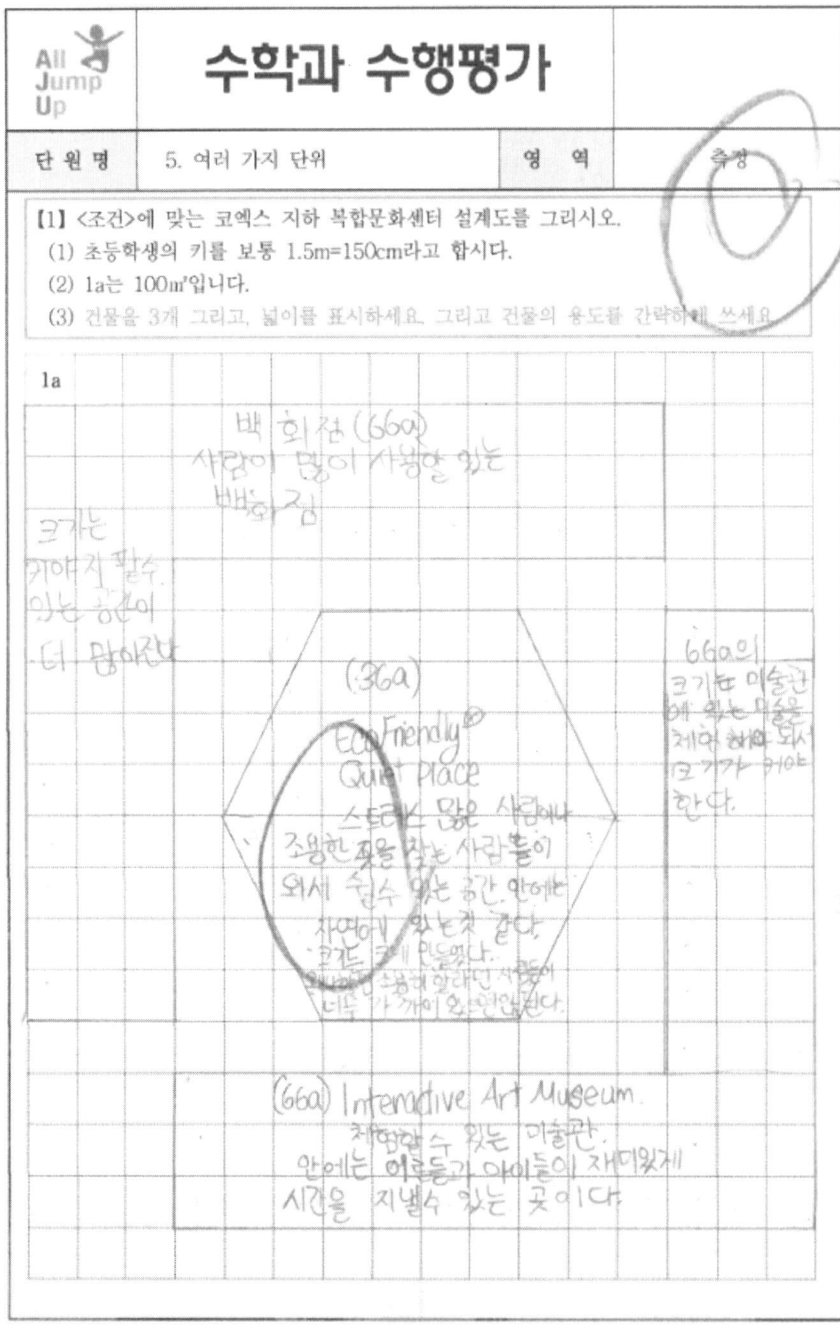

All Jump Up	수학과 수행평가	
단 원 명	5. 여러 가지 단위	영 역	측정

【1】 <조건>에 맞는 코엑스 지하 복합문화센터 설계도를 그리시오.

(1) 초등학생의 키를 보통 1.5m=150cm라고 합시다.

(2) 1a는 100㎡입니다.

(3) 건물을 3개 그리고, 넓이를 표시하세요. 그리고 건물의 용도를 간략하게 쓰세요.

부록 4. 수시통지표–자기성장평가표(5학년 1학기)

★모든 평가를 한 번만 실시하는 것은 아닙니다. 학생의 성취기준 도달 여부에 따라 교사의 지도 후 재평가를 실시하는 영역도 있습니다. 평가는 궁극적으로 학생의 성장과 발달을 지원함에 있으므로, 평가결과는 재평가에 따라 달라질 수 있습니다. 평정(평가결과) 및 기록은 7월 말에 이루어집니다. 학생들이 지나친 경쟁으로 평가의 부담감을 느끼지 않고 자기 성장에 초점을 맞출 수 있도록 가정에서의 따뜻한 지원과 격려를 부탁드립니다. (※ 평가 시기는 교육과정 운영시기에 맞추어 변경될 수 있습니다.)

과목	영역 (관련단원)	성취 기준	평가 방법 (시기)	나의 평가를 되돌아보아요. (열심히 했어요◎ 좀 더 노력해요△)	평가 결과	부모님 확인
국어	듣기·말하기 (2. 토의의 절차와 방법)	관심 있는 주제에 대하여 알맞은 절차에 따라 토의할 수 있다.	관찰 평가 (3월 4주)		◎	
	문법 (3. 상황에 알맞은 낱말)	다의어를 활용하여 자신의 생각을 효과적으로 표현하고, 잘못된 부분을 찾아 설명할 수 있다.	교과서 활동 (4월 3주)		◎	
	문학 (4. 작품에 대한 생각)	자신이 좋아하는 작품을 소개하고 서로의 생각이나 느낌을 나눌 수 있다	서술 (4월 4주)		◎	
	읽기 (7. 낱말의 뜻)	문맥을 고려하여 낱말의 의미를 파악하여 글을 읽을 수 있다.	지필 (5월 4주)		◎	
	쓰기 (10. 글쓰기의 과정)	쓰기의 과정을 이해하고 과정에 따라 글을 쓸 수 있다.	서술 (6월 4주)		◎	
도덕	자연, 초월적 존재와의 관계 (1. 아름다운 사람이 되는 길)	자신의 참된 아름다움을 가꾸기 위한 구체적인 계획을 세워 실천할 수 있다.	• 자기 평가 (4월 1주)		◎	
	도덕적 주체로서의 나 (2. 감정, 내 안의 소중한 친구)	때와 장소 및 상대에 따라 바람직하게 자신의 감정을 표현할 수 있다.	• 서술 평가 (4월 4주)		◎	

과목	영역 (관련단원)	성취 기준	평가 방법 (시기)	나의 평가를 되돌아보아요. (열심히 했어요◎ 좀 더 노력해요△)	평가 결과	부모님 확인
수학	도형 (2. 직육면체)	직육면체의 전개도와 겨냥도를 알고 그릴 수 있다.	• 모든 플리오 (5월 2주)		◎	
	수와 연산 (1. 약수와 배수 3. 약분과 통분 4. 분수의 덧셈과 뺄셈)	약수와 배수, 분수의 약분과 통분, 분수의 덧셈과 뺄셈의 원리를 이해하고 계산할 수 있다.	• 지필 (5월 4주)		◎	
	측정 (5. 다각형의 넓이)	평행사변형, 삼각형, 사다리꼴, 마름모의 넓이를 구하는 방법을 다양하게 추론하고, 관련된 문제를 해결할 수 있다.	• 구술 (수업시간) • 지필 (6월 3주)		◎	
사회	지리	지도를 통해 우리나라의 인구 분포를 설명하고, 그 특성과 문제점에 대해 말할 수 있다.	• 서술 (4월 2주)		◎ A	
	일반 사회	무역 통계 자료를 분석하고, 우리나라 무역의 특징에 대하여 설명할 수 있다.	• 서술 평가 (6월 1주)			
과학	물질과 에너지1 (1. 온도와 열)	주위에서 온도가 변하는 물체를 관찰하여 열이 이동하는 예를 설명할 수 있다.	• 서술 (4월 4주)		A	
	생명과 지구 (3. 식물의 구조와 기능)	뿌리의 지지, 흡수, 저장 기능을 설명할 수 있다.	• 지필 (5월 4주)		A	
	물질과 에너지2 (4. 용해와 용액)	용해 전후의 무게를 측정하여 비교하고 용해 현상을 입자적 관점으로 표현할 수 있다.	• 서술 (6월 4주)		A	
미술	표현 (3. 즐거운 상상 여행)	다양한 발상 방법을 익혀 창의적인 상상 표현을 할 수 있다.	• 실기 평가 (5월 2주)		◎	
	체험 (10. 지구촌)	세계 여러 나라의 문화를 살펴보고 표현하고 싶은 나라의 특징을 찾아 특징을 그릴 수 있다.	• 관찰 , 실기 (6월 1주)		◎	
	감상 (6. 감상한 박물관)	우리나라 전통 미술의 시대별 대표 유물을 찾고 그 특징을 정리할 수 있다.	• 연구 보고서 법 (미니북) 6월3주		◎	

제3장

초등학교 과정 중심 평가 사례

김민정(서울아주초등학교)
권점례(한국교육과정평가원)

1 들어가는 글

2015 개정 수학과 교육과정의 교수·학습 및 평가의 방향에 제시된 평가 방법은 다음과 같다.

[표 3-1] **교육과정에 제시된 평가 방법**

1. 수학과의 평가는 학습 결과 평가뿐만 아니라 과정 중심 평가도 실시하여 종합적인 수학 학습 평가가 될 수 있게 한다.
2. 수업의 전개 국면에 따라 진단평가, 형성평가, 총괄평가를 적절히 실시하되, 지속적인 평가를 통해 다양한 정보를 수집하고 수업에 활용한다.
3. 학생의 수학 학습 과정과 결과는 지필 평가, 프로젝트 평가, 포트폴리오 평가, 관찰 평가, 면담 평가, 구술 평가, 자기 평가, 동료 평가 등의 다양한 평가 방법을 사용하여 양적 또는 질적으로 평가한다.
4. 평가 내용이나 방법에 따라 학생에게 계산기, 컴퓨터, 교육용 소프트웨어 등의 공학적 도구와 다양한 교구를 이용할 수 있게 한다.

수학과의 평가는 과정 중심 평가를 통해 종합적인 수학 학습 평가를 실시하도록 안내하고 있다. 과정 중심 평가는 학습의 결과를 평가하는 결과중심평가 방식에 반해 성취기준에 따른 학습의 과정을 평가하여 학생의 학업성취 수준을 파악하고 신속히 환류(feedback)하는 데 목적이 있다. 과정 중심 평가는 학생의 학습과 성장을 돕는 평가로 교육현장은 교과별 성취기준에 근거하여 실생활과 연계한 수업 및 평가를 계획하고 진행하여 교육과정-수업-평가-기록의 일체화를 추구할 필요가 있다. 이에 본 장에서 제시하는 초등학교 평가 사례는 교육과정에 기반하여 실생활과 연계한 프로젝트를 통해 수업과 평가를 설계하고 실시한 사례이다.

2 평가의 개관 및 계획

앞서 언급하였듯이, 과정 중심 평가를 설계하고 실시하기 위해 교육과정에 기반하여 설계한 프로젝트와 교수·학습안을 포함하여 평가 계획을 소개한다.

2.1 프로젝트 소개: 나눔(÷) 바자회로 우리반 행복 더하기(+)

2.1.1 프로젝트 개관

4차 산업혁명이란 사물인터넷(IoT, internet of things), 인공지능(AI, artificial intelligence), 빅데이터(big data), 로봇, 나노기술, 바이오기술 등의 융합발전으로 초지능적 시스템을 통해 경제, 사회 전반적으로 혁신적인 변화가 나타나게 되는 것을 의미한다. 그렇다면 4차 산업혁명 시대를 이끌어갈 미래형 인재는 어떤 사람일까? 미래에서 요구되는 인재상은 2015 개정 교육과정 총론에서 언급한 바와 같이, 기본적으로 바른 인성을 갖춘 창의·융합형 인재이다.

이에 반해, 본 학급 6학년 학생들을 인성 측면에서 기본적인 바른 인성을 갖추기 위해 자아존중감은 충만하나 타인에 대한 이해, 존중, 배려는 부족한 편이다. 문제해결력 측면에서는 교과 지식에 대한 개별 수준 차가 아주 크지만 친구의 학습 수준에는 별로 관심이 없다. 이에 나눔(÷) 바자회로 우리반 행복 더하기(+) 프로젝트는 학습하는 과정에서 다른 사람의 의견을 경청하며 존중하는 의사소통 역량과 공동체 발전에 적극적으로 참여하는 공동체 역량을 함양할 수 있는 나눔 체험에 초점을 두어 우리반 행복을 함께 만들고 누릴 수 있도록 구성하였다. 더불어 무수히 많은 정보들을 처리하고 새로운 것을 창출할 수 있도록 본 프로젝트에서는 자료 수집, 분류, 정리와 뉴스의 관점, 시각문화, 직육면체의 겉넓이와 부피를 배우고 활용하는 과정을 통해 나눔 장터를 계획하고 운영하는 데 직접 참여하는 기회를 제공하여 정보-처리 역량과 창의적 사고 역량을 함양시키도록 프로젝트를 구성하였다.

2.1.1 프로젝트 기저

2.1.1.1 교육과정 살펴보기

본 평가 사례는 국어, 도덕, 수학, 미술 교과와 창의적 체험활동(창체)을 기반으로 진행되었다. 이에 대한 교육과정은 아래와 같다.

교과별 교육과정		필수 학습 요소 및 평가 요소
교과	성취기준	내용 요소(▶) 및 기능(▷)
국어	듣기·말하기(1) 뉴스를 듣고 자신의 의견을 말한다. 읽기(5) 글에 나타난 글쓴이의 관점이나 의도를 파악한다. 듣기·말하기(9) 비속어 사용의 문제점을 인식하고 품위 있는 언어생활을 한다.	▶ 발표[매체 활용] ▷ 자료·매체 활용하기(자료·정보 활용 역량)
도덕	[6도01-02] 자주적인 삶을 위해 자신을 이해하고 존중하며 자주적인 삶의 의미와 중요성을 깨닫고 실천 방법을 익힌다. [6도02-03] 봉사의 의미와 중요성을 알고, 주변 사람의 처지를 공감하여 도와주려는 실천 의지를 기른다. [6도04-02] 올바르게 산다는 것의 의미와 중요성을 알고, 자기 반성과 마음 다스리기를 통해 올바르게 살아가기 위한 능력과 실천 의지를 기른다.	▶ 자주적인 삶이란 무엇일까?[자주] ▷ 생활 계획 세우기(도덕적 습관화) ▶ 우리는 남을 왜 도와야 할까?[봉사] ▷ 감사하기(도덕적 대인관계능력) ▶ 나는 올바르게 살아가고 있을까?[윤리적 성찰] ▷ 실천 의지 기르기(실천 능력)
수학	[6수05-04] 자료를 수집, 분류, 정리하여 목적에 맞는 그래프로 나타내고, 그래프를 해석할 수 있다. [6수03-09] 직육면체와 정육면체의 겉넓이를 구하는 방법을 이해하고, 이를 구할 수 있다. [6수03-10] 부피를 이해하고, 1㎤, 1㎥의 단위를 알며, 그 관계를 이해한다. [6수03-11] 직육면체와 정육면체의 부피를 구하는 방법을 이해하고, 이를 구할 수 있다.	▶ 띠그래프, 원그래프 ▷ 수집하기, 정리하기, 해석하기(정보 처리 능력, 태도 및 실천 능력) ▶ 입체도형의 겉넓이, 부피 ▷ 추론하기, 이해하기, 측정하기, 설명하기, 문제해결하기(문제해결 능력, 추론 능력, 의사소통 능력)
미술	체험(소통) 시각 문화의 소통 방식을 이해하고 활용한다. ㉮ 다양한 목적과 의도를 반영한 시각 문화를 찾아보기 ㉯ 시각 이미지의 의미 전달 방식을 이해하고 활용하기	▶ 이미지와 의미 ▷ 탐색하기, 나타내기(시각적 소통 능력)
창체	프로젝트 설계, 재능 발표회, 러닝 페어	

* 수학교과와 도덕교과는 본교 현장적합성 검토 연구와 연계해 2015 개정 교육과정 적용

2.1.1.2 학생 살펴보기

실태 분석		수업 디자인
프로젝트 주제 이해 (창의적 사고 역량)	▹나눔 바자회에 대한 이해 정도를 살펴본 결과, 총 24명 중 13명(54%)이 나눔 바자회를 모른다고 답변하였으며 안다고 언급한 학생들도 물건을 기부하는 것으로 한정짓거나 벼룩시장으로 아는 학생들이 많았다.	▸학생들이 나눔 바자회에 대한 의미를 명확하게 이해하지 못해 나눔 바자회는 물건 아나바다 활동 이외에 재능 나눔, 지식 나눔, 책 나눔 등 다양한 활동이 있음을 안내한다.
프로젝트 실행 수준 (지식정보 처리 역량)	▹실제로 운영해본 경험에 대한 질문에 4명(17%)이 참여는 해보았으나 학급 학생들 전체가 실제로 계획하고 운영은 해본 적이 없다고 대답하였다. ▹어떤 일을 계획할 때 통계포스터를 활용한 적이 있느냐는 질문에 2명(8%)만 활용한 적 있고 직육면체 겉넓이 선수학습인 직사각형의 넓이와 직육면체의 전개도에 대한 이해 정도는 6명(25%)이 이해를 하지 못하고 있었다.	▸학생들이 행사를 실제로 계획하고 운영해본 경험이 없어 본 프로젝트를 통해 다양한 영역의 지식과 정보를 처리하고 활용할 수 있는 기회를 제공하고자 한다. ▸수학 교과 경험 및 지식의 부족한 점을 고려하여 나눔 바자회 프로그램 선정 시 통계포스터 활용, 선수 학습에 대한 사전 지도를 하고자 한다.
프로젝트 협력 태도 (의사소통 역량, 공동체 역량)	▹평소 수업 시간에 자신의 생각을 잘 발표하는지에 대한 질문에 5명(%)은 발표를 잘하며, 2명(%)은 부족하다고 하였다. 또한, 평소 선호하는 협력학습 형태는 16명(%)이 모둠을 선호하였고, 그 이유는 짝 활동 보다 재미가 있다고 답하였으나 관찰 결과, 의사소통에 필요한 경청에 어려움이 있었다.	▸자신의 생각 말하기 연습을 위해 아침 시간에 5분 스피치, 동화로 감성 + 활동을 실시하고 감정카드를 활용해 상대방을 배려하는 말하기 및 듣기 방법을 훈련하여 의사소통 능력을 향상시키고자 한다.

2.1.1.3 주제 선정하기

<table>
<tr><th colspan="2">학습 내용[단원(차시)]</th><th></th><th>학습자 관심사</th><th></th><th>주제 선정</th></tr>
<tr><td>국어</td><td>매체[11. 뉴스의 관점(6차시)]</td><td rowspan="5">+</td><td rowspan="5">뉴스 UCC
+ 아나바다, 기부
+ 설문지
+ 선물 상자
+ 홍보 포스터</td><td rowspan="5">➡</td><td rowspan="5">나눔(÷)
바자회로
우리반
행복
더하기(+)</td></tr>
<tr><td>도덕</td><td>자주, 봉사, 성찰[우리가 만드는 도덕 수업1(5차시)]</td></tr>
<tr><td>수학</td><td>그래프, 겉넓이, 부피[5.여러 가지 그래프+6.직육면체의 겉넓이와 부피(10차시)]</td></tr>
<tr><td>미술</td><td>시각 문화[2-1. 시각 문화의 다양한 모습들(4차시)]</td></tr>
<tr><td>창체</td><td>프로젝트 열기, 재능 발표회, 러닝 페어</td></tr>
</table>

2.1.1.4 주제망 선정하기

2.2 프로젝트 교수·학습 및 과정 중심 평가 계획

본 사례는 총 28차시에 걸쳐 수행된 결과로 주제별 계획은 다음과 같다.

주제	나눔(÷) 바자회로 우리 반 행복 더하기(+)
활동주제 (차시)	교수·학습([국][도][수][미][창]) 및 과정 중심 평가(?)
열며 (1-2/28)	◦ [도] 봉사의 모범사례를 탐색하고 나눔과 봉사 활동 떠올리기 ◦ [창] 나눔(÷) 바자회로 우리 반 행복 더하기(+) 프로젝트 계획 세우기
 (3-8/28)	◦ [국] 최근 뉴스를 보고 이야기 나누기 ◦ [미] 다양한 시각 문화를 생활 속에서 찾아 제작 목적과 소통 방식에 대해 이야기 나누기 ◦ [국] 뉴스 진행자 되어보기
 (9-23/28)	◦ [도] 재능 나눔 실천 계획 세우기 ? **[6도01-02],[6도02-03]** ➜ 「**포트폴리오**」 자기 성찰 및 상호 피드백을 통해 자신의 재능을 발견하여 재능 나눔을 위한 실천 계획을 세우고 꾸준히 실천하기 ✎ 재능을 찾는 데 어려움을 겪는 경우 교사가 평소 학급에서 잘하는 활동 안내하기 ✎ 재능 실천 계획을 구체적으로 세울 수 있도록 피드백 제공하기 ◦ [수][도] 나눔 바자회 준비 계획 세우기 ? **[6수05-04]** ➜ 「**포스터 보고서**」 설문지를 통해 나눔 바자회 희망 프로그램 선호도 조사 자료를 수집, 정리, 해석하여 발표하기

✎ 설문지에 필요한 요소가 모두 포함되도록 피드백하기

✎ 비율그래프를 바르게 그리고 해석이 옳은지 질의응답 논의를 통해 피드백 제공하기

- 우리 학급 나눔 바자회 프로그램 선정하기

나눔 바자회 프로그램 예시	<재능 나눔> 다양한 재능을 익힐 수 있는 재능 나눔 실천	<책 나눔> 인성 함양에 도움이 되는 동화책 나눔 실천	<선물 나눔> 선물 복불복 상자를 만들어 나눔 실천

◦ 수 직육면체의 겉넓이 구하는 방법 알아보기 본시

? **[6수03-09] ➜ 「관찰, 자기평가, 동료평가」** 직육면체의 겉넓이를 구하는 다양한 방법에 대해 논의하며 가장 쉬운 방법 정하기

✎ 상자의 겉넓이 구하는 방법을 다양하게 추론하도록 피드백 제공하기

✎ 수학 학습장을 통해 성취기준 도달 정도를 파악하고 개인별 사후 피드백 제공하기

◦ 미 홍보 포스터의 영향 알아보기

◦ 창 학교 재능 발표회 참관하기

◦ 수 직육면체의 부피를 비교하고 부피 구하는 방법 알고 구하기

? **[6수03-10],[6수03-11] ➜ 「서술평가, 동료평가」** 직육면체의 부피 구하는 방법에 대해 논의하고 친구에게 소개하는 수학 글쓰기

✎ 상자의 부피 구하는 방법을 다양하게 추론하도록 피드백 제공하기

◦ 미 나눔 바자회 홍보하기

? **[체험(소통)] ➜ 「실기평가, 동료평가」** 나눔 바자회를 홍보하는 모둠 협력 포스터 만들어 전시하고 감상하기

◦ 수 부피의 큰 단위를 알고 나눔 바자회 부스의 부피 구하기

(24-28/28)

◦ 도 학급 나눔 바자회 개최하기

◦ 국 나눔(÷) 바자회로 우리 반 행복 더하기(+) 뉴스 UCC 만들기

? **[듣기·말하기(1)] ➜ 「실기평가, 동료평가」** 의미있는 프로젝트 과정이 드러나도록 모둠별 협력하여 뉴스 UCC로 제작하고 공유하며 자신의 의견 이야기하기

✎ 협력에 어려움을 겪는 모둠의 경우 원인을 파악하여 해결 방안을 피드백하기

◦ 창 러닝 페어하기

2.3 본시 교수·학습 지도안

총 28차시 중 15차 수업인 수학시간의 교수·학습 지도안은 아래와 같다.

<table>
<tr><td>프로젝트</td><td>나눔(÷) 바자회로 우리 반 행복 더하기(+)
(15/28)</td><td>단원</td><td colspan="2">6. 직육면체의 부피와 겉넓이(2/8)</td></tr>
<tr><td>본시주제</td><td colspan="2">직육면체의 겉넓이 구하는 방법 이해하고 구하기</td><td>학습모형</td><td>원리탐구학습</td></tr>
<tr><td>성취기준</td><td colspan="4">[6수03-09] 직육면체와 정육면체의 겉넓이를 구하는 방법을 이해하고, 이를 구할 수 있다.</td></tr>
<tr><td>학습목표</td><td colspan="4">• 직육면체의 겉넓이를 구하는 여러 가지 방법을 알고, 겉넓이를 구한다.
• 직육면체의 겉넓이를 구하는 다양한 방법을 추론하고 설명할 수 있다.(추론, 의사소통)
• 직육면체의 겉넓이 구하는 방법을 식으로 나타내어 간편한 식을 찾아 활용할 수 있다.(추론)</td></tr>
<tr><td>수업 전
Ⓣ예상하기</td><td colspan="4"><겉넓이 구하는 방법 1> 여섯 면의 넓이를 각각 구해 모두 더함
<겉넓이 구하는 방법 2> 합동인 세 면의 넓이를 구해 각각 2배한 뒤 더함
<겉넓이 구하는 방법 3> 합동인 세 면의 넓이의 합을 구한 뒤 2배함
<겉넓이 구하는 방법 4> 두 밑면의 넓이와 옆면의 넓이를 더함</td></tr>
</table>

학습단계 (소요시간)	학생 학습 활동	◆Ⓣ, Ⓢ5관행★수학교과역량 ⓟ과정 중심 평가▸피드백	♡협력학습 □자료 ※유의점
문제 파악 (5′)	◉ 수학 수업 다짐을 통한 배움 열기 ◉ 나눔=행복 프로젝트와 연계하여 공부할 문제 접근하기 - [1]에서 제시된 화합 모둠의 문제를 해결하기 위해 우리가 공부할 내용 파악하기 ◉ 공부할 문제 확인하기 ♣ 직육면체의 겉넓이 구하는 방법 알아보기	ⓟ과정 중심 평가 계획 [내용] 직육면체의 겉넓이 구하는 방법을 아는가? 구하는가? [교과역량] 다양한 방법을 추론하는가? 해결 과정을 그림, 식으로 표현하는가?	※ 나눔(÷) 바자회로 우리 반 행복 더하기(+) 프로젝트와 연관 지어 공부할 문제의 필요성을 인식하게 한다. [1] ppt [2] 학습장 ♡ 상호 질문 만들기
예상 (10′)	◉ 직육면체의 겉넓이 구하는 방법 예상하기 - 직육면체의 겉넓이를 어떻게 구할 수 있을지 먼저 생각해보고 짝끼리 논의하기 - 직육면체의 겉넓이 구하는 방법을 알아보기 위해 무엇을 사용할지 발표하기 ◉ 예상한 방법으로 해결하기 - 각자 선택한 방법으로 해결하기	◆ Ⓢ예상하기 ★ 추론, 의사소통 능력 (다양한 방법을 떠올리고 과정을 그림이나 글로 표현하기) ◆ Ⓣ점검, 선정하기 [4]를 이용하여 학생들의 해결 과정을 점검하고 전체 논의 때 다룰 방법의 순서 선정하기	♡ 짝 논의 [3] 상자(프로젝트 선물 나눔 행사 때 사용할 상자) [4] 개인보드 [5] 자, 모눈종이, 포스트잇, 보드마카 등

<table>
<tr>
<td>검증
(15′)</td>
<td>◉ 각자 해결한 방법 비교하고 생각 나누기
- 의견 교환을 위한 소곤소곤 모둠 공유 진행하기

<table><tr><th>소곤소곤 모둠 공유</th></tr><tr><td>▶개인보드([4])에 정리한 자신의 해결 방법을 모둠 내에서 PMI 논의를 하며 모둠 발표에 사용할 개인 보드를 선정한다.
▶선정한 개인 보드에 모둠원의 의견을 보충하여 수정하고 모둠 보드([6])에는 선정한 개인 보드에 적합한 식으로 정돈한다.</td></tr></table></td>
<td>◆ Ⓢ연결하기

⑦교과역량(관찰, 동료평가)
<table><tr><td>상자의 겉넓이를 구하는 다양한 방법을 추론하는가? 해결 과정을 그림, 식으로 표현하는가?</td></tr></table>▸겉넓이 구하는 방법을 추론하지 못하는 경우, 직육면체 여섯 면의 넓이를 각각 구해 보도록 피드백을 제공함.
▸과정을 식으로 나타내지 못하는 경우, 각 면을 나타내는 기호를 통하여 간단한 식으로 나타낼 수 있도록 피드백을 제공함.</td>
<td>♡ 모둠·전체 논의
- 친구들과 서로의 생각을 공유하며 정리하기
[6] 모둠보드
※ 부진 학생이 성취기준을 도달할 수 있도록 피드백을 제공하고 문제해결 과정의 고민과 오개념 등을 해결할 수 있도록 지원한다.</td>
</tr>
<tr>
<td>검증
(15′)</td>
<td>- 다양한 해결 방법을 연결하기 위해 왁자지껄 전체 공유 진행하기

<table><tr><th>왁자지껄 전체 공유</th></tr><tr><td>▶모둠에서 선정한 개인보드([4])를 칠판에 붙이면 구체화의 정도에 따라 개인보드를 배열한 후 배열된 순서대로 모둠원이 나와 발표하고 질의응답을 진행한다.
▶표현 방법 해결에 대한 공유가 끝나면 모둠 보드([6])를 통해 표현 방법과 식을 연결하여 발표하며 질의응답을 진행한다.</td></tr></table>
<table><tr><th>계열짓기</th><th>연결하기</th></tr><tr><td></td><td>(5×6)+(6×7)+(5×7)+
(5×6)+(6×7)+(5×7)</td></tr><tr><td></td><td>(5×6)×2+{(6×7)+(5×7)+
(6×7)+(5×7)}</td></tr><tr><td>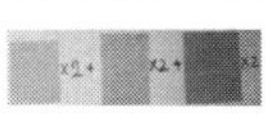</td><td>(5×6)×2+(6×7)×2+
(5×7)×2</td></tr><tr><td>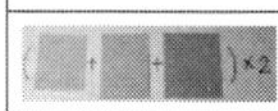</td><td>{(5×6)+(6×7)+(5×7)}×2</td></tr></table>
◉ 직육면체의 겉넓이 구하는 방법을 수학적 언어화하기
- 직육면체의 겉넓이 구하는 방법을 짝과 함께 이야기 나누기</td>
<td>★ 추론, 의사소통 능력
(모둠·전체 공유에 협력적으로 참여하여 기존의 수학적 지식을 이용한 하나의 원리를 발견하기)

◆Ⓣ계열, 연결하기
<table><tr><td>학생들의 반응을 순서대로 계열 짓고 수학적 핵심 아이디어와 연결하기</td></tr></table>
⑦내용(관찰, 자기평가)
<table><tr><td>상자의 겉넓이 구하는 방법을 아는가?</td></tr></table></td>
<td>※ (사전) Ⓣ예상하기 방법과 학급 밴드에 올린 Ⓢ 예상하기 자료를 학생들 발표와 연계지어 직육면체 겉넓이 구하는 방법을 언어화한다.

♡ 짝 하브루타
- 원리 설명 및 질문을 통해 원리 다지기</td>
</tr>
</table>

일반화 (5′)	◉ 발견한 원리의 타당성 검토하기 - 발견한 수학적 원리로 정육면체의 겉넓이를 구하고 가장 편리한 방법 찾기 ◉ 원리 확정하기 ▸ 직육면체의 겉넓이: (합동인 세 면의 넓이의 합) ×2 ▸ 정육면체의 겉넓이: (한 면의 넓이) ×6	◆ Ⓣ점검하기 추가 과제에 대한 학생들의 실질적인 반응 점검하기 ★ 추론 능력 (직육면체의 겉넓이 구하는 가장 간편한 공통의 원리 찾기)	7 정육면체 상자 ※ 직육면체에서 정육면체로 연계지어 겉넓이 구하는 방법의 원리를 확정한다.
적용 (5′)	◉ 자기평가를 반영한 동료평가 수학놀이 활동하기 - 수학 쑥쑥 & 협력 쑥쑥 진행하기 ◉ 학습 내용 정리 및 생활 적용 사례 찾기 - 알게 된 내용, 느낀 점, 실생활에 적용할 수 있는 사례 이야기하기	◆Ⓢ점검, 연결하기 ⓟ내용(자기·동료평가) 상자의 겉넓이를 구하는가? ▸해결한 경우, 수학 문제를 만들어 친구와 바꿔 해결한다.	8 육각형 보드 ♡ 교-학, 학-학 협력 ※ 협력 쑥쑥은 원거리 친구들과 진행하는 수학놀이이다.

3 평가의 과정 및 평가의 실제

평가계획에 따른 평가의 구체적 실행 결과를 평가 개요, 평가표, 사전 학생 반응 예상, 반응에 따른 피드백 계획으로 구분하여 살펴본다.

3.1 평가 개요

성취기준	[6수03-09] 직육면체와 정육면체의 겉넓이를 구하는 방법을 이해하고, 이를 구할 수 있다.
평가요소	직육면체의 겉넓이 구하는 방법 알아보기
교과 역량	추론(수학적 사실 분석), 의사소통(자신의 생각 표현)
평가 방법	관찰, 자기 평가, 동료 평가
평가 의도	직육면체의 겉넓이 구하는 방법을 다양하게 떠올려 표현하고 모둠별로 선정하여 발표할 수 있는지 알아보고자 한다.
평가 유의 사항	자신이 찾은 직육면체의 겉넓이 구하는 방법과 모둠원 친구들이 찾은 직육면체의 겉넓이 구하는 방법의 공통점과 차이점을 설명해 보도록 하고 서로 확인하는 과정에서 관찰 평가를 실시하고 자기 평가와 동료 평가의 기회를 제공하도록 한다.

3.2 평가표

<table>
<tr><th colspan="2">평가요소</th><th colspan="2">평가기준</th></tr>
<tr><td rowspan="6">직육면체의 겉넓이 구하는 방법 알아보기</td><td rowspan="3">직육면체의 겉넓이 구하는 다양한 방법을 추론하여 해결 과정을 그림, 식으로 표현하기</td><td>잘함</td><td>직육면체의 겉넓이 구하는 방법을 떠올려 친구들이 이해할 수 있도록 평면에 그림과 식으로 표현할 수 있다.</td></tr>
<tr><td>보통</td><td>직육면체의 겉넓이 구하는 방법을 떠올려 평면에 그림으로 표현할 수 있다.</td></tr>
<tr><td>노력요함</td><td>친구의 도움으로 직육면체의 겉넓이 구하는 방법을 떠올릴 수 있다.</td></tr>
<tr><td rowspan="3">직육면체의 겉넓이 구하는 방법을 알고 구하기</td><td>잘함</td><td>직육면체의 겉넓이 구하는 방법을 친구에게 정확하게 수학적 언어로 설명할 수 있고 직육면체의 겉넓이를 구할 수 있다.</td></tr>
<tr><td>보통</td><td>직육면체의 겉넓이 구하는 방법을 친구에게 정확하게 수학적 언어로 설명할 수 있다.</td></tr>
<tr><td>노력요함</td><td>친구의 도움으로 직육면체의 겉넓이를 구할 수 있다.</td></tr>
</table>

3.3 사전 학생 반응 예상

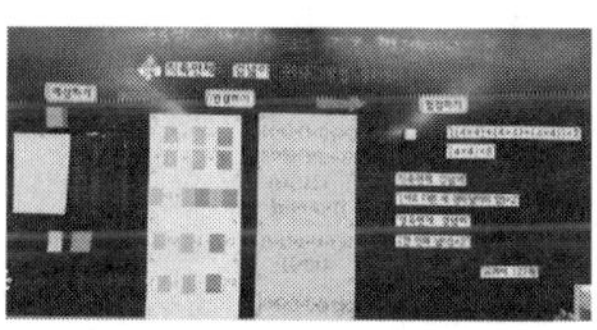

<table>
<tr><th>계열짓기</th><th>연결하기</th></tr>
<tr><td></td><td>(5×6)+(5×7)+(6×7)+(5×6)+(5×7)+(6×7)</td></tr>
<tr><td>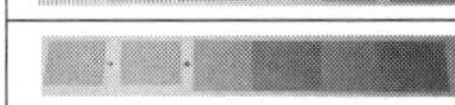</td><td>(5×6)×2+{(5+6+5+6)×7}</td></tr>
<tr><td>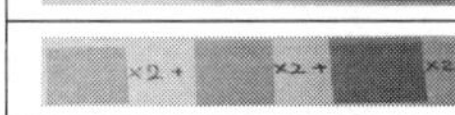</td><td>(5×6)×2+(5×7)×2+(6×7)×2</td></tr>
<tr><td>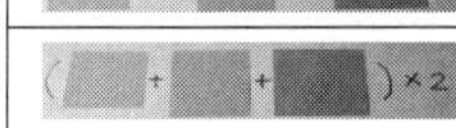</td><td>{(5×6)+(5×7)+(6×7)}×2</td></tr>
</table>

덜 구체화된 여섯 면의 넓이를 각각 구하여 모두 더하는 방법부터 더 구체화된 합동인 세 면의 넓이의 합을 구한 뒤 2개한 방법으로 계열짓고 학생 반응을 볼 계획을 함.

3.4 반응에 따른 피드백 계획

학생 반응 유형	유형별 피드백 예시
직육면체의 겉넓이 구하는 방법을 떠올려 표현하고 정확하게 수학적 언어로 설명하는 경우	선정한 직육면체의 겉넓이 구하는 방법 이외에 다른 방법은 없는지 생각해보고 학습장에 추가하여 표현하게 하고 식으로 유추할 수 있도록 안내한다.
직육면체의 겉넓이 구하는 방법을 떠올려 표현하는 데 어려워하는 경우	상자를 펼치거나 상자에 붙은 포스트잇을 이용하여 같은 면을 찾아 직육면체의 겉넓이 방법에 대한 피드백을 제공하며 스스로 생각할 수 있는 기회를 제공하도록 한다.
직육면체의 겉넓이 구하는 식을 표현하는 데 어려워하는 경우	모둠에서 선정한 직육면체의 겉넓이 구하는 표현 방법을 보고 식으로 떠올릴 수 있도록 사칙연산을 이용하여 각 면의 넓이를 어떻게 식으로 표현할 수 있을지 피드백을 제공한다.

4 평가 결과의 처리, 활용 및 환류

평가 결과에 대한 구체적인 피드백 결과를 세 가지 사례로 제시한다.

4.1 평가 사례 1

피드백 사례	피드백 결과 사진
수업 중 개별로 직육면체 겉넓이 구하는 방법을 떠올리는 예상 단계에서 평소 수학 수업에 어려움을 겪는 친구들에게 피드백을 제공하였다. 펼칠 수 있는 상자를 이용하거나, 상자에 붙은 포스트잇을 이용하여 마주보는 면의 넓이가 어떠한지 비교하도록 피드백을 제공하여 개별로 직육면체 겉넓이 구하는 방법을 표현하게 되었다.	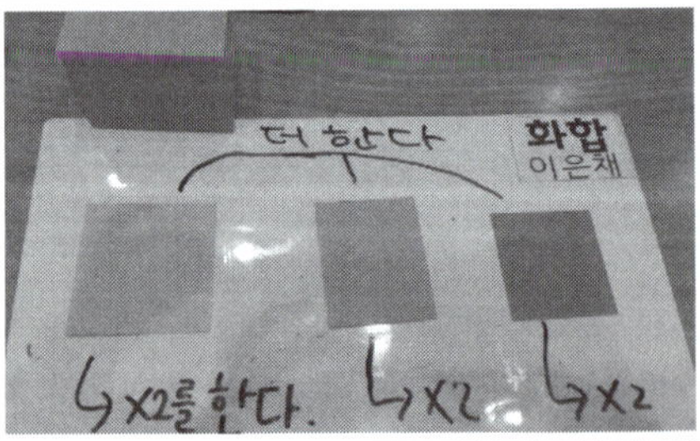

관찰 평가 서술	처음에는 직육면체의 겉넓이를 구하는 방법을 떠올리기 위해 상자를 어떻게 해야 할지 고민하는 과정에 상자에 붙은 포스트잇을 비교할 수 있도록 피드백을 제공하니 스스로 마주보는 면들이 같다는 것을 알게 되고 친구들에게 소개함. 친구들과 논의를 통해 마주보는 면들이 세 쌍이 있다는 것을 알게 되고 각 면들을 두 배로 하여 더하는 방법을 개인보드에 표현하고 모둠보드에 식으로 표현함.

4.2 평가 사례 2

모둠별 선정 자료	
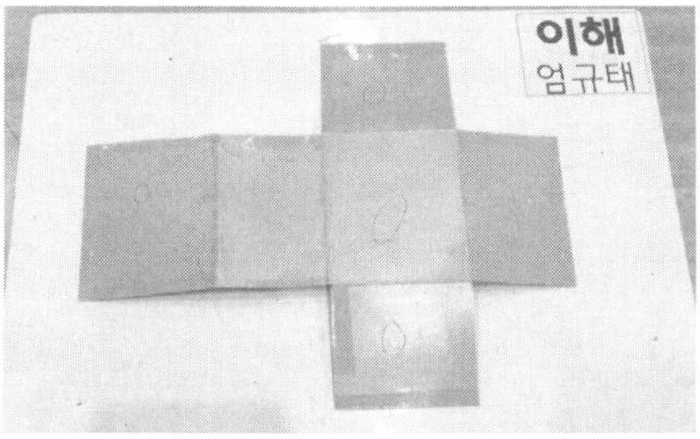	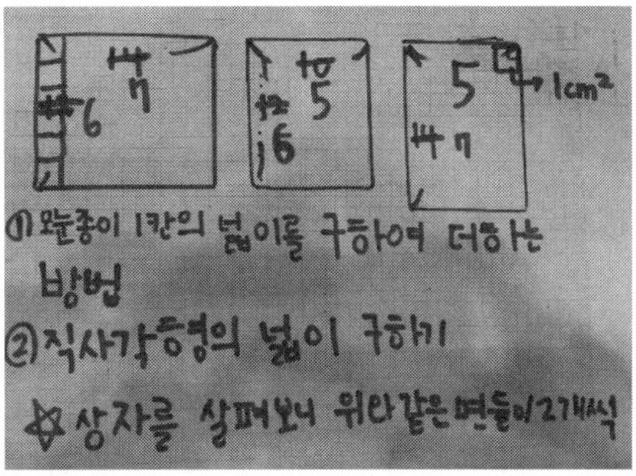
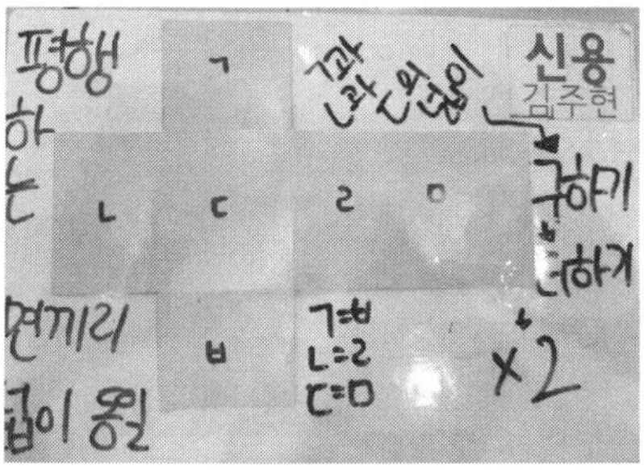	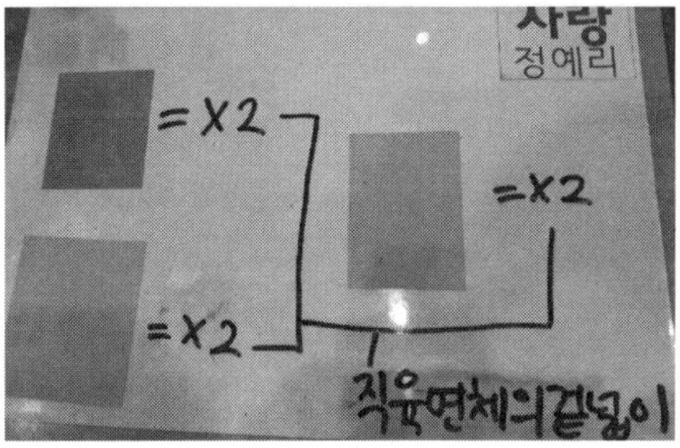

피드백 사례	검증 단계 왁자지껄 전체 공유에서 모둠별 선정한 보드를 칠판에 마주보는 면의 넓이가 같다고 쓴 모둠 방법부터 선정하여 구체화된 방법까지 연결하여 학생들 상호간 질의응답을 통해 직육면체의 겉넓이 구하는 가장 간편한 방법을 찾음.
관찰 평가 서술	소곤소곤 모둠 공유 시간에 직육면체의 겉넓이를 구하는 방법으로 여섯 면의 넓이를 각각 구해 모두 더하는 방법을 선정한 후, 왁자지껄 전체 공유 시간을 통해 두 밑면의 넓이와 합동인 세 면의 넓이의 합을 구한 뒤 2배하는 방법도 있다는 것을 알게 되어 다른 직육면체의 겉넓이를 간단하게 구함.

4.3 평가 사례 3

생각의 주머니 사례

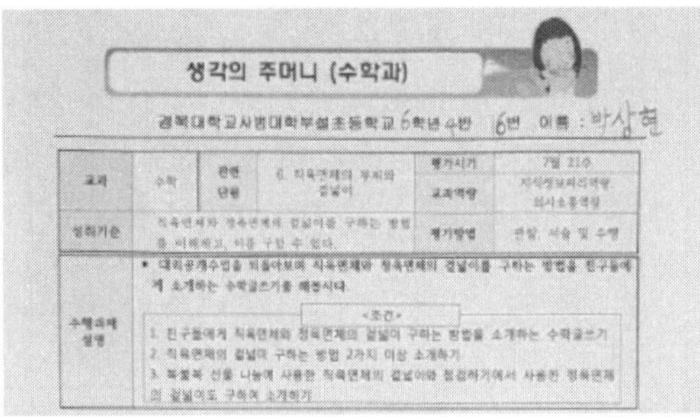

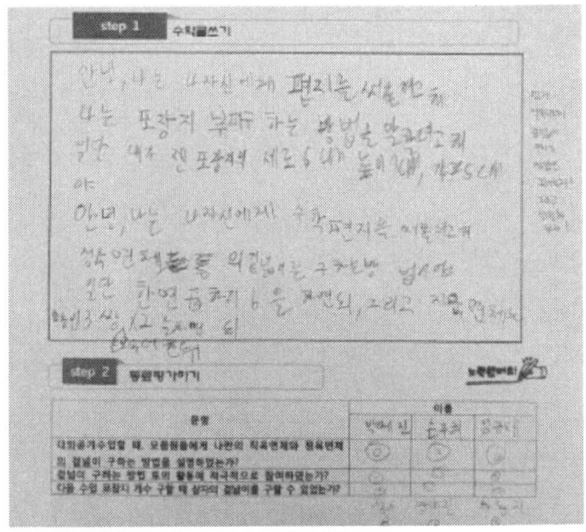

피드백 사례	적용 단계에서 수학 쑥쑥 시간에 주어진 직육면체의 겉넓이를 구하는 데 어려움이 있는 학생의 사례로 수업 후 직육면체 겉넓이 구하는 방법을 친구에게 소개하는 수학글쓰기 결과 소개에 어려움이 있어 수업 시간에 친구들이 구한 방법을 학급 밴드를 통해 다시 함께 살펴보고 다시 소개하도록 안내함.
관찰 평가 서술	수업 시간 중 직육면체의 겉넓이 구하는 방법을 이해하는 데 어려움이 있었으나 학급 밴드에서 친구들이 수업 시간에 소개한 방법을 함께 탐구하고 생각의 주머니를 통해 수학글쓰기를 하며 이해하게 됨.

5 나오는 글

과정 중심 평가를 실행할 때 교육과정을 통해 교수·학습 과정을 치밀하게 계획하는 것이 도움이 되었다. 구하는 방법을 떠올릴 수 있도록 다양한 상자를 제공하였고, 학생들이 떠올린 방법들을 구체화시켜 연결하였고, 상호 질의응답을 통해 가장 간단한 방법을 찾도록 안내함으로써 학생들의 추론 역량과 의사소통 역량을 신장시켰다. 과정 중심 평가를 실시하기 위해서는 수업에 대한 치밀한 계획이 더욱 요구된다.

참고문헌

• 교육부(2015). 초등학교 교육과정. 교육부 고시 제2015-80호 [별책 2]. 세종: 교육부.

제4장

'융합' 역량에 초점을 맞춘 교수·학습 프로그램 및 평가의 실제

주홍연(용동중학교)

1 들어가는 글

교육은 앞으로 다가올 미래의 시대적 요구를 반영하여 이에 적합한 인재를 양성하기 위해 이루어진다. 최근 수학 교육에서도 미래의 최첨단 기술 혁신을 이끌어 갈 인재 양성을 위해 '창의·융합' 역량을 교육과정에 명시하여 강조하고 있다. 특히, 융합 역량은 다양한 연구들을 통해 창의성을 발현시키거나 문제해결을 위한 아이디어를 생산해내는 데 중요한 역할을 한다고 알려져 있다. 사실, 융합 역량은 NCTM(2000)의 규준에서 강조되는 수학적 연결성(Mathematical Connections)과 상응되는 의미를 가지고 있다. 2015 개정 교육과정에 명시된 융합 역량의 의미를 보면, "여러 수학적 지식, 기능, 경험을 연결하거나 타 교과나 실생활의 지식, 기능, 경험을 수학과 연결·융합하여 새로운 지식, 기능, 경험을 생성하고 문제를 해결하는 능력"(교육부, 2015, p. 4)이라고 제시하면서 융합 역량이 수학적 연결성을 바탕으로 하는 문제해결 능력으로 이해될 수 있음을 언급하였다.

교수·학습의 내용과 방법에 따라 평가의 내용과 형식이 달라질 수 있으나, 평가 자체만으로도 수업의 방향과 질을 결정할 수 있을 만큼 중요하다. 특히, 학생들이 효과적으로 수학을 학습하기 위해서는 다양한 평가 방법과 평가 도구를 활용하여 학습자들의 수준과 태도를 명확하게 진단하고 이를 교사와 학생에게 피드백을 해야 한다(고상숙 외, 2013). 그러나 학생들이 수학을 배우면서 창의·융합 역량을 효과적으로 학습하고, 이를 정확히 평가받는 것은 쉬운 일이 아니다. 따라서 본 장에서는 2015 개정 교육과정에서 제시한 핵심 역량 중 '융합' 역량에 초점을 맞추어 교수·학습 프로그램 및 평가 도구를 개발하였고 이를 학생들에게 적용한 사례를 소개하고자 한다.

2 교수·학습 프로그램

2011년 이후부터 교육부에서 추진하고 있는 STEAM 교육은 중·고등학교 학생들에게 첨단 과학기술 분야에 흥미와 이해를 높이고, 창의적이고 종합적인 문제해결을 할 수 있는 융합적 소양을 기를 수 있는데 그 목적을 두고 있다. 백윤수 외(2012)는 다양한 지식의 융합을 기반으로 창의적 설계 과정을 거쳐 과제를 수행하는 STEAM 프로그램이 학생들의 창의성과 문제해결력을 향상시킬 수 있다고 언급하였다. 따라서 본 장에서는 학생들의 수학적 융합 역량을 향상시키고 이를 효과적으로 평가하기 위해서 한혜숙 외(2016)에서 첨단기술 AR를 주제로 개발된 중학교 1학년 대상의 수학 중심 STEAM 프로그램을 재구성하여 수업에 적용하였다. [표 4-1]은 수업에 실제 적용되었던 STEAM 프로그램의 교수·학습 지도안이며, 교사용 학습활동 자료는 <부록>으로 첨부하였다. 중학교 1학년의 경우 2018학년도부터 자유학년제가 시행되고 있으며, 학생들의 진로와 관련된 흥미 있는 수업들이 수학 교과에서도 다양하게 시도되고 있다. 특히 이런 자유학년제의 환경 속에서 수학 중심의 STEAM 수업이 현장에 투입되게 되면, 학생들이 이공계 분야의 진로를 탐색하거나 첨단기술 분야에 흥미를 가질 수 있도록 도움을 주는 동시에 실생활 및 각종 산업 분야에 활용되고 있는 수학을 학습하면서 창의·융합 역량을 향상시킬 수 있는 기회를 효과적으로 제공할 수 있을 것이다.

[표 4-1] 실제 수업에 적용된 교수·학습 지도안

교수·학습 지도안	
수업주제	AR기술에 숨겨진 수학 이야기② 증강현실과 수학적 원리-등록기술과 좌표
차시적용	총 2차시
관련단원	수학 - 함수와 그래프
2015 개정 교육과정	(내용요소) 좌표평면과 그래프 (성취기준) 순서쌍과 좌표를 이해한다.
학습목표	증강현실을 구현하는 기술에 숨겨진 수학적 원리를 탐구하고 이를 이해할 수 있다.
준비물	활동지, 필기구, 스마트기기

흐 름	문제제시 & 제작활동	비고
도입	ⓉⒺⒶⓂ상황제시(되돌아보기) - 우연히 TV를 통해 보게 된 SF영화 속 미래의 첨단 IT 기술은 그저 놀랍고 신기하기만 하다. 영화 개봉이후 10년이 지난 지금, 특수 안경과 장갑을 착용하고 3D 디스플레이를 조작하는 이런 기술들이 과연 실제 개발이 되었을까? 그 원리는 무엇일까? 그 궁금증을 파헤쳐보자.	- 몰입, 자기문제화 : 학생들이 지난 시간에 분석했던 상황제시를 되돌아보면서 학습에 몰입하고 이를 해결하고자 하는 도전의식(자기문제화)과 성취감을 얻고자 하는 감성적 체험을 되새길 수 있다.
전개	ⓉⒺⓂ활동 1: (모둠) 증강현실과 수학적 원리-등록(registration) 기술과 물체의 위치를 나타내는 좌표 1) 증강현실에서 등록(registration) 기술은 무엇인가? - 등록과정의 3단계 : 위치⇒렌더링⇒병합 2) 실세계에 존재하는(3차원) 물체를 2차원의 화면의 일정한 위치에 등록하기 위해서는 카메라를 기준으로 실제 그 물체의 위치를 정확히 알아내야 한다. 그렇다면 위치는 어떻게 알아낼 수 있을까? - 수직선(1차원)에서의 점의 위치 나타내기 - 평면(2차원)에서의 점의 위치 나타내기 : 창가에서 날고 있는 파리의 위치를 점으로 나타내려고 한 데카르트의 일화 - 공간(3차원)에서의 점의 위치 나타내기 3) 증강현실 'HP Reveal'을 활용하여 교실에서 'ㅇ켓몬 Go!!'게임을 해보자.	- 협동, 배려 : 모둠별로 토론과 논의를 통해 증강현실의 등록과정을 이해하면서 그 속에 숨겨진 수학적 개념, 원리를 탐구하고 학습할 수 있으며 더불어 팀원 간의 협동심을 기르고 서로를 배려할 수 있는 마음을 갖는다.
정리	ⓉⒺⒶⓂ동료 평가 및 자기 평가(체크리스트) - 증강현실과 수학적 원리-등록기술과 물체의 위치를 나타내는 좌표	- 자아효능감, 존중, 도전의식 : 서로 간의 평가를 통해 자아효능감을 느끼고, 다양한 의견을 수렴하고 서로를 존중하는 마음과 도전의식을 갖는다.

[그림 4-1]은 실제 학생들에게 교수·학습 프로그램을 적용했던 수업의 모습과 학생들의 조별 활동 결과를 나타낸 것이다. 학생들은 증강현실 기술의 원리를 스마트기기를 통해 학습하는 동시에 중학교 1학년 교육과정 내의 학습 내용으로서 '좌표와 순서쌍'을 이해하고, 이를 활용하여 조별 활동을 통해 협력적 결과물을 만들어냈다. 특히, 프로그램을 적용하면서 수학을 어려워하고 학습 동기가 부족한 학생들에게 게임을 소재로 한 수업의 내용이 흥미와 몰입감을 주기에 충분하였으며, 조별 활동 과제를 해결하는 과정에서 적절한 역할 분담이 이루어지고, 과제를 해결했을 때 조원 모두가 성취감을 얻을 수 있도록 유도하고 있었다. 또한 AR 기술과 관련된 기술, 공학, 수학의 내용 요소들이 적절히 융합된 문제 상황은 학생들이 문제를 해결하는 과정에서 융합 역량을 활용하고 이를 향상시킬 수 있을 것으로 기대되었다. 더 나아가 수업에 참여하였던 학생들은 포켓몬스터와 연동되어 증강현실이 구현될 수 있도록 사용된 마커들을 보고 역사적으로 저명한 수학자들이 많았다는 사실을 알게 되었고, 좌표와 순서쌍의 아이디어를 고안해 낸 데카르트뿐 아니라 다른 여러 수학자들의 업적에 대한 지적 호기심을 가지고 인터넷을 통해 다양한 정보를 찾아보기도 하였다. 한편, 이런 수학사의 일화들은 현실적인 맥락에서 시작된 문제해결을 위해 학생 스스로 직관적인 방법을 고안하고, 더 나아가 형식적인 이해를 발전시켜 수학적 일반화의 과정을 거칠 수 있도록 안내하는 데 도움을 줄 수 있다는 점에서 Freudenthal의 현실주의 수학교육과 수학적 모델링 수업에서 강조되는 이유라고 할 수 있다.

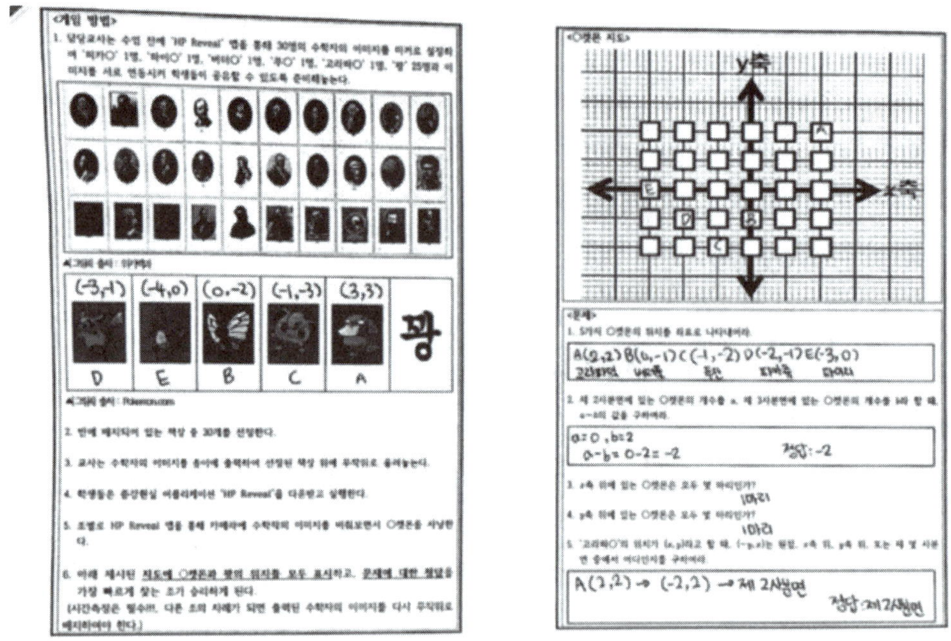

[그림 4-1] **학생들의 수업 활동 모습 및 결과물**

3 평가의 목적 및 방법

본 평가의 목적은 한혜숙 외(2016)의 연구에서 개발된 수학 중심 STEAM 프로그램의 일부를 재구성하여 중학교 1학년 '함수와 그래프' 단원의 '좌표 평면과 그래프'의 내용을 학생들에게 학습할 수 있도록 하고, 순서쌍과 좌표의 이해에 대한 학생들의 성취 기준과 관련하여 학생들의 융합 역량에 초점을 맞춰 평가를 실시하는 데 있다. 융합 역량에 대한 평가를 위해서는 먼저 융합 역량을 구성하는 하위요소에 관한 분석이 필요하다. 이런 하위요소에 관한 분석을 통해 요소별 평가 문항을 개발하고 이를 적용함으로써 융합 역량에 대한 좀 더 구체적인 평가가 실시되고, 학생들에게 정확한 진단과 결과에 대한 피드백을 가능하게 할 것이다. 융합 역량의 하위요소에 대한 설명은 3.1절에서 간략하게 제시하였다.

수업에 적용된 교수·학습 프로그램은 학생들에게 설명식 교수, 탐구 학습, 협력 학습, 매체 및 도구 활용 학습을 적절히 포함하고 있으며 특히 스마트폰과 AR기술이 구현되는 앱을 활용하여 모둠 내의 상호작용, 의사소통, 참여를 통해 공동의 수행 목표를 달성하고 이를 통해 순서쌍과 좌표에 대한 이해와 문제해결력을 기를 수 있도록 구성되어 있다. 따라서 학생들의 학습의 결과와 과정을 다양하게 평가하기 위해서 관찰 평가, 동료 평가, 자기 평가를 실시하였으며, 특히 서술형 지필평가를 통해 융합 역량을 중심으로 하는 문제해결 및 창의성 역량을 평가하고자 하였다.

관찰 평가, 자기 평가, 동료 평가는 총 2차시로 구성된 수업이 끝나고 나서 실시되었으며, 서술형 지필평가의 경우에는 본 수업이 끝난 이후 다음 차시의 수업에서 15분 간 실시되었다. 관찰평가지, 동료평가지, 자기평가지는 부록에 첨부하였다(한혜숙 외, 2016).

3.1 융합 역량의 하위요소

주홍연, 한혜숙(2017)은 수학적 융합 역량을 크게 수학 내적 융합 역량과 수학 외적 융합 역량으로 구분하고 내적 융합 역량의 경우 '지식', '표현 및 형식'으로 외적 융합 역량은 '맥락'과 '타교과'로 세분화하여 범주화하였다.

특히, 수학 외적 융합 역량의 '맥락'의 경우에는 수학사와의 연결 또는 수학사 인용, 실생활 활용 분야의 추출, 실생활 활용 분야로의 적용을 통한 융합으로 더 세분화하고 있는데, 학생들에게 적용된 교수·학습 프로그램의 경우 좌표와 순서쌍에 대한 데카르트의 역사적 일화가 포함되어 있다. 따라서 실제 학생들에게 실시된 평가 문항은 수학적 융합 역량 중 수학사와의 연결 또는 수학사 인용에 의한 맥락 영역과 관련하여 개발된 것이다. 학생들은 수학사라는 역사적 현실의 맥락을 바탕으로 문제를 이해하고 창의적인 아이디어를 통해 문제를 해결하는 과정을 서술할 수 있도록 하였다.

3.2 평가 문항

[그림 4-2]는 실제 평가에 사용된 평가 문항을 나타낸 것이다. 평가 문항을 해결하기 위해서는 먼저 학생들이 개미떼가 과자를 굴로 옮기는 모습을 시각화할 수 있어야 한다. 그러고 나서 시각화된 모양의 넓이를 구하게 되는데 개미굴, 과자1, 과자2를 꼭짓점으로 하는 도형의 넓이를 구하는 방법을 학생들이 탐구하고 다양한 아이디어를 통해 정확한 넓이를 구하면 된다. 특히 도형의 넓이를 구하기 위해서는 도형을 이루는 변의 길이를 구해야 하는데, 이때 데카르트의 일화를 바탕으로 격자무늬 마룻바닥을 좌표평면으로 생각하고 원점을

1	학년		반		번	이름		시간	15분간 실시	점수	

17세기 프랑스의 수학자인 르네 데카르트는 천장에서 날아다니는 파리를 보고, 점의 위치를 좌표로 나타내는 아이디어를 떠올렸다고 한다.

(우정호 외, 2013)

(1) 가로, 세로의 길이가 1인 격자무늬의 마룻바닥에는 개미굴이 있다. 다음과 같이 두 개의 과자 조각이 바닥에 떨어져 있을 때, 수천마리의 개미들이 과자조각을 옮기기 위해 떼를 지어 움직이고 있다. 위의 데카르트의 아이디어를 활용하여 개미떼가 만들어내는 모양의 넓이를 구하고, 그 과정을 서술하시오. (단, 개미는 과자를 자신들의 굴로 옮기기 위해 개미굴 → 과자1 → 과자2 → 개미굴의 순서로 최단거리의 직선으로만 이동하며, 지나갔던 길을 되돌아가지 않는다.)

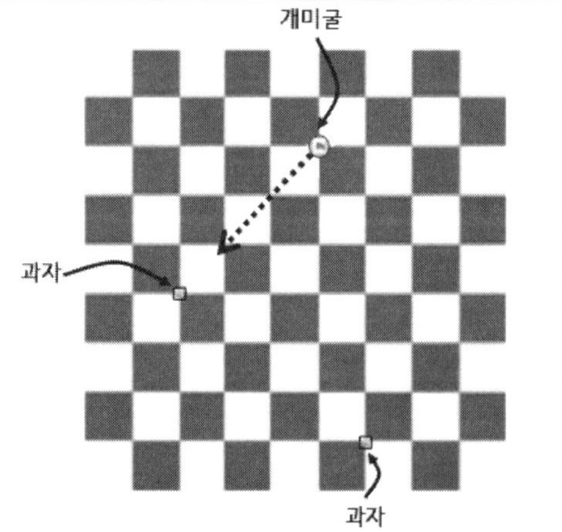

(풀이과정)

[그림 4-2] **평가 문항**

기준으로 좌표축에 대한 각 꼭짓점의 위치를 순서쌍으로 표현할 수 있다. 이런 과정은 실세계의 현상을 수학적으로 이해하여 표현하고, 수학적 모델을 구성하여 문제를 해결하는 수학적 모델링의 과정이라 볼 수 있다. 최근 이런 수학적 모델링은 국제 학업성취도 평가(PISA)에서 강조되는 실제 맥락에서의 수학 활용 능력의 발달과 밀접한 관련이 있으며, 이는 NCTM(1989)에서 언급한 수학적 연결성의 하위요소인 모델링 연결성과도 깊게 관련되어 있다고 할 수 있다. 또한, 이런 학생들의 사고 과정은 평면논증기하와 해석기하의 연결, 함수적 사고와 기하적 사고의 연결을 통한 융합적 사고 과정으로서 차후의 수학 학습 및 문제해결에도 도움을 줄 것이다.

3.3 모범답안 및 채점기준표

[표 4-2], [표 4-3]은 [그림 4-2]의 평가 문항에 대한 모범답안과 채점기준표이다. 특히, 문제해결의 과정을 3단계로 구분하였으며, 수학적 융합 역량을 통한 이해, 전략 수립, 실행 및 답구하기 과정에 대해 각각 2점을 배점하여 총점 6점으로 평가 결과를 산정할 수 있도록 하였다. 학생들의 풀이 과정에서 [표 4-2]에 제시된 모범답안 이외에도 세 가지 단계에 맞춰 논리적 오류가 없이 정확한 정답을 구하였다면 각각의 배점을 인정하였다.

[표 4-2] 평가 문항에 대한 모범답안

채점영역	모범답안		배점	총점
수학적 융합 역량을 통한 이해	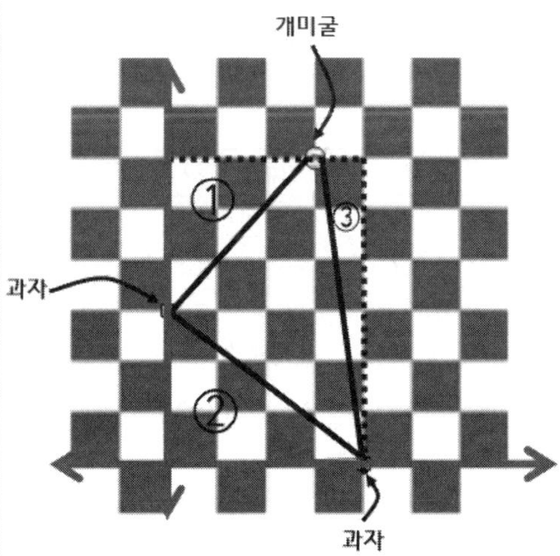	바닥에 좌표평면을 그리고, 개미굴, 과자1, 과자2를 직선으로 연결하여 삼각형을 만든다.	2점	6점

수학적 융합 역량을 통한 전략 수립	데카르트의 아이디어를 빌려 개미굴, 과자1, 과자2의 좌표를 순서쌍으로 표현하면, (3,6), (0,3), (4,0)이다. 직사각형의 넓이는 $4\times 6=24$ ______________(0.5점) ①, ②, ③번의 삼각형의 넓이는 $\frac{1}{2}\times 4\times 3=6$ ____________________________(0.5점), $\frac{1}{2}\times 3\times 3=\frac{9}{2}$ __________________________(0.5점), $\frac{1}{2}\times 1\times 6=3$ _______________________(0.5점)이고, 직사각형의 넓이에서 각각의 삼각형의 넓이를 뺀다.	2점	
수학적 융합 역량을 통한 실행 및 답구하기	$24-(6+\frac{9}{2}+3)=\frac{21}{2}$ $\therefore \frac{21}{2}$	2점	

[표 4-3] 평가 문항에 대한 채점기준표

채점영역	채점 기준	점수화
수학적 융합 역량을 통한 이해	▶개미떼가 만들어내는 모양을 그림으로 정확히 표현하였음. 문제해결을 위해 수학사의 데카르트 일화 통해 얻어진 좌표와 순서쌍의 아이디어를 융합하여 활용했으며, 개미굴, 과자1, 과자2의 좌표를 순서쌍으로 바르게 표현하였음	2점
	▶개미떼가 만들어내는 모양을 그림으로 정확히 표현하였으나 문제해결을 위해 데카르트의 일화(좌표와 순서쌍)를 전혀 활용하지 않거나 좌표 표현이 잘못된 부분이 있음	1점
	▶이해를 했다는 증거가 거의 없음	0점
수학적 융합 역량을 통한 전략 수립	▶개미떼가 만들어내는 삼각형의 넓이를 구하기 위해 직사각형의 넓이, 삼각형의 넓이는 구하고, 직사각형의 넓이에서 3개의 삼각형의 넓이를 뺌	2점
	▶1개의 직사각형의 넓이, 3개의 삼각형의 넓이를 구하는 데 오류가 있음	1점
	▶직사각형, 삼각형의 넓이를 전혀 구하지 못하였거나, 오류가 있는 접근으로 개미떼가 만들어내는 삼각형의 넓이를 구하고자 시도함	0점
수학적 융합 역량을 통한 실행 및 답구하기	▶개미굴, 과자1, 과자2의 정확한 좌표를 통해 사각형, 3개의 삼각형의 넓이를 올바르게 구하였으며, 사각형의 넓이에서 3개의 삼각형의 넓이 뺀 개미떼의 삼각형 넓이를 정확히 구했음	2점
	▶수학적 융합 역량을 바탕으로 세운 전략을 수행하는 데 실수가 있었으나 정답은 구했음 ▶수학적 융합 역량을 바탕으로 세운 전략을 올바르게 수행하였으나 오답을 구했음	1점

	▶수학적 융합 역량을 바탕으로 세운 전략을 수행하는 과정에서 오류가 있고, 오답을 구했음 ▶수학적 융합 역량을 바탕으로 세운 전략을 전혀 수행하지 못하여 답을 아예 구하지 못했음	0점

4 평가의 실제 및 평가 결과의 처리

4.1 평가 사례

(1) 가로, 세로의 길이가 1인 격자무늬의 마룻바닥에는 개미굴이 있다. 다음과 같이 두 개의 과자 조각이 바닥에 떨어져 있을 때, 수천마리의 개미들이 과자조각을 옮기기 위해 떼를 지어 움직이고 있다. 위의 데카르트의 아이디어를 활용하여 개미떼가 만들어내는 모양의 넓이를 구하고, 그 과정을 서술하시오. (단, 개미는 과자를 자신들의 굴로 옮기기 위해 개미굴 → 과자 → 과자 → 개미굴의 순서로 최단거리의 직선으로만 이동하며, 지나갔던 길을 되돌아가지 않는다.)

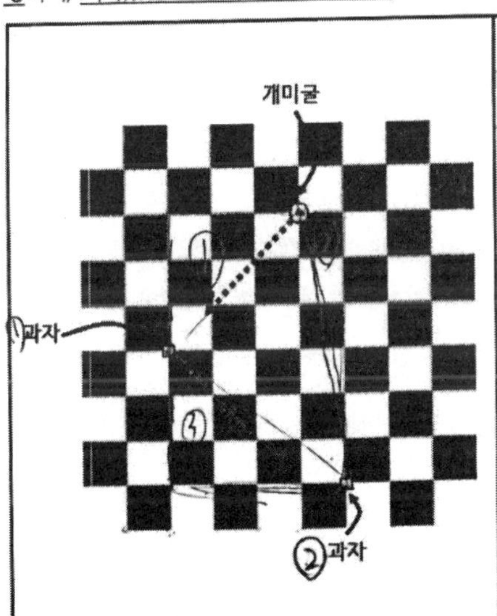

(풀이과정)

x축 y축 기준으로 과자①의 좌표는 (2,4) 과자②는 (6,1) 개미굴은 (5,7)로 만들어 지는 모양은 삼각형이다. 일단 그림의 꼭짓점을 기준으로 사각형을 만들고 사각형 안에 있는 삼각형을 제외한 나머지 부분을 제거하면 개미떼가 만드는 모양의 넓이가 나온다

4×6=24

①의 넓이 3×3÷2=4.5

②의 넓이 1×6÷2=3

③의 넓이 4×3÷2=6

으로 24−4.5−3−6=10.5로

개미떼가 만들어 내는 모양의 크기는 10.5 cm²/m²

- 1 -

[그림 4-3] 학생들의 평가 사례 ①

학생들의 평가 사례 ①의 [그림 4-3]을 보면, 개미굴, 과자1, 과자2를 직선을 연결하여 넓이를 구하고자 하는 삼각형을 표현한 후, 격자무늬 마룻바닥의 왼쪽 하단의 모서리를 원점으로 하여 좌표축을 세우고 개미굴, 과자1, 과자2의 점의 좌표를 순서쌍으로 나타내었다. 그리고 그려진 삼각형의 넓이를 구하기 위해서 ①번 삼각형, ②번 삼각형, ③번 삼각형의 넓이를 각각 구하여 전체 사각형의 넓이에서 뺀 후 정답을 정확히 구하고 있다. 따라서 [그림 4-3]의 사례는 모범답안의 풀이를 충실히 따르고 있으며, 각 단계마다의 배점을 모두 부여하여 총 6점을 받았다.

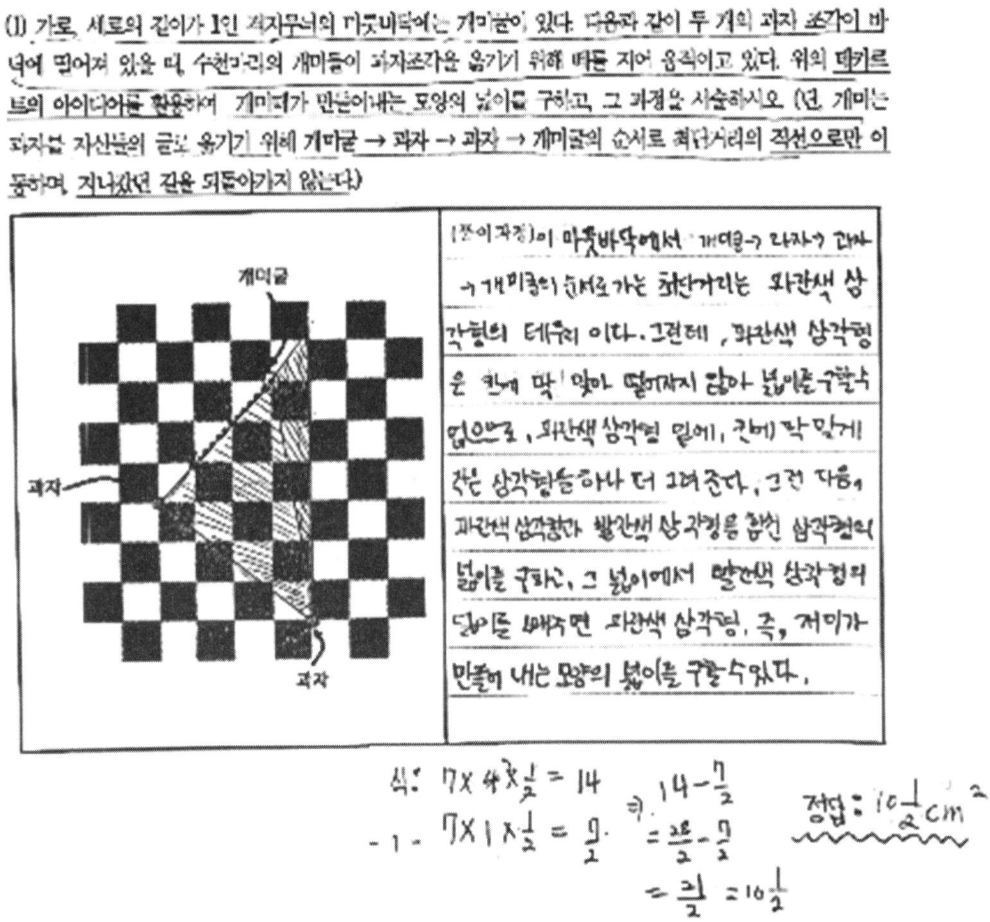
(1) 가로, 세로의 길이가 1인 격자무늬의 마룻바닥에는 개미굴이 있다. 다음과 같이 두 개의 과자 조각이 바닥에 떨어져 있을 때, 수천마리의 개미들이 과자조각을 옮기기 위해 떼를 지어 움직이고 있다. 위의 데카르트의 아이디어를 활용하여 개미떼가 만들어내는 모양의 넓이를 구하고, 그 과정을 서술하시오. (단, 개미는 과자를 자신들의 굴로 옮기기 위해 개미굴 → 과자 → 과자 → 개미굴의 순서로 최단거리의 직선으로만 이동하며, 지나갔던 길을 되돌아가지 않는다)

[그림 4-4] 학생들의 평가 사례 ②

[그림 4-4]의 평가 사례 ②를 보면, 개미굴과 과자의 위치를 좌표평면 상의 순서쌍으로 표현하고 있지는 않지만 격자무늬의 한 칸의 길이를 1로 간주하여 개미떼가 형상화하는 삼각형의 넓이를 구하고 있다. 도형이 좌표평면 상에 놓이면서 밑변의 길이와 높이를 명확히 알 수 없는 삼각형의 넓이 구하는 방법에 대해 학생 스스로 탐구할 수 있는 기회를 얻게 되었고 모범답안과는 다른 창의적인 풀이 방법을 통해 정확한 답을 구할 수 있었다. 따라서 학생들은 이런 평가 경험을 통해 여러 가지 모양의 다각형의 넓이를 구하는 한 가지 방법으로서 좌표평면을 활용할 수 있다는 사실을 깨닫게 될 것이다. 위의 평가 사례는 이해, 전략수립, 실행 및 답구하기의 단계를 논리적으로 보여주면서 계산의 오류가 없이 정확한 답을 구하였기 때문에 총 6점의 점수를 산정하였다.

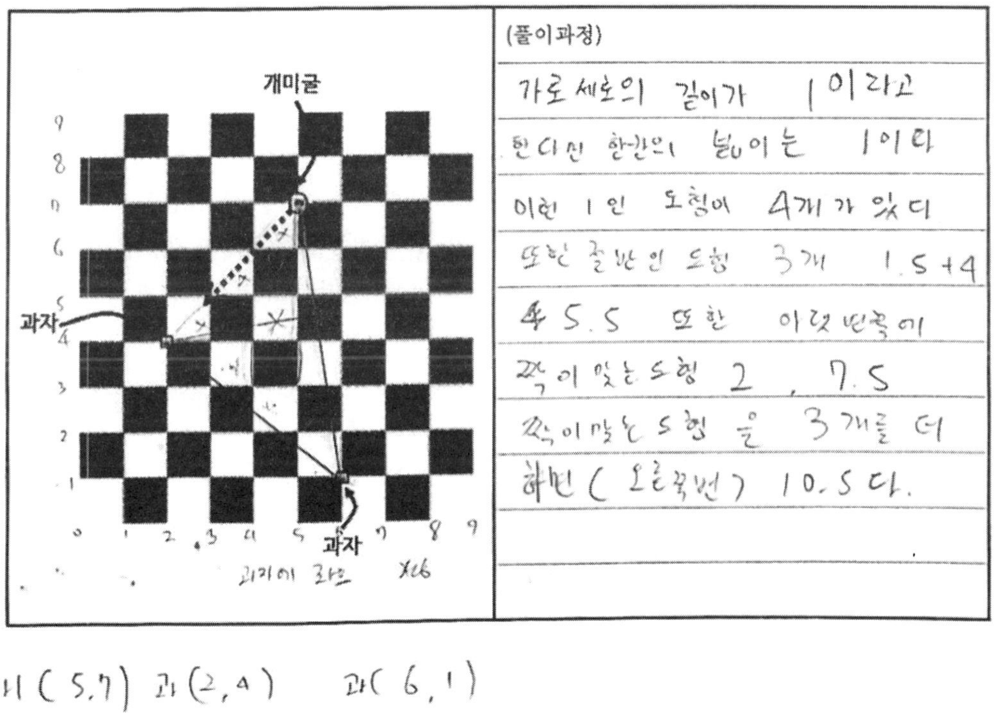
(1) 가로, 세로의 길이가 1인 격자무늬의 마룻바닥에는 개미굴이 있다. 다음과 같이 두 개의 과자 조각이 바닥에 떨어져 있을 때, 수천마리의 개미들이 과자조각을 옮기기 위해 떼를 지어 움직이고 있다. 위의 데카르트의 아이디어를 활용하여 개미떼가 만들어내는 모양의 넓이를 구하고, 그 과정을 서술하시오. (단, 개미는 과자를 자신들의 굴로 옮기기 위해 개미굴 → 과자 → 과자 → 개미굴의 순서로 최단거리의 직선으로만 이동하며, 지나갔던 길을 되돌아가지 않는다.)

[그림 4-5] 학생들의 평가 사례 ③

[그림 4-5]의 평가 사례 ③에서는 데카르트의 일화를 통해 개미굴과 과자의 좌표를 순서쌍으로 표현하였으나, 좌표에 주목하기보다는 개미떼가 형상화하는 삼각형의 넓이를 구하기 위해 삼각형의 내부에 포함된 넓이가 1인 정사각형의 격자무늬가 몇 개인지를 고민하고 있다. 사실 구한 답은 정확했지만, 삼각형에 포함된 도형의 일부의 넓이를 구하는 과정에서 논리적 오류가 있었다. 즉, 위의 평가 사례의 경우 이해의 단계에서 2점, 전략 수립의 단계에서 1점, 실행 및 답구하기 단계에서 1점을 부여하여 총 4점의 점수를 산정하였다. 그러나 평가 사례 ③에서 보여준 문제해결의 과정은 여러 가지 다각형의 대략적인 넓이를 구하는 매우 효과적인 방법임을 학생 스스로 생각해냈다는 데 큰 의미를 둘 수 있다. 더 나아가서는 도형의 넓이를 잘게 쪼개어 근삿값을 구하고 이에 대한 극한값을 통해 정확한 넓이를 계산할 수 있는 구분구적법의 아이디어와도 연결될 수 있을 것이다.

4.2 평가 결과의 처리

평가 문항에 대한 결과를 통해 학생들은 사물의 위치를 좌표와 순서쌍의 개념을 통해 표현할 수 있으며, 도형의 길이와 넓이를 구하는 데 데카르트가 생각해냈던 좌표평면의 아이디어가 효과적인 문제해결 전략으로 활용될 수 있음을 알게 되었다. 또한 실제 맥락의 문제상황을 수학적으로 표현함으로써 수학적 모델을 통해 창의적인 아이디어를 산출하고 정확한 답을 구할 수 있는 경험을 할 수 있었다. 따라서 교사는 수학사가 매개가 된 실세계와 수학적 지식 간의 융합적 사고 과정이 창의적으로 문제를 해결하는 데 도움을 준다는 사실을 학생들에게 전달할 수 있다. 또한 이런 수학적 융합 역량을 평가하는 기회를 통해 학생들에게 수학이 우리 삶에 주는 가치를 되새겨보고 수학 교과에 대한 자신감과 흥미를 높일 수 있도록 유도할 수 있을 것이다.

5 나오는 글

본 장은 최근 수학 교육에서 강조되고 있는 핵심 역량 중 융합 역량을 향상시키기 위한 교수·학습 프로그램과 평가 방법에 대한 사례를 제시하고 있다. 더 구체적으로는 자유학년제를 실시하는 중학교 1학년 학생들에게 교육과정이 충분히 반영된 STEAM 수업을 실시하였고, 융합 역량을 평가하기 위해 수학사를 맥락으로 수학적 모델링 과정이 포함된 평가 문항을 개발하고 이를 학생들에게 적용하였다. 과거의 학교 수학의 평가는 계산 능력 배양에 중점을 두고 있거나 아니면 수학 공식을 활용한 문제해결에 초점을 둔 지필평가가 대부분이었다. 그러나 2015 개정 교육과정에서는 평가의 방향으로 "수학의 개념, 원리, 법칙, 기능뿐만 아니라 문제해결, 추론, 창의·융합, 의사소통, 정보 처리, 태도 및 실천과 같은 수학 교과 역량을 균형 있게 평가한다"(교육부, 2015, p. 57)라고 강조하고 있으며, 학습 결과와 과정을 모두 평가하고 프로젝트 평가, 포트폴리오 평가, 관찰 평가, 면담 평가, 구술 평가, 자기 평가, 동료 평가 등의 다양한 평가 방법을 활용할 것을 권유하고 있다. 또한 4차 산업 혁명 시대를 이끌어갈 인재를 육성하기 위해서는 핵심 역량을 기르고, 평가할 수 있는 교육 환경을 만드는 것이 무엇보다도 중요할 것이다. 따라서 창의·융합 역량은 물론이거니와 다른 핵심 역량들을 고루 평가할 수 있는 다양한 교수·학습 프로그램과 평가 문항들이 지속적으로 연구·개발될 필요가 있다. 또한 이런 평가 방안들이 현장에 적용될 수 있도록 충분한 안내와 제도적 권고가 동시에 이루어질 필요가 있다.

참고문헌

- 고상숙, 박만구, 한혜숙, 홍예윤, 유기종, 이순용 외(2013). 교구 및 공학도구를 활용한 수학적 과정 중심 평가 기반 조성(연구보고서 No. 2013-6). 서울: 한국과학창의재단.
- 교육부(2015). 수학과 교육과정. 교육부 고시 제2015-74호 [별책 8]. 세종: 교육부.
- 백윤수, 박현주, 김영민, 노석구, 이주연, 정진수 외(2012). 융합인재교육(STEAM) 실행방향 정립을 위한 기초연구(연구보고서 No. 2012-12). 서울: 한국과학창의재단.
- 주홍연, 한혜숙(2017). 수학적 융합 역량. 서보억, 한혜숙, 주홍연, 최광남(편), 한국수학교육학회 2017연보: 수학교육에서 수학적 과정 및 교과 역량(pp. 77-100). 서울: 경문사.
- 한혜숙, 김태정, 김상욱, 최희선, 주홍연, 민병욱 외(2016). 수학 중심의 STEAM: 수학이 이끄는 미래 ICT 산업의 메가트렌드. 서울: 한국과학창의재단.
- National Council of Teachers of Mathematics(NCTM, 1989). Curriculum and evaluation standards for school mathematics. Reston, VA: Author.
- National Council of Teachers of Mathematics(NCTM, 2000). Principles and standards for school mathematics. Reston, VA: Author.

부록 1. 교사용 학습활동 자료

STEAM 증강현실과 수학적 원리-등록기술과 좌표

생각 다지기

활동1 (모둠) 증강현실과 수학적 원리-등록기술과 물체의 위치를 나타내는 좌표

1) 증강현실에서 등록(registration) 기술은 무엇인가?

증강현실은 현실 영상과 가상의 그래픽을 겹쳐서 보여주는 것이다.

※[그림1] 출처 : 유튜브

다음은 게임회사로 유명한 ○텐도의 게임 어플리케이션의 중 하나로 ○켓몬을 실제 현실에서 생포하는 것 같은 착각을 하게 만들어 선풍적인 인기를 끌고 있다.

QR코드를 읽어 증강현실 게임을 살펴보자. 마치 실제 길거리에 ○켓몬이 살아 움직이면서 돌아다니는 것 같다.

이런 영상을 만들어내기 위해서는 가상의 피카츄 가 실제 배경이 보이는 스마트폰 화면(2D)  의 원하는 위치에 그려져야 한다. 이를 증강현실의 등록(registration) 기술이라 한다.

※[그림2] 출처 : 네이버블로그

등록과정은 3단계로 구성된다.

※[내용1] 출처 : 정보과학회지

위치(positioning)	렌더링(rendering)	병합(merging)
피카츄  를 스마트폰 카메라 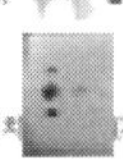 의 위치(관측자)에 맞추어 조정(변환, 회전)하는 과정	실제 배경(3D)  에서의 피카츄의 위치와 스마트폰 화면(2D)으로 보여질 때 피카츄의 위치를 계산하는 과정	피카츄가 실제 배경에 존재하는 것처럼 스마트폰 화면에 겹치게 하는 영상처리과정 

2) 실세계(3D)에 존재하는 피카츄를 스마트폰 화면(2D)의 일정한 위치에 등록시키기 위해서는 관측자의 카메라를 기준으로 실제 그 물체의 위치를 정확히 나타내야만 한다. 그렇다면 위치는 어떻게 나타낼까?

■ 수직선(1D) 위의 점의 위치 나타내기

다음 수직선 위의 카메라, 피카츄에 대응하는 수는 각각 -2, 4이다.

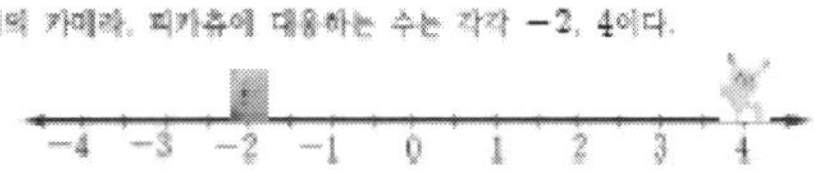

이와 같이 수직선 위의 점에 대응하는 수를 그 점의 좌표라고 하고, 좌표가 a인 점P를 기호로 P(a)와 같이 나타낸다. 즉 카메라를 점 A, 피카츄를 점 B라고 하면 점 A, 점 B의 좌표를 각각 나타낼 때 A(−2), B(4)이 된다.

(문제) 다음 물음에 답하여라.

- 수직선 위의 점 A, 점 B의 좌표를 각각 기호로 나타내어라.

A(−1.5), B(2)

- 카메라의 위치 점 O(0), 피카츄의 위치 점 P($\frac{3}{2}$)를 아래 수직선 위에 각각 나타내어라.

■ 평면(2D) 위의 점의 위치 나타내기

17세기 프랑스의 수학자인 데카르트는 천장에서 날아다니는 파리를 보고, 점의 위치를 좌표로 나타내는 놀라운 아이디어를 냈다고 한다.

체자무늬 바닥에 파리 한 마리가 앉아있다. 파리의 위치를 어떻게 설명할지 써보자.

평면 위의 한 점을 나타내려면 가로 방향과 세로 방향의 위치를 나타내는 2 개의 수가 필요하므로 좌측하단 맨 아래 모퉁이를 기준으로 하여 가로방향으로 5, 세로방향으로 7만큼의 위치에 있다고 설명할 수 있다.

♣ 참고자료(학생답안예시)

왼쪽 위를 기준으로 ... 3칸 ... 쪽으로 ... 이면 된다.

평면 위에 한 점을 나타내려면 가로 방향과 세로 방향의 위치를 나타내는 두 개의 수가 필요하다.

즉, 파리의 위치는 좌측하단 맨 아래 모퉁이를 기준으로 한다면 **가로방향으로 5, 세로방향으로 7**의 위치에 있다.

이처럼 두 수의 순서를 정하여 쌍으로 나타낸 것을 순서쌍이라고 한다.

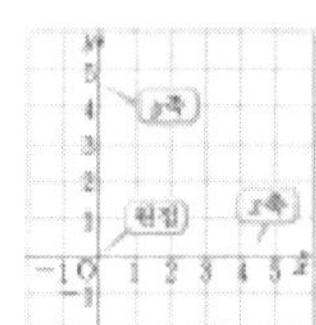

오른쪽 그림과 같이 점 O에서 두 수직선이 서로 수직으로 만날 때,
가로의 수직선을 x축,
세로의 수직선을 y축,
이라 하고, x축과 y축을 통틀어 좌표축이라고 한다.

이와 같이 좌표축이 정해져 있는 평면을 좌표평면이라 하고, 두 좌표축이 만나는 점 O를 좌표평면의 원점이라고 한다.

좌표평면 위의 점 P에서 x축, y축에 각각 수선을 그어 이 수선과 x축, y축이 만나는 점을 나타내는 수가 각각 a, b일 때, 순서쌍 (a, b)를 점 P의 좌표라고 한다.

좌표가 (a, b)인 점 P를 기호로 P(a, b)와 같이 나타낸다. 이 때, a를 점 P의 x좌표, b를 점 P의 y좌표라고 한다. 특히, 원점 O의 좌표는 $(0, 0)$이다.

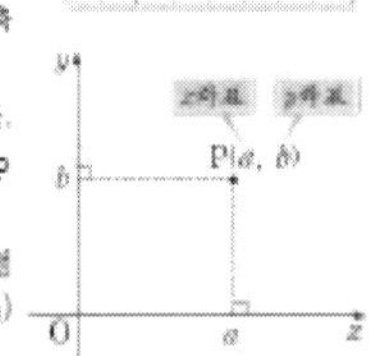

좌표평면은 좌표축에 의하여 네 부분으로 나누어진다. 각 사분면에 있는 점의 x좌표, y좌표의 부호는 다음과 같다.

부호 \ 사분면	제1사분면	제2사분면	제3사분면	제4사분면
x좌표의 부호	+	−	−	+
y좌표의 부호	+	+	−	−

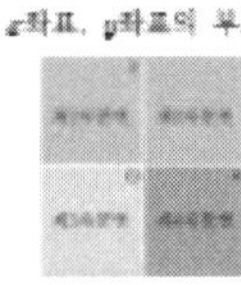

※내용의 출처 : 중학교 1학년 수학, 두산동아

(문제) 바둑판 위에 카메라 점 C와 포켓몬 피카츄의 점 P의 좌표를 각각 기호로 나타내어라.

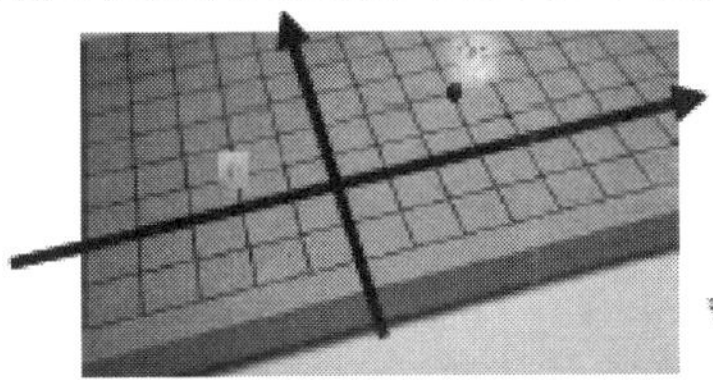

답) C(−2,1), P(3,2)

■ 현실 세계의 공간(3D) 위의 점의 위치 나타내기

공간에서의 위치를 나타내기 위해서 어떻게 해야 할까? 간략하게 이해만 해보자.

공간에서 점의 위치를 나타내기 위해서 가로방향, 세로방향, 높이를 나타내는 세 개의 수가 필요하기 때문에 x축, y축, 그리고 z축이 하나 더 필요하며 공간 위의 점 P의 위치는 x축, y축, z축에 대해서 $P(a, b, c)$로 나타낼 수 있다.

3) 아래 게임방법에 따라 증강현실 어플리케이션 'HP Reveal'을 활용하여 교실에서 '○켓몬 Go!!' 게임을 해보자.

<게임 방법>

1. 담당교사는 수업 전에 'HP Reveal' 앱을 통해 30명의 수학자의 이미지를 마커로 설정하여 '피카○' 1명, '파이○' 1명, '버터○' 1명, '푸○' 1명, '고라파○' 1명, '꽝' 25명과 이미지를 서로 연동시켜 학생들이 공유할 수 있도록 준비해놓는다.

※그림의 출처 : 위키백과

※그림의 출처 : Pokemon.com

2. 반에 배치되어 있는 책상 중 30개를 선정한다.

3. 교사는 수학자의 이미지를 종이에 출력하여 선정된 책상 위에 무작위로 올려놓는다.

4. 학생들은 증강현실 어플리케이션 'HP Reveal'을 다운받고 실행한다.

5. 조별로 HP Reveal 앱을 통해 카메라에 수학자의 이미지를 비춰보면서 ○켓몬을 사냥한다.

6. 아래 제시된 <u>지도에 ○켓몬과 꽝의 위치를 모두 표시</u>하고, <u>문제에 대한 정답</u>을 가장 빠르게 찾는 조가 승리하게 된다.

(시간측정은 필수!!!, 다른 조의 차례가 되면 출력된 수학자의 이미지를 다시 무작위로 배치하여야 한다.)

<○켓몬 지도>

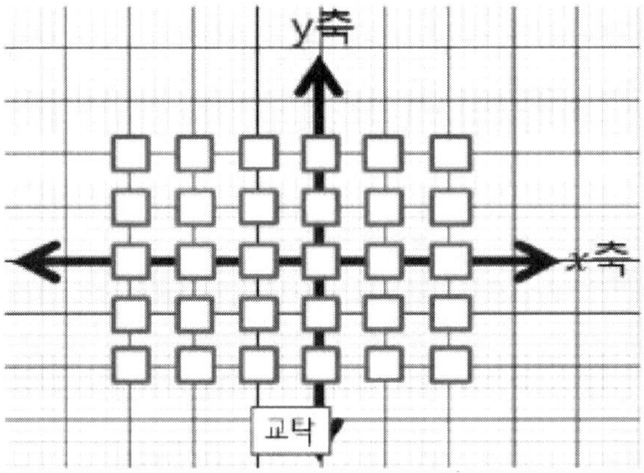

<문제>

1. 5가지 ○켓몬의 위치를 좌표로 나타내어라.

2. 제 2사분면에 있는 ○켓몬의 개수를 a, 제 3사분면에 있는 ○켓몬의 개수를 b라 할 때, $a-b$의 값을 구하여라.

3. x축 위에 있는 ○켓몬은 모두 몇 마리인가?

4. y축 위에 있는 ○켓몬은 모두 몇 마리인가?

5. '고라파○'의 위치가 (x, y)라고 할 때, $(-y, x)$는 원점, x축 위, y축 위, 또는 제 몇 사분면 중에서 어디인지를 구하여라.

Plus

※ 활동2에서는 증강현실 기술과 그 속에 숨겨진 수학적 원리를 탐구하면서 수학 학습에 대한 호기심과 문제해결력을 기를 수 있도록 유도한다. 증강현실 기술과 관련된 용어를 어려워하는 경우에는 학생들이 쉽게 이해할 수 있도록 동영상을 활용하거나 적절한 비유를 통해 쉽게 설명한다.

[그림1] https://www.youtube.com/watch?v=2s(2)QyBTQs#t=47
[그림2] http://navercast.naver.com/contents.nhn?rid=101&contents_id=3857
[그림3] 위키백과
[그림4] http://www.pokemon.com/us/pokedex/
[내용1] 엄기열, 김규진, & 김문현. (2010). 증강현실 환경하에서 비마커 기반 객체 인식 및 추적 기술 동향. 정보과학회지, 28(8), 54-66.
[내용2] 중학교 1학년 수학, 두산동아

부록 2. 평가지

○ 교사평가지

<table>
<tr><th colspan="2">평가대상 (   )</th><th colspan="3">성취수준</th></tr>
<tr><th>평가목표</th><th>평가항목</th><th>3(우수)</th><th>2(보통)</th><th>1(미흡)</th></tr>
<tr><td rowspan="3">융합적 지식
/문제해결력
함양</td><td>1. 증강현실에서 등록기술에 대해 올바르게 이해하였는가?</td><td></td><td></td><td></td></tr>
<tr><td>2. 등록기술의 3단계 위치, 렌더링, 병합을 바르게 이해하고, 이를 설명할 수 있는가?</td><td></td><td></td><td></td></tr>
<tr><td>3. 증강현실 게임을 통해 좌표에 대한 개념 및 성질을 이해하였는가?</td><td></td><td></td><td></td></tr>
<tr><td rowspan="2">핵심교과에 대한
원리 및 이해</td><td>4. 수직선(1D) 위의 점의 위치를 나타내는 방법을 이해하고 문제를 바르게 해결하는가?</td><td></td><td></td><td></td></tr>
<tr><td>5. 평면(2D) 위의 점의 위치를 나타내는 방법을 이해하고 문제를 바르게 해결하는가?</td><td></td><td></td><td></td></tr>
</table>

○ 동료평가지

<table>
<tr><th colspan="2">평가대상 (   )</th><th colspan="3">성취수준</th></tr>
<tr><th>평가목표</th><th>평가항목</th><th>3(우수)</th><th>2(보통)</th><th>1(미흡)</th></tr>
<tr><td>소통 능력 함양</td><td>1. 조사한 내용을 친구들에게 올바른 태도(목소리, 속도, 시선처리 등)로 자신감 있게 전달하였는가?</td><td></td><td></td><td></td></tr>
<tr><td>배려의 태도
함양</td><td>2. 모든 활동에서 모둠원들을 배려하며 협업을 잘 진행하였는가?</td><td></td><td></td><td></td></tr>
</table>

○ 자기평가지

<table>
<tr><th colspan="2">평가대상 (   )</th><th colspan="3">성취수준</th></tr>
<tr><th>평가목표</th><th>평가항목</th><th>3(우수)</th><th>2(보통)</th><th>1(미흡)</th></tr>
<tr><td>핵심 교과에 대한
원리 및 이해</td><td>1. 수직선과 평면에서의 점의 위치를 나타내는 방법을 이해하였는가?</td><td></td><td></td><td></td></tr>
<tr><td>융합적 지식
/문제해결력 함양</td><td>2. 증강현실의 등록기술에 대해 이해하였는가?</td><td></td><td></td><td></td></tr>
<tr><td>수학에 대한
긍정적인 태도
함양</td><td>3. 증강현실 기술에 포함된 수학적 원리를 이해함으로써 수학에 대한 실용성 및 긍정적인 태도를 갖게 되었는가?</td><td></td><td></td><td></td></tr>
<tr><td>소통 능력 함양</td><td>4. 모든 활동에서 다른 학생에 대한 발표를 경청하고, 질문을 하면서 적극적으로 수업에 임하였는가?</td><td></td><td></td><td></td></tr>
</table>

제5장

교수 경험으로 파악한 과정 중심 평가의 실천 가능성

유재근(홍천중학교)

1 들어가는 글

수학교사로서 새 학기를 준비하는 시기에는 평가 방법에 대한 고민을 하게 된다. 그동안 수행평가의 평가 영역을 결정하는 일은 한 학기 수업의 방향을 잡는 중요한 작업이었다. 중간고사나 기말고사와 같은 지필평가와는 달리, 수행평가는 기본 점수 정도로만 생각되기도 했다. 그러나 최근 수행평가는 교과 역량을 강조한 2015 개정 수학과 교육과정에서 지향하는 과정 중심 평가로 자리 잡고 있다.

기존의 수행평가가 수업과는 별개로 이루어진 수업과 평가가 분리된 평가였다면, 과정 중심 평가는 수업과 평가가 일체화되어 평가를 통해 학생들의 배움에 실질적인 도움을 줄 수 있는 평가를 말한다. 초등학교에서 합의된 과정 중심 평가의 주요 역할은 '평가로 파악한 학습 정보에 따른 지도 방안'을 구체화하는 것이다. 이는 초등 교사용 지도서를 통해 확인된다(교육부, 2018, p. 53). 그러나 중학교에서 과정 중심 평가는 교과서 저자에 따라 달리 해석되고 있는 실정이다(예: 장경윤 외, 2018; 김화경 외, 2018 등).

과정 중심 평가의 실천은 수학교사가 갖추어야 할 핵심 역량에 해당된다. 수학교사가 과정 중심 평가의 현장 적합성을 충족시키기 위해서는 평가할 내용 요소를 수업의 핵심 과제로 삼아야 한다. 즉, 학습목표를 수업 내용의 '핵심 질문'으로 재설계하는 '백워드 교육과정'을 고려할 필요가 있다. 이하에서는 중학교 수학과의 '백워드 교육과정'으로 실천 가능한 과정 중심 평가의 한 가지 사례를 구체화하고자 한다.

2 평가 계획의 구성

2.1 교육과정에서 의도하는 평가

교육과정에서 과정 중심 평가는 교수·학습과 평가가 일관되게 구현되어 실효성을 높이도록 하는 의도가 있다. 그러나 현장에서 일회적인 평가를 벗어나 교수·학습 과정 중에 다양한 활동 과정을 평가하는 것은 힘든 일이 분명하다. 교사는 평가 계획을 구성하기에 앞서, 교육과정의 평가 관련 문서를 고려해야 한다. 2015 개정 수학과 교육과정에서는 과정 중심 평가를 지향하며, 평가의 원칙을 다음과 같이 규정하고 있다.

가. 수학과의 평가는 학생의 인지적 영역과 정의적 영역에 대한 유용한 정보를 수집·활용하여 학생의 수학 학습과 전인적 성장을 돕고 교사의 수업 방법을 개선하는 것을 목적으로 한다.
나. 수학과의 평가는 교육과정에 제시된 내용의 수준과 범위를 준수하고, 교육과정에 제시된 목표, 내용, 교수·학습과 일관성을 가져야 한다.
다. 수학과의 평가에서는 수학의 개념, 원리, 법칙, 기능뿐만 아니라 문제해결, 추론, 창의·융합, 의사소통, 정보처리, 태도 및 실천과 같은 수학 교과 역량을 균형 있게 평가한다.
라. 수학과의 평가는 학습자의 수준을 고려하고 평가 목적과 내용에 따라 다양한 평가 방법을 활용한다.
마. 평가 결과는 학생, 학부모, 교사 등에게 환류하여 학생의 수학 학습 개선을 도울 수 있게 한다. (교육부, 2015, p. 40)

2015 개정 수학과 교육과정에서는 내용 영역별로 성취기준과 학습 요소를 제시하고, 그에 대한 교수·학습 방법 및 유의 사항, 평가 방법 및 유의 사항을 제시하고 있다. 평가 방법 및 유의 사항으로 과정 중심 평가를 구체적으로 언급한 것은 중학교 수학에서는 확률과 통계의 내용 영역에서이다.

"자료의 수집, 정리, 해석을 평가할 때에는 과정 중심 평가를 할 수 있다"
(교육부, 2015, p. 37).

교육과정 문서에서 제시하고 있는 평가는 기존의 평가에서 혁신적인 변화를 도모한 것은 아님을 알 수 있다. 교육과정에서는 평가 환류를 통해 교사와 학생에게 도움을 줄 것을 강조한다. 평가의 목적은 이해 여부를 평가하여 학생에 대한 등급을 매긴다기보다, 교수·학습을 개선하기 위한 것이다. 평가 방법은 우선 가르치고 나서 최종 결과만 산출하는 것이 아니라, 과정을 평가하기 위해 서술형 평가, 관찰, 면담 등 다양한 평가 방법을 활용하는 종합적인 수학학습 평가를 권장한다. 수학교사는 학생 활동 중심 과제를 설계하여 이를 학생들이 수행하는 과정을 평가에 반영한다고 해석할 수 있다. 이러한 교육과정의 의도에 학생들이 공감하고 참여하도록 하기 위해서는 평가의 변화가 요구되며, 이를 과정 중심 평가의 실천 방안으로 모색해야 한다.

또한 교육과정 문서의 '성취기준'은 학생들이 교과를 통해 배워야 할 내용과 이를 알게 된 이후에 할 수 있거나 할 수 있기를 기대하는 능력을 결합하여 나타낸 수업 활동의 기준이다. 성취기준은 교수·학습 내용 선정, 교과서 개발, 학교 현장에서 수업의 방향을 설정하고 학생들의 학업성취 정도를 확인하기 위한 기준으로 활용된다. 그러나 단위 학교의 구체적인 수업 및 평가 상황 등을 모두 고려하기 어려운 측면이 있기 때문에, 일부의 성취기준은 포괄적이고 추상적일 수 있다. 이처럼 수업 및 평가 활동을 고려하여 보다 구체적으로 재구성할 필요가 있는 경우에는 '평가준거 성취기준'을 개발하였다. 평가준거 성취기준은 학습을 통해 성취해야 할 능력과 특성을 진술한 것이며, 평가 활동에서 판단의 기준이 되고, 학생들이 무엇을 공부하고 성취해야 하는지 그리고 교사들이 무엇을 가르치고 평가해야 하는지에 관한 보다 구체적인 안내를 제공한다.

2.2 교사가 설계하는 평가

배움의 향상을 목적으로 하는 평가는 학생에 대한 관찰을 바탕으로 해야 한다. 수학교사가 배움의 현 상태를 파악하지 않는 한, 학생들에게 실질적인 도움을 어디부터 주어야 할지 정할 수 없기 때문이다. 특히 1인 교사가 다양한 성취도를 가진 다수의 학생들을 동시에 관리하는 교실 환경에서는 학습의 결함을 환류 목표로 두는 것이 더욱 중요하다. 따라서 학생들의 배움 상태와 수학적 능력을 파악하기 위한 '핵심 질문' 구성이 필요하며, 이는 수학교사들의 전문적인 교수 경험을 바탕으로 가능한 것이다.

2.2.1 수업 내용의 '핵심 질문' 탐색

교사는 교육과정의 평가 방향, 평가 방법, 교수·학습 상황을 고려하여 평가 방법이나 평가 유형을 결정하고 자체적인 평가도구를 개발하게 된다. 평가도구에는 관련된 성취기준, 문항 개발 의도, 관련된 교과 역량, 평가 절차, 유의점, 정답 및 채점 기준 등을 제시한다.

학생들은 학습 방법으로 종종 문제집 풀이를 하기 때문에 답에 집중하기 마련이며 오류를 돌이켜보기가 쉽지 않다. 다른 친구들의 풀이를 노출시켜 오류를 적극 잡아주는 것이 필요하며 이를 '핵심 질문'으로 반영할 수 있다.

교육과정의 성취기준으로부터 '핵심 질문'을 구성할 수 있다.

교육과정				
내용 영역	내용 요소	성취기준	평가기준	
기하	평면 도형의 성질	[9수04-06] 부채꼴의 중심각과 호의 관계를 이해하고, 이를 이용하여 부채꼴의 넓이와 호의 길이를 구할 수 있다.	상	부채꼴의 중심각과 호의 관계를 이용하여 부채꼴의 넓이와 호의 길이에 대한 여러 가지 문제를 해결할 수 있다.
			중	부채꼴의 중심각과 호에 관한 성질을 말할 수 있고, 부채꼴의 넓이와 호의 길이를 구할 수 있다.
			하	부채꼴에서 중심각에 대한 호 또는 호에 대한 중심각을 찾을 수 있고, 원의 둘레의 길이와 넓이를 π를 사용하여 나타낼 수 있다.

수업	
학습 개념	핵심 질문
호와 현, 부채꼴과 활꼴	원 O에서 호에 대한 중심각의 크기를 구할 수 있는가?
부채꼴의 중심각과 호의 길이, 넓이	부채꼴의 중심각의 크기와 호의 길이, 넓이 사이의 관계를 말할 수 있는가?
부채꼴의 호의 길이와 넓이	부채꼴의 호의 길이와 넓이를 구할 수 있는가?

평가			
영역	평가 내용	교과 역량	평가 방법
내용	1. 호에 대한 중심각의 크기를 구할 수 있는가?		지필, 관찰, 구술
	2. 부채꼴의 중심각의 크기와 호의 길이 사이의 관계를 설명할 수 있는가?		관찰, 구술
	3. 부채꼴의 중심각의 크기와 넓이 사이의 관계를 설명할 수 있는가?		관찰, 구술
	4. 부채꼴의 호의 길이와 넓이를 구할 수 있는가?		지필, 관찰, 구술

교과 역량	1. 중심각의 크기를 비교하고 측정하는 활동을 통해 실생활 속에서 호, 현, 부채꼴, 활꼴이 이용되는 예를 이해할 수 있는가?	추론 창의·융합	지필, 관찰, 구술
	2. 부채꼴의 중심각의 크기와 호의 길이 사이의 관계를 추론하고, 자신의 추론 과정을 설명할 수 있는가?	추론 창의·융합 의사소통	지필, 관찰, 구술
	3. 부채꼴의 중심각의 크기와 넓이 사이의 관계를 추론하고, 자신의 추론 과정을 설명할 수 있는가?	추론 창의·융합 의사소통	지필, 관찰, 구술
	4. 2의 관계가 이용되는 역사 사례를 살펴보고 관련 문제해결 과정에서 수학의 필요성과 유용성을 확인할 수 있는가?	창의·융합 의사소통 태도및실천	관찰, 구술
	5. 부채꼴의 측정 상황에서 적절한 문제해결 전략을 활용하여 문제를 해결하고 해결 과정을 설명할 수 있는가?	문제해결 추론 의사소통 정보처리	관찰, 프로젝트

원 모양의 종이를 접었다가 펼치는 탐구 과정을 통해 부채꼴의 호의 길이와 중심각의 크기 사이의 관계를 이해할 수 있게 한다. 종이를 접었다가 펼쳤을 때, 두 부채꼴이 합동이 되면 넓이가 같아짐을 직관적으로 이해할 수 있다. 부채꼴의 중심각과 호의 관계를 이해할 수 있도록 지도하고, 부채꼴의 호의 길이와 넓이를 구하는 공식을 논리적으로 유도할 수 있게 한다. 특히 넓이는 다음과 같은 방법으로 구할 수도 있다.

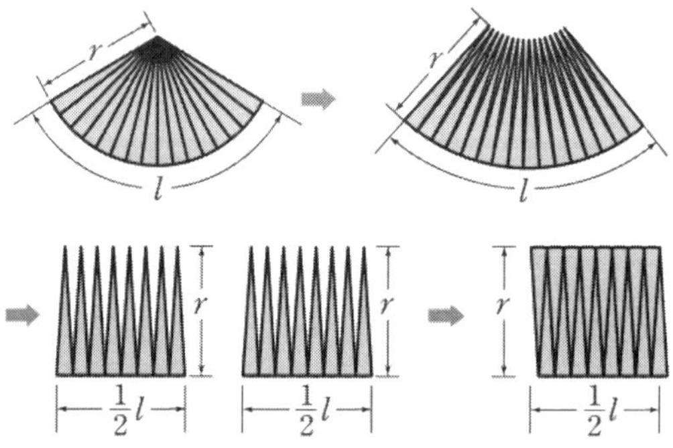

[그림 5-1] 장경윤 외, p. 382

부채꼴을 크기가 같은 여러 개의 부채꼴로 등분하여 늘어놓으면 가로의 길이는 $\frac{1}{2}l$, 세로의 길이는 r인 직사각형 모양에 가까워짐을 알 수 있다.

2015 개정 교육과정에서 학생 활동 중심 수업이 강화되어 각종 보고서, 포트폴리오, 프로젝트 등의 과제와 수행평가가 이루어지고 있다. 따라서 학생들은 다양한 보고서 작성과 포스터 제작, 포트폴리오 작성에 개념을 활용함으로써 시안성이 좋은 과제를 수행할 수 있는 역량을 기른다. 따라서 풀이 방법을 평가하고 이를 응용한 문제해결을 할 수 있는 창의적인 능력을 평가하는 것이 필요하다.

2.2.2 수학 교과서를 재구성한 수업 설계

학습을 돕는 평가의 전제 조건으로 학생들의 배움 상태를 파악할 수 있는 과제가 필요하다. 과제를 통해 파악한 학습요구에 맞춘 피드백이 교수·학습 활동으로 구체화된다. 이러한 교수·학습 과정은 교사와 학생 또는 학생과 학생의 상호작용을 통해 실천되어야 한다.

다음에 제시하는 과제는 2018년도 교육부의 재원으로 한국과학창의재단의 지원을 받아 수행된 성과물이다. 과제 자체는 교과서 과제 및 그림을 수정·변형하여 '2018 좋은 수학과제 개발 교사연구회' 를 통해 본 저자가 개발한 것이다(2018, 한국과학창의재단, pp. 32-36). 이 과제는 수학 교과서를 재구성한 것이며, 탐구를 통해 개념을 찾아가는 활동, 논리적으로 성질을 정당화하는 활동, 다양한 식의 변형을 하면서 성질을 익히는 활동 등 다양한 방법으로 구성하였다.

수업 내용을 '핵심 질문'으로 재설계하는 '백워드 교육과정'에서는 이것이 과정 중심 평가에 따른 지도 사례로 적용될 수도 있다. 학생들은 부채꼴의 호의 길이와 넓이 공식을 이용하여 지구 반지름의 길이를 구해보고 수학자의 지혜와 역사적인 의미를 살펴봄으로써 수학의 유용성에 대한 학습을 한다.

역사적으로 에라토스테네스는 닮음을 활용하여 지구의 반지름의 길이를 구하였다. 지리적 장점을 살려 햇빛이 평행선으로 비춘다는 이상적인 조건을 전제하였다. 학습내용은 중학교 1학년 수학에서 평면도형의 성질 단원을 학습한 후에 원과 부채꼴의 비례관계를 적용하는 것이다. 지금까지 학생들은 중심각의 크기를 이용하여 원의 비례관계를 학습하였다. 이를 역사에 적용함으로써 수학의 유용성을 확인할 수 있다.

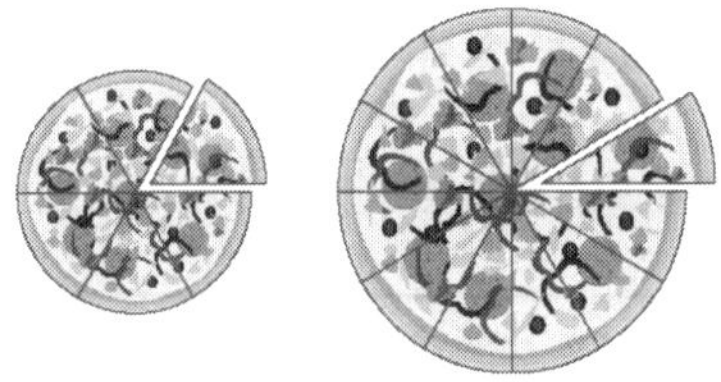

A B

(김화경 외, 2018, p. 206)

중심각	(6등분 한 피자 한 조각)	(두 조각)	(네 조각)	(다섯 조각)	피자 한 판
중심각의 크기					
호의 길이					
부채꼴의 넓이					

중심각	(12등분 한 피자 한 조각)	(세 조각)	(여섯 조각)	(열 조각)	피자 한 판
중심각의 크기					
호의 길이					
부채꼴의 넓이					

활동 3 다음과 같이 원을 12등분한 부채꼴의 특징을 탐구해 보자.

(1) 중심각의 크기를 구하여 표의 빈 칸을 채워라. 어떻게 구했는지 자신의 답을 설명해 보자.

(12등분 부채꼴 그림을 그리고 O, A, B, C,··· 기호를 붙여라.)

중심각	∠AOB (12등분의 한 조각 부채꼴)	(∠AOB의 3배 부채꼴을 기호로 나타내기)	(6배)	(10배)	원 O
중심각의 크기					

(2) 원의 반지름의 길이를 6cm라 할 때 표의 빈 칸을 채워라. 어떻게 구했는지 자신의 답을 설명해 보자.

중심각	∠AOB (12등분의 한 조각 부채꼴)	(3배)	(6배)	(10배)	원 O
호의 길이					
부채꼴의 넓이					

(3) [활동 1]의 교과서 내용을 참고하여, 이 활동에서는 부채꼴에 대해 어떤 성질을 탐구하였는지를 한 문장으로 표현해 보아라.

3 개념적용 과제

활동 4 에라토스테네스가 알아낸 사실을 이용하여 지구의 반지름의 길이를 구하고, 그 과정을 설명해 보자. 그가 이용한 수학적 원리는 무엇인가? 다음 과제를 해결하면서 탐구해 보자.

준비물: 계산기

지구는 거대하므로, 그 반지름의 길이를 직접 측정할 수는 없다. 따라서 간접 측정하고 필요한 계산을 통해 지구의 반지름의 길이를 알아낸 최초의 업적을 남긴 분이 에라토스테네스이다.

(1) 에라토스테네스가 직접 측정한 값은 무엇인가? 다음 자료를 참고하여 표의 빈 칸을 채워라. 또한 아래 원에 측정값을 표시해 보아라. 어떻게 찾았는지 자신의 답을 설명해 보자.

에라토스테네스는 하짓날 정오 시에네에서 햇빛이 우물 속을 수직으로 비출 때, 시에네에서 북쪽으로 925 km 정도 떨어진 알렉산드리아에서는 지면에 수직으로 세운 막대의 그림자 끝이 북쪽으로 약 7.2° 기울어진 곳에 생긴다는 사실로부터 지구의 반지름의 길이를 구하였다.

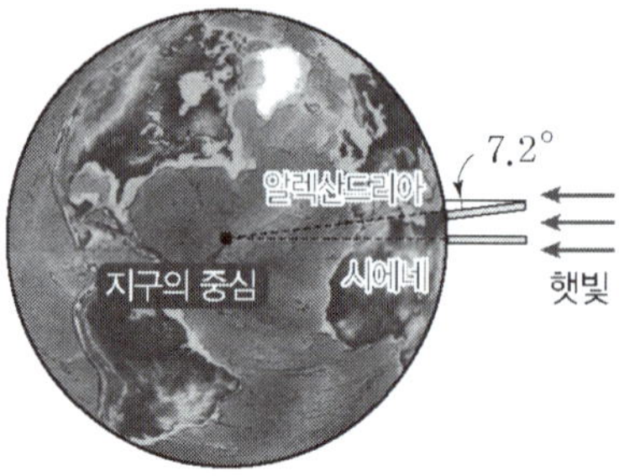

(김화경 외, 2018)

측정값				

(2) (1)에서 자신이 표시한 그림을 보고 지구의 반지름의 길이를 구하여라. 어떻게 구했는지 자신의 답을 설명해 보자. (단, 지구는 완전한 구로 생각한다.)

활동 5 경도가 같은 서울과 광주의 위도가 각각 37.5°N, 35°N이다. 두 지역이 280 km 떨어져 있을 때, 지구의 반지름의 길이를 구해 보자.
(단, π는 3.14로 계산하고, 소수점 아래 첫째 자리에서 반올림하여 나타낸다.)

활동 6 실제 지구의 반지름의 길이는 약 6371 km라고 한다. [활동 4]와 [활동 5]에서 구한 지구의 반지름의 길이와 차이가 나는 이유를 설명해 보자.
(단, π는 3.14로 계산하고, 소수점 아래 첫째 자리에서 반올림하여 나타낸다.)

2.3 평가의 방법

부채꼴의 중심각의 크기와 호의 길이, 넓이, 현의 길이와의 관계를 이해할 수 있도록 지도한다. 특히, 한 원에서 부채꼴의 호의 길이와 넓이는 각각 중심각의 크기에 정비례하지만 부채꼴의 현의 길이는 중심각의 크기에 정비례하지 않음에 유의하게 한다.

수업 마무리에서 형성 평가를 활용하여 학습의 성취기준의 도달 정도를 스스로 확인해 보는 시간을 갖도록 지도한다. 또, 대표 질문을 제시하여 학생 스스로 성취수준을 판단하고 이 단원에서 잘한 점과 부족한 점을 자유롭게 기술해 보도록 함으로써 자기 주도적 학습 태도를 기를 수 있도록 한다. 교사는 관찰 평가를 하고 학생들이 자신의 평가 기준을 설정하고 자신의 부족한 부분을 정리할 수 있도록 안내한다.

활동지의 완성도는 모둠별로 순위를 매기고 가장 좋은 결과를 공유하여 모든 학생들이 동료 평가를 한다. 모둠원들의 참여 정도는 교사의 관찰과 모둠 평가로 실시한다.

3 평가의 환류 및 활용

예시된 과제는 학생이 참여하고 자기 주도적으로 개념을 탐구하며 배움을 구성하는 과정을 안내한다. 색종이와 피자를 구체물로 한 행동은 그림을 통해 기호화 표현으로 반복 과정을 거쳤으며, 지구의 반지름 구하기 상황에서 배운 지식을 적용하도록 하였다. 이 과제를 해결하는 과정에서 학생들은 부채꼴의 중심각의 크기, 호의 길이, 넓이 사이의 관계를 탐구할 수 있다.

과정 탐구 쓰기 평가는 학생들이 수학적 개념, 원리, 법칙뿐만 아니라 여러 가지 기본 성질들을 정확하게 알 수 있는 계기가 된다. 또한 이런 평가를 통해 학생들의 과정 지식을 볼 수 있으며 학업 성취 정도를 바로 확인할 수 있다. 이는 학습 결손을 예방할 수 있는 기회가 되며 학습 부진 학생도 쉽게 파악할 수 있다. 수학적 개념, 원리, 법칙 등을 수식이나 기호로 표현해 봄으로써 수학에서 기호 표현의 중요성 및 오류도 발견할 수 있다.

수학 개념을 적용하는 문제해결력 평가에서는 배운 지식을 좀 더 일반화된 문제의 상황으로 재구성하여 적용해 봄으로써 수학에 대한 도전 의식을 고취시키며 수학의 유용성에 대한 인식의 변화를 기대할 수 있다.

구체적인 평가 결과는 다음과 같다.

1 평가 단원

단원	Ⅴ. 평면도형과 입체도형 2. 원과 부채꼴	수업 모형	교과융합수업
수업 제목	지구의 반지름 구하기		
학습 목표	부채꼴의 호의 길이와 넓이를 활용하여 지구의 반지름을 구한다. 지구의 반지름을 구한 수학자에 대해 조사하여 알아본다.		

2 평가 결과

■ 학생활동 결과물 및 피드백

학생 활동 결과 사진	활동 사례
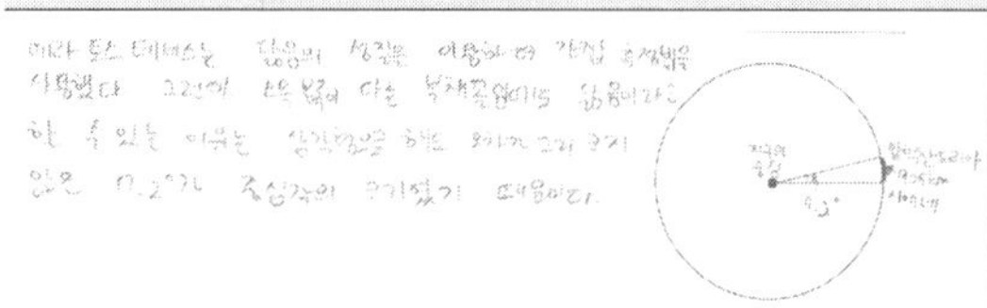 [활동 1에 대한 학생 A의 반응]  [자기 평가에 대한 학생 C의 반응]	선생님: 결과로 나온 값이 실제 지구의 반지름과 차이가 나지? 학생: 예,. 그런 것 같아요. 선생님: 그 이유는 뭘까? 학생: 이유를 어떻게 답해야 할지 잘 모르겠어요. 선생님: 에라토스테네스의 방법을 정확하게 조사하고 이해해야 한다. 학생: 네~.

■ 평가 결과

성취 기준	[9수04-06] 부채꼴의 중심각과 호의 관계를 이해하고, 이를 이용하여 부채꼴의 넓이와 호의 길이를 구할 수 있다.			도달
평가 내용	학업 성취	관계	부채꼴의 호의 길이를 구할 수 있는가?	상
			중심각과 호의 관계를 이해할 수 있는가?	중
		역사 조사	에라토스테네스의 방법을 바르게 조사하였는가?	상
	교과 역량	문제해결	부채꼴의 호의 길이로 해석하였는가?	중
			창의적인 아이디어로 지구 반지름 구하기에 적용하였는가?	하
		추론	중심각과 호의 관계를 논리적으로 추론하였는가?	하

■ 관찰 평가 서술형 기록

중심각과 호의 관계를 잘 알고 흥미로워하였으며 지구의 반지름을 구하는 방법에도 적극적으로 참여하였으나 그 이유를 설명하는 추론 능력이 조금 더 필요함. 수학자의 사례를 잘 조사하여 발표를 잘함.

3 과정 중심 평가에 따른 지도 사례

▣ 내용

평가 목표	부채꼴의 중심각의 크기와 호의 길이 사이의 관계를 설명할 수 있다.
평가 방법	관찰, 구술
평가 도구	체크리스트, 수학책
유의 사항	부채꼴의 호의 길이와 넓이를 적용하는 차시이므로 학생들이 측정법을 충분히 숙지하고 바르게 적용하는지에 초점을 맞추어 관찰하고 지도한다.

평가로 얻은 학습정보	지도 방안 예시
부채꼴의 호의 길이를 알맞게 적용하는 경우	중심각, 호의 길이, 부채꼴의 넓이, 현의 길이가 모두 같음을 관찰하여 발견하도록 한다.
중심각의 크기와의 관계를 이해하지 못하는 경우	친숙한 피자 문맥에서 원의 비례관계를 세밀하게 지도한다. 부채꼴 조각이 원 전체에 대해 얼마만큼의 비율을 차지하는가를 직관적으로 파악하도록 지도한다.
호의 길이를 구하기 어려워하는 경우	부채꼴은 원의 분할임을 이해하도록 하고, 공식을 면밀히 살펴보면서 적용하도록 지도한다. 원리를 발견하기 위해 중심각, 호의 길이에 집중해야 할 필요성을 느끼도록 지도한다.

▣ 교과 역량

평가 목표	부채꼴의 중심각의 크기와 호의 길이 사이의 관계를 추론하고, 자신의 추론 과정을 설명할 수 있다. (추론, 창의·융합, 의사소통)
평가 방법	지필, 관찰, 구술
평가 도구	체크리스트, 수학책, 형성 평가
유의 사항	관계를 추론할 때 논리적으로 설명하도록 학생들을 독려한다. 추론 역량을 적절히 이용함으로써 부채꼴의 중심각의 크기, 호의 길이, 넓이에 대해 집중해야 할 필요성을 가질 수 있도록 지도한다.

평가로 얻은 학습정보	지도 방안 예시
부채꼴의 중심각의 크기와 호의 길이 사이의 관계를 능숙하게 추론하는 경우	중심각의 크기가 달라짐에 따라 일정한 비율로 호의 길이가 달라지나, 현의 길이에 대해서는 성립하지 않음을 직관적으로 관찰하고 논리적으로 설명하도록 지도한다.
호의 길이를 구할 수 있으나 추론하지 못하는 경우	중심각의 크기를 구할 때 원 전체의 중심각이 360°임을 먼저 구하도록 지도한다. 중심각의 크기가 같을 때 호의 길이가 같은 이유를 '반지름이 같다', '중심각의 크기가 같다'와 같이 설명하도록 지도한다.
호의 길이를 적용하기를 어려워하는 경우	공식을 면밀하게 익히고 연습하도록 지도한다. 중심각의 크기, 호의 길이에 대해 집중 탐구해야 함에 동의하도록 지도한다.

5 나오는 글

2015 개정 수학과 교육과정에서는 과정 중심 평가를 강조하나, 수학교사들의 실천은 아직 과정 중에 있다고 할 수 있다. 지금까지 합의된 바로는 과정 중심 평가란, 배움에 실질적인 도움을 주는 평가 내용 및 평가 방법인 것이다. 과정 중심 평가를 실천한다면 교사는 평가와 동시에 학습이 긴밀하게 이루어질 수 있도록 의도하며, 관찰 가능한 학생 반응의 예를 유목화할 수 있다. 과정 중심 평가를 활용하면 각 반응에 대해 평가로 파악한 학습 정보에 따른 즉각적인 지도 방안을 구현할 수 있다.

과정 중심 평가에서 가장 중요한 것은 학생의 배움 상태에 대한 교사의 이해라고 볼 수 있다. 그동안 수학 교실에서는 촉박한 시간 내에 정해진 내용을 모두 해결하려는 수업을 해왔다. 이는 학생 개개인의 필요와 요구를 고려하지 못한 것이다. 저출산 문제로 인해 인구 구조의 변화가 예견되고 있다. 이를 장점으로 살려 학생들이 배움의 정상적인 속도를 밟아갈 수 있도록 수학교사는 과정을 관찰하면서 학습의 달성보다는 능력의 향상을 위한 평가를 해야 한다.

이 장에서는 중학교 수학과 과정 중심 평가의 한 가지 사례를 제시하였다. 이러한 사례를 통하여 수학교사로서 과정 중심 평가의 취지 및 구체적인 구현 방안에 대해 더욱 실질적인 이해가 가능할 것으로 기대된다.

참고문헌

- 교육부(2015). 수학과 교육과정. 교육부 고시 제2015-74호 [별책 8]. 세종: 교육부.
- 교육부(2018). 초등학교 수학 교사용 지도서 4-1. 세종: 교육부.
- 김연주(2018). 학생관찰과 과정 중심 평가. 2017 서울대학교사범대학부설학교 교사연합 학습동아리 발표 자료.
- 김화경 외(2018). 중학교 수학 교사용 지도서 1. 서울: 좋은책 신사고.
- 이준열 외(2018). 중학교 수학 1. 서울: 천재교육.
- 장경윤 외(2018). 중학교 수학 교사용 지도서 1. 서울: 지학사.
- 한국과학창의재단(2018). 2018 좋은 수학과제 발굴 수학교사연구회 중학교 사례집. 서울: 한국과학창의재단.
- 황혜정, 나귀수, 최승현, 박경미, 임재훈, 서동엽(2016). 수학교육학신론. 2016 개정증보판. 서울: 문음사.

제6장

지필평가의 아쉬움, 수행평가로 달래다

서봉건(복자여자고등학교)

1 들어가는 글

오랜 기간 고등학교 현장에서 학생들에게 수학을 가르치고 평가를 하였지만 만족감을 느낀 적은 많지 않은 것 같다. 항상 '이번에는 제대로 된 평가를 해봐야지!'라고 다짐을 하면서도 한 학기, 한 학년이 지나고 나면 늘 아쉬움이 남는다. 특히, 학교에서 실시되는 정기고사(지필평가)는 학생들의 수학적 역량을 충분히 평가하기 못했다. 학생들은 과목별로 두 달 정도 학습한 내용을 50분이라는 제한된 시간 안에 수학교사가 출제한 20여 문항을 실수 없이 빠른 속도로 풀어야 한다. 대다수의 학생들이 극도의 긴장 상태로 지필평가를 보는 것과 마찬가지로 수학시험 감독을 맡으신 동료 선생님들 또한 동일하게 피로감을 호소하곤 하였다. 수학시험이 끝나자마자 억울해 하며 우는 학생들을 보면 교사로서 참 마음이 아프기도 하였다. 평소 수학시간 학생들에게 '주어진 문제를 빨리 해결하는 학생이 반드시 수학적 재능이 탁월한 것은 아니며, 제한된 시간에 문제를 빨리 풀게 하는 것이 수학교육이 추구하는 방향도 아니다. 수학을 학습함으로써 생각하는 힘을 기르는 것이 수학교육의 본질이며, 생각하는 힘은 문제를 빨리 푼다고 길러지는 것이 아니니, 모르는 문제도 가급적 해답지를 보지 말고 천천히 그리고 깊이 생각해라.'라며 강조하였다. 그러나 지필평가의 현실 앞에선 이러한 말들이 학생들에게 공감을 얻기보다는 깊은 상처를 준 것이 아닌가? 스스로 반문하며 부끄러워 한 적도 많았다. 현재 학교에서 실시되는 수학 지필평가는 1등급부터 9등급까지 줄을 세우는 데에는 더할 나위 없이 제 기능을 했을지는 모르겠으나 교육과정에서 추구하는 수학교육의 방향이나 변화하는 미래사회를 대비하기 위해 '스스로 질문하고 생각하는 힘'을 길러야 한다는 많은 학자들의 조언과는 점점 거리가 멀어진 듯하다.

다행히도 최근 현장에서는 이러한 지필평가에 대한 문제점들을 적극적으로 개선하고자 노력하시는 선생님들이 많이 계신다. 또한 수업과 평가를 별개로 보는 것이 아니라 교육과정의 재구성으로부터 출발하여 학생중심 수업을 설계하고 이를 적극적으로 평가에 반영하며 최종적으로 이러한 일련의 과정들을 상세하게 생활기록부에 기록하는 '교육과정-수업-평가-기록 일체화'를 실천하는 교사동아리도 생겼다(김덕년, 2017). 이들은 경기도 교육청 소속의 교사동아리로 출발하여 현재 전국단위의 교사연수와 책을 통해 그들이 경험했던 소중한 일체화 과정들을 아낌없이 나누고 있다. 이명섭(2017, p. 27)은 평가를 변별의 도구가 아니라 성장의 도구로 써야 한다고 주장하였다.

수행평가는 변별의 도구로 활용되는 지필평가의 대안으로 학생들이 과제를 수행하는 동안 학생들을 모니터링하면서 과정에 대한 평가를 할 수 있고, 산출된 결과물을 평가할 수도 있다(김선, 반재천, 박정, 2017). 이처럼 획일적인 줄 세우기 평가로 인해 불편함을 갖고 있는 교사 입장에서는 학생의 성장을 도모할 수 있도록 제대로 기획하여 수행평가를 실행한다면 아쉬움을 달랠 수 있을 것이다.

본 글에서는 일체화 동아리 선생님들이 실천하고 있는 '과정 중심 평가'와 비교해 볼 때 부족함이 많지만 지난 3년(2015년~2017년) 동안 저자가 속한 학교에서 실행한 수학수행평가를 소개하고자 한다. 참고로 본인은 2015년 3월에 입학한 1학년 학생들이 2018년 2월에 졸업할 때까지 3년 연속 수학을 가르치면서 학년부장 역할을 담당하였다. 수학 지필평가 비율은 1학년 50%, 2학년 60%, 3학년 인문계열 70%, 자연계열 60%로 실시하였다. 반면, 학생들에게 여러 가지 다양한 형태의 수행평가를 제시하여 수학에 대한 정의적 영역을 강조하였다. 또한 학생들의 학업수준을 고려하여 수준 높은 수행평가를 실시할 수 있었다.

2 평가의 목적 및 계획

본 장에서는 3년 동안 실행한 수행평가 중에서 수학적으로 의미 있다고 판단되는 7개의 영역을 선별하여 영역별로 어떤 취지에서 평가를 설계하였는지에 대한 평가의 목적과 학생들에게 어떻게 안내 되었는지에 대한 평가계획에 대해 소개하고자 한다.

2.1 3년 동안 실행한 수학 수행평가의 영역

1학년 1학기부터 3학년 1학기까지 3년 연속 지속적으로 실행한 수행평가 영역은 '수학연구보고서'이다. 학생들 입장에서는 가장 힘들고 시간이 많이 소요되는 영역이라 부담이 많았지만 교사 입장에서는 개별 학생들의 보고서 작성 역량이 꾸준히 향상됨을 확인할 수 있는 좋은 경험이었다. 수학적 개념들 사이의 연결성의 측면을 강조한 수행평가는 '수학개념정리' 영역으로 이 또한 2학년까지 꾸준하게 실행되었다. 학생들의 수학에 대한 긍정적 인식을 유도한 수행평가 영역은 '수학감상문', '수학에세이', '수학독후감' 작성이었다. 수학적으로 유익함에도 불구하고 문제풀이에 익숙한 학생들이 자칫 소홀할 수 있는 증명교육을 강조한 영역은 '수학 증명노트 만들기'이다. 마지막으로, 강의식 수업의 한계를 극복하고 학생들의 참여를 유도한 수행평가 영역은 '문제해결 과정 발표'이다. 이처럼 7개의 수행평가 영역을 구체적으로 어떤 과목에서 언제 실시되었는지를 살펴보면 [표 6-1]과 같다.

[표 6-1] 2015-2017 3개년 동안 실행한 수학 수행평가의 영역

순번	영역	과목명	학년-학기	계열
1	수학연구보고서 (인문계열-5편 작성 자연계열-7편 작성)	수학 I	1-1	공통
		수학 II	1-2	공통
		확률과 통계	2-1	자연
		확률과 통계	2-2	인문
		미적분 I	2-1	자연
		미적분 I	2-2	인문
		미적분 II	2-2	자연
		기하와 벡터	2-2	자연
		확률과 통계	3-1	공통
2	수학개념정리 (질문지형식/ 마인드맵 형식)	수학 I	1-1	공통
		수학 II	1-2	공통
		미적분 I	2-1, 2-2	인문
		확률과 통계	2-1, 2-2	인문
		확률과 통계	2-1	자연
		기하와 벡터	2-2	자연
3	수학감상문	수학 I	1-1	공통

4	수학에세이	수학Ⅱ	1-2	공통
5	수학독후감	확률과 통계	2-2	공통
6	수학 증명노트 만들기	미적분Ⅱ	2-2	자연
		미적분Ⅰ	3-1	인문
7	문제해결 과정 발표	기하와 벡터	3-1	자연

2.2 수학 수행평가의 목적

앞 절에서 이미 7개의 수행평가 영역을 소개하면서 대략적으로 각각의 수행평가가 설정된 의미들을 살펴보았다. 본 절에서는 영역별로 각각의 수행평가가 수학적으로 어떠한 목적을 지니고 있으며, 이러한 방향성들이 학생들에게 어떻게 제시되었는지를 살펴보면 [표 6-2]와 같다.

[표 6-2] 2015-2017 3개년 동안 실행한 수학 수행평가의 목적

순번	영역	목적
1	수학연구보고서	한 학기 동안 배운 수학과목의 내용 중에서 본인 스스로 심화탐구하고자 하는 관심 있는 영역의 주제를 선정하거나 본인의 희망진로와 연계된 탐구주제를 선정하여 첫째, 본인이 학습한 수학적 내용 분석 및 정리하고, 둘째 문헌 등 다양한 참고자료를 조사한 후 재해석의 형태로 보고서를 작성함. 이를 통해 수학적 표현 역량 및 의사소통역량, 창의역량, 융합역량, 정보 처리 역량 등을 기르고자 함.
2	수학개념정리 (질문지형식/ 마인드맵형식)	단원별로 수학내용을 마무리하는 시점에 과제를 부과하여 본인의 관점에서 수학적 개념 및 정리들 사이의 순서와 연결성을 고려하여 주어진 질문지에 서술형 형태의 답안을 작성하거나, 백지에 마인드맵 형식으로 수학내용을 정리하여 제출함. 이를 통해 스스로 수학개념을 체계적으로 정리하고 복습하는 경험을 쌓아 수학적 기초를 다지기 위해 실시함.
3	수학감상문	고등학교 입학 후 수학교과에 대한 심리적 불안이 많은 시기인 1학년 1학기에 수학교과에 대한 흥미를 높이고 수학에 대한 긍정적 가치를 함양하기 위해 수학 관련 영상물(영화 또는 다큐멘터리)을 시청한 후 인상 깊은 내용을 주제로 선정하여 감상문을 작성함.

4	수학에세이	교실에서 관찰하기 힘든 개별 학생들의 수학에 대한 인식 및 수학학습 상황을 교사입장에서 제대로 파악하고자 1학년 2학기에 실시함.
5	수학독후감	수학을 어렵게 생각하고 우리 생활과 관계가 없다고 느끼는 학생들에게 수학교양도서를 읽고 수학이 인간의 삶에 얼마나 밀접한 관계가 있고 중요한 것인지 깨닫고 수학에 대한 흥미와 열정을 고취시키며 수학적 사고를 기르게 함으로써 21세기가 요구하는 슬기롭고 따뜻한 창의적 인재를 양성하는 데 그 목표가 있음. 또한 학생들이 쉽게 다가갈 수 있고 즐길 수 있는 수학 문화의 확산을 통해 수학의 대중화에 기여하고자 함.
6	수학 증명노트 만들기	수능형 문제풀이 위주의 학습에서 자칫 소홀하기 쉬운 수학 증명을 강조하고 이를 통해 수학적 힘과 사고력을 기르고자 미적분 교과서에 나오는 다양한 수학 정리들을 스스로 증명해보고 중요한 수학적 내용들을 체계적으로 정리하고자 자연계열 학생들은 2학년 2학기에, 인문계열 학생들은 3학년 1학기에 실시함.
7	문제해결 과정 발표	교사 중심의 강의식 수업에서 탈피하여 학생 중심의 참여형 수업을 유도하여 수학 수업 개선을 위해 실시함. 본인이 자주 틀리거나 어려워하는 유형의 문제를 사전에 선정하여 관련된 수학개념을 학습하고 문제해결 과정을 준비하여 수업시간 학생들 앞에서 발표함으로써 수학적 개념이 약한 부분을 개선하고, 자신이 알고 있는 수학적 내용을 논리적으로 전개하는 과정에서 수학적 의사소통 역량과 문제해결 역량을 기르기 위함.

2.3 수학 수행평가의 계획

수학 수행평가의 계획단계에서 학생들에게 각 영역별로 평가(채점)기준이 어떻게 제시되었는지, 반영비율 및 평가시기, 과제의 양은 어느 정도인지를 살펴보고, 제출양식 및 사전 안내사항이 어떻게 이루어졌는지 살펴본다.

2.3.1 수학 수행평가의 평가(채점)기준

우선, 각 영역별 과제의 평가(채점)기준은 [표 6-3]과 같이 제시되었다.

[표 6-3] 2015-2017 3개년 동안 실행한 수학 수행평가의 평가(채점)기준

순번	영역	평가(채점)기준 제시
1	수학연구보고서	- 주제선정과정(동기)이 명확하게 제시하였는가? - 연구주제(내용)가 독창적인가? - 내용전개가 논리적으로 타당하고, 수학적으로 내용의 모순이 없이 충실하게 서술하였는가? - 기존 문헌자료를 참조하더라도 재해석하여 본인이 이해한 내용을 바탕으로 보고서를 작성하였는가? - 보고서 작성을 통해 수학교과에 대한 긍정적 인식이 생겼는가?
2	수학개념정리 (질문지형식/ 마인드맵형식)	(질문지형식/마인드맵형식 공통) - 단원별로 핵심개념, 정리, 공식 등을 적절히 사용하여 정리하였는가? - 개념들간의 상호 관련성을 유기적으로 잘 연결하였는가? - 제시한 내용들이 수학적으로 충실하였는가? (마인드맵 형식) - 마인드맵 구성과정에서 본인만의 독창적인 아이디어를 반영하였는가?
3	수학감상문	- 자료 선정과정이 명확하게 제시하였는가? - 서술한 내용들이 수학 관련 내용을 충실히 반영하였는가? - 자료감상 후 수학에 대한 본인의 생각과 관점을 구체적으로 서술하였는가?
4	수학에세이	- 주제 선정과정이 명확하게 제시하였는가? - 서술한 내용들이 수학 관련 내용을 충실히 반영하였는가? - 수학교과에 대한 본인의 인식과 왜 그렇게 생각하게 되었는지에 대한 논거를 구체적으로 잘 서술하였는가?
5	수학독후감	- 지정도서 중 왜 그 도서를 선정하게 되었는지 책 선정동기를 명확하게 밝혔는가? - 도서의 내용과 주제와 관련하여 수학 교육과정과 충실하게 연계하여 서술하였는가? - 도서를 읽고 독후감을 작성하면서 수학에 대한 유용성과 가치를 느꼈는가?
6	수학 증명노트 만들기	- 수학 정리 서술 및 증명과정에서 수학적으로 모순이 없는가? - 한 가지 방법 이외에 다양한 방법으로 증명을 시도하였는가? - 본인의 학습하고 이해한 내용을 적절히 재구성하여 서술하였는가? - 선정한 내용들이 수학적 연결성의 측면에서 체계적으로 구성하였는가?
7	문제해결 과정 발표	- 사전 질문지에서 문제를 잘 선정하였는가? - 선정된 문제의 난이도가 적절한가? - 문제해결 과정을 제대로 서술하였는가? - 발표 내용을 수학적으로 충실히 이해하고 준비하였는가? - 다른 학생들이 잘 이해할 수 있도록 발표하였는가?

2.3.2 수학 수행평가의 반영비율, 평가시기 및 과제의 양

다음으로, 수학 수행평가의 영역별 반영비율, 평가 시기 및 제출할 과제의 양은 아래의 [표 6-4]와 같다.

[표 6-4] 2015-2017 3개년 동안 실행한 수학 수행평가의 반영비율, 평가시기 및 과제의 양

순번	영역	반영비율	평가시기 및 과제의 양
1	수학연구보고서	20%	보고서 제출 시기는 한 학기동안 수학내용을 충실히 학습한 후 관심주제를 선정하는 것이 타당하다고 판단되어 주로 2회고사(기말고사) 전후 시점인 학기말에 제시된 양식을 참조하여 A4 용지 2~3페이지 내외의 분량으로 보고서를 제출
2	수학개념정리 (질문지형식/ 마인드맵형식)	10%	(질문지형식) 각 과목마다 2~3단원을 묶어서 제시된 질문지에 답안을 작성하여 제출 (마인드맵형식) 각 과목의 대단원이 끝날 때마다 A4 용지 1페이지 분량으로 내용을 작성하여 제출
3	수학감상문	10%	2회고사(기말고사) 2주 전까지 제시된 기본 양식을 참조하여 A4 용지 2페이지 내외의 분량으로 제출
4	수학에세이	10%	1회고사(중간고사) 실시 2주 후까지 제시된 기본 양식을 참조하여 A4 용지 2페이지 내외의 분량으로 제출
5	수학독후감	10%	2학년 2학기에 실시한 수행평가로 수학도서를 선정하여 책을 읽는 시간을 충분히 보장하기 위하여 1학기 말에 관련 내용을 미리 공지하여 여름방학 기간에 책을 읽게 하였으며 2학기 개학 후 10일 이내에 A4 용지 2페이지 내외의 분량으로 제출
6	수학 증명노트 만들기	20%	2회고사(기말고사) 2주 전까지 미적분에 등장하는 수학내용 중 3개 이상의 정리를 선정하여 정리와 증명과정을 모두 작성하여 제출
7	문제해결 과정 발표	20%	본인이 발표를 희망하는 시점에서 3일 전까지 사전질문지(A4용지 1페이지 내외)를 작성하여 담당교사에게 검토를 받은 후 수업시간에 5~10분 분량으로 발표

2.3.3 수학 수행평가의 제출 양식 사전 안내사항

수학 수행평가의 제출 양식에 대한 사전 안내사항을 정리한 내용은 아래의 [표 6-5]와 같다.

[표 6-5] 수학 수행평가의 제출양식 사전 안내사항

순번	종류	제출양식 사전 안내사항
1	수학연구보고서	- 아래의 필수항목을 양식으로 하여 보고서를 작성함 - 공통양식을 학년 밴드 또는 학교 홈페이지 수학과 게시판에서 다운로드 가능함을 공지 0. 보고서 요약(200자 이내)*보고서를 완성한 후 최종작성 1. 연구주제 2. 주제선정 이유 및 연구동기(3~4줄) 3. 연구목표(3~4개 항목으로 나누어서 진술) 4. 연구내용 5. 결론 및 제언(본인이 연구를 통해 얻게 된 점) 6. 참고문헌
2	수학에세이	- 주제 선정과정에서 어려움을 느낄 수 있는 학생들을 위해 예시안을 사전공지 하였으나 제시된 내용과 별도로 자유롭게 주제선정 가능함 (예시주제) • 본인의 수학학습에서의 실패/성공사례 • 수학학습에서의 몰입의 즐거움 • 수학성적에 대한 두려움과 어려움 • 수학에 대한 본인의 견해 • 수학 선행학습(사교육)에 대한 경험과 생각 • 수학교육과정 또는 수학교과서에 대한 견해 • 효율적인 수학학습 방법에 대한 아이디어 제시
3	수학독후감	- 24권의 지정도서 중 1권을 선택하여 읽고 독후감 작성 - 우수작품은 (사)전국수학교사모임의 독서대회에 출품 (지정도서목록) • 뜻밖의 수학(경문사) • 기하, 역사와 문화로 읽다(경문사) • 세상에서 가장 재미있는 미적분(궁리출판) • 수학자들(궁리출판) • 청소년을 위한 최소한의 수학 1,2(궁리출판) • 수냐의 수학카페1,2(궁리출판) • 작은 수학자의 생각실험(궁리출판)

		• 수냐의 수학영화관(궁리출판) • 10 lessons: 수학의 모든 것을 아우르는 10개의 특강(동아엠앤비) • 수학의 유혹(문학동네) • 침팬지도 이해하는 5분 수학(살림출판사) • 세상을 바꾼 방정식 이야기(사람의무늬) • 수학소녀의 비밀노트-둥근삼각함수(영림카디널) • 수학소녀의 비밀노트-수열의 광장(영림카디널) • 수학소녀의 비밀노트-미분 따라잡기(영림카디널) • 페르마의 마지막 정리(영림카디널) • 수학끼고 가는 이탈리아(작은숲) • 수학잡는 수학(작은책방) • 수학의 마술 1권((주)한솔아카데미) • 수학의 마술 2권((주)한솔아카데미) • 수학이 불완전한 세상에 대처하는 방법(해나무) • 이제야 알겠다, 수학!(해나무) • 수학 시트콤(해나무) • 세상은 수학이다(해나무)

3 평가의 과정 및 평가의 실제

본 장에서는 각 영역별로 실시한 수행평가의 과정 및 실제에 대해 소개하고자 한다.

3.1 수학 연구보고서 수행평가의 과정 및 실제

3.1.1 지속적인 연구보고서 작성으로 인해 연구능력 함양 및 보고서 작성(글쓰기 능력) 향상

본교 수학과에서 3년 동안 지속적인 연구보고서 작성 수행평가를 통해 자연계열 학생들은 7편, 인문계열 학생들은 5편의 보고서를 작성하였다. 고등학교 입학 후 처음 실시한 1학년 1학기에는 대부분의 학생들이 주제 선정부터 어려움을 겪으며 힘들어 하였으나, 2학년 2학기가 되어서는 아이디어가 돋보이는 참신한 보고서들이 많아졌다. 한편, 3학년이 되어서는 보고서의 질적 수준이 2가지 형태로 나타났다. 70% 정도의 대다수의 학생들은 장기적으로 진행된 본 수행평가의 긍정적 취지에 맞게 내용이 충실하며 질적으로 우수한 보고서를 최종 제출하여 1학년 초기에 작성한 보고서에 비해 월등하게 향상됨을 느낄 수 있었다. 반면, 입시를 코앞에 둔 3학년의 특성상 수능위주의 정시모집을 선택한 일부 학생들은 안타깝게도 수학적 문제해결 역량이 뛰어남에도 불구하고 다소 성의 없는 보고서를 제출하기도 하였다. 그러함에도 불구하고 장기적으로 일관된 수학보고서 작성을 통해 대다수 학생들의 자기 주도적 연구 역량 및 보고서 작성(글쓰기) 능력이 뚜렷하게 향상됨을 알 수 있었다. 또한, 학년이 올라갈수록 본인의 희망진로와 연계하여 자료를 찾고 분석하는 학생들이 늘어났다. 이런 학생들은 본인의 관심분야와 수학과의 관련성을 알게 되면서 수학의 유용성을 스스로 느끼게 되었다.

3.1.2 과목별 우수 연구보고서 사례(20○○년 2학년 자료를 중심으로)

20○○년 2학년 자료를 중심으로 우수한 평가를 받은 연구보고서 사례들을 살펴보겠다. 우선, 자연계열 학생들의 과목별 연구주제들을 나열해 보면 아래와 같다.

- (미적분Ⅰ) 평균값 정리와 사이값 정리, 롤의 정리 등에 관한 연구
- (미적분Ⅰ) 함수의 미분법을 활용한 영화 관람료 최대 수익 구하기
- (미적분Ⅰ) 무인단속 카메라의 미분의 활용
- (미적분Ⅰ) 물리에서의 속도, 가속도 그래프와 미분의 관계
- (미적분Ⅰ) 교통수단의 속도와 이동거리에 대한 연구
- (미적분Ⅰ) 함수의 미분가능성과 연속성의 관계에 대한 연구
- (미적분Ⅰ) 구분구적법을 이용한 삼각뿔의 부피 공식의 증명
- (미적분Ⅰ) 극한과 무한에 대한 연구
- (미적분Ⅰ) 함수의 미분가능성과 연속성의 관계에 대한 연구
- (미적분Ⅰ) 뉴턴과 라이프니츠의 미적분학 논쟁
- (미적분Ⅰ) 함수 개념이 미적분학에 끼친 영향
- (미적분Ⅰ) 과학에서의 미분
- (미적분Ⅰ) 미분그래프를 이용한 기하학적 의미표현
- (미적분Ⅱ) 바이오리듬과 삼각함수
- (미적분Ⅱ) 페르마포인트
- (미적분Ⅱ) 생존곡선 유형별 사망률 계산 및 함수의 종류 유추
- (미적분Ⅱ) 원심력과 구심력에 대한 연구
- (미적분Ⅱ) 실생활 속의 삼각함수

- (미적분Ⅱ) 음악 프로그램에 적용된 삼각함수
- (미적분Ⅱ) 원심력과 구심력에 관한 연구
- (미적분Ⅱ) 적분과 미분의 연관성을 이용한 구의 겉넓이와 부피 증명
- (미적분Ⅱ) 방사성 동위원소의 종류에 따른 측정 방법 탐구
- (미적분Ⅱ) 실생활에서 활용되는 지수로그 함수
- (미적분Ⅱ) 진동수와 삼각함수의 그래프
- (미적분Ⅱ) 건축의 지수함수
- (확률과 통계) 표준점수를 이용한 도시평가 지표에 대한 연구
- (확률과 통계) 학교 등교에 걸리는 시간에 대한 통계적 추정
- (확률과 통계) 유전의 확률적 특징
- (확률과 통계) 학생들의 사교육비와 성적에 관한 통계자료 분석
- (확률과 통계) 스마트폰의 비밀번호 조합
- (확률과 통계) 에너지자원 배분, 청년실업률, 문맹률의 통계개념 적용
- (확률과 통계) 큰 수의 법칙
- (확률과 통계) 인수공통 전염병의 발병률에 관한 통계자료 분석
- (확률과 통계) 야구통계
- (확률과 통계) 생일문제와 확률
- (기하와 벡터) 이차곡선의 광학적 활용 : ‘마이크의 역할을 대신할 수 있는 포물선형 벽면’, ‘물절약 포물선형 변기’, ‘3차원 타원형 화덕’ 고안을 중심으로
- (기하와 벡터) 벡터를 이용한 새로운 기보법 고안
- (기하와 벡터) 캔으로 포물선 모양의 와이파이 증폭기 제작
- (기하와 벡터) 지오지브라 프로그램을 활용한 이차곡선의 택시평면 적용
- (기하와 벡터) 벡터 폰트개념의 적용
- (기하와 벡터) 미오글로빈 산소해리곡선의 이차곡선모형
- (기하와 벡터) 로봇청소기의 벡터공간 적용

다음으로, 인문계열에서 우수하게 평가 받은 보고서의 과목별 연구주제들을 나열하면 아래와 같다.

- (미적분Ⅰ) 뉴턴과 라이프니츠의 미적분
- (미적분Ⅰ) 에빙하우스 망각고선의 수학적 해석과 망각률 보완을 위한 학습법 탐구
- (미적분Ⅰ) 부정적분과 정적분의 관계

- (미적분 I) 구분구적법과 극한과의 관계
- (미적분 I) 미분개념을 활용한 브렉시트 전후의 환율변동 양상 분석
- (미적분 I) 다항 함수의 미분법-롤의 정리
- (미적분 I) 테셀레이션의 수학적·예술적 가치
- (미적분 I) 영화관 좌석 사이 거리에 따른 시야각과 함수 그래프의 활용
- (미적분 I) 도함수와 운동과의 관계
- (미적분 I) 실생활에서의 미적분의 활용
- (확률과 통계) 독립의 정리를 이용한 '솔직한 답변 유도 질문지법' 고안
- (확률과 통계) 가족 동반 식사율과 학교만족도 간 상관관계
- (확률과 통계) 선거 시 각 후보의 득표율 예측
- (확률과 통계) 여론 조사와 큰 수의 법칙
- (확률과 통계) 디자인 활용 분야를 통해 알아 본 디자인 개선 방안
- (확률과 통계) 통계자료를 활용한 온라인 소비 실태
- (확률과 통계) 통계자료의 해석
- (확률과 통계) 다양한 표준점수와 정규분포와의 관계
- (확률과 통계) 대학수학능력시험 및 수능모의평가의 객관식 정답 빈도 패턴에 대한 연구

3.1.3 자연계열 학생A의 사례소개

3년 동안 수학보고서를 평가하면서 눈에 띈 학생이 있어 본 글에서 간단히 소개하고자 한다. 자연계열 학생A는 수학 내신 성적이 3.89등급, 전 과목 내신 성적은 3.09등급이었다. 이 학생은 지필평가에서는 최상위권의 성적은 아니었지만, 수업시간 새로운 수학 내용을 학습할 때마다 호기심에 가득 찬 표정이었으며 배운 수학 개념을 본인의 관심 분야에 적용하려고 노력하였다. 이 학생의 관심분야는 음향학을 공학에 접목시키는 것이었는데 7편의 수학보고서 중에서도 이와 연결하여 작성한 보고서도 4편이나 된다. 본 사례를 소개하는 이유는 학생A의 경우, 지필평가에서는 크게 두각을 드러나지 않는 학생 임에도 불구하고, 수학의 유용성을 잘 알고 있으며, 수학지식을 단순한 배움의 단계에서 멈추지 않고 스스로 본인의 관심분야에 확장하여 적용하려는 시도를 하였다는 점에서 수학교육에 시사점을 줄 수 있기 때문이다. 수학교사의 입장에서, 이 학생의 뛰어난 잠재능력을 발견할 수 있었던 것은 3년 동안 7편의 지속적인 수학보고서와 수학수업에 임하는 긍정적 태도를 통해 관찰할 수 있었다. 3년 연속 학년 부장의 입장에서 볼 때, 이 학생은 수학교과 뿐만 아니라 학교교육 과정 전반에서 매우 충실한 융합형 인재였으며, 대학 수시모집 학생부 종합전형으

로 서울의 주요대학에 지원하여 여러 곳에 합격했으며, 2018년 서울의 ○○대학교 아트 & 테크놀로지 학과에 입학하였다. 대학에 입학해서도 수학보고서 작성과 관련이 있다고 볼 수 있는 '컴퓨팅적 사고력', '인문학과 창의성', '대학수학' 등의 강좌에서 우수한 학업역량을 발휘하고 있음을 확인하였다. 그럼, 이 학생이 3년 동안 작성한 7편의 수학보고서 내용을 [표 6-6]을 통해 살펴보자.

[표 6-6] 자연계열 학생A의 3년간의 7편의 수학보고서 작성내용

순번	학년-학기	과목명	수학보고서 주요내용
1	1-1	수학 I	- 이차부등식과 피타고라스의 정리가 혼합된 문제를 주제로 선정
2	1-2	수학 II	- 여러 가지 수열의 특징을 학습하고 이를 음률의 특성과 연관 지음 - '음악은 과학인가' 책을 참고하여 순정률과 평균율 등 기존 음률의 특성을 조사하고 이를 등차수열개념과 연결함(직접 음률을 창작함)
3	2-1	확률과 통계	- 'Musical Difficulties Are Rare'라는 논문에 나오는 피험자들의 테스트 결과 그래프의 통계량(평균, 분산, 표준편차)과 본인의 음감데이터를 비교함 - z값을 활용하여 대략적인 자신의 음 판단능력 위치를 파악함
4	2-1	미적분 I	- 프랙털에 대해 조사하고 시에르핀스키 삼각형에 대한 문제를 만듦 - 인터넷 meme인 'doge'의 프랙털버전 애니메이션 GIF파일을 등비급수로 생각하고 계산하여 실제 넓이와 비교해 봄
5	2-2	미적분 II	- 본인이 사용하는 음악 프로그램에 사인 그래프 모양의 그림이 있는 것을 보고 각 기능의 수치 변화에 따른 음의 변화를 삼각함수의 주기와 최대, 최솟값의 변화 및 물리개념과 관련지음
6	2-2	기하와 벡터	- 벡터를 이용하여 새로운 기보법을 제안함. - 좌표공간의 x, y, z축을 시간, 음정, 음량으로 설정하고 각각의 기준점과 단위를 설정한 다음 음의 시작과 끝을 벡터로 표현하고 덧셈, 뺄셈, 실수배 연산을 통해 나오는 값을 오선지에 적용하여 실제 노래와 비교해 봄
7	3-1	*확률과 통계	- 전공독서세미나(3학년 독서프로그램)에서 접한 맥스웰방정식에 대해 수학적으로 이해하고자 작성함 - 비록 맥스웰 방정식을 제대로 이해하지 못했지만 외적과 행렬식 편미분 등의 수식들의 내용과 쓰임에 대해 학습함

* 3-1학기 확률과 통계 과목의 수학보고서는 고등학교 수학교육과정을 다 이수한 상태여서 과목명과 관계없이 통합보고서 형태의 자유주제를 제시하였음.

3.2 수학개념정리 수행평가의 과정 및 실제

수학개념정리 수행평가는 크게 2가지 형태로 실시하였다. 첫째는 질문지 형태로 2~3단원을 통합하여 단원별로 제시된 개념들 사이의 유기적인 연결성 측면을 강조하거나, 정의, 정리, 논술형 및 서술형 글쓰기 형태로 제시되었다. 둘째는 마인드맵 형식으로 각 단원이 끝날 때마다 백지(A4 용지)에 자유롭게 수학 개념과 정리들을 자신만의 방식으로 서술하는 것이었다.

3.2.1 질문지 형태의 수학개념정리

질문지 형태의 수학개념정리 평가에서 학생들의 초기 반응은 매우 낯설어 하였다. 대부분 잘 정리된 문제들을 주어진 절차에 의해 답을 해결하는 과정에 익숙한 학생들이 개념들 사이의 관련성을 수학적인 언어로 서술한다는 것이 쉽지 않기 때문이다. 그러나 이러한 형식의 평가를 여러 번 반복하다 보면 수학 개념과 정리들을 말과 수식으로 표현하는 것이 중요하다는 것을 깨닫게 되어 개념위주의 학습에 도움이 됨을 알 수 있게 되었다. 질문지 형태의 예시문항은 아래와 같다.

예시 문항

- 이차방정식, 이차부등식, 이차함수의 관계를 그래프를 활용하여 서술하여라.
- 아래에 제시된 용어들은 집합과 명제 단원에서 배운 개념들이다. 이들을 모두 사용하여 의미 있는 문장들을 서술하여라.

집합, 부분집합, 집합의 연산과 연산법칙, 명제, 명제의 역과 대우, 귀류법, 필요조건, 충분조건

- 함수와 수열의 관계를 설명하여라.
- 아래의 용어들을 모두 사용하여 의미 있는 문장을 서술하여라.

시행, 표본공간, 사건, 근원사건, 수학적 확률, 조건부확률, 사건의 독립과 종속

- 평균이 m이고 표준편차가 σ인 정규분포(확률변수를 X라고 하자)로부터 평균이 λ이고 표준편차가 ρ인 정규분포(확률변수를 T라고 하자)를 얻는 방법을 설명하여라.
- 같은 것이 있는 순열, 조합, 중복조합의 관계를 서술하여라.
- 이차곡선(포물선, 타원, 쌍곡선)의 정의를 활용하여 광학적 성질을 서술하여라.
- 평면에서 움직이는 물체의 운동을 속도, 가속도, 이동거리 등의 개념을 활용하여 서술하여라.

3.2.2 마인드맵 형태의 수학개념정리

마인드맵 형태의 수학개념정리 평가에서 학생들이 제출한 자료들은 몇 가지 형태로 분류되었다. 첫 번째 형태는 교과서나 문제집에 나오는 수학개념을 재구성하여 자신의 언어로 표현하려고 시도하려는 학생들이 있었다. 이러한 학생들은 평가의 취지를 제대로 이해하고 평가 측면보다는 자신의 수학 개념을 제대로 이해하는 것에 초점을 둔 기특한 학생들이었다. 두 번째 형태는 교과서와 개념문제집의 저자(전문가)들이 정리해 놓은 방식을 그대로 모방하는 학생들이었다. 이들은 대부분 수용적인 형태로 새로운 접근법을 시도하기 보다는 기존의 틀을 선호하였다. 세 번째 형태는 자신 만의 아이디어를 독창적인 방법과 시각적인 효과를 극대화하여 디자인의 측면에서 우수한 자료를 제출한 소수의 학생들도 있었다.

수학적 개념이 잘 구조화된 상위권 학생들 중 소수는 마인드맵 형태의 수학개념정리가 시간만 낭비하는 불필요한 과정으로 느끼기도 하였으나, 대다수의 학생들은 이를 통해 교과서에 나오는 개념들의 순서와 개념들 사이의 관련성을 스스로 정리하는 기회가 되어 궁극적으로 수학문제를 해결하는 데에 긍정적 역할을 한다고 생각하였다.

3.3 수학감상문 수행평가의 과정 및 실제

수학감상문 수행평가는 대다수의 학생들이 접근성이 편한 수학영화를 보고 감상문을 제출하였다. 일부 학생들은 수학영화를 본 후 관련서적까지 함께 읽고 2가지를 비교하여 감상문을 제출하기도 하였다. 또한 2편의 수학영화를 감상하고 비교 내용을 중심으로 감상문을 서술한 학생들도 일부 있었다. 가장 많은 소재로 등장한 수학영화는 1학년 1학기 1회고사(중간고사) 마지막 날 희망학생들을 대상으로 수학교실에서 상영한 <뷰티풀 마인드>였다.

수학감상문 수행평가는 1학년 학생들에게 수학에 대한 흥미를 높이기 위해 실시한 것으로 다른 과제에 비해 비교적 부담을 적게 주면서 수학에 대한 긍정적 인식을 갖게 하려는 의도였다. 실제 학생들이 제출한 감상문의 내용은 기대이상으로 정성이 듬뿍 담긴 내용들과 수학에 대한 다양한 인식들을 엿볼 수 있었다. 특히, <뷰티풀 마인드>를 본 후 실제 교통사로로 고인이 된 주인공 존 내쉬(John Nash, 1928~2015)에게 애정어린 편지형식으로 감상문을 작성한 학생도 있었다. (부록-평가자료 참조)

3.4 수학에세이 수행평가의 과정 및 실제

수학에세이 수행평가는 수학교사 입장에서 학생들의 수학에 대한 인식, 수학학습 상황, 현재 수학교육에 대한 다양한 견해 들을 솔직하게 알아보고자 실시하였다. 학생들이 작성한 수학에세이를 읽으면서 수학교사로서 많이 부끄럽기도 하였고, 학생들이 수학으로 인해 얼마나 스트레스를 받고 있는지를 이해하게 되었다. 또한, 17세의 마냥 어린 소녀로만 보였던 학생들이 논리적이고 비판적인 관점에서 우리나라의 수학교육의 현실을 고민하고 있음에 놀라기도 하였다. 무엇보다도 교사가 학생들이 제출한 글을 읽는 평가의 과정에서도 배울 것이 있다는 생각을 하게 되었다.

학생들의 제출한 내용 중 몇 가지 주제를 나열하면 아래와 같다.

- 본인의 수학학습에 대한 목표의식
- 남녀 수학능력의 차이
- 수학 선행학습에 관한 견해
- 수학이 공학에 활용되는 사례
- 본인의 진로와 수학과의 관련성
- 수학사를 활용한 수학학습
- 수학 학습의 필요성에 대한 고민
- 수능 수학 절대평가에 관한 견해
- 생각하는 힘을 기르기 위한 수학교과서의 개선 필요
- 미적분과 통계 교육에 대한 견해(TED 영상 참고)
- 수학에 대한 긍정적 인식을 갖게 된 과정
- 수학교육과정에 대한 견해
- 수포자가 발생하는 수학교실 현상에 대한 견해

3.5 수학독후감 수행평가의 과정 및 실제

수학독후감 수행평가는 2학년 1학기까지 배운 수학내용과 수학 교양서적에 나오는 수학내용과의 관련성을 찾아보고 수학시간에 미처 인식하지 못했던 수학에 대한 유용성을 느끼게 하기 위하여 실시하였다. 학생들은 2학년 1학기 여름방학에 사전에 제시된 24권의 지정도서([표 6-5] 참조) 중 1권을 읽고 2학기에 독후감을 제출하였다. 사전 안내 자료에서 수학독후감은 단순한 줄거리와 느낌의 나열 보다는 도서에서 읽은 수학적 내용과 본인이 알고 있는 수학적 내용들을 비교해 보고 수학이 사회현상에서 어떻게 활용되는지를 스스로 깨우치는 것임을 강조하였다. 또한 인터넷에서 타인의 자료를 검색하여 본인의 글인 것으로 속여 제출하는 글쓰기 윤리에 대한 부분도 언급하였다. 학생들은 특정한 책을 집중적으로 선택하기 보다는 본인의 관심사에 따라 다양한 책들을 선택하여 읽었다.

학생들의 제출한 독후감 중 몇 가지 내용을 요약해서 정리하면 아래와 같다.

- '수학이 불완전한 세상에 대처하는 방법'을 읽고 컴퓨터 통신의 오류를 바로잡기 위한 코딩이론에 대해 관심을 가진 것과, 공학적 도구로서 사용되는 수학에 대해 이해한 내용을 표현
- '수학시트콤'을 읽고 '스토리텔링 수학, 그들의 과제'라는 주제로 스토리텔링 방식으로 '어느 수준까지 풀어낼 것인가?'등의 질문을 던지고 본인의 독서 경험을 토대로 수학 내용을 깊이 있게 학습하기 보다는 도입부 이야기에만 치중할 수 있다는 한계점을 제시
- '뜻밖의 수학'을 읽고 본인이 어렵게 느끼는 기하와 벡터의 여러 실용적인 측면에서 유용함을 학습하고 단지 문제 풀이만을 위한 것이 아닌 수학의 본질적인 중요성을 깨달은 바를 표현
- '수냐의 수학영화관'을 읽고 수학의 낯선 개념을 실생활의 예를 들어 가르치고 원활한 소통과 자발적 참여를 지향하는 '에스칼란테의 교수법'을 접하게 된 것과, 이 교수법이 수학교육과정에도 활발하게 적용되어야 함을 주장
- '작은 수학자의 생각실험'을 읽고 박사님과 '델타'라는 학생이 질의응답을 통해 몰입하여 수학 지식을 탐구하는 과정에서 배우고 느낀 점을 표현
- '수냐의 수학영화관'을 읽고 시간, 네트워크 등 다양한 사례를 통해 수학과 삶의 연관성에 대해 이해하는 과정에서 수학에 대한 인식의 변화를 표현
- '뜻밖의 수학'을 읽고 '수학과 인간의 행동 및 심리'부분을 주의 깊게 읽으며 2진법 방식으로 표현한 '세포 자동차'의 원리를 이용하여, 장애물을 둠으로써 대피를 원활하게 도와주는 프랑스의 지하철 사례를 통해 수학적 원리를 이용하는 대피시설과 안전수칙에 관심을 갖게 됨을 표현
- '청소년을 위한 최소한의 수학1'을 읽고 헤론의 공식, 이항정리 등의 증명과정을 접하면서 수학은 공식을 무작정 암기하려고 하는 것보다 식이 도출되기까지의 과정을 먼저 학습하고 이해하면 더욱 오래 기억에 남고 다음 단계의 수학을 배우는 데에도 용이함을 표현

3.6 수학증명노트 만들기 수행평가의 과정 및 실제

수학증명노트 만들기 수행평가는 수능 위주의 입시교육에서 자칫 소홀하기 쉬운 수학 증명교육을 강조하고, 이 과정에서 학생들의 수학적 사고력과 논리력을 키우기 위해 실시하였다. 특히, 미적분 과목에서 중요한 정리들인 사이값 정리, 롤의 정리, 평균값 정리, 연속과 미분가능성의 관계, 미분과 적분의 관계, 미적분의 기본정리 등을 학생 스스로 교과서에서 배운 증명과정을 곱씹어 보며 탐구하는 활동으로 수학적으로 유익하다. 이 과정은 변별을 위한 평가라기 보다는 본인의 수학노트에 직접 증명유도과정을 실행하는 데 초점을 두었으며 대부분의 학생들이 성실하게 참여하였다.

3.7 수학문제해결 발표 수행평가의 과정 및 실제

고등학교 3학년이 되면 계열별로 수학수업에 임하는 학생들의 태도에서 미묘한 차이가 나타난다. 인문계열 학생들은 수학적 개념이나 어려운 문항들을 수학교사가 깔끔하게 정리해주는 강의식 수업을 선호하는 반면, 자연계열 학생들은 교사의 설명 보다는 본인 스스로 문제를 해결하고 다양한 방법으로 생각하려는 경향이 강하다. 계열별로 나타나는 이러한 학습 성향의 차이를 수학 수업에 적용하고자 자연계열 학생들을 대상으로 수학문제해결 발표 과정을 평가부분에 도입하였다.

수업시간 발표를 희망하는 학생은 사전에 수학교사에게 사전질문지를 작성하여 발표 내용에 대한 1차 검토를 마친 후 자료를 수정, 보완하여 실제 교실칠판을 이용하여 발표를 하게 하였다. 교사의 간결한 설명보다는 다소 미흡한 부분이 있을 수 있고, 학생들의 참여가 저조한 상황이 생겼을 경우를 일부 예상하였지만, 실제 많은 학생들이 적극적으로 발표에 참여하고 질의응답 또한 진지하게 이루어져 학생 중심의 참여형 수업이 전개되었다. 발표 준비 과정에서 수학교사는 학생들과의 사전 질문지에 대한 면밀한 피드백 과정을 수행해야 하는 번거로움이 생기긴 하였지만, 실제 수업에서는 학생들의 수학에 대한 이해도를 충실하게 관찰할 수 있는 좋은 기회가 되었다. 수학교과에 재능이 탁월하거나 자신감이 충만한 소수의 학생들이 발표 기회를 독점하려 하거나 다른 학생의 발표과정에서 과도한 질의응답이나 발표자를 고려하지 않은 상태에서 더 나은 풀이를 제시하는 경우도 일부 생기긴 하였지만 수학교사가 분위기를 잘 조성하기만 하면 활기찬 수학수업을 기대할 수 있다는 희망을 갖게 되었다. 학기 초에 수학교사는 학생 중심의 발표수업에 대한 긍정적 취지를 잘 설명하고, 학생들로 하여금 공감을 잘 이끌어 낼 수만 있다면 바람직한 수학교실 환경이 조성될 수 있을 것이다.

4 평가 결과의 처리, 활용 및 환류

본 장에서는 본교에서 실시했던 다양한 수행 평가 결과들을 어떻게 처리하고 활용하였는지에 대해 살펴본다. 학생들이 수행한 결과들은 사전에 제시된 과목별 평가계획안의 세부 채점 기준안에 의해 성적이 처리되었으며, 제시된 과제에 대한 학생들의 최종 산출물 또는 발표과정들은 학교생활기록부 교과세부 능력 및 특기사항에 구체적으로 기록되었다.

4.1 수학 연구보고서 수행평가 결과의 처리, 활용 및 환류

수학 연구보고서는 주로 학기말에 제출하기 때문에 현실적으로 성적 처리 기간이 짧아 학생들이 제출한 연구보고서를 꼼꼼하게 읽고 평가하기가 힘들었다. 신속한 채점을 위해 [표 6-5]에 제시된 보고서의 양식 중 200자 이내로 서술된 보고서 요약내용, 주제, 주제 선정 이유 및 연구동기, 결론 및 제언 항목을 중심으로 보고서를 검토한 후, A(우수), B(보통), C(미흡) 그룹으로 3단계로 평가하였다. 한 학기동안 다수의 학생들이 많은 시간과 정성을 다해 작성하였음을 감안하여 평가 변별을 위해 감점 하려 하기 보다는 수행한 노력을 긍정적인 관점에서 평가하였다. 한편, 2회고사(기말고사) 후에는 수업시간을 활용하여 학생별로 3~5분 동안 제출한 보고서에 대한 짧은 인터뷰를 통해 피드백 과정을 실시하였다. 이는 생활기록부 교과세부 능력 및 특기사항을 작성하기 전, 간단한 질의응답 과정을 통해 제대로 된 진실한 기록을 하기 위한 과정이었다. 학생들은 자신이 작성한 보고서에 대해 간략하게 설명하면서 보고서 작성에 소요된 시간과 참고자료들에 대해 언급하게 된다. 이 과정에서 일부 학생들은 보고서 표절에 대해 양심고백을 하기도 하였다. 이러한 피드백 과정이 의미 있는 이유는 정성을 들여 보고서를 작성한 학생들은 자신의 노력과정을 인정받을 수 있고, 부족한 부분을 수정 보완(비록, 수행평가 점수는 학기말이라는 시간적 제약으로 인해 변화지 않지만 방학기간에 작성하는 생활기록부 교과 세부 능력 및 특기사항 내용은 수정 가능 하므로) 할 수 있는 기회를 제공받을 수 있기 때문에 대부분 고마워하였다.

이러한 과정을 거친 후 생활기록부에 기록된 몇 가지 사례들을 소개하면 아래와 같다.

- (3학년 수학통합보고서 A학생) 생명과학 시간에 다인자 유전이 정규분포를 이룬다는 것을 배웠으나 왜 그렇게 되는지 의문을 가져 이를 해결해 보고자 '다인자유전과 정규분포 곡선'이라는 주제로 보고서를 작성함. 확률과 통계 시간에 배운 이항분포와 정규분포의 개념을 활용하여 다인자 유전 결과 자손의 각 표현형이 나타날 확률을 계산하고 그래프를 그림. 동전던지기의 사례를 대립유전자 결정에 적용하여 계산해 보는 과정이 의미가 있었음. 본인이 가장 좋아하고 잘하는 생명과학 내용에서 수학을 연관 지어 지식을 활용하려는 시도가 돋보였으며, 보고서 후반부에 탐구과정에서 생긴 의문점들을 스스로 질문하고 답하는 문답형태의 서술에서는 사고과정의 확장과 추론능력의 성장이 엿보임. 이는 탐구과정에서의 역량의 성장과 정성이 묻어나는 보고서로 평가되어 자연계열 내에서 질적으로 가장 우수한 1편으로 선정됨.
- (3학년 수학통합보고서 B학생) 전공탐색과정에서 아이디어를 얻어 '소비자심리지수(CCSI)에서의 표준화지수'라는 주제로 보고서를 작성하여 가장 우수한 평가를 받음. 2학년 때 제출한 '디자인 활용 업체의 디자인 활용 분야를 통해 알아본 디자인 개선 방안'이라는 보고서의 후속편으로 당시에 아쉬웠던 부분들을 통계 내용을 바탕으로 한층 더 업그레이드 하였음. 질의응답 과정에서 1) 정규분포와 표준화 기법에 대한 이해 2) 소비자 심리지수가 산출되는 방식 이해 3) 소비자의 무의식적 마음을 산출하여 정규분포 곡선으로 나타내기 등의 연구내용들에 대해 조리 있게 잘 설명함.
- (2학년 '기하와 벡터' 수학보고서 C학생) 수업시간에 다양한 이차곡선들이 갖는 초점과 관련된 성질을 배우고, 이 곡선들이 실생활에 활용되는 사례가 무엇이 있을지 궁금증을 갖고 조사하여 아이디어가 돋보이는 보고서를 제출함. 포물선의 초점에서 나온 빛은 포물선에서 반사되어 축과 평행한 방향으로 직진한다는 특성을 이용한 사례인 안테나, 손전등에 대해 알아보고, 이를 바탕으로 아이디어를 얻어 '마이크의 역할을 대신할 수 있는 포물선형 벽면', '물 절약 포물선형 변기'를 고안해봄. 또한 타원의 한 초점에서 나온 빛은 타원에서 반사되어 다른 한 초점으로 모인다는 특성을 이용한 사례인 신장결석제거기, 타원형 돔 등에 대해 알아보고, 이를 바탕으로 전자레인지를 대신하여 에너지 소모를 줄일 수 있는 '3차원 타원형 화덕'을 고안함. 수업시간에 배운 이차곡선의 광학적 성질을 이용하여 자신이 직접 새로운 물건을 고안해보는 과정이 참신했고, 자신이 고안해본 물건들의 장단점을 파악하고 보완할 점은 무엇인지 모색하는 과정이 의미 있었음.

4.2 수학 개념정리 수행평가 결과의 처리, 활용 및 환류

수학 개념정리 수행평가를 한 후 생활기록부에 기록된 몇 가지 사례들을 소개하면 아래와 같다.

- (1학년 수학 개념정리 D학생) 교육과정에서 제시한 단원별 순서가 아닌 통합적 이해를 통해 얻은 본인만의 기준으로 수학 Ⅰ의 내용을 식과 도형으로 분류해 도식화함. 수학적 개념들의 관계를 체계적으로 정리하여 우수한 결과물을 제출함.
- (1학년 수학 개념정리 E학생) 수학 개념정리를 통해 집합과 명제, 함수, 수열, 지수와 로그 단원의 개념들을 마인드 맵 형식을 통해 체계적으로 정리하면서 수학적 개념들이 유기적으로 연결됨을 이해하였음.

4.3 수학감상문 수행평가 결과의 처리, 활용 및 환류

수학감상문 수행평가를 한 후 생활기록부에 기록된 몇 가지 사례들을 소개하면 아래와 같다.

- (1학년 수학감상문 F학생) '뷰티풀 마인드'를 보고 감상문을 작성하였으며, 열정적으로 수학을 탐구하고 이를 통해 내면의 시련을 극복하는 주인공의 모습을 보고 수학에 대한 인식변화의 계기를 가졌으며, 수학 분야에 흥미를 갖게 됨.
- (1학년 수학감상문 G학생) 영화 '이미테이션 게임'에서 제2차 세계대전 당시 암호를 풀어 1,400 만 명의 목숨을 구한 천재 수학자 앨런 튜링이 아주 평범한 일상과 대화 속에서 문제를 해결하는 모습을 보며 수학이 우리 생활 속에 많이 숨어 있다는 것을 느낌. 또 "가끔은 아무것도 아니라고 생각했던 사람이 아무도 하지 못한 일을 해낸다."는 영화 속의 한 대사를 통해 많은 용기와 교훈을 얻음.
- (1학년 수학감상문 H학생) 영화 '박사가 사랑한 수식'을 보고 수학적 개념을 배울 수 있었음. 또한 수학적인 관점에서 바라본 세상을 간접 체험함으로써 수 체계에 대한 흥미를 높임. 이를 감상문으로 작성하면서 수학을 공부해야 하는 이유에 대해 생각해 보게 되었고 수학에 대한 긍정적인 인식을 갖게 됨.

4.4 수학에세이 수행평가 결과의 처리, 활용 및 환류

수학에세이 수행평가를 한 후 생활기록부에 기록된 몇 가지 사례들을 소개하면 아래와 같다 같다.

- (1학년 수학에세이 I학생) 평소 교육 문제에 대해 고민을 많이 한 학생으로 '한국의 수학교육'을 주제로 수학에세이를 작성하면서 학생들이 수학을 싫어하는 이유를 개인과 제도적 차원으로 나누어 서술하고, 이에 대한 해결책을 제시함. 수학을 대하는 본인의 자세에 대해 되돌아보게 해 주는 좋은 계기가 되었으며 수학이 실생활에 유용하게 쓰일 수 있다는 것을 알게 됨.
- (1학년 수학에세이 J학생) 수학을 입시의 과목으로만 판단하는 현실에 문제점을 느껴 참된 수학능력을 측정하는 제도를 도입하자는 내용의 에세이를 작성함. 학생의 수학탐구능력을 판단하기 위해 수학연구보고서 및 시간제한이 없는 심화문제해결 등을 평가기준으로 제시했고 이를 통해 순수학문으로서 수학의 매력과 이를 지키는 것의 중요성을 깨달음.
- (1학년 수학에세이 K학생) 수학개념을 간과한 고난도 문제의 기계적 풀이에 익숙해진 학생들과 교육현실을 되돌아보고 본인의 수학체험전에서의 경험을 언급하며 인식의 변화의 필요성에 대해 구체적으로 서술함.

4.5 수학독후감 수행평가 결과의 처리, 활용 및 환류

수학독후감 수행평가를 한 후 생활기록부에 기록된 몇 가지 사례들을 소개하면 아래와 같다.

- (2학년 수학독후감 L학생) '뜻밖의 수학'을 읽고 우수한 독후감을 제출함. 수학을 공부할 때에는 문제를 최대한 스스로의 힘으로 풀며 수학적 사고력을 기르는 것이 중요함을 배움. 또한 프린터를 만들거나 우주쓰레기를 처리하거나 전파 탑을 배치할 때에도 수학이 필요하다는 것을 알고 수학과 직접적인 관련이 없는 직업일지라도 수학은 꼭 필요한 학문임을 알게 됨. 특히 저자가 연구하는 정체학도 교통공학이 아닌 수학적 접근 방법으로 해결할 수 있다는 것을 알고, 어떤 대상과 전혀 무관해보일지라도 그 대상을 다른 시각에서 바라보려 하는 노력이 큰 성과를 도출해낼 수 있음을 배움.
- (2학년 수학독후감 M학생) '수학 시트콤'을 읽고 위조된 논문을 밝히는 데 사용된 벤포드의 법칙 등의 구체적인 이야기를 통해 수학이 실제 적용되는 사례에 대해 알게 됨. 이로 인해 느낀 점 및 수학에 대한 생각들을 정리하여 우수한 독후감을 작성함. 또한 교과수업 중 접했던 벤포드의 법칙에 대해 더 자세하게 알게 됨으로써 이에 대한 흥미가 높아졌으며 책을 통해 다양한 상상들을 하게 되면서 수학적 사고를 하는 계기

를 마련함.

- (2학년 수학독후감 N학생) '페르마의 마지막 정리'를 읽고 수학독후감을 작성함. 페르마의 마지막 정리를 증명하게 된 과정과 수학자들이 겪었던 시행착오와 여러 성과들을 알게 됨. 이를 통해 실수를 해서 꼭 실패하는 것이 아니라 다른 성과의 실마리가 될 수 있다는 것을 깨달음.

4.6 수학증명노트 만들기 수행평가 결과의 처리, 활용 및 환류

수학증명노트 만들기 수행평가를 한 후 생활기록부에 기록된 몇 가지 사례들을 소개하면 아래와 같다.

- (2학년 수학증명노트 만들기 O학생) 미적분 교과서에 수록된 다양한 정리의 증명을 스스로 정리해 봄으로써 수학적 사고력을 신장시키고 개념들의 연결고리를 찾아내면서 통합적 사고력을 키움. 미적분 Ⅰ, Ⅱ의 주요 개념과 명제를 증명하고 체계적으로 정리하여 의미 있는 증명노트를 작성함. 하나의 수학 정리에도 여러 증명법이 있고 여러 개념과 관련이 있다는 것을 깨달음.
- (3학년 수학증명노트 만들기 P학생) 미적분의 기본정리와 평균값정리, 롤의 정리를 증명함으로써 미분과 적분의 개념을 연결 지어 구조화하고 함수의 연속성과 미분가능성을 정확하게 이해하는 과정을 통해 수학적 오류를 줄이고 수학적 논리력을 향상시킴.

4.7 수학문제해결 발표 수행평가 결과의 처리, 활용 및 환류

수학 문제해결 발표 수행평가를 한 후 생활기록부에 기록된 몇 가지 사례들을 소개하면 아래와 같다.

- (3학년 수학문제해결 발표 Q학생) 평소 공부하면서 어려웠던 문제를 선정하여 관련 개념을 학습하고 문제해결 과정을 탐구하여 발표함으로써 자신의 약점을 극복하고 노하우를 공유함. 대부분의 학생들이 어려워하는, 구를 평면으로 자른 단면의 정사영의 넓이를 구하는 공간도형에 관한 고난이도 문제임에도 불구하고, 복잡한 그림을 여러 방향의 겨냥도를 그려가면서 학생들이 쉽게 이해할 수 있도록 침착하게 잘 설명함. 친구들 앞에서 발표하는 것이 많이 긴장되었는지 떨리는 목소리와 시선처리가 아쉽긴 하였지만, 많은 연습을 통해 긴장감을 해소 할 수 있다면 더욱 좋은 발표를 할 것으로 기

대됨. 또한, 공간도형에 관한 친구의 발표를 듣고, 정사면체의 밑면과 정사면체 내부의 평면 사이의 이면각을 구하는 문제에서 위에서 바라본 투영도를 그리고 정사영의 개념을 도입하여 다시 설명하는 과정에서 좋은 호응을 얻음.

- (3학년 수학문제해결 발표 R학생) 두 구의 방정식을 활용하여 입체적으로 그림을 그린 후 조건에 맞는 투영도를 다시 그려 문제를 해결함. 차분한 목소리로 친구들이 이해하기 쉽게 논리적으로 설명을 하여 친구들에게 좋은 호응을 얻음. 발표 자료에는 방정식을 이용한 방법과 벡터를 이용하여 해결한 방법을 수록하였으며, 두 가지 방법 중에 쉽게 이해할 수 있는 방법을 선정하여 효율적인 방법으로 설명함. 수업교재에서 학생들이 질문한 공간도형 문제에 대해 자진하여 문제를 발표하는 등 수업에 적극적으로 임함. 주어진 조건을 쉽게 이용하기 위해 문제해결에 필요한 단면도를 다시 그리며 설명하는 과정에서 뛰어난 공간지각 능력과 논리력이 엿보임.
- (3학년 수학문제해결 발표 S학생) 평소 자신의 약점이라고 생각되는 벡터에 관련된 어려운 문제를 선정하여 개념을 정리하고 문제해결 과정을 탐구하여 학생들 앞에서 수업시간에 발표함. 선분의 내분점, 벡터의 기본성질을 충분히 이해하고 문제 속에 숨겨져 있는 힌트를 발견해야 해결할 수 있는 문제로 이 유형의 문제를 다른 친구들에게도 알려주고 싶다는 문제선정이유를 밝힘. 발표함에 있어 도형의 닮음을 적절히 이용하여 논리적이며 깔끔한 풀이로 학생들이 쉽게 이해할 수 있도록 도움을 줌. 다른 친구가 공간도형에 관한 문제를 설명하는 것을 듣고, 그 와는 다른 문제해결 방법을 제시함. 복잡한 공간도형의 그림을 분해하여 단순한 그림으로 다시 그려 문제를 해결하였으며 이 과정을 통해 이 학생의 공각 지각능력이 우수하다고 생각됨. 또한, 다른 친구들이 발표하는 문제들이 대부분 어려워 사전에 미리 풀어보고 풀지 못한 문제나, 자신의 풀이방식과 다른 경우에 친구들의 설명을 경청하며, 관련 개념을 다시 학습하고 문제를 해결해 보는 등 자기주도적인 학습태도를 지니고 있음.

5 나오는 글

지금까지 3년 연속 수학을 지도했던 본교 학생들의 수학 수행평가 내용들을 구체적으로 살펴보았다. 어떤 목적으로 실시하였는지에 대한 계획단계부터 실행단계, 마지막 결과들을 생활기록부 교과세부능력 및 특기사항에 어떻게 입력하였는지에 대해 예시 자료들을 중심으로 서술하였다. 서두에서 밝히 것처럼 교사로서 수업 및 평가를 비롯한 교육활동이 마무리되는 시점에서 늘 아쉬움이 남아 후회와 반성을 하게 된다. 3년 동안 함께한 학생들에게 정성을 다하며 갖은 애정을 쏟았지만 역시 부족함이 느껴진다. 그러함에도 불구하고 실행했던 몇 가지 평가사례에서 수학교육에 주는 시사점을 찾아보면 다음과 같다.

첫째, '수학연구보고서'와 같이 지속적으로 실시한 수행평가는 학생들의 성장을 도모할 수 있고, 지필평가에서 드러나지 않았던 우수한 학생들을 발견 및 관찰할 수 있었다. 지필평가에서 문제해결 능력이 뛰어난 학생들을 찾을 수 있다면, 수학보고서 수행평가에서는 문제발굴능력이 돋보이는 학생들을 찾을 수 있다. 본 글에서 소개한 수행평가는 2009 개정 교육과정 체계 하에서 실행되었는데 현재의 2015 교육과정에서는 선택과목으로 '수학과제 탐구'과목이 처음으로 신설되었다. 수학연구보고서 수행평가의 취지는 한국과학창의재단(2015)에서 제시한 '수학과제 탐구'과목의 목적과 매우 유사하다. 2015 교육과정을 운영함에 있어 '수학과제 탐구'와 같은 과목에서는 이러한 보고서 작성 수행평가를 잘 활용한다면 수학적으로 유의미할 것이다.

둘째, '수학문제해결 발표' 수행평가는 최근 들어 주목받고 있는 '과정 중심 평가'와 같은 맥락으로 학생들의 참여를 유도하는 좋은 평가 방안이 될 수 있다. 연구보고서 작성은 수학적으로 좋은 평가이지만 현실적으로 수업시간에 모든 것을 실행하기가 힘든 제약이 따른다. 반면, '수학문제해결 발표'와 같은 수행평가는 수업 중에 실행하면서 학생들의 수학적 역량을 엿볼 수 있는 좋은 기회가 될 것이다.

셋째, '수학감상문', '수학에세이', '수학독후감' 작성 수행평가는 학생들로 하여금 수학에 대한 긍정적 인식과 태도를 기를 수 있는 경험을 제공한다. 다만, 실제 평가로 실행할 때에는 형식적인 과제로 그치지 않게 하기 위해서는 교사의 섬세한 안내와 우수한 결과물들에 대해 학생들 앞에서 짧은 시간이라도 발표의 기회를 제공하거나, 교사의 긍정적 피드백을 함께 병행한다면 더욱 의미가 있을 것이다.

끝으로 지난 3년 동안 다른 일반고와 비교했을 때 강도 높은 수학 수행평가를 제시하였음에도 불구하고, 평가의 취지를 신뢰하고 잠을 줄여가며 묵묵히 과제를 수행한 대다수의 본교 졸업생들에게 감사를 표하고, 함께 평가를 고민하고 실행하였던 동료 수학선생님들에게도 고마움을 전한다.

참고문헌

- 강현영, 고은성, 이동환, 이화영, 탁병주, 조진우, 김선희(2018). 수학과 과정 중심 평가 교사 연수 프로그램 개발 연구. 수학교육학연구, 28(3), 321-343.
- 김덕년(2017). 교육과정-수업-평가-기록 일체화. 서울: 에듀니티.
- 김덕년, 강민서, 박병두, 김진영, 최우성, 연현정, 전소영(2018). 과정 중심 평가. 서울: 교육 과 실천.
- 김선, 반재천, 박정(2017). 수행평가와 채점기준표 개발. 대전: AMEC.
- 김영천(2016). 수행평가: 이론과 설계. 서울: 아카데미프레스.
- 김진호, 서보억(2018). 수학적 과정 및 역량에 대한 개관 및 논쟁. 서보억, 한혜숙, 주홍연, 최남광 외(공). 한국수학교육학회 2017 연보(Yearbook)-수학교육에서 수학적 과정 및 교과 역량(pp. 1-24). 서울: 경문사.
- 박도순, 원효헌, 이원석(2011). 교육평가. 서울: 문음사.
- 박도순 외 25인(2012). 교육평가-이해와 적용. 서울: 교육과학사.
- 이명섭, 김학미, 이윤진, 정윤리, 최미현, 고은정, 고민성(2017). 교육과정-수업-평가-기록 일체화(실전편). 서울: 에듀니티.
- 이경화, 강현영, 고은성, 이동환, 신보미, 이환철, 김선희(2016). 과정 중심 평가의 실행을 위한 방향 탐색. 수학교육학연구, 26(4), 821-836.
- 이혜정(2017). 대한민국의 시험. 서울: 다산4.0.
- 한국과학창의재단(2015). 2015 개정 수학과 교육과정 시안 개발 연구. 서울: 한국과학창의재단.

부록 1. 평가 자료

1 수학연구보고서 자료 (자연계열 오**)

50th Anniversary 복자 50년 희망을 말하다	2학년 수학 수행평가: 미적분2 **수학심화연구보고서**	학번	7반 19번
		이름	오**

〈보고서 요약〉

자신이 사용하던 음악 프로그램에 사인 그래프 모양의 그림을 보고 음의 변화에 따른 수학적 값의 변화를 추정하고, 노래의 빠르기를 변화하는 방법을 삼각함수의 주기와 관련지어 생각한 후 물리1의 개념과 연결 지어 노래의 빠르기 변화에 따른 음높이 변화 이유를 찾아냄. 추가로 사인함수의 모양이 아닌 다른 모양의 파형을 가진 소리와 푸리에 급수가 관련 있다는 사실을 공부함.

1. 연구주제: 음악 속 미적분

2. 주제선정이유 또는 연구동기

- 음악 시퀀서 프로그램을 사용하면서 사인그래프 모양의 버튼을 클릭하면 소리가 이상하게 변형되었다. 이것의 이유와 변하는 과정을 미적분2과정을 이용하여 풀어내고 싶었다.
- 프로그램마다 소리를 빨리 재생할 때 재생되는 소리가 달랐다. 그 이유를 알고 싶었다.
- 읽은 책에서 괴상한 식이 나왔다. 아주 조금이라도 이것에 대해 알고 싶었다.

3. 연구목표

- LFO에서 적용되는 값에 따른 변화 알기
- 소리의 빠르기 변화와 음높이 변화 이유, 그리고 빠르기 변화의 원리 알기
- 푸리에 급수 알기

4. 연구내용

본격적인 연구 전에 몇 가지 내가 고민했던 점을 적어야 할 것 같다. 이번에 진로직업 체험을 가면서 ①교류전기에 대해 배울 때 삼각함수가 나와서 그 것에 대해 미적분2 심화연구 보고서를 작성하고 싶었다. 그러나 1학기 때 읽었던 책에는 ②푸리에 급수가 나왔고, 내가 사용하는 음악 프로그램인 "큐베이스"의 ③LFO에는 파장을 선택하는 것이 있는데 거기 사인음파가 있었고, 또 ④각 프로그램마다 소리의 빠르기를 달리 했을 때 소리의 빠르기만 달라지는 프로그램이 있었고, 음이 같이 변하는 프로그램도 있었다. 평소에도 그 이유를 궁금해 하고 또 음악 자체를 좋아하는 사람으로서 이 기회를 놓칠 수 없어 옛날부터 준비해온 것을 뒤집고 그냥 ②, ③, ④에 집중하려 했다. 사실 "심화연구"보고서에 "심화연구"가 무엇인지 잘 모르겠는 것도 한 몫 한다. 요즘 작성했던 것은 그저 내가 수업 시간 배운 것에 무언가를 접목한 정도라서 심화연구가 아닌 것 같다는 생각도 들었다. 물론 푸리에 급수는 너무 간 것 같지만, 최대한 이해한 대로 작성해 보려 한다.

(1) LFO(Low Frequency Oscillator, 저주파 발진기)

말 그대로 낮은 주파수의 소리를 만들어낸다고 한다. 이 기능을 사용하면 원래 있었던 음이 이상하게 변형된다. 파형을 고를 수 있는데, sine(우리가 흔히 아는 사인 그래프), triangle, sawtooth, square이 대표적이다. 선택한 파형을 따라서 음이 변하는데, sine이나 triangle은 음이 꿀렁꿀렁하는 형태로 소리가 나고, 나머지는 뚝뚝 끊기는 소리가 난다.

큐베이스에서 찾을 수 있는 "Auto LFO"의 경우 이보다 더 많은 파형을 제공한다.

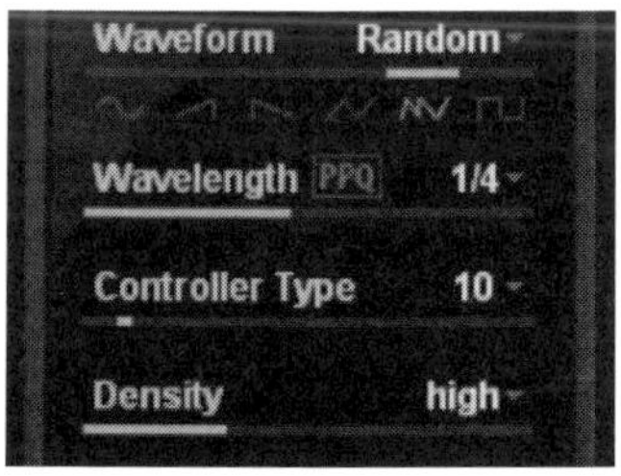

Waveform밑에 있는 선들이 그 예시이다. 맨 왼쪽부터 sine, ramp, sawtooth, triangle, random, square이다.

Wave length는 그 파형의 주기를 말하는데, 옆에 나온 1/4라는 숫자는 음악인의 직관에 맞춰서 박자를 기준으로 표기한 것이다. 이것을 늘리면 음이 변하는 주기가 천천히 바뀌고, 줄이면 더 빨리 음이 변한다. 주기가 길어지냐 짧아지냐에 따른 변화이다.

Density는 그 파형의 진폭을 말하는데, 진폭이 작을 수 록 Y축의 변화가 줄어든다. 최댓값과 최솟값이 줄어든다는 소리이다. 이에 따라 음도 변하는데, 저 Density를 “low”에 맞추면 변화가 줄어든다. 반면 “high”에 맞추면 멀미가 날 정도로 음이 심하게 변하면서 꿀렁댄다.
물론 위에서도 설명했듯이 파형이 사인그래프만 있는 것은 아니지만, 아직 알고 있는 것이 그것밖에 없으므로 이를 예로 든다면
Wave length는 $y=a\sin b(x-c)+d$라는 그래프에서 b값을 변화하고, Density는 같은 그래프에서 a값을 변화시킨다는 것을 알 수 있다.

(2) 음의 빠르기 변화에 따른 음 높이의 변화
요즈음은 그런 일을 본 적이 별로 없는데, 예전 MP3에서는 음의 빠르기를 변화시킬 때 음 높이도 변화했다. 왜 그런 것인지 알아보았다.
이번에도 역시 사인그래프를 이용해 알아보자. 음의 빠르기를 변화한다는 것은 전체 음의 길이를 줄인다는 뜻이다. 사인함수는 주기함수이기 때문에 적절한 예시라고 보기 힘들지만, 예를 들어 전체 노래가
$y=\sin x\,(0 \le x \le 4\pi)$라고 한다면

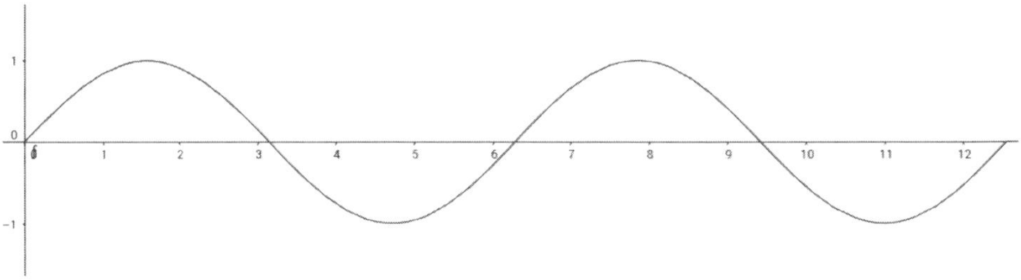

이러한 그래프가 나온다. 이 노래 전체의 파형이 이렇게 생긴 것이다. 이 때 x축은 시간축이 되므로, 전체 음의 길이를 줄이려면 사인함수의 주기를 줄여야 함을 알 수 있다. 파형이 이렇게 생긴 노래를 2배로 빠르게 재생한다면 그 음의 파형은 이렇게 생겼을 것이다.

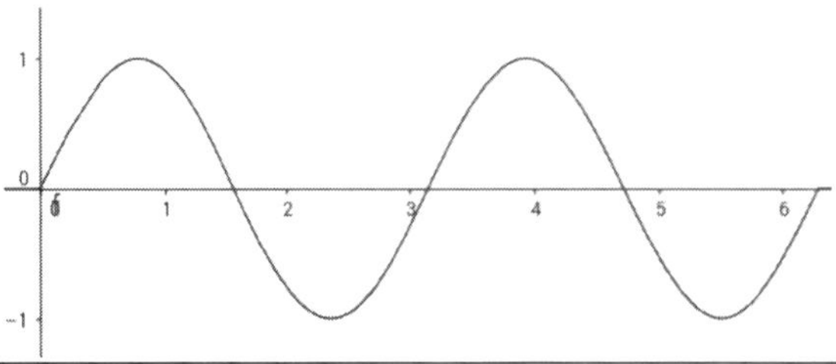

$y=\sin 2x\,(0 \le x \le 2\pi)$

수학적으로는 이렇게 하고 나서 아무 문제도 없다. 그러나 물리학적으로 문제가 생긴다. 왜냐하면 음은 그 음이 높냐 낮냐에 따라서 진동수(주파수)가 변하는데, 이 진동수는 주기에 반비례한다.($f = \frac{1}{T}$) 이때 음의 길이를 줄이기 위해 주기를 줄여주었기 때문에 자연스럽게 진동수는 원래 음보다 높아지고, 고로 음이 원래 음보다 높아지는 것이다. 음을 줄이기 위해 바꾼 그래프의 주기 자체가 문제가 되는 것이다. 아무튼, 이 때문에 음악을 빠르게 재생하면 소리가 자연스럽게 높아지고, 반대로 음악을 느리게 재생하면 소리가 낮아지는 것이다.

다만, 현재에 와서 많이 보이는(유튜브, 삼성 갤럭시 시리즈에 기본 내장 되어 있는 삼성 뮤직 어플리케이션) 음높이를 유지하면서 소리의 빠르기도 조절할 수 있는 기술은 이렇게는 절대로 설명이 가능하지 않고 심지어 이것 자체가 요즈음에 나온 것을 봐서(큐베이스 같은 프로그램은 음악 전문가용 프로그램이니까 어떻게 해서든지 만들었을 테니, 요즈음 유튜브 등 다른 일반적인 프로그램이나 사이트에서 이 기술이 적용된 시기보다는 일찍 적용되었기는 했다. 기술 자체가 완전 최신 기술은 아니지만, 상용화 되기에는 시간이 걸렸다고 본다. 단적인 예로, 음악 편집기능으로 많이 쓰이는 골드웨이브라는 프로그램은 내가 13살 때인 5년 전만 해도 음을 빠르게 재생할 때 음이 높아졌지만, 요즈음 버전인 6.19에는 그 현상이 해결되었다.) 굉장히 심오하고 어려운 어떤 알고리즘이 있을 것이라고 사료된다.

(3) 쉽게 알아보는 푸리에 급수

처음에 푸리에 급수가 나온 책을 읽었을 때는 아예 이해가 불가능해 건너뛰었고, 다음에 읽을 때에도 이해가 불가능해 건너뛰었고, 또 읽을 때에도 이해할 수 없었다. 그래도 다음 심하연구에는 이것으로 써보고 싶다는 마음에 한 번 더 보았는데도 이해할 수 없었다. 아직 미적분2를 정규과정에서 나가지 않아서 그렇다고 생각하고 삼각함수를 정규과정에서 배웠을 즈음 다시 한 번 읽어보았는데도 이해할 수 없었다. 점점 제출 기한은 다가오고 결국 교류 전기에 대한 심화연구를 쓰지 않기로 결심했으니 이 부분에 대해서 조금이라도 이해는 해야 할 것 같아서 인터넷의 힘을 빌렸는데, 그나마 이해하기 쉽게 설명되어 있는 것이 있었다. 문제는 나도 그 정도는 이미 이해하고 있었지만. (애초에 푸리에 급수가 무엇인지는 알고 덤볐을 것 아닌가!) 아무튼 그렇기에, 아무리 심화연구라지만 이해할 수 없는 부분들이 좀 많았고, 그렇기에 최대한 내가 이해한 부분들에 대해 작성해 보려 한다.

1) 왜 전체적으로 음악에 관련된 심화연구에 뜬금없이 푸리에 급수가 나오는가?
푸리에 정리가 왜 나왔는지 생각해 보면 나름 쉽게 이유를 찾을 수 있다. 모든 주기가 있는 파형은 사인함수와 코사인 함수의 합으로 나타낼 수 있다는 것이 푸리에 정리인데, 바로 이 점을 이용해서 음을 자유자재로 합성할 수 있다. 음을 마음대로 합성해주는 신디사이저도, 피아노 소리를 전자로 들려주는 전자피아노와 키보드도 푸리에 정리가 없었다면 나올 수 없었을 것이다. 이 모든 것이 푸리에 정리와 푸리에 급수를 이용하여 수많은 사인음파를 합성해 만들어진 것이기 때문이다. 이 때문에 내가 읽은 음악책에 푸리에 정리와 푸리에 급수, 고속 푸리에 변환이 소개된 것이다.

2) 푸리에 정리
푸리에 정리는 이러하다.

$$f(x) = \frac{a_0}{2} + \sum_{n=1}^{\infty} [a_n \cos\frac{n\pi x}{l} + b_n \sin\frac{n\pi x}{l}]$$

단, $a_n = \frac{1}{\pi}\int_{-l}^{l} f(t)\cos\frac{n\pi t}{l}dt$, $b_n = \frac{1}{\pi}\int_{-l}^{l} f(t)\sin\frac{n\pi t}{l}dt$

이것을 마구 쌓은 것이 푸리에 급수로 알고 있는데, 이 급수가 수렴할 때 그 값이 원하는 모양의 파형이라고 알고 있다. 사실 여기까지도 어느 한 지오지브라 자료가 없었다면 이해할 수 없었을 것이다.
"Fourier sum"이라고, series(급수)가 아니라 정말로 덧셈을 계속 해나가는 형태의 자료가 있어 이 자료를 토대로 이해를 해보았다.

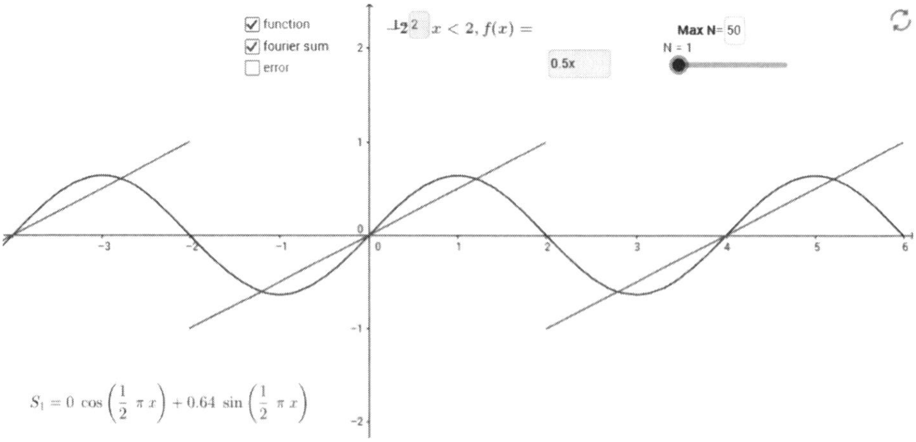

(저기 있는 error는 무슨 뜻일까?)

삼각함수의 적분법을 알고 계산해 보면 저 a_n의 값을 나도 구할 수 있지 않을까 했는데 l이 어디서 나온 것인지 알 수 가 없었고(L값을 변화하면 그래프 자체의 크기가 변화했다.) f(t)는 지금 구하려는 게 f(x)값인데 거기에 f(t)가 있어 당황스러웠다. 그렇게 되면 미지수의 영원한 사이클이 되는 것 아닌가? (아닐 테니까 푸리에 급수가 많은 곳에 활용되는 것이지만) 그래서 저 값은 구할 수 가 없었다. 사실 저 빨간 선이 무엇인지도 정확하게 이해를 하지 못했다. 아무 곳에도 저 빨간 선에 대한 언급은 없었다. 다만 그래프의 변화를 통해 대충 짐작했을 뿐이다. 그런데 이 빨간 선의 기울기 변화에 따라 a_n의 값도 비례해서 변하는 것을 보아, 이 둘에 무슨 관계가 있을 것이라 짐작된다.

S_n은 n이 변화할 때마다 항의 개수가 증가

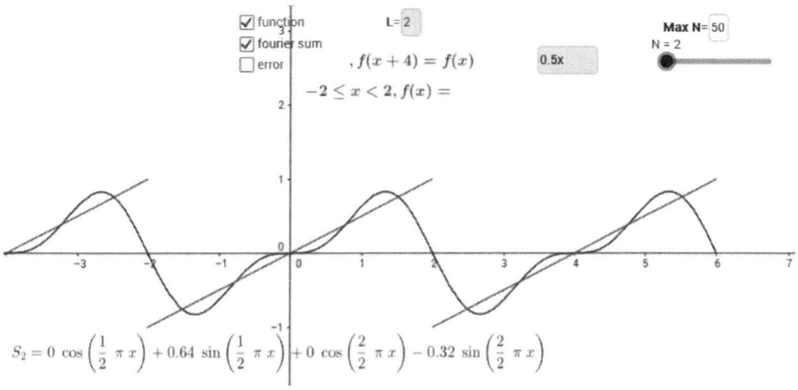

이 식을 볼 때 계속 코사인과 사인의 반복이 보이고, 그 외의 항은 보이지 않는 것을 알 수 있다. 그러나 푸리에 정리를 보면 $\frac{a_0}{2}$라는 항이 앞에 있는 것을 볼 수 있다. 그런데 계수로 a_n이 붙는 코사인의 값은 죄다 0인 것을 볼 수 있다. 그러므로 저 $\frac{a_0}{2}$라는 항은 값이 0이므로 생략한 것이라고 추측된다.

비록 계수는 계산을 할 수 없지만, 괄호 안의 각도는 계산할 수 있다. 공식에 $\frac{n\pi t}{l}$라고 쓰여 있는데, 이를 따라 항이 증가할 수 록 분자가 π씩 커지는 것을 볼 수 있다. 계속해서 이런 식의 계산을 해나가다 보면,

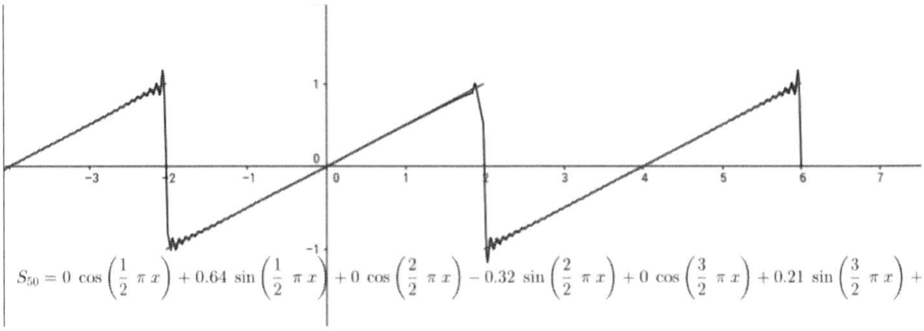

이와 같이 빨간 선과 비슷한 모양의 그래프가 만들어지는 것을 볼 수 있다. 이를 급수를 이용하여 무한 번 더해주면 빨간 선과 매우 흡사한(같은) 모양의 그래프가 만들어질 것이다. 이것이 푸리에 급수이다. 그런데 이 모양을 보면 아까 LFO를 설명하면서 나온 saw tooth파형과 같은 것을 알 수 있다. 이 뿐만이 아니라, LFO에서 소개된 다른 모양의 파형들도 푸리에 급수를 통해 표현될 수 있다.

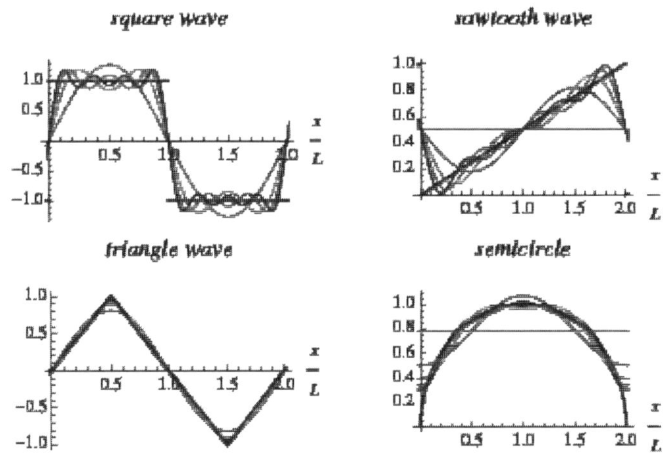

(사진 출처 http://mathworld.wolfram.com/FourierSeries.html)

아까의 ramp 파형은 위에 저 빨간 직선의 기울기를 음수로 놓으면 만들 수 있다.

5. 결론 및 제언 (본인이 연구를 통해 얻게 된 점을 서술해도 됨)

어렸을 때부터 궁금해 했던, 소리의 빠르기 변화와 음높이 변화의 관계를 미적분2 과정과 물리1 과정을 통해 알 수 있었다. 이를 통해 조금 더 생각해 나가자면, 음량을 조절할 때에는 왜 음량만 조절되고 다른 부분은 변하지 않는지에 대해서도 생각할 수 있을 것이다. 음량이 관여하는 것은 그 음의 최댓값과 최솟값(진폭)인데, 이

진폭은 아무리 변화해도 그 값만 변하지, 주기가 변하지는 않는다. 그렇기 때문에 진동수도 변하지 않아 음량만 관여할 수 있는 것이라는 결론이 나온다.
최대한 푸리에 급수를 이해해보려고 노력했는데 아직 학교에서 배우고 있는 것도 잘 모르면서 이걸 갑자기 한다는 것은 역시 무리가 있다는 느낌이 든다. 그래도 정말 아주 기초적인 (수학적이지 않은?) 부분에 대해서 수박의 겉의 공기 핥기 식으로는 알 수 있었다. 네이버 캐스트도 없고(있어도 이해 못 했을 것이다 …) 내가 가진 그 이상한 음악책과 전자 자료만을 이용해서 이해해보려 했지만 한계가 있었다는 것(많았다는 것)은 슬픈 일이지만 적어도 그 책의 0.1% 정도는 더 이해할 수 있게 된 것 같아 나름 뿌듯하다. 굳이 이해를 못 했으면 적지 않아도 되었을 텐데 이해 못했음을 몇 페이지에 걸쳐 설명한 이유는 사실 여기까지 했는데 다 지우는 것이 아까워서 이기도 했지만 그래도 이것을 목적으로 몇 달 동안이나 이상한 문자와 씨름했는데 조금은 더 공부해 보아야 하는 것이 아닌가 해서였다. 이 보고서 내적인 이유로도 LFO에 있는 파형과 연결이 되어서이기도 했다. 그 나름의 간절함이 느껴졌으면 한다.

6. 참고문헌

단행본 최행진. (2002). 물리학과 생리학으로 풀어가는 음악의 신비. 교우사
전자자료
Fourier Series, Wolfram MathWorld
<http://mathworld.wolfram.com/FourierSeries.html>
푸리에급수, 두산백과
<http://terms.naver.com/entry.nhn?docId=1158899&cid=40942&categoryId=32219>
Fourier sum 1, Geogebra
<https://www.geogebra.org/m/kSDjmtku>
Why is any sound's pitch higher when you speed it up and lower when you slow it down?, Quora
<https://www.quora.com/Why-is-any-sounds-pitch-higher-when-you-speed-it-up-and-lower-when-you-slow-it-down>
푸리에급수를 문과생 이해시키기, GD park, 네이버 블로그
<http://gdpresent.blog.me/220668963336>
Low frequency oscillator, Electronic Music Wiki
<http://electronicmusic.wikia.com/wiki/Low_frequency_oscillator>
LFO, 퍼퓰러음악용어사전&클래식음악용어사전
<http://terms.naver.com/entry.nhn?docId=365822&cid=50324&categoryId=50324>

2 수학독후감 자료 (2학년 인문계열 학생B)

제 목: 어디에든 존재하는 수학
도서명: 뜻밖의 수학

나는 중학생 때부터 수학과 친하지 않았다. 중학교 2학년 때 잠깐 친해졌던 적도 있지만, 금방 어색한 사이로 변하고 말았다. 3학년 때 더 어려워진 수학이 나를 힘들게 했고, 다양한 응용문제들은 수학이 더 낯설어 보이게 만들었다. 고등학생이 되면서 나와 수학의 거리는 더 멀어졌다. 시험 때 포기하는 과목 1위. 이대로는 안 되겠다는 생각에 기초부터 다지면서 거리감을 좁혀보려 했지만, 방학 때 조금 가까워졌다가 개학해서 진도를 나가면 다시 멀어지기를 반복했다. 그러면서 나는 '수학은 기본만 알아도 살아가는 데 지장 없을 텐데, 왜 이렇게 힘들게 공부해야 하는 걸까?'라고 생각하며, 수학 공부를 게을리 하는 나 자신을 탓하는 것이 아니라 수학 공부 자체를 탓했다. 그래도 수학 공부를 놓을 수는 없는 노릇이었다.

----중간 생략----

저자의 말대로 인내심을 갖고 공부하고 문제를 풀다 보면 수학 사고력이 증진될 것이라 믿는다. 저자는 정체 연구를 전문으로 하고 있다. 말 그대로 교통 정체 같은 것을 연구하는 것인데, 정작 자신은 정체를 매우 싫어했다고 한다. 그럼에도 불구하고 연구를 계속한 그는 변화를 경험했다. 정체를 좀 더 깊이 알게 됨으로써 정체에 대해 냉정하게 대응할 수 있게 되었다고, 해결 방법을 하나하나 분석할 수 있게 되었다고 했다. 이처럼 싫어하는 것을 억지로라도 받아들이면 뭔가를 발견할 수 있다고 했다. 나도 수학을 싫어하지만 말고 받아들이면서 변화를 경험하면 좋겠다고 생각했다.

----중간 생략----

저자가 연구하는 학문은 정체학이라고 부르는데, 이 정체학은 '세포자동자'라는 사고법을 이용한다고 한다. 세포자동자는 0과 1, 그리고 이 둘을 변화시키는 규칙을 사용해서 어떤 현상을 0과 1의 움직임으로 표현하는 수학이다. 무엇이든 규칙을 정해서 이용하면 되는데, 도로 정체를 해결하는 방안을 연구할 때는 고속도로를 약 7미터짜리의 칸으로 나눈 다음 각 칸에 차가 있으면 1, 없으면 0으로 둔다. 그리고 앞 칸이 0이면, 즉 비어 있으면 1이 앞 칸으로 움직이고, 1로 막혀 있으면 움직이지 못 하는 것으로 정한다. 이렇게 해두고 가상으로 상황을 진행시켜보면, 1의 사이사이에 0이 많이 있을수록 정체가 빨리 풀린다는 것을 알 수 있다.

----중간 생략----

수학을 통해서도 이러한 인생의 법칙을 발견할 수 있다는 것이 놀라웠다.

수학은 아무리 영역을 넓혀봤자 '수학'이라는 학문의 틀 안에 갇혀있을 줄 알았었다. 그런데 교통공학 전문가의 몫이라고 생각했던 도로 정체 문제를 수학적 방법으로 해결하고, 거기에서 인문학적 교훈이 도출되는 것을 알게 되고 나서 생각이 바뀌었다. 사실 수학에 '세포자동자'라는 개념이 있는 것부터가 놀라웠지만 그것을 어디에 적용하느냐에 따라 다양하게 활용될 수 있다는 것을 알고 정말 놀라웠다. 수학의 범위는 정말 무한하구나, 하고 생각했다. 나의 주변 어디를 둘러봐도 수학이 존재할 것만 같다. 어느 곳에 있더라도 말이다. 그리고 수학에 대한 나의 견해를 바꿀 수밖에 없겠다고 생각했다. 수학은 그저 문제를 많이 풀어야 하는, 삶에는 소용이 없는 학문이 아니라, 무엇보다도 현실과 가까운 학문이라고 말이다.

3 수학감상문 자료 (1학년 학생C)

TO. 故 존 내쉬 박사님

제가 이 편지를 쓰게 된 계기는 박사님의 실화를 바탕으로 한 '뷰티풀 마인드'를 보고 감동적이고 존경스러워서 쓰게 되었어요. 제가 이 영화를 보게 된 이유는 중간고사가 끝나고 나서 지친 심신을 달래주고 걱정에서 벗어나기 위하여 선택한 것이었어요. 제가 최근에 '이미테이션 게임'이라는 영화를 봤는데 거기에도 수학 천재가 나와요. 혹시 아시나요? 그 팀원들은 세계 2차 대전 때 24시간마다 바뀌는 수학암호를 해석하여 1400만명의 목숨을 살리신 분들입니다. 그 영화에서 수학 천재들의 삶에 대해 궁금증이 생겼고 그래서 뷰티풀 마인드를 선택하게 되었어요. 이제 제가 보면서 인상 깊었던 점, 이해가 되지 않는 점 등에 대해 써볼게요. 먼저, 존경스러웠던 점을 말씀드릴게요. 끊이지 않는 수학에 대한 열정이에요. 어떠한 어려움이 처해도 끝까지 해결하는 그 열정과 끈기가 정말 존경스러웠습니다. 솔직히 저는 끈기가 남보다 강하지는 않은 것 같아요. 수학을 하다보면 안 풀리는 문제가 있으며 짜증이 나요. 물론 어떻게든 나의 힘으로 해결하면 성취감과 뿌듯함이 있긴 하지만 그렇다고 그 문제를 붙잡고 끝까지 매달리지는 못하거든요. 그래서 박사님의 멈추지 않는 열정과 끈기가 대단하게 생각되면서 닮고 싶어지더라구요.

----중간 생략----

다섯 번째로, 제일 멋있었던 장면들이에요. 박사님이 망상들을 인식하고 현실을 인지할 때와 박사님이 다른 교수님들께 만년필 받고 1994년 12월에 노벨 경제학상 시상식에서 명언을 남기실 때입니다. 진짜 박사님이 망상들을 인지하고 눈물을 흘릴 때는 저도 감정이 울컥하여 울 뻔 했네요. 그렇게 고치시려는 노력을 보고 대단하다고 느꼈습니다. 자신이 정신적으로 아프다는 것을 인정하는 것이 얼마나 어려운 일인지 잘 알기에 더 놀랍고 존경스러웠습니다. 교수님들이 박사님께 만년필을 드릴 때 저는 문득 박사님이 어렸을 때 다른 교수님과 함께 맥스 교수님이 만년필을 받는 것을 보며 교수님이 박사님께 집중을 게을리 하여 학문적 성취가 없다고 하셨을 때가 떠올랐고 그 교수님께 보여드리고 싶었습니다. 박사님도 그러시지 않았나요? 가장 멋있었던 장면은 당연 1994년 12월 노벨 경제학상 수상소감을 말씀하셨을 때입니다. 실제로 말씀하셨던 장면을 보고 싶었는데 아쉽게도 자료가 없더라구요. '전 언제나 수를 믿어왔습니다. 추론을 이끌어내는 방정식과 논리를 말이죠. 하지만 평생 그걸 연구했지만 저는 묻습니다. 무엇이 진정한 논리입니까? 누가 이성을 결정 하는거죠? 저는 그동안 물질적인 세계와 형이상학적 세계와 비현실 세계에 빠졌다가 이렇게 돌아왔습니다. 전 소중한 것을 발견했어요. 그건 제 인생에서 가장 소중한 발견입니다. 어떤 논리나 이성도 풀 수 없는 사랑의 신비한 방정식을 말입니다. 난 당신 덕분에 이 자리에 섰어요. 당신은 내가 존재하는 이유예요. 내 모든 존재의 이유입니다. 감사 합니다'라는 수상소감은 정말 세상에 남을 명언 중의 명언인 것 같아요. 그 동안 아내에게 감사함을 이렇게 멋있게 표현하시다니...

---중간 생략---

솔직히 아직도 박사님의 균형이론과 협상해법을 완벽하게 이해하지는 못했습니다. 그 외에도 박사님들이 발표하신 논문들이 좀 어렵네요. 아직 그 정도를 이해할 정도로 저의 수학적 역량수준이 향상되어 있지 않아 그런 것이겠지만 아쉽네요. 언젠가 제가 열심히 공부하여 박사님의 균형이론을 이해하는 날이 온다면 그때 하늘에서라도 축하해 주세요. 그때가 언제가 될지는 모르겠지만 언젠가 그 날이 오면 제가 하늘을 바랄보고 증명해드리겠습니다. 솔직히 수학적 내용에서 감명 깊은 것들을 쓰려고 했는데 감상하다 보니 수학적 내용은 아직 완벽한 이해가 안 되었고 박사님의 드라마틱한 삶에 집중을 하게 되었어요. 나중에 기회가 되면 수학적 역량을 키워 내용들을 다 이해한 후에 수학적 내용에 관하여 써보도록 할게요. 그럼 그때까지 하늘에서 기다려주시고 평안하게 계세요.

FROM. 박사님이 존경스러운 권**

제7장

수학 개념 쓰기와 수학 스토리 쓰기를 통한 문제해결력 평가

김동근(청구고등학교)

1 들어가는 글

수학과는 주변의 여러 가지 현상을 수학적으로 관찰하고 해석하며 논리적으로 사고하고 합리적으로 문제를 해결하는 능력과 태도를 기르는 교과이기 때문에 우선적으로 수학의 개념, 원리, 법칙을 이해하고 기능을 습득하여야 한다고 제시하고 있다(교육부, 2015, p. 3). 다시 말하면, 실생활 문제 상황을 수학적으로 나타내고 분석하여 결론을 도출하는 문제해결에 대한 능력을 함양시키기 위해서는 수학의 개념, 원리, 법칙 등에 대한 수학적 지식의 습득이 우선적으로 이루어져야 한다. 이것은 기본적인 수학적 지식이 습득되어야 다양한 수학적 능력을 함양시킬 수 있다고 볼 수 있다. 하지만 실제 학교현장에서는 학생들이 기본적인 수학적 지식이 습득되었다는 가정하에 다양한 평가가 이루어지고 있다. 학생이나 학부모로부터 '어떻게 하면 수학을 잘 할 수 있을까?', '어떻게 하면 수학 성적을 향상시킬 수 있을까?'라는 질문을 받으면 그 질문에 대한 대답으로 대부분의 교사는 개념 위주로 학습이 이루어져야 한다고 대답하는 것에 동감할 것이다. 그렇지만 우리는 수학적 개념, 원리, 법칙 등의 수학적 지식의 습득에 대한 평가를 소홀히 하고 있는 실정이며 어떻게 보면 가장 먼저 이루어져야 하는 평가라고 볼 수 있다. 수학은 위계성이 강한 교과이기 때문에 앞 단계에서 학습한 내용이 습득되지 않으면 다음 단계로 넘어가기 어렵다. 그래서 학생들의 학습 단계를 확인할 필요가 있다.

이와 더불어, 2015 수학과 개정 교육과정(교육부, 2015)에서는 6가지 교과 역량 즉 문제해결, 추론, 창의·융합, 의사소통, 정보처리, 태도 및 실천에 대한 역량의 함양으로 규정하고 있다. 이들 중 창의·융합 능력을 김진호·서보억(2018, pp. 10-11)은 문제 상황에서 새로운 아이디어, 해결전략, 해결 방법을 찾아내거나 새로운 관점에서 문제를 제기하는 능력으로 보고 있다. 대부분의 교과서에 제시된 문제 상황은 학생들이 직접 직면한 문제 상황이 아니기 때문에 자신의 문제로 인식하지 못하는 경향이 있다(김동근, 윤대원, 2017). 그래서 학생들이 실제적인 문제 상황(Barrows, 1996; Hmelo-Silver, 2004)을 인식하고 문제를 해결하도록 하는 문제중심학습(Problem-Bsased Learning, PBL)이 최근에 들어 활발하게 이루어지고 있다(강인애 외, 1999; 박정환, 우옥희, 1999; 서경선, 2002; 최욱, 전기훈, 2002; 최욱, 김민수, 2003; 최정임, 2004; 이상구, 설한국, 한신일, 2005; 최은열, 문성환, 2010). 특히 이상구, 설한국, 한신일(2005, p. 770)은 이 학습을 문제에 대한 이해와 문제해결을 위해 이루어지는 과정에서 산출되는 학습으로 정의하고 있다. 이들은 이미 배운 원리를 응용하여 자신이 직면하는 문제들에 대한 해결 방안을 발견하고 이전에 배운 규칙을 새로운 상황에 적용하여 새로운 것을 배워가는 과정 속에서 수학적 지식과 기능 및 사고체계를 획득하게 된다고 한다. 이처럼 실제적인 문제 상황에서 문제를 제기하고 해결하며 수학적 표현의 의미를 이해하고 정확하게 사용하는 능력을 평가하게 된다면 자연스럽게 문제해결, 창의·융합, 의사소통 등의 교과 역량이 함양될 수 있다고 본다.

이에 본 장에서는 수학 개념 쓰기와 수학 스토리 쓰기를 통한 문제해결력 평가를 중심으로 고등학생들의 학습평가의 사례를 구체적으로 소개하고자 한다.

2 평가의 목적 및 계획

본 절에서는 수학적 개념, 원리, 법칙 등의 수학적 지식의 습득에 대한 평가인 '수학 개념 쓰기'와 PBL 기반에서 '수학 스토리 쓰기와 문제해결력' 평가에 대한 목적과 계획에 대해 살펴본다.

2.1 평가의 목적

2.1.1 수학 개념 쓰기 평가의 목적

수학 개념 쓰기 평가의 목적은 다음과 같이 세 가지로 나타낼 수 있다.

1) 수학의 기본적인 개념, 원리, 법칙을 사용하고 표현하는 능력을 평가
2) 수학의 용어와 기호를 정확하게 사용하고 표현하는 능력을 평가
3) 교수·학습을 통하여 습득한 여러 가지 수학적 지식을 평가

2.1.2 PBL 기반에서 스토리 쓰기와 문제해결력 평가

PBL 기반에서 수학 스토리 쓰기와 문제해결력 평가의 목적은 다음과 같이 네 가지로 나타낼 수 있다.

1) 기본 개념, 원리, 법칙을 이용하여 다양한 수학적 상황에서 발생하는 문제를 수학적으로 사고하여 해결하는 능력을 평가
2) 생활 주변 현상, 사회 현상, 자연 현상 등의 여러 가지 현상을 수학적으로 관찰, 분석, 조직하는 능력을 평가할 수 있다.
3) 수학적 사고 과정과 결과를 합리적으로 의사소통하는 능력 평가
4) 수학적 지식과 기능을 바탕으로 창의적으로 사고하는 능력 평가

2.2 평가의 계획

2.2.1 수학 개념 쓰기 평가 계획

제시된 모든 문항에 다음과 같이 동일하게 적용하며 수학적 개념, 정의, 공식 등을 정확하게 기술하였는지 평가한다. [표 7-1]은 수학 개념 쓰기의 평가 기준이다.

[표 7-1] **수학 개념 쓰기의 평가 기준**

구분	A	B	C
개별 활동	수학적 개념, 정의, 공식, 법칙 등을 표현할 때 용어나 기호를 정확하게 사용하여 기술하였다.	수학적 개념, 정의, 공식, 법칙 등을 표현할 때 용어나 기호의 사용이 부적절한 부분이 있다.	수학적 개념, 정의, 공식, 법칙 등을 표현할 때 용어나 기호를 사용하여 기술하지 못 하였다.

2.2.2 PBL 기반에서 수학 스토리 쓰기와 문제해결력 평가 계획

다음의 활동들이 잘 이루어졌는지 평가한다.

[표 7-2] **수학 개념 쓰기의 평가 기준**

<table>
<tr><th>방법</th><th>영역</th><th>A</th><th>B</th><th>C</th></tr>
<tr><td rowspan="3">모둠 활동</td><td>스토리 쓰기</td><td>모둠원들의 아이디어를 잘 수합하여 실제적인 문제 상황이거나 차별화된 수학적 스토리로 작성함.</td><td>대중화된 수학적 스토리로 작성함.</td><td>수학적 스토리가 중단되었거나 제대로 표현해내지 못 함.</td></tr>
<tr><td>과제 선정</td><td>스토리와 관련된 과제를 3가지 이상 구성하여 작성함.</td><td>스토리와 관련된 과제를 2가지 구성하여 작성함.</td><td>스토리와 관련된 과제를 1가지 이하 구성하여 작성함.</td></tr>
<tr><td>발표</td><td>스토리와 과제에 대한 내용을 다른 학생들이 이해하기 쉽게 발표하였다.</td><td>스토리와 과제에 대한 내용을 발표하였다.</td><td>스토리와 과제에 대한 내용을 발표하지 않음.</td></tr>
<tr><td rowspan="2">개별 활동</td><td>문제 만들기</td><td>과제와 관련된 문제를 만들었으며 이를 바탕으로 적절한 전략을 적용하여 오류 없이 문제를 잘 해결함.</td><td>과제와 관련된 문제를 만들었지만 관련성이 조금 부족하거나 문제 해결에 일부 오류가 있음.</td><td>과제와 관련된 문제를 만들지 못 함.</td></tr>
<tr><td>발표</td><td>자신이 만든 문제를 소개하고 그 해결 방법을 다른 학생들이 이해하기 쉽게 잘 발표함.</td><td>자신이 만든 문제를 소개하고 그 해결 방법에 대해 발표함.</td><td>자신이 만든 문제나 그 해결 방법에 대해 발표하지 않음.</td></tr>
</table>

3 평가의 과정 및 평가의 실제

3.1 수학 개념 쓰기 평가 과정

수학 개념 쓰기의 평가 과정은 앞 시간에 배운 수업 내용을 다음 시간에 바로 평가해도 상관없지만 매 시간마다 하면 학습 진도에 영향을 미칠 수 있다. 그 대안으로 학교에서 실시하는 중간고사(혹은 1차 지필평가)나 기말고사(혹은 2차 지필평가)가 실시되기 1~2주 전이나 실시 후 1주일 안에 실시하는 것도 좋은 방법이 된다. 이때 수학 개념 쓰기 평가를 실시하려면 사전에 공지를 해 주는 것이 좋다. 그리고 이 평가는 학생들의 성적에 반영되는 만큼 공정성과 공평성이 지켜지도록 하는 것이 좋다. 그래서 한 방법으로 모든 학급에 1주일 간 준비할 수 있는 시간을 주도록 한다. 예를 들어, 평가 1주일 전 5교시에 한 학급에 안내를 했으면 예정일의 5교시에 즉 딱 1주일간의 시간만을 주는 것이다. 이처럼 다른 학급에도 동일하게 실시한다면 모든 학생들에게 공평하게 실시될 수 있다. 그리고 수학 개념 쓰기 평가의 각 문제지 마다 문제 순서를 바꾸어 유형을 다르게 하면 예를 들어 A, B, ⋯, F 형과 같은 유형으로 만들면 모든 학생들에게 동일한 수학 쓰기 개념을 평가할 수 있게 된다. 이 과정을 정리하면 다음과 같이 나타낼 수 있다.

수학 개념 쓰기 평가 안내 → 평가 1주일 전 (20○○.5.20. 5교시) → 개념 쓰기 평가 (20○○.5.27. 5교시) → 피드백

[그림 7-1] 수학 개념 쓰기 평가의 과정

3.2 수학 개념 쓰기 평가 실제(미적분 Ⅰ)

다음은 수학 개념 쓰기 평가를 실시할 때 사용한 문제들 중 일부분이다.

문제 1. 최대·최소 정리에 대해 기술하시오.
(답안) 함수 $f(x)$가 닫힌구간 $[a, b]$에서 연속이면 $f(x)$는 이 구간에서 반드시 최댓값과 최솟값을 가진다.

문제 2. 함수의 극대, 극소의 판정에 대해 기술하시오.
(답안) 미분가능한 함수 $f(x)$에서 $f'(a)=0$이고 $x=a$ 좌우에서
(1) $f'(x)$의 부호가 양(+)에서 음(−)으로 바뀌면 $f(x)$는 $x=a$에서 극대이고 극댓값은 $f(a)$이다.
(2) $f'(x)$의 부호가 음(−)에서 양(+)으로 바뀌면 $f(x)$는 $x=a$에서 극소이고 극솟값은 $f(a)$이다.

문제 3. 적분과 미분 사이의 관계에 대해 기술하시오.
(답안) 함수 $f(x)$가 닫힌구간 $[a, b]$에서 연속이면 $\frac{d}{dx}\int_a^x f(t)dt = f(x)$(단, $a<x<b$)이다.

문제 4. 함수 $f(x)$가 실수 a에 대하여 세 조건을 모두 만족시킬 때, $f(x)$는 $x=a$에서 연속이라고 한다. 이 세 조건을 모두 기술하시오.
(답안) (ⅰ) $x=a$에서 정의되고
(ⅱ) 극한값 $\lim_{x\to a} f(x)$가 존재하며
(ⅲ) $\lim_{x\to a} f(x)=f(a)$

문제 5. 사잇값 정리에 대해 기술하시오.
(답안) 함수 $f(x)$가 닫힌구간 $[a, b]$에서 연속이고 $f(a)\neq f(b)$일 때, $f(a)$와 $f(b)$ 사이의 임의의 k에 대하여 $f(c)=k(a<c<b)$인 c가 적어도 하나 존재한다.

3.2.1 PBL을 기반으로 수학 스토리 쓰기 및 문제해결 평가 과정

실제적인 문제 상황에 직면한 즉 PBL을 기반으로 한 수학 스토리를 쓴다는 것은 쉬울 수도 있겠지만 사전에 준비가 잘 되어 있지 않다면 쉽지 않다. 그래서 우선 학생들에게 PBL이 무엇인지 안내가 필요하다. 그래서 학생들의 이해를 돕기 위해 여러 가지 사례들을 설명해 주는 것이 좋다. 처음에는 막연하게 생각되던 스토리 쓰기가 여러 차례 지도와 조언을 통해 발전하는 모습을 볼 수 있었다. 개별적인 수학 스토리 쓰기도 가능하지만 어려움이 예상되어 우선 모둠별로 PBL을 기반으로 한 수학 스토리를 작성하는 것은 학생들 간의 의사소통능력도 함양시킨다는 측면도 있다. 이렇게 모둠별로 스토리가 작성이 되면 실제적인 과제(혹은 미션)에 대해서도 토론하여 작성한다. 이때 작성하는 과제는 자신들이 만들어야 하는 문제를 미리 예측하고 구성하기 때문에 구체적인 과제보다는 포괄적인 과제가 좋다. 이렇게 과제까지 작성이 되면 각 모둠별로 완성된 스토리와 과제를 발표함으로써 다른 모둠활동 내용 파악과 동시에 정보를 공유한다. 다음으로 각자 자신의 모둠에서 정한 과제를 바탕으로 문제를 만들고, 만든 그 문제를 해결함으로써 문제해결력도 함양시킬 수 있다. 그리고 마지막으로 자신이 만든 문제를 발표함으로써 수학에 대한 자신감도 높일 수 있을 것이다. 이와 같은 과정을 정리하면 다음과 같이 나타낼 수 있다.

PBL 안내 → 모둠 활동 → 스토리 쓰기 과제 선정 → 발표 → 개별 활동 → 문제 만들기 문제해결 → 발표

[그림 7-2] 문제만들기 평가의 과정

또한 모둠 활동에 필요한 조원을 구성할 때는 제비뽑기를 통해 무작위로 배정하는 것이 좋다. 예를 들면 한 학급에 28명이라고 하자. 한 모둠마다 4명씩 배정하여 7모둠을 만든다면 다음 그림과 같이 각 조마다 임의의 번호를 배정한 후 제비뽑기를 통해 모둠을 구성한다.

1 모둠		2모둠		3모둠		4 모둠		5 모둠		6 모둠		7 모둠	
1	15	20	9	26	3	22	13	5	14	24	17	7	18
10	28	21	2	11	12	4	27	23	25	6	16	8	19

[그림 7-3] **모둠의 구성**

3.2.2 PBL를 기반으로 한 스토리 쓰기 및 문제해결 평가 실제

1) 삼각함수(수학 Ⅰ)

[표 7-3] **예시 1**

문제 상황 (스토리 쓰기)	○○시는 지역 경제를 발전시키기 위해 국가로부터 대대적인 지원을 받아 낙후된 지역을 개발할 뿐만 아니라 지역 경제도 활성화 시키는 방안으로 여러 가지 대책을 세우고 있다. 그중 남생이나 장수하늘소와 같은 천연 기념물도 보호하고 그 지역에서만 서식하는 야생화도 보호하면서 관광 상품도 개발하여야 하는데 다음과 같은 미션(과제)이 포함되어야 한다.
과제	1. 높이가 5m인 마을 B의 언덕에서 호수 건너편 마을 C의 산봉우리까지 연결하는 케이블카를 설치한다고 하면 그 길이 구하기(단, 호수면에 비친 각의 크기를 이용하기) 2. 마을 A에는 산이 있어 다른 지역으로 이동하기 어렵기 때문에 터널을 뚫어야 한다면 터널의 길이 구하기 3. 마을 B에는 천연 기념물과 야생화가 많이 서식하여 사각형 모양의 야생 동물보호구역을 설치한다면 그 넓이 구하기

○○시의 A, B, C 세 마을을 나타내는 지도는 다음 그림과 같다.

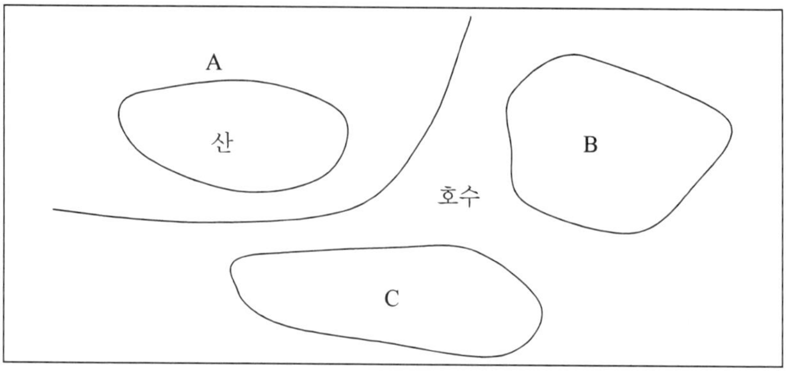

[그림 7-4] 과제 그림

과제 1 높이가 5m인 마을 B의 언덕에서 호수 건너편 마을 C의 산봉우리까지 연결하는 케이블카를 설치한다고 하면 그 길이 구하기(단, 호수면에 비친 각의 크기를 이용하기)

문제 만들기 다음 그림과 같이 높이가 5m인 마을 B의 언덕 P에서 호수 건너편 마을 C의 산봉우리 Q를 올려본 각의 크기가 30°이고, 호수의 수면에 비친 산봉우리의 끝 T를 내려본 각의 크기를 60°라 할 때, $\overline{PQ}$의 길이를 구하시오.

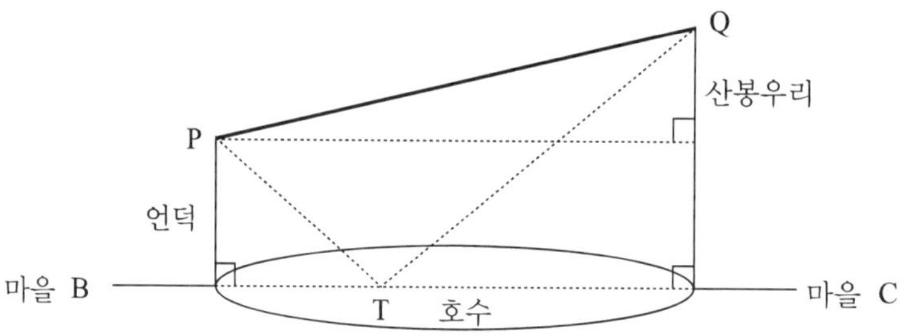

답안 ______ 다음 그림에서 $\triangle QKN \backsim \triangle QTM \backsim \triangle PTL \backsim \triangle TKS$이다. 산봉우리의 높이를 x라 하면 $x = \overline{QN} + \overline{NM} = \overline{QN} + 5$이다.

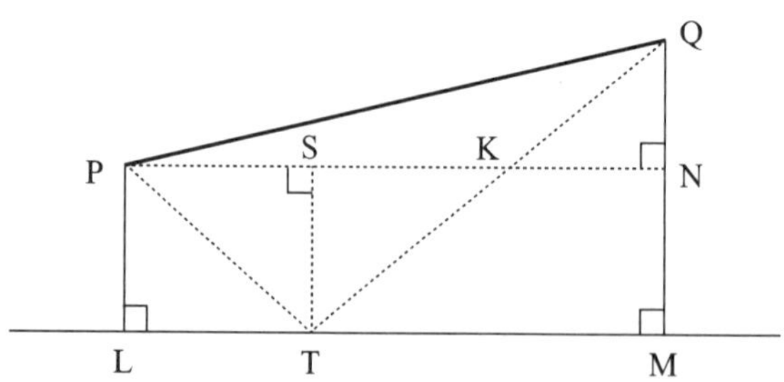

삼각형 QKN에서 $\overline{QN} = \overline{KN} \cdot \tan 60° = \sqrt{3} \cdot \overline{KN} \cdots ①$

그리고 삼각형 PNQ에서 $\tan 30° = \dfrac{\overline{QN}}{\overline{PK} + \overline{KN}} \cdots ②$이다.

또, $\triangle PST \equiv \triangle KTS$이므로 $\overline{PK} = 2\overline{PS}$이고 $\overline{PS} = \dfrac{5}{\tan 60} = \dfrac{5\sqrt{3}}{3}$이므로

$\overline{PK} = 2\overline{PS} = \dfrac{10\sqrt{3}}{3} \cdots ③$이다.

①, ②, ③으로부터 $\tan 30° = \dfrac{\overline{QN}}{\overline{PK} + \overline{KN}} = \dfrac{\overline{QN}}{\dfrac{10\sqrt{3}}{3} + \dfrac{\overline{QN}}{\sqrt{3}}}$이므로 $\overline{QN} = 5$가 된다.

따라서 피타고라스 정리에 의해 $\overline{PQ}^2 = \overline{PN}^2 + \overline{QN}^2 = \overline{(PK + KN)}^2 + \overline{QN}^2 = (5\sqrt{3})^2 + 5^2 = 100$이므로 $\overline{PQ} = 10$이다.

과제 2 마을 A에는 산이 있어 다른 지역으로 이동하기 어렵기 때문에 터널을 뚫어야 한다면 터널의 길이 구하기

문제 만들기 그림과 같이 산의 두 지점 Q와 R를 연결하는 터널을 만들려고 한다. 두 지점 Q와 R의 직선거리를 알기 위하여 한 지점 P에서 각 지점 Q, R까지의 거리는 각각 $\overline{PQ} = 2\text{km}$, $\overline{PR} = 3\text{km}$이고 $\angle P = \dfrac{\pi}{3}$라 할 때, $\overline{QR}$의 길이를 구하시오.

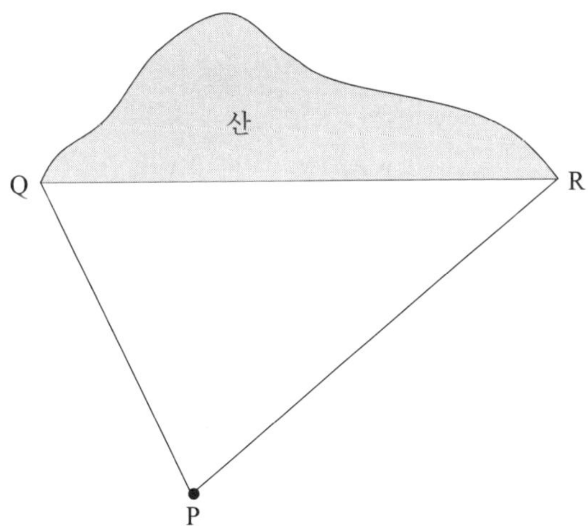

답안 ______ 다음 그림과 같이 점 Q에서 변 PR에 내린 수선의 발을 H라고 하자.

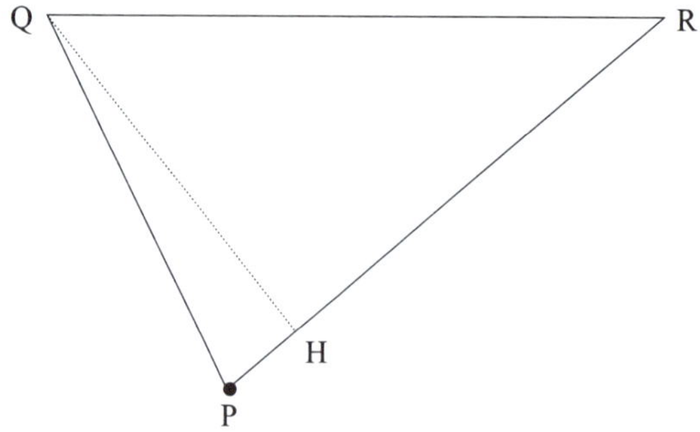

코사인 제 2 법칙에 의해 $\overline{QR}^2 = \overline{PQ}^2 + \overline{PR}^2 - 2\overline{PQ} \cdot \overline{PR} \cdot \cos\frac{\pi}{3} = 7$이므로

$\overline{QR} = \sqrt{7}$ 이다.

> **과제 3** 마을 B에는 천연 기념물과 야생화가 많이 서식하여 사각형 모양의 야생 동물보호구역을 설치한다면 그 넓이 구하기

문제 만들기 다음 그림과 같이 마을 B에는 천연 기념물과 야생화가 많이 서식하여 사각형 ABCD와 같은 모양으로 야생 동물보호구역을 설치하려고 한다. $\overline{PQ} = 8$, $\overline{QR} = 10$, $\overline{RS} = 12$, $\overline{PS} = 7$이고 $\angle P = 120°$일 때, 이 땅의 넓이를 구하시오.

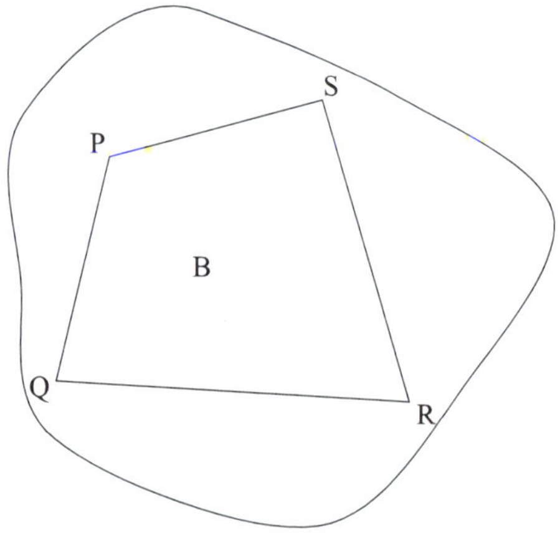

답안 ______ 다음 그림과 같이 $\square ABCD = \triangle PQS + \triangle QRS$와 같다.

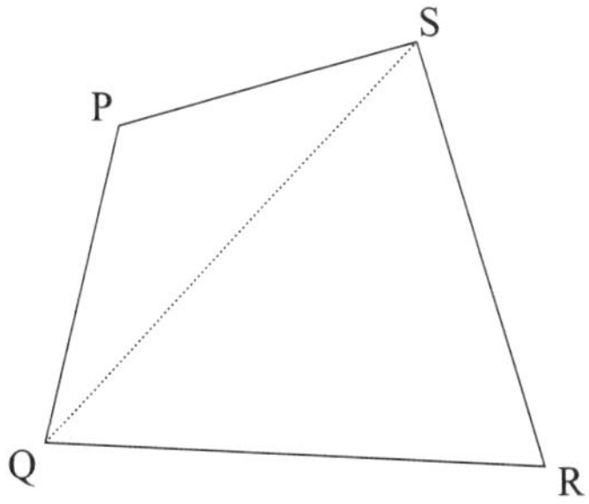

그래서 $\triangle$PQS에서 $\overline{QS}$의 길이는 코사인 법칙에 의해 구할 수 있다. $\overline{QS}^2=8^2+7^2-2\times8\times7\times\cos120°=169$이므로 $\overline{QS}=13$이다. 그리고 $\triangle$QRS에서 $\angle$R의 크기는 역시 코사인 법칙에 의해 구할 수 있다. $\cos R=\frac{10^2+12^2-13^2}{2\times10\times12}=\frac{5}{16}$이므로 $\sin R=\sqrt{1-\cos^2 R}=\frac{\sqrt{231}}{16}$이다. 따라서 $\square ABCD=\frac{1}{2}\times8\times7\times\sin120°+\frac{1}{2}\times10\times12\times$ $14\sqrt{3}+\sin R=\frac{15\sqrt{231}}{4}$이다.

2) 순열과 조합(확률과 통계)

[표 7-4] **예시 2**

문제 상황 (스토리 쓰기)	A 공연기획사에서는 ○○ 페스티벌 기간 동안 가족이나 연인들이 함께 관람할 수 있는 연극, 콘서트, 뮤지컬, 마술 등과 같은 공연을 준비하기 위해 회의를 하고 있다. 공연을 기획하는 과정에서 다음과 같은 미션(과제)이 포함되어야 한다.
과제	1. ○○ 콘서트 장에서 노래 장르나 곡의 개수에 따라 기획할 수 있는 경우의 수 구하기 2. 관람 코스 안내하기 3. 교통편 안내하기

과제 4 ○○ 콘서트 장에서 노래 장르나 곡의 개수에 따라 기획할 수 있는 경우의 수 구하기

문제 만들기 ○○ 콘서트 장에서 발라드, 교향곡, K-Pop과 같이 3개의 음악 장르를 3부로 나누어 행사가 진행되게 하려고 한다. 발라드는 5곡, 교향곡은 6곡, K-Pop은 7곡을 넣어 공연을 기획할 수 있는 모든 경우의 수를 구하시오.

답안 ______ 1부에는 발라드, 교향곡, K-Pop이 올 수 있다. 1부에서 K-Pop을 넣는다면 2부에는 교향곡, 발라드가 올 수 있다. 2부에서 교향곡을 넣는다면 3부에는 발라드를 넣으면 된다. 따라서 기획할 수 있는 모든 경우의 수는 $(3\times2\times1)\times(7\times6\times5)=1260$이 된다.

과제 5 관람 코스 안내하기

문제 만들기 다음 그림과 같이 ○○ 페스티벌에서는 6개의 공연 장소가 있다. 그리고 3개의 관람 코스가 안내되어 있다. 이때, 관람할 수 있는 모든 경우의 수를 구하시오(단, 각 코스마다 공연 순서를 바꾸어 관람하더라도 소용되는 시간은 동일함).

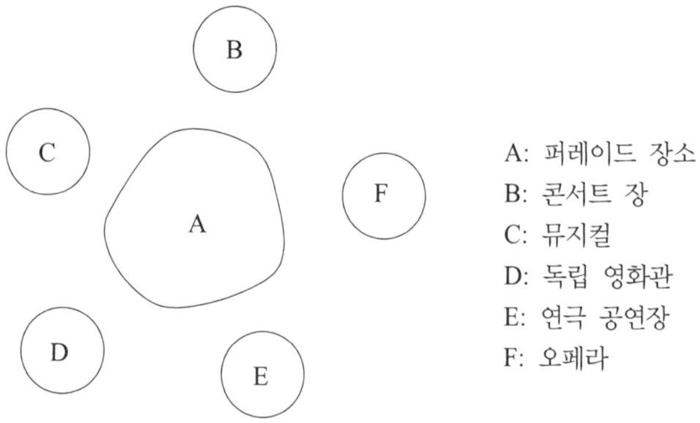

- 3시간 코스: 퍼레이드 → 콘서트 장 → 뮤지컬
- 4시간 코스: 독립 영화관 → 연극 공연장 → 오페라
- 5시간 코스: 퍼레이드 → 콘서트 장 → 독립 영화관 → 연극 공연장 → 오페라 → 뮤지컬

답안 ______ 3시간 코스를 관람할 수 있는 경우의 수는 3!, 4시간 코스를 관람할 수 있는 경우의 수는 3!, 5시간 코스를 관람할 수 있는 경우의 수는 6!이다. 그래서 관람할 수 있는 모든 경우의 수는 합의 법칙에 의해 $3!+3!+6!=756$이 된다.

과제 6 교통편 안내하기

문제 만들기 ○○ 페스티벌 기간에는 각 공연장 주변으로 교통 혼잡하여 예상되어 대중교통 이용을 권장하는 다양한 교통편을 안내하고자 한다. 다음 그림과 같이 안내할 수 있는 모든 교통편의 경우의 수를 구하시오.

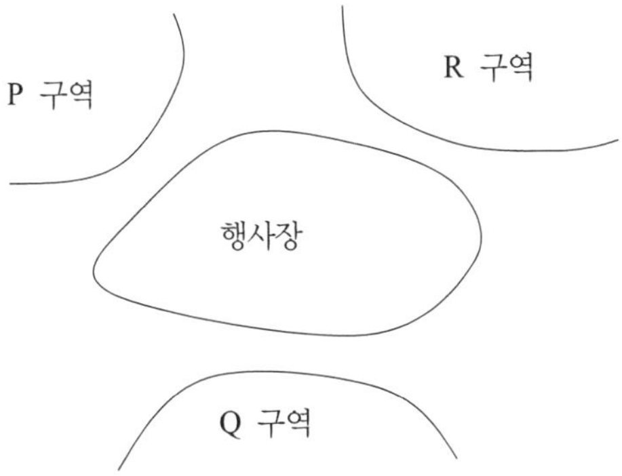

- P 구역 → 행사장: 버스(201번, 503번), 지하철 2호선, 무료 셔틀 3대
- Q 구역 → 행사장: 급행(3번, 5번), 버스(400번, 678번), 무료 셔틀 2대
- R 구역 → 행사장: 버스(501번, 803번, 945번), 무료 셔틀 2대

답안 ______ P 구역에서 행사장으로 가는 교통편은 7가지, Q 구역에서 행사장으로 가는 교통편은 6가지, R구역에서 행사장으로 가는 교통편은 5가지이므로 이용할 수 있는 모든 교통편은 총 $7+6+5=18$이다.

4 평가 결과의 처리, 활용 및 환류

수학 개념 쓰기 평가는 학생들로 하여금 수학적 개념, 원리, 법칙뿐만 아니라 여러 가지 기본 성질들을 정확하게 알 수 있는 계기가 된다. 또한 이런 평가를 통해 학생들의 학업 성취 정도를 바로 확인할 수 있다. 그래서 학습 결손을 예방할 수 있는 기회가 될 뿐만 아니라 학습 부진 학생도 쉽게 파악할 수 있다. 수학적 개념, 원리, 법칙 등을 수식이나 기호로 표현해 봄으로써 수학에서 기호 표현의 중요성 및 오류도 발견할 수 있다. 그리고 수학 스토리 쓰기 및 문제해결력 평가에서는 자신이 직접 문제를 만들어 보고 해결해 봄으로써 수학에 대한 인식의 변화를 기대할 수 있다. 더욱이 문제 만들기에서는 자신이 만든 문제가 대부분 구체적인 값이 주어진 상황에서 문제를 해결하였지만 문자를 사용한 좀 더 일반화된 문제의 상황으로 재구성하여 도전해보는 등 수학에 대한 도전 의식을 고취할 수 있을 것이다.

4.1 수학 개념 쓰기

[표 7-5] 수학 개념 쓰기에 대한 평가

상	단원의 용어, 개념, 의미, 관계 등을 표현함에 있어 명확하게 잘 사용하여 기술하였다. 그리고 수학의 기본적인 개념, 원리, 법칙을 사용할 때 수학의 용어나 기호를 정확하고 완벽하게 사용하였다. 또한 교수·학습을 통하여 습득한 여러 가지 수학적 지식을 잘 표현하였다.
중	단원의 용어, 개념, 의미, 관계 등을 표현함에 있어 일부 정확하지 않게 기술된 부분이 있다. 그리고 수학의 기본적인 개념, 원리, 법칙을 사용할 때 수학의 용어나 기호를 정확하지 않는 부분이 일부 있다. 또한 교수·학습을 통하여 습득한 여러 가지 수학적 지식을 부적절하게 표현하였다.
하	단원의 용어, 개념, 의미, 관계 등을 표현함에 있어 거의 기술되지 않았다. 그리고 수학의 기본적인 개념, 원리, 법칙을 사용할 때 수학의 용어나 기호 표현이 잘 이루어지지 않았다. 또한 교수·학습을 통하여 습득한 여러 가지 수학적 지식이 맞지 않다.

4.2 수학 스토리 쓰기와 문제해결력

[표 7-6] 수학 스토리 쓰기와 문제해결력 평가

상	모둠활동을 통해 수학 스토리를 다른 조원들과 의논하고 토론하는 등 모둠 활동에 적극적으로 참여함. 자신이 직접 실제적인 문제 상황을 제시할 뿐만 아니라 오류가 있는 상황에서는 다른 조원의 의견도 수용하는 등 의사소통 능력도 뛰어남. 또한 문제 만들기를 통해 문제 상황을 잘 이해하고 있으며 능동적으로 문제를 해결함. 그리고 새로운 관점과 다양한 문제해결 방법을 모색하는 등 문제해결 능력도 뛰어남. 이런 수학 스토리 쓰기를 통해 수학이 일상생활과 밀접한 관련이 있고 수학에 대한 인식이 변하게 되는 계기가 됨. 그리고 수학 학습에 대한 긍정적인 태도와 자신감을 가지게 됨.
중	모둠활동을 통해 수학 스토리를 다른 조원들과 의논하고 토론하는 등 모둠 활동에 참여는 하지만 실제적인 문제 상황을 제시하시지는 못 했지만 다른 조원들의 의견을 잘 경청하고 오류가 있을 때는 반박하기도 함. 또한 문제 만들기를 통해 문제 상황을 이해하기는 하지만 관련성이 조금 부족하거나 문제 풀이에 오류가 있음. 이런 수학 스토리 쓰기를 통해 수학이 현실과 가까운 곳에 있다는 것을 느낄 수 있었으며 수학을 바라보는 인식의 변화도 생김.
하	모둠활동을 통해 수학 스토리를 다른 조원들과 의논하고 토론하는 등 모둠 활동에 참여가 다소 부족함. 실제적인 문제 상황을 제시하시지는 못 했지만 다른 조원들의 의견을 잘 경청함. 또한 문제 만들기를 통해 문제 상황을 이해하기는 하지만 문제를 만들지 못했을 뿐만 아니라 해결 방법도 제시하지 못 함. 하지만 이런 활동을 통해 수학이 현실과 가깝게 있다는 것을 느낄 수 있는 계기가 됨.

5 나오는 글

일반계 고등학교에서 수행평가를 실시할 때 여러 가지 좋은 자료도 많고 다양한 수행평가 방법들이 소개되어 있지만 공평성이나 공정성을 가지고 실시하기 어려운 상황들이 많다. 그래서 수행평가를 할 때 교사들은 많은 애로사항들이 생긴다. 어려운 점 중의 하나가 학생들의 점수가 곧 대학입시로 연결되기 때문에 공정성을 바탕을 두고 실시를 함에도 불구하고 극히 소수의 학생들이 피해를 보는 경우가 있기도 하며 이의를 제기하는 경우도 많다. 특히 성취수준이 치열한 학교에서는 더욱 그렇다고 할 수 있다. 예를 들어, 동료 평가를 하는 경우에 조원들끼리 성적이 우수한 학생에게 제일 낮은 점수를 부여하는 경우도 있다. 반대로 성적이 저조한 학생이 우수한 조원들과 한 모둠을 이루면 뜻밖에 좋은 결과를 얻는 경우도 있다는 것이다. 이런 문제점들 때문에 모둠활동을 실시해도 반영비율을 최소화하려고 노력을 하지만 그렇다고 만족스러운 결과로 이어지지 않는 경우도 있다. 이러한 문제점들 때문에 개별 활동으로만 이루어지는 수학 개념 쓰기 평가를 실시해 보았고 대부분의 학생들이 만족스러운 결과를 얻을 수 있어 다음 수학 활동으로 이어지는 데 도움이 되는 것 같았다. 그럼에도 불구하고 학교 관리자들은 수행평가의 어떤 한 영역에서 성취 수준이 높다는 것을 문제 삼는 경우도 있어 수행평가를 할 때 다양한 방법을 모색하기 어렵게 만드는 점도 있다.

다음으로 동아리 활동을 하면서 수학 스토리 쓰기를 실시해 보았다. 인원이 많은 경우에는 모둠별로 스토리를 쓰게 해 보았고 인원이 적은 경우에는 개별로 스토리 쓰기를 해 보았다. 그래서 좋은 스토리도 나왔고 실제 상황에서 직면할 만한 문제 상황들의 스토리가 나오는 경우도 있었다. 어떤 한 학생은 스토리 쓰기가 처음에는 어려웠지만 자꾸 쓰다 보니 일상생활을 하면서 직면하는 문제들을 수학과 관련이 있는지 고민하게 되었다고 한다. 이처럼 스토리 쓰기는 학생들의 수학에 대한 인식의 변화를 이끌어 낼 수 있을 것이다. 모둠활동을 통해 작성한 스토리의 과제를 바탕으로 문제 만들기 활동은 최근의 연구들에서 활발하게 이루어고 있으며 이를 수행평가에 반영하는 것도 어렵지 않다고 생각한다. 왜냐하면 자신이 만든 문제가 스토리 과제와의 관련성은 쉽게 파악될 수 있을 뿐만 아니라 이 문제의 해결 방법에 대한 이상 유무를 어렵지 않게 찾아낼 수 있기 때문이다.

참고문헌

- 강인애 외 3명(1999). 웹기반 문제중심학습(Problem-Based Learning)의 개발 사례: 초등, 고등, 대학교의 경우. 교육공학연구, 15(1), 201-330.
- 교육부(2015). 2015 개정 수학과 교육과정. 교육부 고시 제2015-74호. 서울: 교육부.
- 김동근, 윤대원(2017). 고등학교 수학에서 수학적 연결성을 강조한 문제중심학습. 대한수학교육학회 2016 연보. 서울: 경문사.
- 김진호, 서보억(2018). 수학적 과정 및 역량에 대한 개관 및 논쟁. 한국수학교육학회 2017연보. 서울: 경문사.
- 박정환, 우옥희(1999). PBL이 학습자의 메타인지 수준에 따라 문제해결 과정에 미치는 효과. 교육공학연구, 15(3), 55-82.
- 서경선(2002). 웹활용 문제중심학습 모형의 실증적 효과-초등학교 5학년 사회교과를 중심으로. 교육방법연구, 14(2), 45-68.
- 이상구, 설한국, 한신일(2005). 기반수학강좌의 자기주도형 Blended Learning-PBL 수업모델 연구. 한국수학교육학회지 시리즈 E <수학교육 논문집>, 19(4), 769-785.
- 최욱, 김민수(2003). 인터넷 활용 문제중심 논쟁수업 모형 개발. 교육정보방송연구, 9(2), 101-134.
- 최욱, 전기훈(2002). 인터넷활용 문제중심학습이 학업성취 수준에 따른 정보화 능력과 파지효과에 미치는 영향. 교육공학연구, 18(3), 109-131.
- 최은열, 문성환(2010). 초등학생의 창의성 신장을 위한 PBL 기반 과학영재프로그램 개발. 교과교육학연구, 14(2), 411-431.
- 최정임(2004). 사례분석을 통한 PBL의 문제설계의 원리에 대한 연구. 교육공학연구, 20(1), 37-61.
- Barrows, H. S.(1996). "Problem-based learning in medicine and beyond: A brief overview". New Directions for Teaching and Learning, 68, 3-12.
- Hmelo-Silver, C. E. (2004). "Problem-Based Learning: What and How Do Students Learn?". Educational Psychology Review, 16(3), 235-266.

부록. 평가 자료

1 수학 개념 쓰기 평가 자료

수학 개념 쓰기 (A형)	학년	학반	번호	이름	점수
	2				

1. 최대·최소 정리에 대해 기술하시오.

2. 사이값 정리에 대해 기술하시오.

3. $x=a$에서 함수 $f(x)$의 우극한에 대해 기술하시오.

4. 함수 $f(x)$가 실수 a에 대하여 세 조건을 모두 만족시킬 때, $f(x)$는 $x=a$에서 연속이라고 한다. 이 세 조건을 모두 기술하시오.

5. 명제 '급수 $\sum_{n=1}^{\infty} a_n$이 수렴하면 $\lim_{n\to\infty} a_n = 0$이다'의 대우를 기술하시오.

2 수학 스토리 쓰기 및 문제해결력 평가 자료

<table>
<tr><td>담당 교사</td><td></td><td>학반 / 번호 / 이름</td><td colspan="6"></td></tr>
<tr><td>참고 자료</td><td colspan="2"></td><td>자기 평가</td><td>1</td><td>2</td><td>3</td><td>4</td><td>5</td></tr>
<tr><td>이야기 주제</td><td colspan="8"></td></tr>
<tr><td rowspan="3">수학
스토리
내용</td><td>문제 상황</td><td colspan="7"></td></tr>
<tr><td>과제
(미션)</td><td colspan="7">1.
2.
3.</td></tr>
<tr><td>관련 내용</td><td colspan="7"></td></tr>
<tr><td>문제 만들기</td><td colspan="8">[문제1]
<해결 방법>
[문제2]
<해결 방법>
[문제3]
<해결 방법></td></tr>
</table>

Part 3

평가 도구 및 전략 설계

제8장

서술형, 논술형 평가

김현주(한광여자고등학교)
옥보명(단국대학교 대학원)

1 들어가는 글

선택형 문항과 단답형 문항의 평가는 객관성이 보장되고 채점이 간편하여 오랫동안 학교 현장의 지필 평가 문항으로 사용되었으나 이를 통해서는 학생들의 고등사고능력과 문제해결 과정을 전반적으로 파악하기가 힘든 문제점이 있다. 이에 서울시 교육청은 2005년부터 서술형 및 논술형 평가의 중요성을 강조하였으며 전체 배점의 30% 이상을 서술형 및 논술형 평가를 실시토록 권장하였다(서울특별시교육청, 2010). 최근, 서울특별시교육청이 발표한 '창의지성·감성을 갖춘 미래 인재 양성을 위한 2기 수업, 평가 혁신 방안'에서는 2019학년도부터 서울 지역 중·고등학교의 서·논술형 평가와 수행평가 비율이 전체 배점의 50% 이상으로 늘어나며 중학교에서는 한 학기에 주요 과목 중 한 과목 이상을 반드시 수행평가나 서술형, 논술형으로 평가하는 방안이 포함되어 있다*.

이에 학교 현장에서도 기존의 선택형이 주가 되는 지필 평가에 서술형 및 논술형 평가의 비중을 늘리기 시작하였다. 도입 초기에는 다소 서술형과 논술형 평가의 명확한 구분, 채점 기준, 문제의 유형 등에 대해서 정의를 내리기가 어려운 점이 많았지만, 10여년이 지난 현재에는 어느 정도 자리가 잡혀감을 알 수 있다. 그러나 서술형 및 논술형의 채점 기준은 선택형과 단답형의 명확한 채점 기준과는 그 성질이 달라 종종 오해의 소지를 불러일으키기도 한다. 특히, 대학 입시의 주된 방법인 학생부 종합전형으로 신입생을 선발하는 비율이 점점 증가하면서 이러한 오해들은 공교육 및 교사에 대한 불신으로까지 이어지는 경우가 많다.

* http://news.kbs.co.kr/news/view.do?ncd=4093446&ref=D (2018년 12월 12일 발췌)

따라서 이번 장에서는 서술형, 논술형 평가에 대한 이해를 돕고, 학교 현장에서 서술형, 논술형 평가의 내실화에 기여하고자 서술형, 논술형 평가의 개념과 원리, 유형 및 전략, 평가 도구, 예시 등에 대해 구체적으로 소개하고자 한다.

2 서술형, 논술형 평가의 개념과 원리

기존의 선택형·단답형 문항만으로 이루어진 평가는 평가 도구가 가져야 할 타당도와 신뢰도는 보장된다는 장점이 있으나, 지식·정보화 사회의 구성원이 가져야 할 창의성, 문제해결력, 의사소통 능력 등의 고등사고능력을 평가하기에는 다소 부족한 면이 있다. 이에, 학생들의 다양한 능력을 평가하기 위해서 서술형 및 논술형 평가의 중요성이 대두되었으며, 2005년 서울특별시교육청은 교과의 학습 평가에서 서술형 평가를 30%부터 매년 늘려 2007년에는 50%까지 확대하도록 하였다(노선숙, 김미경, 조성민, 정연숙, 정윤아, 2008에서 재인용). 또한, 제7차 수학과 교육과정에서는 수학 학습 평가에서 객관식 선다형 위주의 평가를 지양하고 다양한 평가 방법을 활용할 것을 명시하였으며, 2009, 2015 개정 수학과 교육과정에는 선택형 위주의 평가를 지양하고 서술형 평가, 관찰 평가, 면담 평가, 자기 평가 등의 다양한 평가 방법을 활용하여 종합적인 평가를 하도록 제안하고 있다.

서울특별시교육청의 서술형, 논술형 평가 장학 자료집에서는 "서술형·논술형 문항은 학생들이 출제자가 제시한 답을 '선택'하는 평가 방식이 아니라 학생이 답이라고 생각하는 지식이나 의견 등을 직접 서술하도록 하는 평가 방식으로서 학생의 창의력, 문제해결력, 비판력, 판단력, 통합력, 정보 수집력 및 분석력 등 고등사고 기능을 쉽게 평가할 수 있는 평가 방식" (서울특별시교육청, 2007, p. 13)이라고 서술형, 논술형 평가를 구분하지 않고 정의하였다. 그러나 서술형, 논술형 평가 문항은 각 유형별로 고유한 특성을 지니고 있으므로, 서술형, 논술형 평가를 구분해서 살펴볼 필요가 있다.

2.1 서술형 평가의 개념과 원리

노선숙 외(2008)의 연구에 따르면 수학교사들은 '논리적 전개', '수학적 사고', '풀이 과정' 등의 용어를 사용하여 서술형 평가의 의미를 설명하였고, 학생들이 문제해결 과정을 서술하는 문항뿐만 아니라 교과 내용을 설명하거나 증명하는 경우도 서술형 문항이라고 응답하였다. 즉, 수학교과에서 서술형 평가는 답을 고르거나 답만 쓰는 단답형 문항과는 달리 답에 이르는 해결 과정을 학생들의 수학적 사고를 통해 서술하게 하는 평가 방식이라 할 수 있다. 선행 연구 결과(김민경, 조미경, 주유리, 2012; 노선숙 외, 2008; 이선비, 김구연, 노선숙, 김민경, 김래영, 2014)에 의하면 서술형 평가는 다음과 같은 원리를 따른다고 볼 수 있다. 첫째, 학생들이 문제를 이해하여 해결 과정을 기술하므로 수학적 의사소통 능력 및 논리적 사고 능력을 기르는 데 도움을 주어야 한다. 둘째, 학생들이 주어진 문제의 해결 과정을 정확하게 이해하고 있는가를 평가할 수 있어야 한다. 셋째, 학생들의 수학적 사고 과정을 파악할 수 있는 평가여야 한다. 넷째, 일정 수준에 이르지 못한 학습자와 학습 내용의 난이도에 따라 문항의 형태를 고려하여야 한다. 다섯째, 답안에서 학생들의 오류와 오개념을 분석하여 얻은 정보를 활용하여 교수·학습의 개선이 이루어질 수 있어야 한다.

2.2 논술형 평가의 개념과 원리

김지현(2011)은 논술형 문항과 서술형 문항의 차이점에 대해서 언급하였는데, 그 차이점으로 논술형 문항은 특별히 정해진 정답이 없는 상태에서 학생 자신의 생각이나 주장을 창의적이고 논리적으로 구성하여 작성해야 한다는 점이라고 하였다. 몇몇 연구자들은 논술형 평가 문항을 문제해결 과정에 학생들의 판단과 추론이 포함되며 그것을 논리적으로 설명하는지를 평가하는 문항으로 정의하며(박석순, 김구연, 2013; 이선비 외, 2014), 논술형 평가의 특징을 다음과 같이 설명하였다. 첫째, 논술형 평가는 학생들이 자신의 판단과 수학적 추론을 서술할 수 있도록 하는 문항으로 평가하여야 한다. 둘째, 문제해결 과정을 수학적 근거를 바탕으로 논리적으로 나타내는지를 평가할 수 있어야 한다. 셋째, 학생들의 높은 사고 수준과 복합적인 사고 과정을 살펴볼 수 있는 평가이어야 한다. 넷째, 학생 개개인의 판단과 추론 능력 그리고 논리적 서술 능력 수준에 대한 자세한 정보를 얻어 교수·학습의 개선에 도움을 줄 수 있어야 한다.

2.3 서술형 문항과 논술형 문항의 비교

수학교과의 특성상 평가 문항에서 정확한 답이 도출되는 경우가 대부분이므로 논술형 형태의 문항 구성이 일반적이지 않으며, 서술형 평가 문항과 논술형 평가 문항을 구분하는 것은 쉽지 않다(서울특별시교육청, 2011). 그러나 학교 현장에서는 서술형 평가와 논술형 평가를 구분하여 실시하고 있으며, 이에 많은 교사들이 그 둘을 구분하여 문항을 출제하는 것에 있어서 어려움을 느끼는 것이 사실이다. 선행 연구를 분석한 결과, 논술형 문항은 일종의 서술형 평가 중 하나이며, 주어진 문제를 논리적으로 해결하는 과정을 서술함과 더불어 자신의 생각 및 의견을 제시하는 것까지 포함하는 것으로 정의할 수 있다. 이에 경기도교육청(2011)의 연구를 참고하여 서술형 문항과 논술형 문항의 특징을 대비해보면 다음 [표 8-1]과 같다.

[표 8-1] **서술형 문항과 논술형 문항의 비교**

	서술형 문항	논술형 문항
유형	수험생이 알고 있는 정보나 지식 등을 활용하여 평가자가 설정한 문제 장면에 대해 논리적으로 분석, 설명, 해석하거나, 창의적으로 문제를 해결할 수 있는 능력을 측정하는 평가 유형	일종의 서술형 평가이기는 하지만, 개인 나름의 생각이나 주장을 창의적이고 논리적이면서도 설득력 있게 조직하여 작성해야 함을 강조하는 평가 유형
분량	학생이 서술해야 하는 분량이 상대적으로 많지 않음	학생이 서술해야 하는 분량이 상대적으로 많음
평가	서술된 내용의 깊이와 넓이에 관심이 많음	서술된 내용의 깊이와 넓이뿐만 아니라 글을 조직하고 구성하는 표현 능력이나 논리적인 일관성 등에도 관심이 많음

3 서술형, 논술형 평가 문항

2015 개정 수학과 교육과정은 과정 중심 평가를 지향하고 있으며(이경화 외, 2016) 학교 현장에서 과정 중심 평가를 시행할 수 있는 가장 보편적인 방법은 서술형 및 논술형 평가이다. 이에 한국교육과정평가원(2011)에서는 서술형, 논술형 문항을 제작할 때 유의 사항을 다음과 같이 제안하고 있다. 첫째, 평가하려는 학생 집단의 성질을 고려해야 한다. 둘째, 단순 암기 위주의 지식보다는 고등정신 능력을 측정하도록 해야 한다. 셋째, 구체적인 학습 결과를 측정할 수 있도록 질문을 구조화하고, 제한성을 갖도록 해야 한다. 넷째, 여러 문항 중에서 선택하여 응답하는 것을 지양한다. 다섯째, 응답 요소의 종류를 나열하도록 할 경우

에는 가지 수를 한정해야 한다. 여섯째, 가능하면 채점 기준 및 문항 점수를 미리 제시한다. 일곱째, 채점은 학생 단위가 아닌 문항 단위로 한다. 여덟째, 문항을 배열할 때 쉬운 문항에서 어려운 문항으로 배열한다. 아홉째, 논쟁을 다루는 문항은 어느 한편의 견해를 지지하는 입장에서만 논술하라고 지시하지 말고, 학생 자신의 견해를 밝히고 그의 견해를 논리적으로 전개할 수 있도록 유도하여야 한다.

3.1 서술형 문항의 유형 및 대표 예시

서울특별시교육청(2011)에 따르면, 서술형 평가 문항의 유형은 다루고자 하는 수학 내용의 특성에 따라 다음과 같이 나눌 수 있다. 첫째, 한 개의 완전한 서술 형식으로 제시되는 경우, 둘째, 2개 이상의 단계형 발문으로 제시되는 경우, 셋째, 여러 개의 단답형 또는 서술형 질문을 포함하여 전체적으로는 완성형의 문장 형식을 따르는 경우이다.

3.1.1 한 개의 완전한 서술 형식으로 제시되는 경우

서술형 문항 유형 중 현장에서 많이 사용되는 유형으로, 한 개의 문항에 대해 풀이과정을 완전한 서술 형식으로 제시하는 유형이다. 즉, 주어진 문항에 대해 풀이과정을 논리적 및 구체적으로 서술하는 형식으로 풀이과정의 단계마다 점수가 부여되므로 객관적인 채점이 가능하다. 다음 예시는 2009 개정 교육과정의 '확률과 통계' 교과의 서술형 문항으로 모평균과 표본평균과의 관계에 대해서 질문하고 있는 문항이다.

예시(확률과 통계). 어느 회사에서 생산하는 전통차 한 병의 무게는 평균이 $500g$이고 표준편차가 $20g$인 정규분포를 따른다고 한다. 이 회사에서는 명절을 맞아 전통차 4병을 포장하여 세트로 판매하고 있다. 이 회사에서 생산한 전통차 한 세트를 임의 추출하였을 때, 그 무게가 $1960g$ 이하일 확률을 아래쪽 표준정규분포표를 이용하여 구하고, 그 과정을 서술하시오.(단, 포장에 사용된 재료의 무게는 제외한다)

z	$\mathrm{P}(0 \leq Z \leq z)$
1.0	0.3413
1.5	0.4332
2.0	0.4772
2.5	0.4938

(남선주 외, 2018, p. 140의 25번 문항 수정)

3.1.2 2개 이상의 단계형 발문으로 제시되는 경우

다소 풀이 과정이 길거나 단계적으로 이루어져야 하는 문항에서 많이 사용되는 유형으로, 학생들의 적극적인 반응을 유도할 수 있으며 문제에 대한 학생의 이해 수준을 용이하게 파악할 수 있다. 다음 예시는 2015 개정 교육과정의 '수학' 교과의 서술형 문항으로 직선의 방정식에 대한 지식과 원의 대칭이동의 성질에 대해서 질문하고 있는 문항으로 직선의 방정식, 원의 방정식을 구한 후 직선이 원의 넓이를 이등분하기 위해서는 반드시 원의 중심을 지나야 된다는 사실을 알고 적용할 수 있는지에 대해 묻는 문항이다.

예시(수학). 직선 $2x+y=4$를 x축에 대하여 대칭 이동한 직선을 l, 원$(x+3)^2+(y-k)^2=8$를 원점에 대하여 대칭 이동한 원을 C라고 하자. 직선 l이 원 C의 넓이를 이등분할 때, 다음을 구하고 그 풀이 과정을 서술하시오.

(1) 직선 l의 방정식을 구하고 그 과정을 서술하시오.
(2) 원 C의 방정식을 구하고 그 과정을 서술하시오.
(3) 직선 l이 원 C의 넓이를 이등분 할 때, 상수 k의 값을 구하고 그 과정을 서술하시오.

(김원경 외, 2015, p. 150의 8번 문항 수정)

3.1.3 여러 개의 단답형 또는 서술형 질문을 포함하여 전체적으로는 완성형의 문장 형식을 따르는 경우

최근에는 완성형의 문장 형식을 따르는 유형은 서술형 문항보다 서답형 문항에서 많이 쓰이는 추세이다. 그러나 처음에는 쉬운 문항에서 점점 어려운 문항으로 나아가는 형태를 취한다면, 학생의 적극적인 반응을 유도할 수 있고 모든 학생의 수준을 쉽게 파악할 수 있다는 장점이 있다(서울특별시교육청, 2011). 다음 예시 문항은 2015 개정 교육과정의 '수학' 교과에서 절대부등식의 증명과정에 대해서 질문하고 있는 문항이다. 학생들은 하나의 정리에 대해서 처음부터 끝까지 증명하는 것을 매우 어려워하므로, 다음과 같이 증명과정을 미리 제시한 후 중간에 괄호를 메꾸어가는 질문의 형태를 많이 취한다.

예시(수학). 다음은 $a>0$일 때, 부등식 $\frac{a}{2}+1>\sqrt{a+1}$ 이 성립함을 증명하는 과정이다. ㄱ, ㄴ, ㄷ, ㄹ 에 들어갈 식 또는 문장을 서술하시오.

$\frac{a}{2}+1>0$, $\sqrt{a+1}>0$ 이므로 (ㄱ)^2−(ㄴ)$^2>0$ 임을 보이면 된다.
(ㄱ)^2−(ㄴ)^2=(ㄷ)
이때, $a>0$ 이므로 (ㄷ)>0 이다.
따라서, (ㄹ)

(김원경 외, 2015. p. 194의 8번 문항 수정)

3.2 논술형 문항의 유형 및 대표 예시

강옥기, 이장주, 이환철(2011)의 연구에 따르면, 수학교과에서 논술 문항의 유형은 다루는 내용에 따라 수리논술, 통합교과논술, 수리철학논술로 분류될 수 있다. 수리논술과 통합교과논술은 우리나라 중등학교 또는 대학 입학시험에서 주로 사용되는 유형이며, 수리철학논술은 유럽 국가의 중등교육 또는 대학 입학시험에서 주로 사용된다.

3.2.1 수리논술

수리논술이란 수학적 사실이나 수학사에 관한 비판, 수학 문제 풀이, 수학 증명의 공리적 쟁점 등 수학 자체에 대하여 논하는 유형이다. 수리논술은 문제해결을 위한 수학적 아이디어를 전개하는 글의 한 형식으로 논리적이고 명쾌하며 다른 사람으로 하여금 바르고 쉽게 이해할 수 있도록 하여야 한다(강옥기 외, 2011). 다음 예시는 정순영 외가 개발한 중학교 1학년 교과서에 제시된 원의 둘레의 길이와 관련된 문항으로, 주어진 상황을 이해하고 이를 수식으로 표현하여 해결하는 능력을 알고자 하는 문항이다.

지구의 적도 둘레가 강철로 만들어진 띠로 단단하게 감겨 있다고 상상해보자. 이 띠를 $10m$만 늘려서 지구 표면에서 동일하게 떨어지게 감는다면 어린 아이들이 강철에 닿지 않게 지나갈 수 있다고 한다. 이 사실이 옳음을 논리적으로 설명하여라.

(강옥기 외, 2011, p. 38에서 재인용)

3.2.2 통합교과논술

통합교과논술이란 실생활의 자연현상이나 사회현상에서 수리적 원리를 발견하거나 적용하여 현상을 설명하고 미래를 예측하는 것에 대한 유형으로, 여러 교과에 관련된 지식을 종합적으로 이용하여 문제를 해결하는 능력을 필요로 한다(강옥기 외, 2011). 다음 예시는 골격근육의 성질과 인체의 평균체온에 대한 제시문을 읽고 주어진 상황에서 수리적 원리를 발견하여 문제를 해결하는 능력을 평가하고자 하는 문항이다.

다음 제시문을 읽고 질문에 답하시오.

(가) 골격 근육은 신경 자극에 의하여 수축과 이완을 할 수 있는 특수한 성질을 가진 조직이다. 골격 근육은 그 색깔과 특징에 의해 백색 근육과 적색 근육의 두 종류로 나눌 수 있다. 백색 근육은 '속근'이라고도 하며 빠른 속도의 운동이 가능하여 점프, 전력질주, 아령 운동 등의 무산소 운동에 주로 사용되고, 적색 근육은 '완근'이라고도 하며 오랜 시간 동안 사용이 가능하여 마라톤, 조깅, 산책, 사이클링, 수영 등 유산소 운동에 주로 사용된다. 백색 근육과 적색 근육은 골격 근육 조직 내에 함께 존재하며, 두 근육이 같은 힘을 낼 때 소비하는 생체 에너지의 양은 서로 다르다.

(나) 인체는 주변온도가 변하여도 평균체온을 유지하려고 한다. [그림 1]에서 주변온도가 A보다 낮아져 열손실이 증가하며, 우리 몸은 체온의 저하를 막기 위해 몸을 떠는 등의 방식으로 대사율을 높여 많은 열을 만들어 냄으로써 일정한 체온을 유지한다. 주변온도가 B보다 높아지면 우리 몸은 체온의 상승을 막기 위해 숨을 헐떡이거나 땀을 흘림으로써 열을 방출하는데 이때에도 대사율이 높아진다. 주변온도가 변할 때 평균체온을 유지하는 능력은 우리 몸이 갖고 있는 항상성 유지의 좋은 예이다.

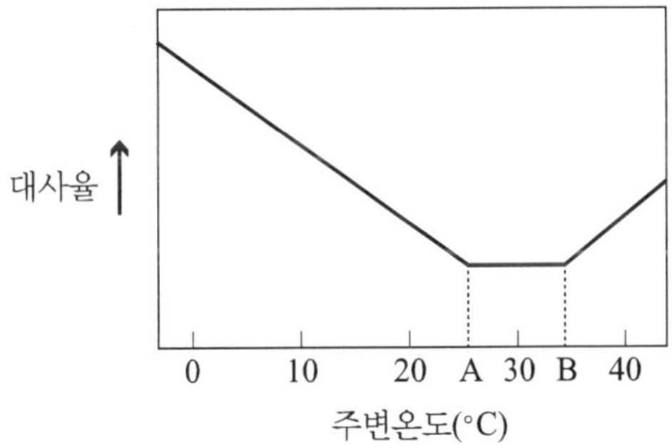

[그림 1]

논제 제시문(나)에서 설명한 바와 같이 사람은 체온의 항상성을 유지하기 위하여 생체 에너지를 소비하기도 하고, 근육을 수축시켜 운동을 하는데 소비하기도 한다. 운동역학적으로 인체의 근육은 이 생체 에너지를 효율적으로 소비하는 방향으로 동작한다. 사람이 팔을 움직일 때 제시문 (가)에서와 같이 팔의 백색 근육 다발과 적색 근육 다발이 생체 에너지를 소비하여 힘을 내고, 이 힘으로 물건을 들거나 관절을 움직인다.

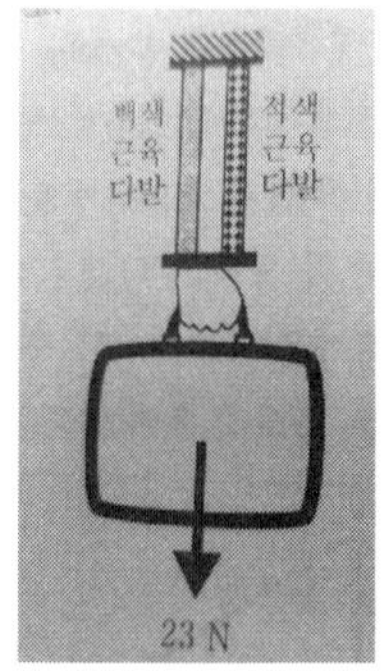

예를 들어, 오른쪽 그림은 사람이 한 팔로 가방을 들고 있는 상황의 모식도이다. 이 팔에는 백색 근육 다발과 적색 근육 다발이 각각 한 개씩 있고 그 외의 조직은 없다고 하자. 이 근육 다발들이 함께 힘을 내어 가방을 잡고 있다. 이 사람의 팔에 있는 백색 근육 다발과 적색 근육 다발이 각각 x와 y의 힘으로 동작할 때 단위 시간 당 필요한 생체 에너지 E_1와 E_2이 다음과 같다고 하자.

$$E_1 = 2x^2 + 4x, \qquad E_2 = y^2 + 6y$$

가방에 가해지는 중력은 23N이고 이 힘은 팔의 근육에 의해 가해지는 힘과 평형을 이루고 있다. 생체 에너지 소비를 최소화하면서 근육이 동작한다고 할 때, F_1와 F_2을 구하는 과정을 논리적으로 설명하시오.

(한국대학교육협의회, 2013, p. 69에서 재인용)

3.2.3 수리철학논술

수리철학논술이란 수리철학, 즉 수학의 본질이나 속성에 관하여 논하는 유형으로 수학의 본질과 그 가치에 대해 바르게 이해하고 있는지 파악할 수 있는 문항 형태이다(강옥기 외, 2011). 다음 예시는 칸토어에 의한 집합의 정의, 힐베르트에 의한 무한집합과 유한집합의 성질 등에 관한 제시문을 읽고 무한집합이 무한집합을 포함할 수 있는지에 대한 의견을 묻는 질문 형태이다.

다음 제시문 (가), (나)를 읽고 물음에 답하시오.

(가) 칸토어(Cantor) 이전에는 무한집합의 개수를 구별하지 못했고, 실제적 무한 또는 완성된 무한의 개념을 받아들이지 못하였다. 그러나 칸토어(Cantor) 이후에는 무한에 관한 새로운 탐구, 즉 무한에 대한 의미부여가 이루어졌다. 중학교 1학년 교과서에서의 집합의 정의는 '어떤 조건에 의하여 그 대상을 분명히 알 수 있는 것들의 모임을 집합이라고 하고, 그 집합을 이루는 대상 하나하나를 그 집합의 원소라고 한다.'라고 되어 있다. 그러나 칸토어(George Cantor: 1845-1918)는 '우리의 직관 또는 사고의 대상으로서, 전체 범위가 확정되어 있고 원소들끼리 서로 명확히 구별되는 것들의 모임을 집합이라고 한다.'라 하였다.

(나) 힐베르트 호텔(Hilbert's Hotel)은 수학 비전문가에게 무한집합이 유한집합과는 본질적으로 다른 성질을 갖는다는 것을 이해시키기 위해 힐베르트가 제시한 일종의 '역설 같은' 예이다.
어느 날 종업원이 조사해보니, 방이 무한개인 힐베르트 호텔에 빈방이 없다는 사실을 알았다. 그런데 그 날 밤에 새로운 5명의 손님이 찾아와서 투숙할 빈방이 있는지를 물었다. 주인은 뭐라고 대답했을까?

대답 - 빈방 있습니다. (why?)

어떻게 그럴 수 있을까? 방법은 다음과 같다. 1호실 손님을 6호실로, 2호실 손님을 7호실로, 3호실 손님을 8호실로, …
이렇게 모두 다음 방으로 옮겨가면 1호실에서 5호실까지 방이 비게 되고, 새로운 손님은 한 사람씩 차례로 1호실, 2호실, 3호실, 4호실, 5호실에 묵으면 된다.
조금 후에 지금 투숙해있는 수와 똑같은 무수히 많은 사람(infinite number of persons)이 찾아와서 빈방이 있는지를 물었다. 주인은 뭐라고 대답 했을까?

대답 - 빈방 있습니다. (why?)

호텔의 종업원은 머리를 짜내어 현재 방에 묵고 있는 모든 손님들에게 자기가 묵고 있는 방 호수의 2배가 되는 호수의 방으로 이동해 달라고 부탁했다. 그리고 새로 온 무한명의 손님들을 차례로 1, 3, 5, 7, 9, …의 모두 홀수 번호의 방에 묵도록 하였다.

(가), (나)를 읽고 다음의 질문에 자기의 생각을 논술하시오.

'자연수나 정수의 개수는 무한이다. 그러나 정수의 집합은 자연수의 집합을 포함한다. 그렇다면 무한집합이 무한집합을 포함할 수 있는가?

(강옥기 외, 2011, p. 57)

4 서술형, 논술형 평가 방법

서술형 및 논술형 평가는 지필평가와 달리 객관적인 채점 기준표의 제시가 어려운 단점이 있다. 이에 서술형 및 논술형 평가의 신뢰도 및 공정성 문제에 대해 교사들은 어려움을 겪고 있으므로, 본 절에서 서술형 및 논술형 문항의 구체적인 채점 방법 및 유의사항에 대해서 살펴보겠다.

수학과 서술형 및 논술형 평가의 채점의 객관성과 신뢰성을 높이기 위해서는 문항별 평가 과정을 여러 단계로 구분하여 단계별 평가의 관점과 그에 대한 기준을 미리 정하여 구체적인 준거를 마련해야 한다. 이러한 준거를 마련하는 채점 방법으로는 흔히 총체적 채점법과 분석적 채점법이 이용된다(박경미, 1999). 총체적 채점법과 분석적 채점법에 대한 자세한 사항은 다음 [표 8-2]와 같다.

[표 8-2] **서술형 문항에 대한 채점 방법**

	총체적 채점법	분석적 채점범
정의	• 어떤 문제에 대한 답과 해결 과정 등 문제해결 과정 전체에 대하여 단일한 점수를 부여하는 방법	• 문제해결 과정의 여러 가지 단계에 대하여 각각 점수를 할당하고, 전체적으로 합산하는 방법
장점	• 학생의 문제해결 과정을 종합적으로 판단하여 점수를 부여하기 때문에 비교적 신속하게 채점할 수 있음 • 채점이 용이 • 해답뿐만 아니라 과정을 중시 • 답안을 채점하는 구체적인 기준 제시 • 문제해결 과정에 대하여 표준화된 점수를 부여함	• 채점 기준이 명료하여 일관성을 유지하기가 수월함 • 척도를 원하는 범주에 따라 가중치를 다르게 줄 수 있음 • 채점 준거가 교사에게 수업에 대한 진단 정보와 학생 수행의 판단 준거에 대한 정보를 제공하므로, 교수 활동에 대한 정보와 학생의 강점과 약점에 대한 피드백을 제공할 수 있음
단점	• 채점자가 서로 다른 준거를 적용할 수 있기 때문에 일관성을 가지기가 어려움 • 일부 학생의 답안은 사고 과정에 대하여 충분한 정보를 주지 못하기 때문에 교사가 확신을 가지고 채점하기가 어려움 • 문제해결 과정에 대하여 다른 가중치를 적용할 수 없음	• 구조가 복잡하여 채점하는 데 시간이 많이 소요됨 • 학생의 답안에 문제해결 과정에 대한 정보가 충분하지 않아 확신을 가지고 한 두 단계에 대하여 점수를 부여하기가 어려움 • 같은 총점을 받은 두 학생을 비교하는 데 있어서 문제해결 과정이 다를 수 있기 때문에 신중을 기할 필요가 있음

박도순(2007)은 서술형, 논술형 문항 채점상의 유의점을 다음과 같이 설명하였다. 첫째, 채점 기준을 사전에 명확히 함으로써 채점자 간에 생길 수 있는 오류와 채점자 내의 오류를 최소화해야 한다. 둘째, 수험자(답안지) 단위가 아닌 문항 단위로 채점이 이루어져야 한다. 셋째, 답안지를 일차적으로 한번 읽고 난 뒤 구체적으로 채점해야 한다. 넷째, 가급적 출제자가 채점에도 참여하고 또 여러 사람에 의해 채점이 이루어져야 한다. 다섯째, 채점은 중간 중간 충분한 휴식을 취해가며 맑은 기분으로 차분히 이루어져야 한다. 여섯째, 수험자의 성명과 번호를 가리고 채점해야 한다. 일곱째, 채점자의 편견이나 오류를 줄여 객관적인 채점을 하도록 노력하여야 한다.

4.1 서술형 평가 방법

서술형 평가 방법의 총체적 채점 기준표와 분석적 채점 기준표의 대표적인 사례를 다음과 같이 제시할 수 있다(박경미, 1999).

[표 8-3] 총체적 채점 기준표

<table>
<tr><th rowspan="2">채점 기준</th><th colspan="2">배점</th></tr>
<tr><th>4점 만점</th><th>5점 만점</th></tr>
<tr><td>무응답</td><td rowspan="3">0</td><td rowspan="2">0</td></tr>
<tr><td>오답 이외에 아무 것도 제시하지 않은 경우</td></tr>
<tr><td>문제의 조건들만 단순히 옮겨 놓은 경우</td><td rowspan="2">1</td></tr>
<tr><td>풀이 과정의 일부를 제시하였으나 틀린 경우</td><td rowspan="3">1</td></tr>
<tr><td>문제를 이해하지 못하지만 풀기 시작한 상태에서 멈춘 경우</td><td rowspan="2">2</td></tr>
<tr><td>풀이 과정과 답을 제시하였으나 모두 틀린 경우</td></tr>
<tr><td>정답만 제시한 경우</td><td rowspan="3">2</td><td rowspan="3">3</td></tr>
<tr><td>정답을 제시하였으나 풀이 과정이 틀린 경우</td></tr>
<tr><td>풀이 과정은 옳지만 답을 제시하지 않은 경우</td></tr>
<tr><td>풀이 과정은 옳지만 문제의 조건에 맞지 않는 답을 한 경우</td><td rowspan="2">3</td><td rowspan="2">4</td></tr>
<tr><td>풀이 과정은 옳지만 계산상의 오류로 오답을 한 경우</td></tr>
<tr><td>풀이 과정과 답의 숫자 부분은 옳으나, 단위가 없거나 잘못 쓴 경우</td><td rowspan="2">4</td><td rowspan="2">5</td></tr>
<tr><td>풀이 과정과 답이 모두 옳은 경우</td></tr>
</table>

[표 8-4] 분석적 채점 기준표

<table>
<tr><th>문제해결 단계</th><th>채점 기준</th><th>배점</th></tr>
<tr><td rowspan="3">문제 이해</td><td>문제를 전혀 이해하지 못한 경우</td><td>0</td></tr>
<tr><td>문제의 일부를 이해한 경우</td><td>1</td></tr>
<tr><td>문제를 완벽하게 이해한 경우</td><td>2</td></tr>
<tr><td rowspan="3">문제 풀이 또는 계획 수립</td><td>시도하지 않거나 부적절한 계획을 세운 경우</td><td>0</td></tr>
<tr><td>문제를 부분적으로 이해함에 따라 부분적으로 옳은 계획을 세운 경우</td><td>1</td></tr>
<tr><td>적절하게 시행하면 옳은 답을 도출할 수 있는 계획을 세운 경우</td><td>2</td></tr>
<tr><td rowspan="3">해답 도출</td><td>답이 없거나 계획 수립 자체에 대한 오답인 경우</td><td>0</td></tr>
<tr><td>철자 오류, 계산 착오, 일부의 답만 제시한 경우</td><td>1</td></tr>
<tr><td>정답을 제시한 경우</td><td>2</td></tr>
</table>

4.2 논술형 평가 방법

강옥기 외(2011)에 따르면 논술형 평가는 크게 나누어 글의 내용과 글쓰기 형식으로 이루어지며, 글의 내용 평가는 무엇을 썼는지를 평가하고, 글쓰기 형식의 평가는 글쓰기의 구성 체제뿐만 아니라 글의 내용이 논리적으로 기술되었는가를 평가한다. 논술형 평가의 채점 기준표도 서술형 문항과 마찬가지로 총체적 채점 기준표와 분석적 채점 기준표로 나눌 수 있다. 총체적 채점 기준표는 말론(Malone)의 비정형 문제의 해결 능력을 평가하기 위한 채점 기준표이나 논술형 문항에 대한 채점 기준으로도 활용이 가능하며, 분석적 채점 기준표는 기본적으로 서술형 채점 기준표에 자신의 의견 및 생각을 얼마나 논리적으로 표현했는지를 첨부하여 활용할 수 있으며, 저자가 개발하여 삽입하였다.

[표 8-5] **총체적 채점 기준표(말론(Malone)의 비정형 문제의 해결 능력을 평가하기 위한 채점 기준 예시(강옥기 외, 2011에서 재인용)**

점수	채점 기준
0점	<시작도 하지 못한 경우> 학생이 문제를 전혀 이해하지 못하여 문제 풀이를 시작하지 못했거나 무의미한 것을 제시
1점	<접근> 의미 있게 문제에 접근하여 어느 정도 문제를 이해하고 있음을 나타내고 있으나 일찍 곤란에 부딪혔음
2점	<본질> 합리적인 풀이에 도달하였으나 충분한 세부적 증거가 있으나 중요한 실수나 잘못된 해석이 옳은 풀이를 방해하였음
3점	<결과> 문제가 거의 해결되었으나 경미한 실수로 완전한 답을 못 구하였음
4점	<완성> 적절한 방법을 사용하여 문제를 바르게 해결하였음

[표 8-6] **분석적 채점 기준표**

문제해결 단계	채점 기준	배점
문제 이해	문제를 전혀 이해하지 못한 경우	0
	문제의 일부를 이해한 경우	1
	문제를 완벽하게 이해한 경우	2
문제 풀이 또는 계획 수립	시도하지 않거나 부적절한 계획을 세운 경우	0
	문제를 부분적으로 이해함에 따라 부분적으로 옳은 계획을 세운 경우	1
	적절하게 시행하면 옳은 답을 도출할 수 있는 계획을 세운 경우	2

해답 도출 (정답이 있는 경우)	답이 없거나 계획 수립 자체에 대한 오답인 경우	0
	철자 오류, 계산 착오, 일부의 답만 제시한 경우	1
	정답을 제시한 경우	2
글 쓰기 (자신의 생각을 서술해야 하는 경우)	자신의 생각이나 주장을 서술하지 못한 경우	0
	자신의 생각이나 주장을 서술하였지만 다소 창의성이나 논리적인 면에서 부족한 경우	1
	자신의 생각이나 주장을 창의적이고 논리적으로 서술한 경우	2

5 서술형, 논술형 평가 적용 사례

5.1 서술형 적용 사례

5.1.1 서술형 평가 개요

본 원고에서 소개하는 서술형 적용 사례 문항은 앞서 서술형 문항의 대표 유형 중 '한 개의 완전한 서술 형식으로 제시되는 경우'에 소개된 예시 문항이다. 이 문항을 통해 모집단과 표본의 뜻을 알고, 표본평균과 모평균의 관계를 얼마나 이해하는지 파악할 수 있다. 또한 주어진 실생활에서의 상황을 적절한 기호를 사용하여 표준화 과정을 통해 확률을 구할 수 있음을 확인할 수 있다.

<table>
<tr><td colspan="2">과목</td><td>확률과통계</td><td>대단원</td><td>통계</td><td>중단원</td><td>통계적추정</td></tr>
<tr><td colspan="2">성취기준</td><td colspan="5">확통1321. 모집단과 표본의 뜻을 알고, 표본평균과 모평균의 관계를 이해한다.</td></tr>
<tr><td rowspan="3">성취
수준</td><td>상</td><td colspan="5">표본평균과 모평균, 표본분산과 모분산의 관계를 이해하여 이와 관련한 문제를 해결할 수 있다.</td></tr>
<tr><td>중</td><td colspan="5">표본평균의 평균, 분산, 표준편차를 구할 수 있다.</td></tr>
<tr><td>하</td><td colspan="5">모집단과 표본, 표본의 크기의 뜻을 말할 수 있다.</td></tr>
<tr><td colspan="2">출제의도</td><td colspan="5">• 표본평균의 평균 및 분산값을 구할 수 있는지 알고자 한다.
• 주어진 상황을 적절한 통계 기호로 나타낼 수 있는지 알고자 한다.
• 표준화 과정을 통하여 확률을 구할 수 있는지 알고자 한다.</td></tr>
</table>

평가내용	• 주어진 실생활에서의 상황을 적절한 통계 기호로 나타내어 표준화 과정을 통해 확률을 구할 수 있다.
평가 소요 시간	3분~5분
평가 상의 유의점	• 기호를 제대로 사용하지 않은 경우 1점 감점한다. • 중간 과정에서 식을 잘못 세웠으나, 잘못된 식으로 계산은 제대로 한 경우 부분 점수를 부여한다. • 말로 풀어서 표현한 경우에도 오류가 없는 경우 정답으로 인정한다. • 풀이 과정이 생략된 채 정답을 작성한 경우 부분 점수를 부여하지 않는다.

5.1.2 서술형 평가 문항

어느 회사에서 생산하는 전통차 한 병의 무게는 평균이 $500g$이고 표준편차가 $20g$인 정규분포를 따른다고 한다. 이 회사에서는 명절을 맞아 전통차 4병을 포장하여 세트로 판매하고 있다. 이 회사에서 생산한 전통차 한 세트를 임의추출하였을 때, 그 무게가 $1960g$ 이하일 확률을 아래쪽 표준정규분포표를 이용하여 구하고, 그 과정을 서술하시오.

(단, 포장에 사용된 재료의 무게는 제외한다.) [5점]

z	$\mathrm{P}(0 \le Z \le z)$
1.0	0.3413
1.5	0.4332
2.0	0.4772
2.5	0.4938

(남선주 외, 2018, p. 140의 25번 문항 수정)

5.1.3 예시 답안 및 해설

[모범답안]

어느 회사에서 생산하는 전통차 한 병의 무게를 X라 하면, $X \sim \mathrm{N}(500,\ 20^2)$이다.

전통차 4병의 표본평균을 $\overline{X}$ 라 하면 $\overline{X} \sim N(500,\ 10^2)$이다.

$$\mathrm{P}(4\overline{X} \le 1960) = \mathrm{P}(\overline{X} \le 490) = \mathrm{P}(Z \le -1) = 0.1587$$

[학생의 예시 답안]

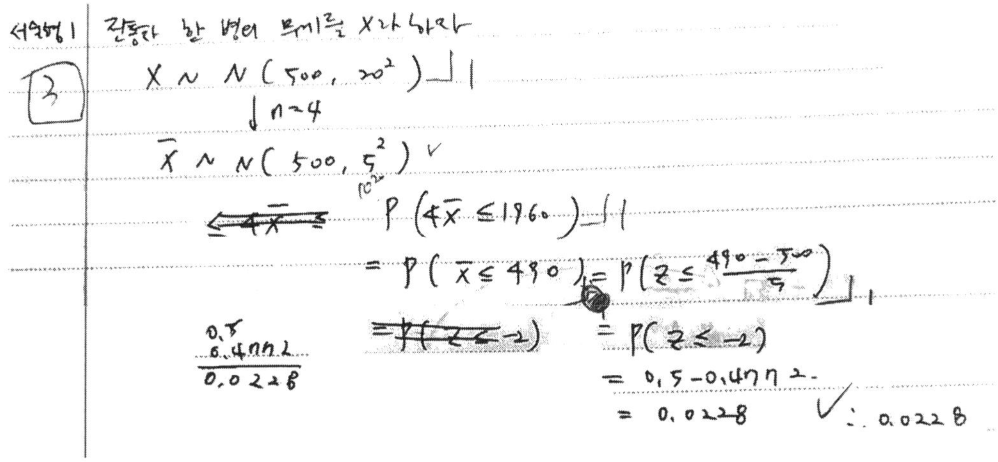

5.1.4 채점 기준표

[채점 기준표-분석적 채점 기준표]

문항 (배점)	채점 기준	배점 (부분점수)
1번 (5점)	어느 회사에서 생산하는 전통차 한 병의 무게를 확률변수 X라 하고, $X \sim \mathrm{N}(500, 20^2)$를 바르게 구한 경우	1점
	전통차 4병의 표본평균을 $\overline{X}$ 라 하고, $\overline{X}$ 의 평균과 표준편차를 바르게 구한 경우, 즉, $\overline{X} \sim N(500, 10^2)$와 같이 나타낸 경우	1점
	전통차 한 세트는 전통차 4병으로 이루어지므로, 전통차 한 세트의 무게는 $4\overline{X}$ 이며, 전통차 한 세트의 무게가 $1960g$ 이하인 것을 식으로 바르게 표현한 경우, 즉 $\mathrm{P}(4\overline{X} \le 1960)$와 같이 나타낸 경우	1점
	표준화 과정을 바르게 한 경우, 즉, $\mathrm{P}(\overline{X} \le 490) = \mathrm{P}(Z \le -1)$와 같이 나타낸 경우	1점
	주어진 표준정규분포표를 사용하여 $\mathrm{P}(Z \le -1)$값을 바르게 구한 경우	1점

[채점 기준표-총체적 채점 기준표]

채점 기준	배점 5점 만점
무응답	0
오답 이외에 아무 것도 제시하지 않은 경우	
문제의 조건들만 단순히 옮겨 놓은 경우	1
풀이 과정의 일부를 제시하였으나 틀린 경우	
문제를 이해하지 못하지만 풀기 시작한 상태에서 멈춘 경우	2
풀이 과정과 답을 제시하였으나 모두 틀린 경우	
정답만 제시한 경우	3
정답을 제시하였으나 풀이 과정이 틀린 경우	
풀이 과정은 옳지만 답을 제시하지 않은 경우	
정답을 제시하지 못했지만 풀이과정의 일부분이 옳은 경우(틀린 데이터를 사용하여 추후 계산은 올바르게 한 경우)	
풀이 과정은 옳지만 문제의 조건에 맞지 않는 답을 한 경우	4
풀이 과정은 옳지만 계산상의 오류로 오답을 한 경우	
풀이 과정과 답의 숫자 부분은 옳으나, 단위가 없거나 잘못 쓴 경우	5
풀이 과정과 답이 모두 옳은 경우	

[학생 답안 채점 결과-분석적 채점 기준표 기준]

문항 (배점)	채점 기준	배점 (부분 점수)	채점
1번 (5점)	어느 회사에서 생산하는 전통차 한 병의 무게를 확률변수 X라 하고, $X \sim \mathrm{N}(500,\ 20^2)$를 바르게 나타낸 경우	1점	1점
	전통차 4병의 표본평균을 $\overline{X}$라 하고, $\overline{X}$의 평균과 표준편차를 바르게 구한 경우, 즉, $\overline{X} \sim N(500,\ 10^2)$와 같이 나타낸 경우	1점	0점
	전통차 한 세트는 전통차 4병으로 이루어지므로, 전통차 한 세트의 무게는 $4\overline{X}$이며, 전통차 한 세트의 무게가 $1960g$ 이하인 것을 식으로 바르게 표현한 경우, 즉 $\mathrm{P}(4\overline{X} \leq 1960)$와 같이 나타낸 경우	1점	1점
	표준화 과정을 바르게 한 경우 즉, $\mathrm{P}(\overline{X} \leq 490) = \mathrm{P}(Z \leq -1)$와 같이 나타낸 경우	1점	1점
	주어진 표준정규분포표를 사용하여 $\mathrm{P}(Z \leq -1)$값을 바르게 구한 경우	1점	0점

위 학생은 어느 회사에서 생산하는 전통차 한 병의 무게를 확률변수 X라 하고 $X \sim N(500, 20^2)$로 바르게 나타내어 1점을 부여하였다. 전통차 4병의 표본평균을 $\overline{X}$라 하고, $\overline{X}$의 평균과 표준편차를 구하는 과정에서 평균은 제대로 구했지만 표준편차를 제대로 구하지 못하여 1점을 부여받지 못하였다. 표준화 과정을 제대로 하여 1점을 부여하였으나, 표준편차를 잘못 구하여 정답이 틀렸으므로 그 부분에 대해서는 점수를 부여받지 못하였다. 따라서 총 5점 만점 중 3점을 부여하였다.

[학생 답안 채점 결과-총체적 채점 기준표 기준]

총체적 채점 기준표에 의거하여, 정답을 제시하지 못했지만 풀이 과정의 일부분이 옳으며, 틀린 데이터를 사용하여 추후 계산은 올바르게 한 경우이므로 3점을 부여하였다.

5.1.5 평가 결과 보고

[과목별 세부사항 및 특기사항-확률과통계]

위 학생은 모평균과 표본평균의 관계에 대해서 이해하고 숙지하였지만, 표본평균의 분산값을 계산하는 과정에서 좀 더 노력을 요한다. 단, 실생활 문항을 적절한 통계 기호를 사용하여 수식화 하는 능력이 뛰어나며, 표준화 과정을 통해 적절한 답을 구해가는 모습에서 부족한 부분만 보완한다면 충분히 실력을 향상할 수 있을 거라 사료된다.

5.2 논술형 평가 사례

5.2.1 논술형 평가 개요

본 원고에서 소개하는 논술형 적용 사례 문항은 앞서 논술형 문항의 대표 유형 중 수리논술에서 소개된 예시 문항이다. 일차방정식을 활용하여 다양한 실생활 문제를 해결할 수 있음을 알아보고자 하는 문항이며, 주어진 상황을 잘 이해하여 자신의 의견을 논리적으로 서술할 수 있는지 파악하고자 한다.

<table>
<tr><th colspan="2">과목</th><td>수학</td><th>대단원</th><td>문자와 식</td><th>중단원</th><td>일차방정식</td></tr>
<tr><th colspan="2">성취기준</th><td colspan="6">수92023. 일차방정식을 활용하여 다양한 실생활 문제를 해결할 수 있다.</td></tr>
<tr><th rowspan="2">성취
수준</th><th>상</th><td colspan="6">일차방정식을 활용하여 다양한 실생활 문제를 해결할 수 있다.</td></tr>
<tr><th>중</th><td colspan="6">일차방정식을 활용하여 간단한*실생활 문제를 해결할 수 있다.</td></tr>
</table>

	하	문제에 맞는 간단한 일차방정식을 세울 수 있다.
출제의도		• 주어진 상황을 잘 이해하여 자신의 의견을 논리적으로 서술할 수 있다.
평가내용		• 실생활에서의 주어진 조건을 잘 이해하고, 이를 일차방정식으로 세워 방정식을 해결할 수 있다. • 자신의 의견을 수학적 사실을 근거로 논리적으로 서술할 수 있다.
평가 소요 시간		8분~10분
평가 상의 유의점		• 결론에 도달하지 못했을 경우에도 논리적인 오류가 없을 시 부분 점수를 부여한다. • 정답의 유무와 상관없이 문제 풀이 과정이 창의적이거나 논리적이면 부분 점수를 부여한다.

5.2.2 논술형 평가 문항

지구의 적도 둘레가 강철로 만들어진 띠로 단단하게 감겨 있다고 상상해보자. 이 띠를 10m만 늘려서 지구 표면에서 동일하게 떨어지게 감는다면 어린 아이들이 강철에 닿지 않게 지나갈 수 있다고 한다. 이 사실이 옳음을 논리적으로 설명하여라.[4점]

(강옥기 외, 2011, p. 38에서 재인용)

5.2.3 예시 답안 및 해설

[예시 답안]

서론 지구는 실제로 구의 모양이 아니지만 적도의 둘레를 원이라 가정하고 강철로 만든 띠를 또 다른 동심원으로 생각하여 그 둘레의 길이를 구하여 본다.

본론 지구의 반지름의 길이를 rm라고 하면 지구의 적도 둘레의 길이는 $2\pi r$m이므로, 강철 띠의 길이는 $(2\pi r+10)$m ⋯ (ㄱ)이다.

또한 10m 늘린 강철띠로 지구 표면에서 동일하게 떨어지게 감았을 때 늘어난 반지름의 길이를 hm라고 하면, 강철띠의 길이는 $2\pi(r+h)$m ⋯ (ㄴ)이다.

두 식 (ㄱ), (ㄴ)으로부터

$$2\pi r+10=2\pi(r+h)$$
$$h=\frac{10}{2\pi}\fallingdotseq 1.59(\mathrm{m})$$

* 간단한 실생활 문제는 계수가 분수로 나오거나 복잡한 괄호가 들어 있는 식이 나오지 않는 문제를 뜻한다.

결론 따라서 $\frac{10}{2\pi}$m 미만, 즉 1.59m 정도의 어린 아이들은 강철에 닿지 않게 지나갈 수 있을 것으로 판단할 수 있다.

(강옥기 외, 2011, p. 38)

[학생의 예시 답안]

서론 - 지구는 원에 가까운 타원이므로 원으로 가정하자. 0.5

본론 - 지구의 반지름을 r이라고 하면 지구의 적도 둘레는 $2\pi r$ 이다.

여기서 강철 띠 둘레를 원래 지구의 적도둘레에서 10m만 늘리면 띠의 둘레는 $2\pi r+10$ 이다. 0.5

띠의 둘레에서 2π를 나눠주면 띠의 반지름이 나오는데 그 값은 $r+\frac{5}{\pi}$이다. 0.5

따라서 지구의 적도둘레보다 띠가 $\frac{5}{\pi}$만큼 반지름이 크므로 $\frac{5}{\pi}$보다 작은 키를 가진 어린아이들은 강철에 닿지 않게 지나갈 수 있다.

결론 - π는 약 3.14 이니 3.14를 대입해보면 $\frac{5}{\pi}$는 약 1.59가 나온다.

따라서 1.59m 즉, 159cm 보다 키가 작은 어린 아이들은 강철에 닿지 않게 지나갈 수 있다. 0.5

5.2.4 채점 기준표

[채점 기준-분석적 채점 기준표]

문항 (배점)	채점 기준		배점 (부분점수)
1번 (4점)	서론	지구는 실제로 구의 모양이 아니지만 적도의 둘레를 원이라 가정하고 강철로 만든 띠를 또 다른 동심원으로 생각하여 그 둘레의 길이를 구하여 본다는 의도로 서론을 작성한 경우	0.5점
	본론	지구의 반지름의 길이를 rm라고 하면 지구의 적도 둘레의 길이는 $2\pi r$m이므로, 강철 띠의 길이는 $(2\pi r+10)$m … (ㄱ)를 구한 경우	0.5점
		10m 늘린 강철띠로 지구 표면에서 동일하게 떨어지게 감았을 때 늘어난 반지름의 길이를 hm라고 하면, 강철띠의 길이는 $2\pi(r+h)$m … (ㄴ)를 구한 경우	0.5점
		두 식 (ㄱ), (ㄴ)으로부터 $2\pi r+10=2\pi(r+h)$를 구한 경우	1점
		$h=\frac{10}{2\pi}\fallingdotseq 1.59$(m)를 구한 경우	1점
	결론	따라서 $\frac{10}{2\pi}$m 미만, 즉 1.59m 정도의 어린 아이들은 강철에 닿지 않게 지나갈 수 있을 것으로 판단할 수 있다고 서술한 경우	0.5점

[채점 기준-총체적 채점 기준표]

점수	채점 기준
0점	<시작도 하지 못한 경우> 학생이 문제를 전혀 이해하지 못하여 문제 풀이를 시작하지 못했거나 무의미한 것을 제시
1점	<접근> 의미 있게 문제에 접근하여 어느 정도 문제를 이해하고 있음을 나타내고 있으나 일찍 곤란에 부딪혔음
2점	<본질> 합리적인 풀이에 도달하였으나 충분한 세부적 증거가 있으나 중요한 실수나 잘못된 해석이 옳은 풀이를 방해하였음
3점	<결과> 문제가 거의 해결되었으나 경미한 실수로 완전한 답을 못 구하였음
4점	<완성> 적절한 방법을 사용하여 문제를 바르게 해결하였음

[학생 답안 채점결과-분석적 채점 기준표에 의거]

주어진 문제를 잘 이해하여 어떻게 이 문제를 해결할 것인지에 대한 계획을 서론 부분에서 명료하게 서술하였으므로 1점을 부여하였다. 본론 부분에서 적절하게 미지수를 사용하여 논리적으로 일차방정식을 세워 지구표면과 강철띠 사이의 거리를 제대로 구하였으므로 3점을 부여하였다. 이와 같은 풀이를 통해 어린 아이들이 강철에 닿지 않게 지나갈 수 있음을 결론부분에 논리적으로 서술하였으므로 1점을 부여하여 총 4점 만점에 4점을 부여하였다.

[학생 답안 채점결과-총체적 채점 기준표에 의거]

〈완성〉 적절한 방법을 사용하여 문제를 바르게 해결하였으므로 4점을 부여하였다.

5.2.5 평가 결과 보고

[과목별 세부사항 및 특기사항-확률과 통계]

실생활과 관련된 문항을 잘 이해하고 그 상황을 일차방정식으로 세우고 바르게 계산하여 올바른 결론을 도출하였다. 이런 과정을 통해 문제를 이해하는 문제 이해력, 주어진 조건을 사용하여 문제를 적절히 해결하는 문제해결 능력이 뛰어남을 알 수 있다. 특히, 적절한 수학적 기호 및 도형을 사용하여 자신의 생각을 표현하는 것으로 보아 수학적 의사소통 능력이 우수함을 알 수 있으며, 자신이 구한 값을 토대로 적절한 결론을 도출하는 자세가 인상적이다.

6 나오는 글

한국대학교육협의회에 따르면 2020학년도 입시에서 전국 4년제 대학은 신입생의 77.3%를 내신 영향력이 절대적인 수시 모집으로 선발하고 있다(내일신문, 2018.11.08.*). 이에 학생들의 역량을 객관적이고 공정하게 평가하는 것에 대한 국민들의 관심이 매우 크다.

학교생활기록부를 구성하고 있는 거의 모든 영역은 교사의 평가로 이루어진다. 대부분의 학교에서는 지필 평가 4회를 통하여 학생들의 양적인 능력을 평가하며, 수시로 수행평가를 실시하여 학생들의 질적인 능력을 평가하고 있다. 예전에는 지필 평가가 선택형 문항으로 이루어진 경우가 많았으나, 현재에는 과정 중심 평가의 중요성의 대두로 인해 서술형 및 논술형 평가의 비율이 증가하고 있다.

서술형 및 논술형 평가는 학생들의 문제해결 능력, 창의력, 비판력 등 종합적인 면을 평가할 수 있는 장점이 있는 반면에 문제를 만들기 어렵고 채점 기준의 객관성을 확보하기에 다소 용이하지 않으며 학생들 입장에서는 풀이 과정을 논리적으로 서술하는 것에 대해 부담감이 매우 큰 단점이 있다. 그러나 객관적인 채점 기준, 명확한 문제 제시 등이 마련된다면 결과 중심 평가에서 벗어나 학생들의 다양한 능력을 평가할 수 있는 과정 중심 평가를 진행할 수 있을 뿐만 아니라 그 동안의 수학교육의 고질적 문제였던 정의적 영역의 함양 또한 이룰 수 있을 것으로 사료된다. 이에 서술형 및 논술형 평가에 적절한 문항 개발 및 객관적이고 공정한 채점 기준에 대한 가이드라인이 지속적으로 현장에 제공되어야 할 필요성이 있다.

이 장에서 제시된 서술형 및 논술형 평가의 정의, 특징, 문항의 종류 및 채점 기준, 유의사항 등이 학교 현장에서 공정하고 객관적인 서술형, 논술형 평가를 설계하고 실행하는 데 도움이 되기를 바란다.

* http://www.naeil.com/news_view/?id_art=294086

참고문헌

- 강옥기, 이장주, 이환철(2011). 수리논술의 이론과 실제. 서울: 경문사.
- 경기도교육청(2011). 중등 평가 전문성 및 신뢰성 제고를 위한 수학과 서술형 평가 자료집. 서울: 저자.
- 고상숙, 고호경, 박만구, 한혜숙, 홍예윤(2012). 수학교육평가론. 서울: 경문사.
- 김민경, 조미경, 주유리(2012). 서술형 평가에 대한 인식 및 실태에 관한 조사연구-서울시 소재 초등교사를 중심으로. 한국초등수학교육학회지, 16(1), 63-95.
- 김원경, 조민식, 방금성, 윤종국, 신재홍, 임석훈 외(2015). 고등학교 수학. 서울: 비상교육.
- 김지현(2011). 논술형 문제에 대한 중학교 학생들의 문제해결력과 수학적 추론 과정. 미출판석사학위논문, 한국교원대학교.
- 남선주, 이경진, 이소영, 정성윤, 조준호, 한명주(2018). 수능완성(수학나형). 서울: EBS.
- 노선숙, 김민경, 조성민, 정연숙, 정윤아(2008). 중등 수학과 서술형 평가의 현황 분석 연구.한국학교수학회논문집, 11(3), 377-397.
- 박경미(1999). 수행평가의 이론과 실제-수학과 수행평가(연구보고서 NO. RRE 99-1-3). 서울: 한국교육과정평가원.
- 박도순(2007). 교육평가 - 이해와 적용. 서울: 교육과학사.
- 박석순, 김구연(2013). 수학 논술형 문항에 대한 중학생들의 인식 및 수학적 숙련도. 한국학교수학회논문집, 16(1), 63-86.
- 서울특별시교육청(2007). 서술형·논술형 평가 장학자료집-고등학교. 서울: 저자.
- 서울특별시교육청(2010), 창의성과 표현력을 키워주는 서술형 평가 장학자료집(고등학교). 서울: 저자.
- 서울특별시교육청(2011). 수학과 서술형평가 문항 자료집(고등학교용). 서울: 저자.
- 이경화, 강현영, 고은성, 이동환, 신보미, 이환철 외(2016). 과정 중심 평가의 실행을 위한 방향 탐색, 수학교육학연구, 26(4), 819-834.
- 이선비, 김구연, 노선숙, 김민경, 김래영(2014). 수학교사들의 서술형·논술형 평가에 대한 인식 및 실행 조사. 한국학교수학회논문집, 17(2), 275-290.

- 한국교육과정평가원(2011). 2011년도 학교교육 보완을 위한 고교 교사 문항 출제 전문성 향상 연수 교재. 서울: 저자.
- 한국대학교육협의회(2013). 논술 지도의 원리와 실제 Ⅴ(자연계 수리). 서울: 저자.

제9장

관찰 및 면담 평가*

조현공(자운고등학교)

1 들어가는 글

평가는 학생이 학습을 얼마나 잘 했는지 판정하는 결과적 역할뿐만 아니라 얼마나 잘 하고 있는지 알려주는 과정적 역할을 한다. 또한 평가는 교사, 학교, 교육과정이 양질의 교육에 대한 사회적 필요를 얼마나 충족하고 있는지 보여주는 역할도 수행한다. 즉, 평가는 학생이 현재 무엇을 알고 있는지, 그것에서 어떤 어려움을 겪는지, 잘못된 개념은 없는지, 과제에 대해 얼마나 끈기 있게 도전하는지, 문제를 해결할 때 어떤 전략을 사용하는지 등 학생의 학습에 대한 정보를 제공한다(박도순 외, 2007). 또한 교사는 평가를 통해 얻은 정보를 바탕으로 어떤 내용을 어느 정도의 수준으로, 어떤 과제를 통해 가르칠지, 학생의 학습상의 필요를 어떻게 채워줄지 등 다양한 교수적 의사결정(instructional decision making)을 할 수 있다. 교수-학습 과정에서 평가가 제대로 이루어지지 않으면 교사는 적절한 수업을 계획할 수 없고, 수업이 제대로 진행되는지 알 수 없으며, 수업의 효과가 어느 정도인지도 알 수 없다(권대훈, 2008).

현행 수학과 평가는 대부분 학습의 과정이 아닌 결과를 판정하고, 지나치게 지필 평가 중심으로 운영되어 교수학습을 지원하지 못하고 있다. 특히 지필 평가는 선다형을 다수 포함하여 학생들의 문제해결이나 사고 과정, 협력적 태도, 경청, 과제집착력, 수학에 대한 흥미, 자신감 등의 수학적 성향을 파악할 수 없게 한다(박선화, 김명화, 주미경, 2010; 김경희,

* 이 장의 내용은 한국과학창의재단의 지원을 받아 수행된 강옥기 외(2012)의 '관찰 및 면담 중심의 대안평가 기반 조성연구' 보고서 내용 및 조현공(2014)의 박사학위 논문인 '관찰과 면담을 통한 수학과 평가의 교수학습 지원 탐색'의 일부 내용을 발췌하여 재구성하였음.

2000). 이러한 현실을 개선하려면 지필 평가를 서술형 위주로 바꾸고, 지필 평가 외의 다양한 평가를 활용해야 한다. 관찰, 면담, 프로젝트, 포트폴리오, 연구보고서, 동료 평가, 자기 평가, 수학일지, 듣기평가 등 학생의 역량을 파악할 수 있는 다양한 평가 방법을 사용하여 평가가 교수-학습을 돕는 본질적 역할을 회복해야 한다. 이 장에서는 여러 가지 평가 방법 중 학교 현장에서 많이 사용되고 있는 관찰과 면담 평가에 대해 알아보도록 한다.

2 관찰 및 면담 평가의 개념과 원리

교사는 수업에서 학생의 사고 과정을 주의 깊게 보고(관찰) 그 사고 과정에 대해 묻게 된다(면담). 이 과정을 체계화한 것이 바로 관찰 평가와 면담 평가이다. 관찰과 면담 평가는 수업 중 평가와 수업 외 평가로 나뉜다. 수업 외의 관찰 및 면담 평가는 수업이 아닌 시간에 학생에게 특정한 과제를 주고 수행 과정을 관찰하며 그 과정에서 일어나는 사고 과정을 면담을 통해 평가하는 것이다. 수업 외의 관찰 평가와 면담 평가는 학생에 대해 많은 것을 파악할 수 있는 장점이 있는 반면 많은 시간과 노력이 필요하다는 단점이 있다. 보통 관찰은 수업 중에 하는 경우가 많은데, 그것은 수업 상황에서 학생의 다양한 역량이 드러나기 때문이다. 반면 면담은 주로 수업 외에 하는데 그것은 수업에서 충분한 대화를 나눌 시간이 부족하고 개인적인 이야기는 친구들 앞에서 하기 어렵기 때문이다.

2.1 관찰 평가의 개념, 장단점, 유의점

관찰 평가란 학생들이 수학을 행하는 자연스런 상황 속에서 교사가 특별한 조작(operation)이나 제재(sanction)를 가하지 않고 학생의 사고 과정이나 수행 과정에서 생기는 결과물 등을 있는 그대로 기술하고 해석하는 활동이다(강옥기 외, 2012). 관찰은 지필 검사를 통해서 양적으로 확인할 수 있는 수학적 능력이나 사고에 대하여 보다 심화된 자료를 얻을 수 있으며, 사전에 예측하지 못했던 측면에 대한 부수적인 자료를 수집할 수 있다. 이 방법은 수학적인 수행 능력과 같은 인지적 영역뿐만 아니라 수학에 대한 태도와 신념 등 정의적인 영역까지를 평가할 수 있는 장점이 있다(황혜정, 1997).

관찰 평가는 수업 시간 중 자연스럽게 학생 파악이 가능하므로 학생들에게 평가에 대한 공포심을 줄일 수 있고, 학습활동에 의욕적으로 참여하게 하며, 의사소통의 기회를 활성화시킬 수 있고, 교사의 수업 전략에 대한 수정을 용이하게 할 수 있다는 장점을 갖는 반면, 구체적인 기준을 세우지 않으면 피상적인 행동 관찰에 그칠 수 있고, 학생 반응에 대한 교사의 편견으로 인해 주관적인 해석이 개입할 여지가 있으며, 관찰 대상인 학생이 의도적으로 행동을 변화시켜 결과가 달라질 수도 있다는 단점도 갖는다(남승인, 강영란, 1999).

관찰 평가가 충실하게 이루어지기 위해서는 다음과 같은 원리가 필요하다.

▸ 지속성의 원리

수업 중 교사는 학급의 모든 학생을 관찰할 수 없다. 교사는 수업 시간에 학생을 관찰할 뿐 아니라 개념을 전체 또는 소그룹에게 설명하기도 하고, 수행 과정을 전체적으로, 소그룹별로, 개인별로 관리해야 하므로 전체 학생을 모두 관찰하기가 매우 어렵다. 따라서 한 시간의 수업에서 관찰할 대상을 정하되 수업마다 대상 학생을 바꾸어 지속적으로 관찰하면 학급의 모든 학생에 대한 자료가 쌓이게 되어 충실한 평가를 할 수 있게 된다. 따라서 지속성은 관찰 평가의 필수불가결의 요소이다.

▸ 즉시성의 원리

관찰 결과는 관찰 즉시 기록해야 잊혀지지 않고 평가의 왜곡도 막을 수 있다. 인간의 기억은 오래가지 않으며 시간이 지날수록 잘못된 기억이 개입할 여지가 생긴다. 따라서 학생의 특정 행동이 관찰되면 바로 기록하여야 올바른 평가를 할 수 있다.

▸ 상호보완성의 원리

관찰은 그 자체로 평가의 기능을 수행하지만 지필 평가나 다른 평가를 보완하는 기능도 수행한다. 예를 들어, 지필 평가에서 낮은 성취도를 보인 학생이 관찰 평가에서는 우수한 결과를 보일 수 있는데, 이는 평가에 대한 부담감 때문에 그 학생의 지필 평가 결과가 나쁜 것 일 수 있기 때문이다. 또한 관찰만으로 특정 학생 행동에 대해 정확한 해석을 내리기 어려울 때는 면담을 실시하여 이를 보완하여야 한다. 이렇듯 관찰 평가는 다른 평가를 보완할 뿐만 아니라 다른 평가에 의해 보완될 수 있다.

관찰 평가의 유의점으로는 먼저 관찰의 목적을 분명히 해야 한다. 내신 성적에 반영할 목적인지, 학생들에게 오류나 결손을 환류(피드백)할 목적인지, 교사의 수업을 개선할 목적인지를 정해야 한다. 두 번째는 체계적인 관찰 계획을 수립해야 한다. 관찰 평가는 신뢰성이

의심받을 가능성이 있으므로 관찰 항목, 기록 방법, 관찰 기간 등 사전에 자세한 계획을 수립하여야 한다. 특히 성적에 반영하는 평가를 하기 위해서는 모든 학생을 관찰해야 하고, 정기적이고 장시간 관찰해야 하며, 기록을 잘 남겨야 하고, 다양한 상황에 대한 기록이 있어야 한다. 세 번째는 관찰 결과를 잘 활용해야 한다. 관찰은 자칫 방대한 기록만 남기고 큰 의미 없이 끝날 수 있다. 그러므로 관찰도 중요하지만 그 결과를 활용하여 생활기록부에 충실히 기록해 주고, 학생, 학부모에게 환류하며 교사의 수업을 적절히 수정해야 한다.

2.2 면담 평가의 개념, 장단점, 유의점

면담 평가란 평가자와 학생이 서로 대화를 통해 학생의 수학 학습 상황과 배경, 수학적 성향과 특성을 파악하고, 수학적 사고 과정이나 문제해결의 과정을 보다 심층적으로 알아보는 평가 방법이다(강옥기 외, 2012). 따라서 면담의 목적은 학생들의 문제해결 과정을 포함한 학습 진행 상황을 대상자(개인별, 소집단별)가 말로 표현하게 함으로써 그들의 사고와 수행 과정에 대한 상세한 정보를 얻어 진단하고 평가하는 데 있다(황혜정, 1997).

면담 평가의 장점으로는 보다 깊이 있는 정보나 예상하지 않았던 정보 및 자료를 얻을 수 있고, 면담 과정에서 질의응답이나 반복적인 설명을 통해 학생에게 질문의 의미를 충분히 이해시킬 수 있으므로 정확한 정보를 수집할 수 있으며, 진행상 융통성을 발휘할 수 있다는 것이다. 면담 평가의 단점으로는 시간과 노력이 많이 소요되며, 면담자의 태도와 행동이 교사에게 영향을 미치기 때문에 반응이 왜곡될 가능성이 있고, 면담 결과의 신뢰도와 객관도가 낮으며, 면담의 기술과 자질 및 경험이 미흡하면 자료를 수집하기 어렵다는 것이다.

면담 평가의 유의점으로는 질문은 학생이 편안하게 답할 수 있는 수준에서부터 시작하여야 하며, 광범위하고 일반적인 것에서부터 시작하여 점차적으로 교사가 원하는 구체적인 것으로 접근해야 한다. 질문을 한 뒤에는 질문에 대하여 생각할 수 있는 충분한 시간을 주어야 한다(Stenmark, 1989). 학생의 답변을 기다리는 동안에 면담의 전체적인 흐름을 짚어보고 다음에 어떻게 물을 것인지 생각할 수도 있다. 학생이 설명하는 동안에 끼어들지 않도록 해야 하는데 이는 중간에 질문을 하거나 학생이 사용하는 용어를 교정해 주는 것이 학생의 사고 과정을 방해하기 때문이다(남승인, 강영란, 1999). 면담은 학생으로 하여금 정확한 답을 요구하기보다는 자신의 사고 과정을 편안한 마음으로 설명하도록 격려할 필요가 있으며(고상숙, 고호경, 박만구, 한혜숙, 홍예윤, 2012), 교사의 반응이나 질문으로 인해 면담의 방향이 바뀌지 않도록 해야 하며, 질문은 한 유형이 아닌, 다양한 유형으로 해야 하고,

학생이 편안하고 안정감을 가질 수 있는 환경과 여건을 조성해야 한다.

3 관찰 및 면담 평가 유형 및 방법

3.1 관찰 평가의 유형 및 방법

관찰은 수업을 하는 동안에 형식적 또는 비형식적으로 행할 수 있다. 그러나 사전에 무엇을 관찰할 것인지 생각한 후 자유롭게 상황을 기록하거나 관찰 목록을 작성하여 학생 개개인의 활동과 과제에 대한 반응을 기록할 수도 있다. 이와 같이 준비하여 의식적으로 학생들을 관찰하면 평소에 그냥 지나칠 수 있었던 것도 주목할 수 있고 학생들의 사고에 대한 평가 자료를 얻을 수 있다(고상숙 외, 2012).

관찰은 목적에 따라 며칠 만에 끝날 수도 있으며, 한 학기 동안 계속될 수도 있다. 단기간의 관찰은 특별한 개념이나 기능을 파악하는 데 적절하며, 장기간의 관찰은 문제해결 능력이나 의사소통 능력과 같은 수학 교과 역량의 다양한 측면들이 어떻게 발전하고 있는가를 파악하는 데 적절하다. 관찰의 방법도 그 목적에 따라 달라져야 하는데, 관찰 대상을 있는 그대로 기술하는 일화기록법, 관찰 항목을 미리 정하고 체크하는 체크리스트법 등을 이용하기도 하고, 학생들이 수업 시간에 작성한 수학 노트를 걷어 확인하는 학습 결과물 관찰법을 사용하기도 하며, 경우에 따라서는 비디오 녹화를 한 후 분석하기도 한다(강옥기 외, 2012).

3.1.1 일화기록법(Episode)

일화기록은 특정 학생의 구체적인 행동 사례를 될 수 있는 대로 상세하게 기록하는 것으로, 학생별로 일시, 장소, 일화 내용과 교사의 의견을 함께 담아 둘 수 있다(황혜정, 1997). 교사는 기록 노트에 날짜, 학생명, 학생의 사고 과정과 행동을 기록한다. 다음은 일화기록의 예이다.

4/12
김○○ 문제를 해결할 때 다른 학생이 생각하는 방향과 다른 관점에서 생각함. 사고 과정이 유연하고 과제집착력이 뛰어남.
최○○ x, y가 실수일 때, $x^2-4xy+2y^2$의 최솟값을 구하는 문제를 다음과 같이 두 가지 방법으로 풀이하고는 왜 답이 다른지 질문함.
(i) $x^2-4xy+2y^2=(x-2y)^2-2y^2 \geq -2y^2$ $[\because (x-2y)^2 \geq 0]$
등호는 $x=2y$일 때 성립하므로 $x=2y$일 때 최솟값은 $-2y^2$이다.
(ii) $x^2-4xy+2y^2=2(y^2-2xy)+x^2=2(y-x)^2-x^2 \geq -x^2$
$[\because (y-x)^2 \geq 0]$
등호는 $x=y$일 때 성립하므로 $x=y$일 때 최솟값은 $-x^2$이다.
→ 바로 답변하지 않고 스스로 생각해 볼 시간을 가진 후 만나자고 약속함.

[그림 9-1] 일화기록 예시

위 예시에서 최○○학생에 대한 기록은 학생의 질문을 적은 것인데 교사는 바로 답변을 하지 않고 학생이 스스로 생각해 볼 시간을 부여했다고 기록했다. 이렇게 일화기록법은 구체적인 에피소드에 대한 내용뿐만 아니라 교사의 대응과 이후 면담 과정까지 기록할 수 있어 학생의 성장에 대한 자세한 기록을 할 수 있는 장점이 있는 반면 학급의 모든 학생을 기록하기 어려운 단점이 있다.

3.1.2 체크리스트법(Checklist)

체크리스트법은 학생들의 특정 행동이나 기능, 수학적 성향 등을 파악하기 위해 만든 표에 해당 항목이 발견되면 체크하여 평가하는 것을 말한다. 체크리스트는 학생이 해당 항목의 목표에 도달했는지의 여부나 도달 정도를 체크함으로써 학생의 학습 상황을 쉽게 알게 해 준다. 체크리스트를 만들려면 먼저 체크하고자 하는 성취기준, 기능, 수행을 정하고 그것을 관찰 가능한 구체적인 행동 양식으로 서술하여 체크 항목을 만든다. 체크리스트는 학급 전체용, 소그룹용, 개인용 등 대상에 따라 다양하게 만들 수 있다.

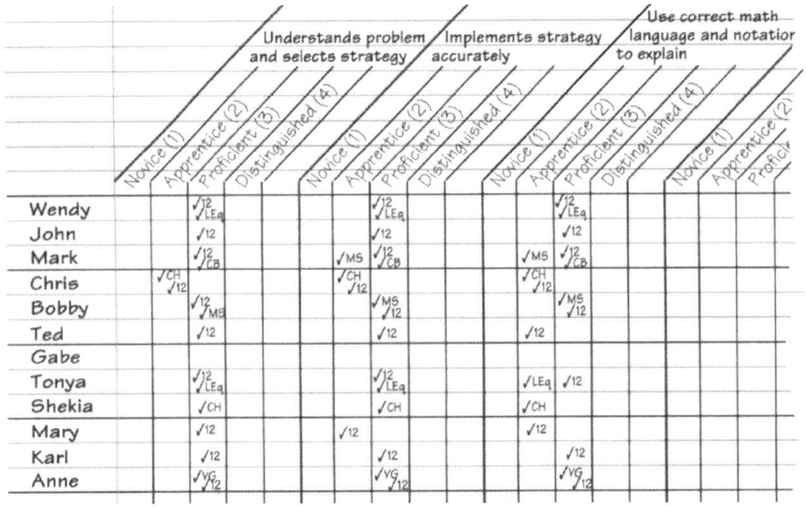

[그림 9-2] Vincent & Wilson(1996)의 사례에서 제시된 체크리스트 예시

3.1.3 평정척도법(Rating Scale)

평정척도법은 학생을 등급이나 일정한 척도로 분류하여 평가하는 방법이다. 평정척도법으로 관찰을 기록하는 방법에는 3 또는 4단계의 등급 규정을 적고 그 옆에 등급에 해당한다고 관찰된 학생의 이름을 기록하거나 한 학생에 대해 관찰 요목마다 평정척도를 기록 할 수 있다(황혜정, 1997).

[표 9-1] 3단계 평정척도법의 예시

등급 규정		관찰 학생
탁월함	분명한 이해, 다양한 방법으로 의견을 교환함, 도움을 받지 않고 아이디어를 사용함, 쉽게 설명함	조OO, 박OO
목표 도달	이해하고 있거나 잘 진행됨, 지정한 모델을 사용함	이OO 정OO, 한OO
미흡	다소 혼란을 겪거나 잘못 이해함, 활동을 하기 위해 도움을 필요로 함, 자신감이 부족함	김OO

[표 9-2] **5단계 평정척도법**

학년 반 번 이름:		일시 : 201 년 월 일				
관찰 요소		매우 그렇다	그렇다	보통	그렇지 않다	매우 그렇지 않다
개념적 지식	개념을 정확하게 말이나 글로 표현할 수 있는가?	√				
	개념의 예와 비정례를 제시할 줄 아는가?		√			
	개념과 원리를 비교, 통합할 수 있는가?			√		

3.1.4 학습 결과물(노트, 과제 등) 관찰

학생들에게 수학 노트를 쓰게 하면 노트를 통해 학생들의 사고 과정을 관찰할 수 있고, 적절한 피드백을 통해 학생들과 의사소통을 할 수 있다. 또한 적절한 상황에서 제시한 과제의 결과물을 통해 학생들의 학습 과정을 관찰할 수 있다. 예를 들어, 교사는 수업시간에 학생들에게 연습문제에서 풀 만한 것을 골라 풀게 하고 수업이 끝난 후 이를 걷어 문제해결 과정을 관찰할 수 있다. 또한 문제를 해결하는 과정에서 힘들었던 점을 여백에 적게 하여 학생들의 수학 학습의 어려움을 파악할 수 있다.

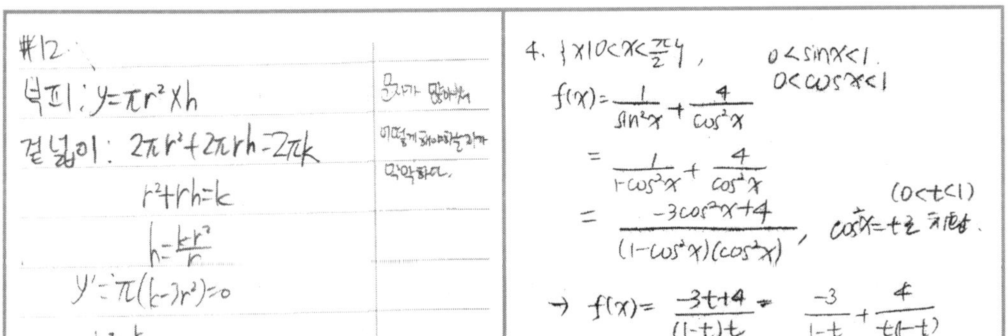

[그림 9-3] **학습 결과물(노트) 관찰 예시**

3.1.5 비디오 촬영 및 전사를 통한 관찰

수업 시간에 학생들을 관찰하는 것은 시간적 공간적 제약이 따르므로 관찰하지 못하고 놓치는 것이 발생하게 된다. 이때 수업 장면을 비디오로 촬영한 후 수업 중 관찰에서 놓친 것을 보완할 수 있다. 여기서 학생들의 행동을 기록할 때 다음과 같이 행동 목록을 부호화된 기호로 표시할 수 있다.

[표 9-3] **행동 목록 코딩(남미선, 박만구, 2008)**

<table>
<tr><th>영역</th><th>상위범주</th><th>하위 범주</th><th>코드</th></tr>
<tr><td rowspan="4">인지적 영역
(Cognitive domain)</td><td>수학적 지식(Knowledge)</td><td>정확한 지식
부정확한 지식
확장된 지식
암기한 단순한 지식</td><td>CK1
CK2
CK3
CK4</td></tr>
<tr><td>표현(Representation)</td><td>수학적 표현의 정확한 서술
불충분한 표현 서술
이해하기 쉬운 그림 표현
애매한 그림 표현</td><td>CR1
CR2
CR3
CR4</td></tr>
<tr><td>절차(Procedure)</td><td>체계적 절차
…</td><td>CP1
…</td></tr>
<tr><td>문제해결(Problem solving)</td><td>구체적 상황을 통한 문제해결
…</td><td>CPS1
…</td></tr>
<tr><td rowspan="3">정의적 영역
(Affective domain)</td><td>흥미 (Interest)</td><td>수학에 대한 흥미
…</td><td>AI1
…</td></tr>
<tr><td>자신감</td><td>…</td><td>…</td></tr>
<tr><td>…</td><td>…</td><td>…</td></tr>
</table>

3.2 면담 평가의 유형 및 방법

면담 평가는 교사가 미리 체계적으로 구조화한 질문을 할 수도 있고 학생의 반응에 대하여 자연스럽게 응대를 하면서 반구조적 또는 비형식적인 자연스러운 질문을 할 수도 있다. 이 방법을 통하여 학생이 오답을 내는 원인을 알 수 있고 수학적 성향을 알아볼 수도 있다.

면담은 보통 학생 개인과의 일대일 평가 방법으로 이해와 학습에 대한 심층적인 연구를 하기에 유용하다(남승인, 강영란, 1999). 즉, 특정 학생의 특정 개념에 대한 추가적인 정보가 필요할 때 유용하고, 면담을 통하여 학생들의 사고 패턴을 알게 되면 이를 이용하여 지난 수업을 되돌아보고 앞으로의 수업을 더 충실하게 계획할 수 있다.

면담 평가에는 세 가지 유형이 있다. 효과적인 면담을 위하여 교사가 미리 준비한 질문의 틀 내에서 면담을 진행하는 구조화 면담(형식적 면담), 기본적으로는 준비된 질문을 이용하지만 상황에 따라 융통성을 발휘하는 반구조화 면담, 자유롭게 면담을 진행하는 비구조화(비형식적) 면담이 그것이다(박도순 외, 2007). 박도순 외(2007)는 각 유형의 면담의 특징을 다음과 같이 제시하였다.

▸구조화 면담

구조화 면담에서 교사는 미리 만든 질문에 따라 면담하고 면담 도중 학생의 반응에 개입하거나 대화의 방향을 바꾸지 않는다. 따라서 면담이 추구하는 방향이 잘 실현될 수 있고, 교사가 질문을 충분히 이해한 상태에서 면담이 실시되므로 질문에 대한 정확한 정보를 얻을 수 있다. 구조화 면담을 실행하기 위해서는 먼저 면담 평가의 목표를 설정하고, 다음으로 평가 목표에 근거하여 순서를 갖춘 구두 질문 자료를 개발하고, 마지막으로 학생의 반응 기록 양식을 만들어 면담을 실시하고 기록하도록 한다.

▸반구조화 면담

반구조화 면담은 일정한 수의 중요한 질문을 구조화하고, 그 외의 질문은 비구조화 하는 방법이다. 반표준화, 반지시적 면담이라고 불리기도 한다.

▸비구조화(비형식적) 면담

비구조화 면담은 면담의 목적(방향)은 명확히 하되 형식이나 방법은 상황에 맞게 조정하고 질문의 응답, 면담 분위기도 자유롭게 취한다. 학생들의 사고 과정을 파악할 수 있는 면담으로 많이 사용하며 개방적 면담이라고도 한다.

백석윤(1999)은 면담 진행 절차를 면담 시작 단계, 면담 단계, 가설의 형식화와 확인의 단계, 지도 단계의 네 단계로 제시하였고, 각 단계의 특징은 다음과 같이 설명하였다.

① 면담 시작 단계 : 교사는 면담의 시작 단계에서 학생들을 적응시켜야 하고, 면담의 목적이 그들의 수학 학습을 돕기 위한 것임을 알게 하며, 경우에 따라서는 면담을 녹음 또는 녹화하는 것을 허락하도록 설득해야 한다. 면담의 시작 단계에서 학생이 면담에 대한 편안함과 준비가 되었음을 보여주는 지표는 학생들이 먼저 질문한다는 것과 그들이 자발적으로 기대 이상의 정보를 제공하며 면담 과정에 자발적으로 참여한다는 것이다.

② 면담 단계 : 처음부터 끝까지 학생들은 자신의 응답을 수정하거나 다듬을 수 있어야 한다. 그리고 교사는 제시하는 질문들 중간에 충분한 시간을 주고 학생들의 반응이 잘 나오도록 격려해야 한다. 학생의 반응이나 응답에 대하여 수용적이면서 비평가적

인 입장을 취해야 하고, 동시에 학생들의 사고와 호기심을 존중해야 한다. 이때 학생에게 도움이 될 만한 교사의 발언으로는 '나는 네 생각에 흥미가 있어', '내가 너의 생각을 이해할 수 있도록 도와주겠니?'가 있다.

③ 가설의 형식화와 확인의 단계 : 면담은 분석적인 평가로 주된 목적은 학생이 주어진 질문이나 과제를 해결하는 동안 직면하는 어려움들을 학생들의 말을 통하여 확인하는 것이다. 교사는 학생 반응의 도출을 고무함으로써 학생 개인의 학습에 대한 일련의 가설들이 형식화되고 확인되는 절차가 필요하다.

④ 지도 단계 : 지도는 학생들이 질문이나 과제를 어려워할 때 적절한 도움을 주거나 면담이 끝난 후 과제에 대한 사고 과정을 가르쳐 주는 것이다. 지도는 개인적으로 또는 공통적인 어려움을 갖고 있는 학생들에게 집단적으로 이루어질 수 있다.

4 관찰 및 면담 평가 도구 개발

평가 도구란 특정한 평가 방법을 사용하여 학생의 능력이나 성향을 평가하게 해 주는 자료를 말한다. 평가 도구는 정해진 평가 방법에 의한 구체적인 과제(평가 문항)나 질문, 평가를 진행하는 방법(예상 답안과 채점 기준, 기록 방법 등)에 대한 정보를 포함한다(강옥기 외, 2012). 관찰 평가에서는 평가 항목 및 채점 기준이 필요하고, 면담 평가도 면담을 통해 알고자 하는 평가 항목 및 채점 기준이 필요하다.

4.1 관찰 평가 도구 개발

관찰 평가를 실시하려면 학습자가 학습 내용과 과제를 통해 교수-학습의 목표를 어느 정도 달성하고 있는지, 학습의 곤란점은 무엇인지 확인할 수 있는 도구가 필요하다. 여기에는 평가 요소, 세부 내용이 담긴 평가 항목표와 채점 기준, 그리고 수업 시간에 항목별로 체크할 수 있는 관찰 기록지가 포함된다. 다음은 평가 항목표와 채점 기준표의 예이다(강옥기 외, 2012).

[표 9-4] **관찰 평가 항목표**

평가 영역	평가 항목		세부 사항
정의적 영역	학습 태도	준비물	각종 준비물의 준비 정도
		과제	제시된 과제나 학습지 등의 이행 여부
		노트정리	수업 중의 노트 정리 성실 여부, 수시 관찰 검사, 단원 마무리 후 수합하여 최종 점검
		경청	수업 중의 경청 태도, 자세
	수학적 성향	집중과 끈기	집중력과 끈기, 과제 집중도
		호기심과 자신감	과제에 대한 흥미, 호기심, 발표력 등의 자신감
		창의성	풀이 및 아이디어의 다양성(유창성), 대안적 방법 탐구(융통성), 독창성, 정교성 등
인지적 영역	수학적 개념 및 절차	이해 표현	각각의 개념(용어, 기호, 정의)에 대한 이해
			개념에 대한 정확한 표현(그래프, 도해, 수식, 기호 등)
		절차	적절한 알고리즘의 적용 및 각 단계에 대한 바른 설명과 이유 제시, 주어진 개념의 적용과 해석
	문제해결/ 의사소통/ 추론	문제해결	문제 의미 파악, 문제해결을 위한 단서 제시, 문제풀이를 위해 다양하고 적절한 전략 적용, 실생활에 대한 적용
		의사소통	다른 사람의 수학적 사고와 전략을 잘 분석, 수학적 언어를 사용하여 풀이 과정을 잘 표현하고 설명
		추론	논리성, 체계성, 다양한 유형의 추론과 증명
총평			

[표 9-5] **관찰 평가 채점 기준표**

평가 영역	평가 항목		우수(A)	보통(B)	미흡(C)	비고
정의적 영역	학습 태도	준비물 과제	학습 준비가 철저하고 과제를 완벽하게 수행함	학습 준비는 갖추어졌으나 과제 수행을 부분적으로 행함	학습 준비가 덜 갖추어지고 과제 수행이 미흡함	
		노트 정리 경청	바른 자세로 수업을 경청하며 노트 정리를 잘 함	수업을 경청하는 태도나 노트 정리가 다소 부족함	수업을 경청하지 않거나 노트 정리를 거의 하지 않음	
	수학	집중과 끈기	과제 집중력이 좋으며 과제를 끈기 있게	과제 집중력, 끈기 둘 중 하나가 부족함	과제 집중력, 끈기가 모두 부족함	

			해결함			
	적성향	호기심 자신감	새로운 수학 내용을 배우고 싶어 하며 과제를 해결할 때 자신감이 많고 발표를 잘함	새로운 수학 내용에 대해 약간의 흥미가 있으며 과제를 해결할 때 자신감이 약간 있고 가끔 발표를 함	새로운 수학 내용에 대해 흥미가 거의 없으며 과제를 해결할 때 자신감이 없고 발표를 거의 안함	
		창의성	문제해결 과정에서 유창성, 융통성, 독창성, 정교성이 두드러지게 나타남	문제해결 과정에서 유창성, 융통성, 독창성, 정교성이 가끔씩 나타남	문제해결 과정에서 유창성, 융통성, 독창성, 정교성이 거의 나타나지 않음	
인지적 영역	개념 및 절차		개념을 표현하는 한 방법에서 다른 방법으로 전환할 때 용어, 그림, 기호를 정확하게 표현하고 개념과 관련된 절차의 의미와 해석을 이해함	개념을 표현하는 한 방법을 용어, 그림, 기호를 사용하여 다른 방법으로 전환하려고 시도하고, 수학적 절차는 적절하게 사용하였으나 잘못된 표현으로 이해가 약함	개념을 표현하기 위한 용어, 그림, 기호를 거의 사용하지 않고, 관련된 수학적 절차에 대한 개념적 이해가 부족함	
	문제해결		문제의 의미를 파악하고 바른 접근과 합리적인 전략으로 문제해결 과정을 수학적으로 나타내어 문제를 타당하게 해결하고 일반화할 수 있음	문제의 의미를 파악하고 문제해결을 위한 조건과 단서를 찾았으나 연결이 부족하여 문제를 타당하게 끝까지 해결하지 못함	문제를 이해하지 못하여 접근을 못하거나 잘못된 접근으로 시도함	
	의사소통		수학적 아이디어를 정확한 수학적 언어, 기호를 사용하여 말하고, 쓰고, 설명하고, 시각적으로 표현함	수학적 아이디어를 부분적으로 수학적 언어, 기호를 사용하여 말하고, 쓰고, 설명하고, 시각적으로 표현함	수학적 아이디어를 부정확한 수학적인 언어, 기호를 사용하여 말하고, 쓰고, 설명하고, 시각적으로 표현하거나 거의 표현하지 못함	
	추론		효과적이고 정확하게 예측과 결론을 귀납적, 연역적으로 정당화할 수 있음	부분적으로 예측과 결론을 귀납적, 연역적 정당화를 시도함	예측과 결론을 귀납적, 연역적으로 정당화하는 능력이 부족함	
총평						

위 평가 항목표와 채점 기준표를 바탕으로 수업 시간에 사용할 수 있는 관찰 기록지의 예는 다음과 같다. 표에서 개념 및 절차, 문제해결 등은 해당 단원의 내용을 채워 넣어서 평가한다.

[표 9-6] 관찰 기록지

평가영역	정의적 측면							인지적 측면					총평
	학습 태도				수학적 성향			개념 및 절차		문제해결/의사소통/추론			
이름	준비물	과제	노트정리	경청	집중과 끈기	호기심과 자신감	창의성	이해표현	절차	문제해결	의사소통	추론	
⋮													
⋮													
⋮													

다음의 [그림 9-4]는 학생들의 문제해결력에 대한 관찰에 중점을 두어 개발된 관찰 기록지 예이다(조현공, 2014).

문제해결 관찰 기록지

관찰일시 : 201 . . ~ . . 　　　　　　　　대상 : 　학년 　반

• 수학적 기호, 그림을 사용하여 표현하고 표현을 변환 • 문제와 관련된 정보, 관련없는 정보 구분, 부족한 정보를 보완하여 문제해결	문제이해: Understand (그림: Draw, 기호: Symbol)
• 적절한 전략을 구사해 문제해결 과정과 결과의 타당성 수학적으로 점검·설명	문제해결 전략: Strategy (전략 선택: Choice, 정당화: Justification)
• 문제해결 전략 또는 결과의 새로운 문제 적용 • 문제해결 결과의 일반화 　• 문제를 새롭게 구성하거나 제기	반성: Reflection (일반화: Generalization, 문제제기: Posing)

평가항목		문제이해(U)				문제해결 전략(S)				반성(R)			
		그림(D), 기호(S)				전략 선택(C), 정당화(J)				일반화(G), 문제제기(P)			
학생		매우 우수	우수	보통	미흡	매우 우수	우수	보통	미흡	매우 우수	우수	보통	미흡
1	○○○												
2	○○○												
3	○○○												
4	○○○												

[그림 9-4] 문제해결력을 파악하기 위한 관찰 기록지

4.2 면담 평가 도구 개발

관찰 평가와 마찬가지로 면담 평가도 평가 항목표와 채점 기준표, 면담 기록지가 필요한데, 다음의 [표 9-7], [표 9-8], [표 9-9]는 면담 평가 항목표, 채점 기준표, 면담 기록지의 예이다.

[표 9-7] 면담 평가 항목표

<table>
<tr><th>평가 영역</th><th colspan="2">평가 항목</th><th>세부 사항</th></tr>
<tr><td rowspan="2">정의적 영역</td><td rowspan="2">수학적 성향</td><td>자신감</td><td>발표력, 표현의 정확성, 논리성, 확신의 유무</td></tr>
<tr><td>창의성</td><td>아이디어의 다양성(유창성), 대안적 방법(융통성), 독창성, 정교성 등</td></tr>
<tr><td rowspan="4">인지적 영역</td><td colspan="2">개념 및 절차</td><td>개념(용어, 기호, 정의)에 대한 이해, 적절한 알고리즘의 적용 및 각 단계에 대한 바른 설명과 이유 제시, 주어진 개념의 적용과 해석</td></tr>
<tr><td colspan="2">문제해결</td><td>실생활에의 적용, 문제의 의미 파악, 문제해결을 위한 단서 제시
문제풀이를 위해 다양하고 적절한 전략 적용</td></tr>
<tr><td colspan="2">의사소통</td><td>적절한 알고리즘의 적용 및 각 단계에 대한 바른 설명과 이유 제시
주어진 개념의 적용과 해석</td></tr>
<tr><td colspan="2">추론</td><td>문제풀이 방법의 명확성, 참신성, 구체성, 합리성
문제해결의 결과를 다른 상황 및 실생활에의 적용
문제해결 과정에서 새로운 의문점이나 연구문제 도출</td></tr>
<tr><td colspan="3">총평</td><td></td></tr>
</table>

[표 9-8] 면담 평가 채점 기준표

<table>
<tr><th>평가 영역</th><th colspan="2">평가 항목</th><th>매우 우수(A)</th><th>우수(B)</th><th>보통(C)</th><th>미흡(D)</th><th>비고</th></tr>
<tr><td rowspan="2">정의적 영역</td><td rowspan="2">수학적 성향</td><td>자신감</td><td>과제 해결 시 자신감 있게 논리적으로 잘 표현함</td><td>과제 해결 시 자신감이 약간 있고 논리적인 표현을 함</td><td>과제 해결 시 자신감이 없고 논리적 표현이 부족함</td><td>과제 해결 시 자신감이 거의 없고 논리적 표현을 거의 못함</td><td></td></tr>
<tr><td>창의성</td><td>문제해결 과정에서 유창성, 융통성, 독창성, 정교성이 두드러지게 나타남</td><td>문제해결 과정에서 유창성, 융통성, 독창성, 정교성이 자주 나타남</td><td>문제해결 과정에서 유창성, 융통성, 독창성, 정교성이 가끔씩 나타남</td><td>문제해결 시 유창성, 융통성, 독창성, 정교성이 거의 나타나지 않음</td><td></td></tr>
</table>

인지적 영역	개념 및 절차	개념 표현 방법을 용어, 그림, 기호를 사용하여 정확하게 나타내고 설명하며 개념과 관련된 절차의 의미와 해석을 잘 이해하고 나타냄	개념 표현 방법을 용어, 그림, 기호를 사용하여 다른 것으로 전환하려고 시도하고, 절차는 적절하게 설명하나 부분적으로 오개념, 잘못된 표현을 사용함	개념을 표현하는 한 방법을 용어, 그림, 기호를 사용하여 다른 방법으로 전환하려고 부분적으로 시도하고, 수학적 절차도 부분적으로만 설명함	개념을 표현하기 위한 용어, 그림, 기호를 거의 사용하지 못하고, 관련된 수학적 절차에 대한 개념적 이해가 부족하여 설명을 거의 못함	
	문제 해결	문제의 의미를 파악하고 바른 접근과 합리적인 전략으로 문제해결 과정을 수학적으로 잘 설명하고, 문제를 타당하게 해결하고 일반화함	문제의 의미를 파악하고 문제해결을 위한 조건과 단서를 찾아서 설명하였으나 연결이 부족하여 문제를 타당화하는 설명이 부족함	문제의 의미를 파악하고 문제해결을 위한 조건과 단서를 찾아서 설명하였으나 연결이 부족하여 문제를 타당하게 끝까지 해결하지 못함	문제를 이해하지 못하여 접근을 못하거나 잘못된 접근으로 시도함	
	의사 소통	아이디어를 정확한 수학적인 언어 또는 기호를 사용하여 정확하게 말하고, 쓰고, 설명하고, 시각적으로 표현할 수 있음	아이디어를 부분적으로 수학적인 언어 또는 기호를 사용하여 말하고, 쓰고, 설명하고, 시각적으로 표현할 수 있음	아이디어를 부정확한 수학적인 언어 또는 기호를 사용하여 말하고, 쓰고, 설명하고, 시각적으로 표현함	아이디어를 수학적인 언어 또는 기호를 사용하여 거의 표현하지 못함	
	추론	효과적이고 정확하게 예측과 결론을 귀납적으로 또는 연역적으로 정당화할 수 있음	부분적으로 예측과 결론을 귀납적으로 또는 연역적으로 정당화할 수 있음	예측과 결론을 귀납적으로 또는 연역적으로 정당화하려고 시도하나 결론에 미치지 못함	예측과 결론을 귀납적으로 또는 연역적으로 정당화하는 능력이 거의 없음	
총평						

일반적으로 관찰 평가는 3단계(우수, 보통, 미흡) 평가를 하는 반면, 면담 평가는 4단계(매우우수, 우수, 보통, 미흡) 평가를 실시하는데 이는 면담 평가가 학생을 보다 세밀하게 평가할 수 있기 때문이다. 위 면담 평가 항목표를 바탕으로 면담 기록지를 만든 예시는 다음과 같다.

[표 9-9] **면담 기록지**

<table>
<tr><th colspan="8">면담 기록지</th></tr>
<tr><td>면담 대상</td><td colspan="7">( )학년 ( )반 이름 : 성별 :</td></tr>
<tr><td>일시</td><td colspan="4">201 년 월 일 : ~ :</td><td colspan="2">면담 교사</td><td></td></tr>
<tr><td>면담 계획
(면담 목적/
진행 계획 등)</td><td colspan="7">•
•</td></tr>
<tr><td>면담 내용
(과제/질문과
답변/학생 특성)</td><td colspan="7"></td></tr>
<tr><td rowspan="3">평가 결과</td><td rowspan="2">평가
영역</td><td>자신감</td><td>창의성</td><td>개념 및
절차</td><td>문제해결</td><td>의사소통</td><td>추론</td></tr>
<tr><td></td><td></td><td></td><td></td><td></td><td></td></tr>
<tr><td>교사
총평</td><td colspan="6"></td></tr>
<tr><td>면담 후
학생의 변화</td><td colspan="7">•
•</td></tr>
</table>

위 면담 기록지는 앞의 면담 평가 항목표를 기본 틀로 하였으며 면담 내용에서 정의적 영역과 인지적 영역을 모두 나타내어 학생의 특성을 평가하도록 한 것이다.

5 관찰 및 면담 평가 적용 사례

5.1 관찰 및 면담 평가 계획

관찰 평가, 면담 평가를 시행하기 위해서는 평가 대상 학생과 기간을 먼저 정해야 한다. 이 절에서는 중학교 2학년의 여러 가지 사각형 단원을 관찰 평가한 사례를 알아보겠다. 앞에서 제시한 관찰 평가 채점 기준표([표 9-5]) 및 면담 평가 채점 기준표([표 9-8])를 활용하여 [표 9-10]과 같은 여러 가지 사각형 단원에서 활용할 수 있는 관찰 평가 항목표를 만들 수 있다.

[표 9-10] **평가 항목 목록표(면담 평가는 아래 항목에서 준비물, 과제, 노트를 제외함)**

<table>
<tr><th>평가 영역</th><th colspan="2">평가 항목</th><th>세부 사항</th></tr>
<tr><td rowspan="7">정의적 영역</td><td rowspan="4">학습 태도</td><td>준비물</td><td>각종 준비물의 준비정도</td></tr>
<tr><td>과제</td><td>제시된 과제나 학습지 등의 이행 여부</td></tr>
<tr><td>노트</td><td>수업 중의 노트 정리 성실 여부, 단원 마무리 후 수합하여 최종 점검</td></tr>
<tr><td>경청</td><td>수업 중의 경청 태도, 자세</td></tr>
<tr><td rowspan="3">수학적 성향</td><td>집중과 끈기</td><td>집중력과 끈기, 과제 집중도</td></tr>
<tr><td>호기심 자신감</td><td>과제에 대한 흥미, 호기심, 발표력 등의 자신감</td></tr>
<tr><td>협동심</td><td>멘티-멘토 활동에서 친구를 돕고 도움을 받는 자세</td></tr>
<tr><td rowspan="4">인지적 영역</td><td>수학적 개념 및 절차</td><td>여러 가지 사각형</td><td>- 각각의 개념(용어, 기호, 정의)을 이해하는가?
(직사각형, 마름모, 정사각형, 평행선과 넓이)
- 사각형의 정의와 성질을 이용하여 사각형의 포함관계를 이해하는가?</td></tr>
<tr><td rowspan="3">문제 해결/ 의사 소통/ 추론</td><td>문제 해결</td><td>- 여러 가지 사각형의 정의와 성질을 이용하여 사각형에 대한 문제를 해결할 수 있는가?
- 실생활과 관련된 문제를 풀 수 있는가?</td></tr>
<tr><td>의사 소통</td><td>- 자신이 푼 문제를 논리적으로 잘 설명하는가?
- 다른 사람의 문제 풀이에 대해 질문하고 보충해서 설명을 할 수 있는가?</td></tr>
<tr><td>추론</td><td>- 문제해결 과정이 논리적이고 체계적인가?
- 수학적으로 추측하고 반례를 제시할 수 있는가?</td></tr>
<tr><td colspan="3">총평</td><td>학습 태도는 매시간 관찰하지만 수학적 성향은 개괄적으로 관찰하고 인지적 영역은 매 차시 몇 명씩 관찰한다. 학습 곤란을 겪거나 문제는 해결하는데 개념을 말로 표현하지 못하는 학생을 대상으로 면담을 실시한다.</td></tr>
</table>

위 평가 항목을 바탕으로 여러 가지 사각형에 대한 총 6차시의 수업, 관찰 및 면담 평가 계획을 다음과 같이 수립하였다. 관찰 평가는 수행평가에 반영하였지만, 면담 평가는 학습 부진 학생, 학습 태도는 우수한데 성취도가 낮은 학생에 대해서만 실시하였으므로 수행평가에 반영하지 않았다. 6차시 수업의 구체적인 학습 활동 및 평가 내용의 계획은 다음과 같다.

▣ 1차시 : **직사각형과 마름모** - 교과서의 내용을 스스로 예습하면서 직사각형의 정의, 마름모의 정의와 직사각형의 성질, 마름모의 성질에 대해 학습한다. 예습 후 학습 내용에 대해 짝끼리 질문하거나 교사에게 설명을 요청하여 학습 내용을 충실히 이해하고 오개념을 수정한다. 학생들이 교과서 문제를 푸는 동안 몇몇 학생들에게 정의를 질문하는 면담을 실시한다.

▣ 2차시 : **정사각형의 성질과 사각형의 포함관계** - 학습 주제에 대한 예습을 노트에 정리하고 질문에 대한 발표를 통해 전체 내용을 정리한다. 멘티-멘토 활동을 통해 문제를 해결하고 발표한다. 사각형의 성질을 이용해서 사각형의 포함관계를 정리할 수 있도록 한다. 사각형의 성질을 정확하게 알지 못해 문제를 잘못 푸는 경험을 하게 한 후 수정을 하게 한다(명제에 대한 참, 거짓 문제).

▣ 3차시 : **평행선과 넓이** - 노트 예습 후 평행선과 관련된 내용을 질문과 발표를 통해서 정리한다(동위각, 엇각, 평행선 사이의 거리, 평행선과 넓이). 교과서 문제를 풀고 발표를 한다. 학생들이 문제를 푸는 동안 순회하면서 문제풀이 과정과 사각형 학습에서 배운 정의와 성질에 대해 개별 면담을 한다.

▣ 4차시 : **여러 가지 사각형에 대한 문제풀이** – 유인물의 수준별 문제를 멘티-멘토 활동으로 풀도록 한다. 순회하면서 학생들의 문제풀이 과정을 도와주고 개념에 대한 설명과 면담을 한다. 전체 문제에서 난이도 중, 상의 문제 중 일부를 학생들이 발표한다. 나머지 문제는 발표할 학생을 지정을 하고 다음 차시에 발표를 하게 한다.

▣ 5차시 : **여러 가지 사각형에 대한 문제풀이와 내용 평가** – 종합 문제를 칠판에 풀고 발표를 한다. 학생 발표 후 질문을 받고 학생들이 답변을 하고 필요한 경우에 교사가 부연설명을 한다. 발표가 끝난 후, 여러 가지 사각형의 학습 내용에 대한 평가를 실시한다. 평가 결과와 학습 태도를 반영하여 면담할 학생을 정하고 실시한다.

▣ 6차시 : **여러 가지 사각형 내용을 이용한 게임 수업** - 여러 가지 사각형의 정의와 성질이 적힌 카드를 이용하여 4명씩 조를 짜서 게임 수업을 한다. 게임을 하면서 여러 가지 사각형의 정의와 성질을 정리하고 서로 설명을 해 준다.

5.2 관찰 및 면담 평가 결과

학생들이 노트에 예습 내용을 정리하고 교사는 이를 관찰하였다. 다음은 학생들이 정리한 학습 노트와 게임 수업 자료 예시이다.

교과서 예습
(정의, 성질)

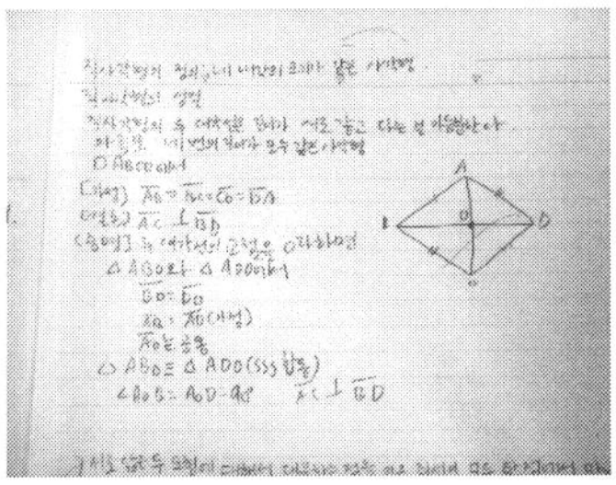

교과서 예습
(증명)

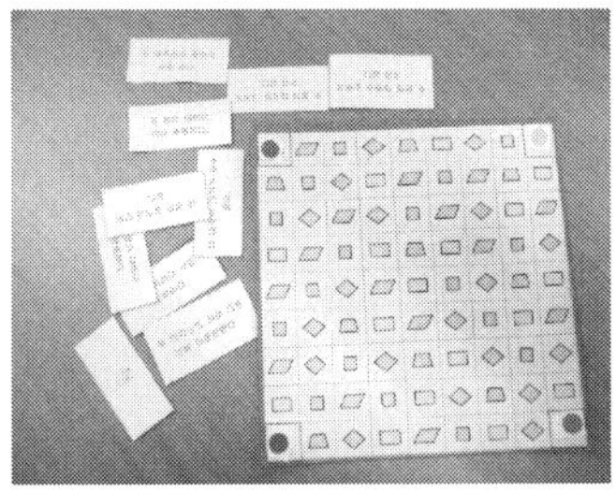

게임 수업
(협동심, 끈기, 개념 평가)

[그림 9-5] 학생 노트 및 게임 수업 자료

다음의 [그림 9-6]은 수업 시간에 관찰 평가를 통해 작성한 관찰 기록지의 예시이다.

주제		여러 가지 사각형의 성질의 이해와 활용				
단원명		여러 가지 사각형	대상	중 2학년	수업차시	1~6차시
성취 기준		수95053-1. 평행사변형의 성질을 이해하고 설명할 수 있다.				
성취 수준	상	평행사변형의 성질을 이해하고, 그 이유를 설명할 수 있다.				
	중	평행사변형의 성질을 이해한다.				
	하	평행사변형의 성질을 말할 수 있다.				
성취 기준		수95053-2. 정사각형, 직사각형, 마름모, 사다리꼴의 성질을 이해하고 설명할 수 있다.				
성취 수준	상	다양한 사각형의 성질과 이들 사이의 관계를 설명할 수 있다.				
	중	다양한 사각형의 성질을 이해한다.				
	하	다양한 사각형의 성질을 말할 수 있다.				
평가 상의 유의점		◦ 멘토-멘티가 짝이므로 짝활동 또는 4인 모둠활동 등 상호작용을 유심히 관찰함 ◦ 학생들이 스스로 교과서를 읽으면서 중요한 내용(정의, 정리, 이해 못한 설명)을 노트에 정리하면서 예습하고 이해가 안 되는 부분은 짝끼리 설명함 ◦ 노트에 정리가 끝나면 그 시간에 학습할 정의를 학생들이 발표를 하고 이해가 어려운 부분의 내용을 교사가 부연 설명을 함 ◦ 수학 문제는 학생들이 풀고 발표와 질문을 하고 꼭 필요한 부분만 교사가 개입함 ◦ 관찰 평가 결과를 수행평가로 반영함				

평가 내용 / 이름	정의적 영역							인지적 영역									총 평
	학습 태도				수학적 성향			개념 및 절차				문제해결		의사소통		추론	
	준비물	과제	노트정리	경청	집중과 끈기	호기심과 자신감	협동심	직사각형의 성질	마름모의 성질	정사각형의 성질	평행선과 넓이	칠판풀이	평가	발표	멘토멘티	풀이 과정의 논리성 체계성	
○○○	○	×	×	××	×	××	△	△	△	△	○	×	△	×	×	×	기초실력 부족
○○○	○	○	○	○	○	△	○	○	○	○	○	○	○	○	○	○	
○○○	○	○	○	×	△	△	○	○	○	○	○	○	○	○	○	○	
○○○	○	○	○	○	○	○	○	○	○	○	○	○	○	○	○	○	풀이가 논리적이고 세밀함
○○○	○	○	○	○	○	○	○	○	○	○	×	○	△	○	○	○	
○○○	×	×	×	××	××	××	×	△	△	○	○	△	○	×	×	×	면담 필요
○○○	×	×	×	×	×	×△	×	×	△	×	△	○	○	△	×	×	면담 필요
○○○	○	×	○	○	○	△	○	○	○	○	○	○	○	△	○	△	응용력 부족
○○○	×	×	×	××	××	×△	×	○	○	○	○	△	△	△	△	○	배려심 부족
○○○	○	○	○	○	○	○	○	○	○	○	○	○	○	○	○	○	노트 예습을 통해서 개념 정리를 잘 함
…							…					…					…

○ : 잘함,　△ : 보통,　× : 준비가 되어 있지 않거나 지도 필요

[그림 9-6] **관찰 기록지 사례**

인지적 영역은 우수한데 의사소통이나 정의적 영역이 부족한 학생이 면담 대상자로 선정되었고, 면담 평가 대상자와 면담한 결과는 다음과 같다. 다음의 사례는 학습 의욕이 부족한 학생을 대상으로 학습부진의 이유부터 개념 이해도의 확인 및 클리닉까지 실시한 것이다.

[표 9-11] **면담 기록지 1**

면담 기록지 1	
면담 대상	(2)학년 (7)반　　이름 : 이 ○○　　성별 : 남
면담 계획 (면담 목적 면담 진행 계획 등)	• 면담 목적 : 학습부진의 원인과 공부하는 방법에 대한 면담 여러 가지 사각형의 정의와 성질에 대한 질문(쪽지시험에서 틀린 문항의 개념) • 점심시간을 이용하여 성적에 대한 부담감을 느끼지 않도록 질문을 함 • 수학 성적과 관계없이 교사가 학생에게 관심을 가지고 있다고 느낄 수 있도록 질문

<table>
<tr><td>면담 내용
(면담 과제
질문과 답변
학생 특성)</td><td colspan="7">1. 1차 면담
• 수업 준비물과 수업태도가 좋지 않은 이유는?
- 교과서를 분실하였고 학교 수업 시간에 공부하는 것 이외에 수학 공부를 하지 않기 때문에 전 시간에 배운 것을 기억하지 못함.
• 새 교과서를 주고 매 시간 교과서에서 배운 내용을 노트에 정리한 것을 선생님이 점검해 주면 어떨까?
- 교과서를 감사하게 받고, 노트 점검에 대하여 호의적으로 반응함.
• 수학공부에 대한 흥미는 10점 만점 중에 몇 점인가?
- 0점이다. (기초실력 부족과 가정 환경상 교사 이외에 동기부여를 해주는 사람이 없다.) 수학뿐만 아니라 모든 교과 수업에 대한 열의가 떨어진다. 자기주도 학습을 못하지만 공부를 해서 성적을 향상시키고 싶다.
• 다음 수업시간부터 개인적으로 개념 정리에 대한 노트검사를 하기로 함
• 멘토를 바꾸어 주기로 함 (본인이 원하는 멘토 학생으로 자리 교체)
2. 2차 면담
• 첫 번째 면담 후 태도가 좋아진 것에 대하여 칭찬을 함
• 틀린 문제에 대한 노트 정리를 검사하기로 함
• 여러 가지 사각형 내용 평가에서 틀린 개념에 대한 질문
- 직사각형, 마름모, 정사각형의 정의와 성질을 그림을 그려가면서 설명하도록 함
• 문제 풀이가 모두 맞혔는데 본인이 풀었는지 확인
- 멘토의 답을 보고 쓴 것, 본인이 푼 문항을 솔직하게 말함. 모르는 문제를 설명해 줌</td></tr>
<tr><td rowspan="3">평가 결과</td><td rowspan="2">평가
영역</td><td>자신감</td><td>창의성</td><td>개념 및
절차</td><td>문제해결</td><td>의사소통</td><td>추론</td></tr>
<tr><td>부족</td><td>부족</td><td>부족</td><td>나쁨</td><td>부족</td><td>부족</td></tr>
<tr><td>교사
총평</td><td colspan="6">• 가정환경이 좋지 않아 교사 이외에 부진한 학습을 보충해주거나 관심을 가져주는 사람이 없다. 교과서 내용도 이해하기 어려워 마음에 맞는 멘토와 교사의 설명과 관심이 필요하다. 기초학력 부진으로 자신감이 없고 집중도가 떨어지지만 자신을 변화하고 싶은 의지는 있다.</td></tr>
<tr><td>면담 후
학생의 변화</td><td colspan="7">• 첫 번째 면담 후 수업태도가 눈에 띄게 좋아지고, 평소에는 교사를 피해 다니던 학생이 친근하게 인사를 잘 함. 면담 이전에는 수업 시간에 노트필기도 끝까지 못하고 산만하였는데 면담 후에는 수업에 집중 하려고 노력함
• 두 번째 면담 후에 평가에서 틀린 개념들을 고쳐 검사를 받고 수업시간에 노트 필기한 것에 대한 점검을 스스로 받음. 이전에는 모르는 문제에 대한 설명을 요구하지 않았는데, 면담 후 개별 학습 시간에 모르는 문제에 대한 설명을 요청함</td></tr>
</table>

다음은 면담 평가의 또 다른 사례로, 문제 풀이에서 오류를 보인 학생을 대상으로 면담을 통해 학생 스스로 오류를 수정할 수 있도록 안내한 사례이다.

[표 9-12] 오류 수정을 위한 면담 기록지 2

면담 기록지 2	
면담 대상	(2)학년 ( )반 이름 : ○○○ 성별 : 남
면담 계획 (목적, 진행)	오류가 있는 학생이 스스로 오류를 찾고 극복할 수 있도록 면담을 진행함
면담 내용 (면담 과제 질문과 답변 학생 특성)	• 부등식 $A \le B$를 증명하기 위해 성립하지 않는 식 $A \le C \le B$를 만든 후 $A \le C$가 성립하려면 문제에 조건을 추가해야 한다고 생각함 • 추가 조건의 필요 여부를 확인할 수 있는 방법 찾기 • 자신의 사고를 되돌아보는 질문을 던짐
평가 의견	• 학생은 수학에 대한 호기심, 흥미가 많음, 자신의 오류를 스스로 깨닫고 극복하는 경험을 통해 수학적으로 사고하는 방법을 배우게 됨 • 사고를 반성하려면 현재의 사고와 다른 방향에서 접근할 필요를 인식함
면담 후 학생의 변화	• 지속적으로 자신의 수학적 사고력을 향상시키기 위해 노력함

다음은 개념의 이해 및 이에 대한 활용에 어려움이 있는 학생을 대상으로 스스로 개념의 이해 및 적용에 문제가 있음을 발견하도록 면담을 한 사례이다.

[표 9-13] 스스로 개념과 활용 사고과정을 수정한 면담 기록지 3

<table>
<tr><th colspan="2">면담 기록지 3</th></tr>
<tr><td>면담대상</td><td>(1)학년 (6)반 이름 : 민 ○ ○ 성별 : 여</td></tr>
<tr><td>면담계획
(면담 목적/
면담 진행 등)</td><td>• 면담목적 : 성취도는 높은 편이나 평소 질문 내용에서 허점이 발견됨
• 면담진행 : 개념을 정확하게 이해하는 지 묻는 문제, 실생활과 함수의 연결 문제 질문</td></tr>
<tr><td>면담 내용
(면담 과제/
질문과 답변/
학생 특성)</td><td>1. 집합 $X=\{x \mid x>1\}$에서 정의된 두 함수 $f(x)=\frac{x+1}{x-1}$, $g(x)=\sqrt{2x-1}$에 대하여 함수 $g \circ f^{-1}$가 정의됨을 보이고, $(g \circ f^{-1})^{-1}(5)$의 값을 구하시오.
2. 다음 각 그래프가 나타내는 상황을 설명하시오.

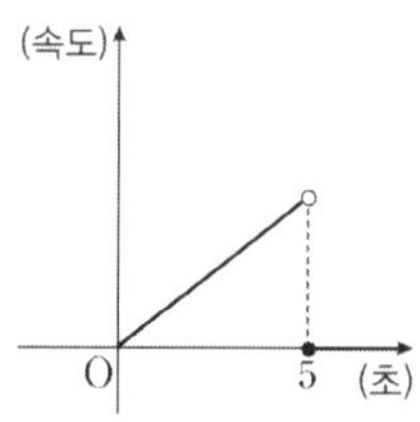

[그림 1]

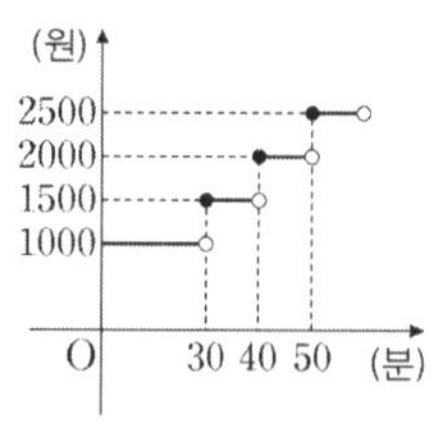

[그림 2]
</td></tr>
</table>

<table>
<tr><td></td><td colspan="7">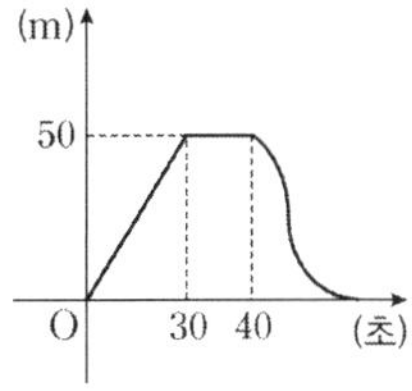

[그림 3]
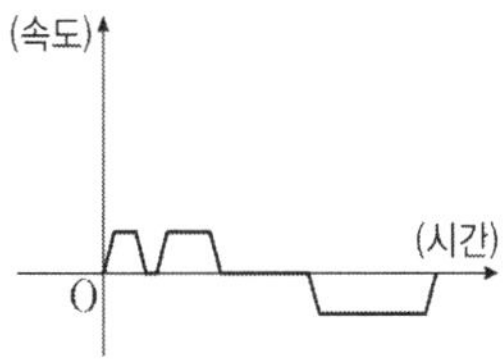

[그림 4]</td></tr>
<tr><td>면담 내용
(면담 과제
질문과 답변/
학생 특성)</td><td colspan="7">• 1번 답변
① $g \circ f^{-1}$가 정의됨을 보여야 하는데, 그것이 무엇을 의미하는지 모름
② $g \circ f^{-1}$가 정의된다는 것의 의미를 물어보기 위해 $g \circ f$가 정의된다는 의미를 질문했으나 f의 정의역과 치역이 g에 포함된다고 대답하여 합성함수의 개념을 모름을 알게 됨
③ $f(x)$의 역함수를 구한 다음 합성함수를 구하는 방식으로 답은 구하였으나 식을 쓰는 표현이 논리적이지 못함
➡ 평가 결과 : 합성함수의 개념, 역함수의 기호와 개념에 대해서 잘 이해하지 못함
• 2번 답변
① 물체가 5초까지 속도를 증가시키다가 5초가 되면 강한 충돌을 해서 멈춘다고 대답함
② 배송요금이 30분까지는 1000원으로 일정하다가 이후는 10분 간격으로 500원씩 올라간다고 대답함
③ 놀이기구가 30초 동안 50m까지 올라갔다가 10초 동안 직선으로 운동하고 40초가 되었을 때 낙하한다고 대답함
④ 엘리베이터가 위로 올라가다가 높은 층으로 올라가다가 멈추기 위해 서서히 속도를 줄이다가 멈춘다고 대답함
➡ 평가 결과 : ①, ②에서는 그래프를 해석하여 실생활과 관련된 예를 잘 제시하였으나 ③에서는 30초와 40초 사이에 직선으로 운동한다고 대답하였고, ④에서는 구체적인 층의 예를 들어 제시하지 않고 엘리베이터가 올라가고 내려가는 상황만을 대답함</td></tr>
<tr><td rowspan="3">평가 결과</td><td rowspan="2">평가
영역</td><td>자신감</td><td>창의성</td><td>개념 및 절차</td><td>문제해결</td><td>의사소통</td><td>추론</td></tr>
<tr><td>우수</td><td>보통</td><td>보통</td><td>우수</td><td>우수</td><td>보통</td></tr>
<tr><td>교사
총평</td><td colspan="6">• 수업태도가 좋고 열심히 공부하나 합성함수, 역함수 개념을 잘 이해 못함
• 함수의 그래프에 관한 문제를 해석할 때 실생활과 관련된 예를 잘 설명하는 편이나 타당화하는 능력이 부족함</td></tr>
<tr><td>면담 후
학생의 변화</td><td colspan="7">• 교사의 수학 개념 설명을 이전보다 더 열심히 들으려고 노력함
• 부족한 부분을 보완하기 위해 노력함</td></tr>
</table>

5.3 평가 결과 보고

관찰 및 면담 평가를 통해 알게 된 학생의 정의적, 인지적 역량은 수업을 어떻게 해야 하는지에 대한 방향을 제공할 뿐만 아니라 학생에게 어떤 개별적인 지도가 필요한지 알게 해준다. 이러한 과정이 누적되면 교사는 학생의 수학적 성장의 과정을 알게 되고 이를 생활기록부의 교과 세부능력 및 특기사항에 기록할 수 있다. 다음은 위 면담 기록지 2의 결과를 생활기록부에 기록한 예이다.

[표 9-14] **교과 세부능력 및 특기사항 입력 예시**

우수	부등식을 증명하기 위해 다양한 성질을 적용해 보고 추론의 과정에서 논리적 오류가 없는 지 꼼꼼히 점검함. 증명을 하는 과정에서 새로운 성질에 대해 의문을 제기하고 이를 증명해 보려고 시도함으로써 배운 내용을 확장하고 다른 개념과 연결시킴. 질문 내용을 노트에 기록해 두고 수시로 생각해 봄으로써 자신의 사고력을 키우기 위해 많은 노력을 기울임. 자신의 사고를 되돌아보고 어느 과정에서 실수가 있었는지 지속적으로 찾아내려 하며 문제를 다양한 방식으로 접근하면서 개념의 의미를 더 깊이 이해함.
보통	부등식을 증명하기 위해 필요한 성질을 찾고 오류 없이 과정을 서술함. 하나의 증명이 끝나면 다른 개념과 연결시켜 새로운 성질을 추측하려는 시도를 함. 명제를 증명하는 것이 자신이 알고 있는 개념과 원리를 종합하고 추론을 통해 다음 단계로 넘어가는 복합적인 사고를 하는 것임을 알고 그 필요성을 잘 이해함. 자신의 증명 능력을 개선하기 위해 열심히 노력하고 있음.
노력 요함	부등식을 증명하기 위해 어떤 성질을 이용할지 생각해 봄. 한 단계 한 단계를 밟는 증명을 통해 추론하는 과정이 아직은 어색하지만 노력을 통해 극복하려고 시도함. 증명의 필요성을 조금씩 이해하며 수학과 과학의 본질적 차이를 이해하게 됨.

6 나오는 글

2015 개정 수학과 교육과정은 수학과에서 길러야 할 교과 역량으로 문제해결, 추론, 창의·융합, 의사소통, 정보처리, 태도 및 실천의 6가지를 제시하고 있다. 학생들이 수학 수업을 통해 이러한 역량을 기르려면 교사가 주도하는 설명식 문제풀이 중심의 수업을 바꾸어

야 할 뿐만 아니라 학생들이 교과 역량을 얼마나 기르고 있는지 점검할 수 있는 평가 방법이 필요하다. 교사들이 기존의 수업을 교과 역량을 키울 수 있는 것으로 바꾸면 자연스럽게 기존의 평가를 교과 역량 함양을 파악할 수 있는 평가로 바꾸게 된다. 반대로 평가를 바꾸면서 수업을 바꾸기도 한다(임종헌, 유경훈, 2017). 순서가 어떠하든 어떻게 평가할 것인가는 무엇을 위해 수업을 하는가와 맥이 닿아 있다. 왜냐하면 수업이 추구하는 바를 얼마나 성취하고 있는지 점검하는 것이 평가이기 때문이다. 수학과의 평가의 방향을 결과 중심의 선다형 지필 평가에서 다양한 평가로 바꾼다는 것은 수업의 목적을 문제의 반복 풀이를 통한 결과 획득이 아니라 수학 교과 역량을 기르는 것으로 바꾼다는 것을 말한다. 평가는 학생에게 무엇이 중요한지, 수학 학습에서 무엇에 초점을 맞추어야 하는지 알려주는 역할을 한다. 역량을 함양하는 수업을 하고자 한다면 평가를 통해 학생과 교사가 수학 교과 역량을 얼마나 기르고 있는지 점검하고 이를 바탕으로 시기적절하게 적합한 교육적 처치를 해야 한다. 관찰과 면담 평가는 이러한 역량 함양을 파악하고 점검하기에 적절한 평가 방법이다. 4차 산업혁명 시대에 학생들의 창의·융합적 사고력을 키우고 수학적 역량이 풍부한 학생들로 기르고자 한다면 수업 시간에 학생들을 의미 있게 관찰하고 짧은 면담부터 시작해 보기를 강력히 추천한다.

참고문헌

- 강옥기, 허난, 이장주, 조현공, 이금선, 양성현 외(2012). 관찰 및 면담 중심의 대안평가 기반 조성연구(연구보고서 No. 2012-12). 서울: 한국과학창의재단.
- 고상숙, 고호경, 박만구, 한혜숙, 홍예윤(2012). 수학교육 평가론. 서울: 경문사.
- 권대훈(2008). 교육평가. 서울: 학지사.
- 김경희(2000). 수행평가의 타당도 검증을 위한 측정학적 접근. 이화여자대학교 박사학위 논문.
- 남미선, 박만구(2008). 서술 및 면담 평가를 통한 수학학습부진아의 인지적·정의적 특성 분석. 수학교육 논문집, 22(2), 229-252.
- 남승인, 강영란(1999). 관찰을 통한 수행능력 평가 방안. 수학교육 논문집, 8, 65-76.
- 박도순, 권순달, 김명화, 김석우, 김영애, 김정민 외(2007). 교육평가 : 이해와 적용. 서울: 교육과학사.
- 박선화, 김명화, 주미경(2010). 수학에 대한 정의적 특성 향상 방안 연구(연구보고서 No. RRI 2010-9). 서울: 한국교육과정평가원.
- 백석윤(1999). 수학 학습 평가의 대안적 기법. 과학과 수학교육논문집. 25. 73-107.
- 임종헌, 유경훈(2017). 초·중학교의 지필 평가 개선방안 연구, 학습자중심교과교육연구, 17(22), 279-304.
- 조현공(2014). 관찰과 면담을 통한 수학과 평가의 교수학습 지원 탐색. 성균관대학교 박사학위논문.
- 황혜정(1997). 수학 수업에서 관찰 및 면담법을 활용한 평가. 한국수학교육학회지 시리즈 E. <수학교육 프로시딩>, 6, 171-191.
- Stenmark, J. K. (1989). Assessment alternatives in Mathematics. Berkeley, CA: EQUALS.
- Vincent, M. & Wilson, L. (1996) Informal assessment : A story from the classroom. The Mathematics Teacher. 89(3), 248-250.

제10장

프로젝트 평가

박정은(수진중학교)
한혜숙(단국대학교)

1 들어가는 글

우리나라 학생들은 국제 학업성취도 평가(Program for International Student Assessment: PISA) 및 수학·과학 성취도 변화 추이 국제비교연구(Trends in International Mathematic and Science Study : TIMSS)의 수학 분야에서 상당히 높은 학업성취를 보여주고 있다(최승현, 박상욱, 황혜정, 2014). 그러나 지속적으로 제기되고 있는 문제는 우리나라 학생들의 수학 교과에 대한 학업성취는 상당히 높은 반면 수학에 대한 흥미, 자신감 등과 같은 정의적 특성이 상당히 부정적이라는 점이다. 비록 학생들의 수학 교과에 대한 정의적 특성 개선을 위하여 다양한 노력이 이루어졌지만, 최근에 이루어진 TIMSS 2015에서 수학 성취도 상위 15개국 중 우리나라 중학교 2학년 학생들의 수학에 대한 정의적 태도(자신감, 흥미, 가치인식)는 하위권에 위치해 있었으며, 국제 평균 보다 낮게 나타났다(상경아, 곽영순, 박지현, 박상욱, 2016). 수학에 대한 이러한 부정적인 인식은 학생의 수학 학업성취도 향상에 걸림돌이 될 뿐만 아니라 향후 수학이 쓰이는 다양한 직업 세계로 진출하는 데에 제약이 될 수 있다. 따라서 학생이 수학에 대한 긍정적 태도를 갖게 하는 것은 수학 학습을 촉진시키기 위한 수단으로서뿐만 아니라 그 자체가 수학 교육의 중요한 목표이다(박선화, 상경아, 2011).

수학 학습에 대한 부정적 태도를 형성하는 요인으로는 오랜 기간 동안 수학을 학습하면서 누적된 부정적인 경험과 이에 따른 불안감, 교사의 교수 방법 및 태도, 학생들의 수학 교과에 대한 인식, 학습 환경 등 다양한 요인을 추측할 수 있다. 특히 교실 현장의 실태를 중심으로 보았을 때, 고전적인 평가관 역시 학생들의 수학 학습에 대한 태도를 부정적으로 이끄는 주요 원인 중 하나라고 생각된다. 평가관 및 평가 방법에 대한 변화가 지속적으로 요구되고 있으며, 2015 개정 수학과 교육과정에서는 "수학과의 평가는 학습 결과 평가뿐만 아니라 과정 중심 평가도 실시하여 종합적인 수학 학습 평가가 될 수 있게 한다"(교육부, 2015, p. 41)고 명시함으로써, 과정 중심 평가에 대해서 강조하고 있다. 과정 중심 평가는 다양한 방법으로 수행될 수 있는데 대표적인 유형으로는 지필 평가, 프로젝트 평가, 포트폴리오 평가, 관찰 평가, 면담 평가 등이 있다. 특히, 프로젝트 평가는 학습자가 능동적으로 실생활과 관련된 복합적인 과제를 탐구하고 해결해 보는 경험을 제공하여 학습자의 내적 동기를 유발하고 고차원적인 사고를 촉진하여 평가 그 자체가 학생들에게 의미 있는 학습 경험이 되도록 하는 평가 방법이다.

이에 본 장에서는 프로젝트 평가 방법 및 구체적인 적용 사례에 대해서 살펴보겠다.

2 프로젝트 평가

2.1 프로젝트 및 프로젝트 평가의 정의

프로젝트 평가에서 '프로젝트'(project)가 의미하는 바는 학자들에 의해 다양하게 정의되어져 왔는데, 박경미, 임재훈(1999)은 프로젝트는 학생들이 생각하고 있는 것을 구체화하고 실현하기 위하여 스스로 계획을 세우고, 실행하는 일련의 활동과 과정으로 설명하였고, 손정화, 강옥기(2012)는 개방적인 반응을 요구하는 수행과제로서 학습자들이 과제를 수행하기 위해 어떤 수학적 지식을 사용해야 하는지 결정하고, 어떻게 접근해야 하는지와 같은 수학적 방법까지도 결정해야 하는 과제라고 말하였다. 프로젝트에 대한 연구자들의 의견을 종합해 보면, 프로젝트는 학생들이 직접 실생활과 관련되며 열린 반응이 요구되는 주제를 정하고, 그에 따라 자료를 수집, 분석, 종합, 정리, 해결하는 과정을 통해 학생들의 학습 과정과 결과를 모두 확인할 수 있는 방법이다(박성범, 2017).

프로젝트는 크게 학습 방법과 평가 방법의 두 가지 측면에서 고려될 수 있다. 프로젝트 수업 또는 프로젝트 학습은 프로젝트 과제를 통해서 이루어지는 활동 중심의 수업 수행을 위한 교수-학습 방법으로 볼 수 있다. 반면 프로젝트 평가는 프로젝트 과제를 활용하여 평가를 수행하는 방법으로 서술형 평가, 논술형 평가, 관찰 평가, 면담 평가, 포트폴리오 평가,

자기 평가 등과 같은 과정 중심의 평가 방법 중 하나로 알려져 있다. 2015 개정 수학과 교육과정에서는 프로젝트 평가를 "수학 학습을 토대로 특정한 주제나 과제에 대해서 자료를 수집하고 분석, 종합, 해결하는 과정과 결과를 평가하는 방법"(교육부, 2015, p. 41)으로 정의하였다.

2.2 프로젝트 과제의 특징

프로젝트 평가를 설계할 시에 가장 핵심적인 요소 중 하나가 학생들에게 제공할 프로젝트 평가 과제(문항)의 개발이다. 프로젝트 과제는 전통적인 수학 교실에서 자주 활용되는 수학 과제와는 구분되는 특징을 갖는다. 이에 연구자들은 프로젝트 기반 학습의 특징을 토대로 프로젝트(과제)의 고유한 특징을 제안하였다. 예를 들어, Thomas(2000)는 선행연구 결과를 바탕으로 5가지의 프로젝트 준거를 제안하였는데, 구체적인 내용은 다음과 같다. 첫 번째 준거는 중심성(centrality)이다. 이는 프로젝트는 교육과정의 주변이 아닌 중심이 되어야 한다는 것으로, 학생들이 프로젝트를 통해 교과목의 핵심 개념을 접하고 학습해야 한다는 것이다. 두 번째는 추진질문(driving question)이다. 프로젝트는 교과목의 핵심 개념 및 원리에 학생들이 접근하도록 유도하는 질문 또는 문제이어야 한다는 것이다. 세 번째는 구성주의적 탐구(constructive investigations)로, 프로젝트는 학생들을 구성주의적 탐구로 안내해야 하며 이때, 탐구란 조사, 지식 구성 및 해결을 포함한 목표 지향적 과정이며, 탐구는 설계, 의사결정, 문제발견, 문제해결, 발견, 모델 수립의 과정을 포함한다. 프로젝트의 핵심적 활동은 학생들의 입장에서 지식의 구성 및 변형을 포함해야 한다. 네 번째는 자율성(autonomy)으로 프로젝트는 상당 부분이 학생들에 의해 진행되어야 한다는 것이다. 프로젝트는 예정된 결과물을 산출하거나 또는 예정된 경로대로 이루어지는 것이 아니며, 전통적인 학습 활동에 비해 학생들에게 더 많은 자율성, 선택, 자율적 시간, 책임감을 제공한다. 마지막 준거는 현실성(realism)으로 프로젝트는 현실적이어야 한다는 것으로, 학생들에게 실제성(authenticity)이라는 느낌을 주는 특징을 포함해야 한다. 즉 프로젝트 주제, 과제, 학생들의 역할, 프로젝트가 수행되는 맥락, 프로젝트에 대해 학생들에게 도움을 주는 협력자, 결과물, 프로젝트 결과물에 대한 독자/청중, 결과물 또는 수행 과정의 평가 준거들이 실제성을 띄어야 한다는 것이다.

Fleming(2000)은 프로젝트를 설계할 때 고려해야 할 6가지의 가치 있는 특징(Six A's of designing projects)을 제안하였는데, 그것들은 프로젝트 문제 또는 결과물의 실제성

(Authenticity), 학문적 엄격함(Academic rigor), 학교 벽을 넘어서서 일상과 일의 맥락에 기반한 응용 학습(Applied learning), 학생들의 능동적 탐구(Active exploration), 성인들(전문가)과 그들의 일에 대한 학생들의 이해를 돕기 위한 전문가와의 접촉(Adult connections), 명확한 준거 및 구조화된 자기 평가를 포함한 평가(Assessment practice)로 제안하였다.

이 밖에도 여러 연구를 통해서 프로젝트 기반 학습 또는 프로젝트의 특징에 대해서 언급되었는데, 임해미(2007)는 선행연구 결과를 종합하여 프로젝트 과제는 도전적, 실제적, 복합적, 통합적, 개방적 특성을 갖는다고 제안하며, 수학 교과에서의 프로젝트 과제를 "실제적이고 개방적이며 이를 탐구하는 과정을 통해 수학적 지식과 방법의 습득이 가능한 과제"(p. 15)로 정의하였다.

따라서 프로젝트 평가를 위한 과제/문항을 설계할 시에도 앞서 살펴본 프로젝트(과제)의 특징을 토대로 평가 과제를 설계할 필요가 있다.

3 프로젝트 평가 과제의 유형

박경미, 임재훈(1999)은 프로젝트 소재나 주어진 문제 상황 및 프로젝트 해결 방법적인 측면에 따라 프로젝트 과제의 유형을 구분하였는데, 프로젝트 소재나 문제 상황에 따른 과제의 유형으로는 실생활 문제해결형, 타교과 연계형, 수학사 활용형, 신문 활용 교육형, 패러독스형의 5가지로 제시하였고, 프로젝트 해결 방법에 따른 유형으로는 찬반 토론형, 자료해석형, 수학적 모델링형, 주제 탐구형, 게임형의 5가지로 구분하였다. 비록 각 유형은 서로 겹치는 부분이 있을 수 있으나, 개념상 서로 구분될 수 있는 고유한 특성을 지니고 있어(박경미, 임재훈, 1999), 교사들은 프로젝트 평가의 목표 및 성격에 따라 적절한 유형의 과제를 발굴하여 활용할 수 있다. 이 절에서는 박경미, 임재훈(1999)이 제시한 각 유형별 프로젝트 과제의 특징 및 예시*와 더불어 선행연구에서 보고된 프로젝트 과제의 예시에 대해서 소개하겠다.

---

* 각 유형의 특징 및 예시에 대한 상세한 설명은 박경미, 임재훈(1999)을 참조

3.1 소재 및 문제 상황에 따른 분류

3.1.1 실생활 문제해결형

실생활 문제해결형은 실생활에서 흔히 접하게 되는 상황을 수학적 개념과 방법을 이용하여 해결하도록 하는 과제의 유형이다. 이러한 유형의 과제는 풍부한 맥락 속에서 문제 상황이 설정되고 문제해결에 수반되는 사고 과정도 복합적이므로 개인적인 차원 보다는 소집단 협력학습 형태 및 공학적 도구의 활용이 제안된다.

예시1 운전자의 편의를 고려하며, 주차시킬 수 있는 자동차의 대수를 극대화하는 방안 **예시2** 비용을 최소화하면서 환자가 매일 필요한 양의 비타민을 섭취할 수 있도록 하는 투약 방안

(박경미, 임재훈, 1999)

3.1.2 타교과 연계형

타교과 연계형은 수학이 과학, 경제, 예술 등 여러 학문 분야의 발달과 어떠한 관련이 있는지, 또 인접 학문에 반영되어 있는 수학적 원리에는 어떠한 것이 있는지를 탐색해 보도록 하는 과제의 유형이다.

예시1 음계의 설정 및 음악사에 나타난 수학적 원리의 탐구: 바하의 음악과 12차 방정식, 바르톡의 음악과 황금비, 기보법과 좌표기하학, 컴퓨터 음악과 미적분학

(박경미, 임재훈, 1999)

예시2 공정한 세금을 부과하기 위한 국세청의 수학 탐구

(손정화, 강옥기, 2012)

3.1.3 수학사 활용형

수학사 활용형은 실제로 일어났던 역사적 사실에 기반하여 수학적 사고의 발생과 발전 과정에 대한 탐구를 요구하는 과제의 유형이다.

예시1 수학사를 통해 함수 개념의 역사적 발달 과정 및 개념의 변화가 일어나게 된 원인 탐구
예시2 도박에서 이길 확률에 관한 점수 문제(problem of points)를 파스칼의 방법, 페르마의 방법, 기하적 확률의 방법을 활용하여 해결하기

(박경미, 임재훈, 1999)

3.1.4 신문 활용 교육형

신문 활용 교육형은 인위적으로 조작된 수학 문제 상황이 아니라 생생한 신문 기사 내용(지문, 그림, 도표, 그래프 등)에 대하여 수학적 개념과 원리를 적용 및 탐구하도록 하는 과제의 유형이다.

예시1 주어진 신문 기사를 활용하여 함수와 관련된 문제를 만들어 보아라.

(박경미, 임재훈, 1999)

예시2 방사능을 잡아라. 방사성 동위원소에서 방출하는 방사능의 양이 절반으로 줄어드는 데 걸리는 시간을 반감기라고 하는데 일본 원전 방사능의 반감기를 탐구해 보아라.

(손정화, 강옥기, 2012)

3.1.5 패러독스형

수학의 개념에 얽힌 패러독스를 학생들에게 제공하고, 학생들이 이를 정리하는 과정을 통해서 학생 자신이 가지고 있는 모호한 수학적 관념을 반성하고, 세련된 수학적 개념을 명확하게 이해하도록 하는 과제의 유형이다.

예시1 무한 개념을 소재로 한 패러독스: 0.99999999… 는 1로 무한히 가까이 가지만 1에 도달하지 못하므로 1보다 작다.
예시2 확률 관련 패러독스: 동전 하나를 던져 다섯 번 연속 앞면을 얻었을 때, 여섯 번째에는 어떤 면이 나올 확률이 더 높은가?

(박경미, 임재훈, 1999)

3.2 프로젝트 해결 방법에 따른 분류

3.2.1 찬반 토론형

찬반 토론형은 인지적 갈등을 일으키는 수학적 상황을 제시하고 이에 대해 학생들이 가치판단을 하고 견해를 정리해 보도록 하는 과제의 유형이다.

예시1 특정한 상황에서 평균, 중앙값, 최빈값 중 어느 것을 대푯값으로 정하는 것이 더 합리적인가?

(박경미, 임재훈, 1999)

3.2.2 자료 해석형

제시된 자료를 수학적인 안목에서 해석하고 분석하여 적절한 판단을 내리도록 하는 과제의 유형이다.

예시1 허들 경기에 출전한 세 선수의 기록을 나타낸 그래프를 활용하여 허들 경기에 대한 스포츠 중계자가 되었다고 가정하고, 그래프의 상황을 중계해 보아라.

(박경미, 임재훈, 1999)

3.2.3 수학적 모델링형

수학적 모델링형은 주어진 상황을 수학적 모델로 구성하여 그 모델을 기초로 수학적 추론을 하고 그 결과를 주어진 상황과 관련하여 재해석 하도록 요구하는 과제의 유형이다. 수학적 모델링형의 경우 수학과 타 학문이나 수학과 일상생활과의 연계를 강조하므로, 프로젝트 과제 수행에 대한 학생들의 학습 동기 유발 및 수학의 유용성 인식에 매우 도움이 된다. 다음의 예시는 중등학교 학생들이 흥미롭게 수행할 수 있는 수학적 모델링 과제의 예시이다.

예시1 우리학교 건물의 높이를 구하여 보자

(황혜정 외, 2016)

예시2 여행을 계획하기(우리집에서 출발하여 여행지까지 어떤 경로를 선택해야 가장 경제적으로 갈 수 있는지 탐구하기)

(손정화, 강옥기, 2012)

예시3 철수의 아버지는 새롭게 아이스크림 사업을 시작하려 한다. 새로운 사업에 뛰어들기 전 사업 실패 위험을 줄이기 위해 시장 조사와 예상 매출 계산은 필수라고 한다. 판매자와 소비자가 모두 만족할 수 있는 적절한 가격을 설정하여 예상 매출을 계산하는 방법에 대해 생각해 보고, 아이스크림 프랜차이즈의 담당 직원에게 보낼 사업 계획서를 작성해보자.

예시4 사용하던 휴대폰의 성능이 떨어져 사용하기 불편할 때, 휴대폰 배터리의 수명이 다 되었을 때, 또는 사용하던 휴대폰의 약정 기간이 끝났을 때 새로운 휴대폰 구입을 생각하게 된다. 하지만 값비싼 휴대폰을 그저 디자인이 예쁘다고 또는 최고의 사양을 갖추었다고 무턱대고 구입할 수는 없다. 휴대폰을 구매할 계획이 있다면 휴대폰의 사양, 휴대성, 가격, 훗날 받게 될 A/S까지 꼼꼼하게 비교하고 따져보아야 후회 없는 선택을 할 수 있다. 서로 다른 휴대폰 중에 제품 선택을 위한 '소비자를 위한 구매 팁'을 만들어 보고, 어떤 휴대폰을 선택하는 것이 최선인지 탐구해보자*.

제품	브랜드	가격 (만원)	화면 크기 (인치)	용량 (GB)	방수 기능	배터리 (시간)	무게 (g)	A/S
iPh**	A회사	120	5.8	256	중	60	174	하
Gal**	B회사	80	5.8	64	상	64	155	상
V**	C회사	90	6	64	상	55	158	상
Not**	D회사	100	6.3	64	상	72	195	상
Xpe**	E회사	70	5.5	64	상	68	195	하

3.2.4 주제 탐구형

주제 탐구형은 여러 개의 수학 주제 목록을 제시하고 학생들에게 적당한 주제를 선택하여 심층적으로 조사하고 탐구하도록 하는 과제의 유형이다. 심층적인 조사, 탐구의 과정에서 전문가의 조언이나 적절한 참고문헌의 탐색이 수반된다.

예시1(중학생 대상) 뫼비우스 띠와 클라인 병, 원주율, 소수에 대한 미해결 문제, 진법의 역사, 황금분할과 황금비, 정다면체 등
예시2(고등학생 대상) 방정식의 일반적인 해법, 네이피어 막대, 원추곡선, 마방진, 파스칼 삼각형과 라이프니쯔 삼각형 등

(박경미, 임재훈, 1999)

* 박슬히, 신재홍, 이수진(2014)에서 소개된 수학적 모델링 과제를 학생들에게 보다 친숙한 소재(휴대폰)를 활용하여 재구성하였음.

3.2.5 게임형

게임형은 게임의 규칙이나 방법에 수학적 원리가 뒷받침된다는 사실을 학생들이 인식하고 그에 대한 수학적 탐구를 해나가도록 요구하는 과제의 유형이다.

4 프로젝트 과제의 평가

4.1 채점 방법

서술형 문항에 대한 채점 방법과 마찬가지로 프로젝트 평가 문항/과제에 대한 채점 방법도 일반적으로 총체적 점수화 방법과 분석적 점수화 방법이 활용되며, 경우에 따라서는 자기 평가, 동료 평가, 관찰 평가 등에 활용되는 체크리스트를 함께 활용하여 채점을 할 수 있다. 프로젝트 평가의 성격 또는 목적에 따라 프로젝트 문항/과제에 대한 평가 영역 및 채점 요소가 다양하게 고려될 수 있다. 예를 들면, 프로젝트 평가를 통해서는 개념적 지식을 포함하여, 절차적 지식, 문제해결력, 수학적 의사소통 능력, 추론 능력, 창의성 등과 같은 지적 역량과 더불어 수학에 대한 흥미, 자신감, 가치관, 끈기, 도전정신 등과 같은 태도에 대한 평가도 이루어질 수 있다. 따라서 프로젝트 과제에 대한 채점을 실시하기 위해서 교사는 평가의 목적 또는 목표를 분명히 결정하여 이에 따른 구체적인 평가 영역 및 채점 요소들을 설정해야 한다. 이 절에서는 프로젝트 평가에 활용할 수 있는 몇 가지 유형의 채점 기준표를 소개하고자 한다.

먼저, 한국교육개발원에서는 미국 버몬드(Vermont) 주의 수행평가 기준을 참고하여 다음 [표 10-1]과 같이 문제의 이해, 문제해결 방법, 자기 논평, 수학 용어, 수학적 표상, 풀이 설명의 6가지 범주로 구성된 수행평가 기준을 설정하였는데(박경미, 1999), 이는 프로젝트 평가에서도 활용 가능하다.

미국 Indiana(인디애나) 주에서도 추론, 개념적 지식, 수학적 의사소통, 절차의 네 가지 범주로 구성된 수행평가 기준을 수립하였는데(박경미, 1999), 이 기준 또한 프로젝트 평가에 활용 가능해 보이며, 구체적인 내용은 [표 10-2]와 같다.

[표 10-1] **Vermont 주의 수행평가 기준(박경미, 1999, pp. 294-295)**

평가 요소	1수준	2수준	3수준
문제의 이해	문제의 이해 부족으로 착수하지 못함	문제해결에 필요한 최소 정보만을 이용할 정도로 문제를 이해함	문제해결에 필요한 최소 정보 이외의 요인들을 알고 이용할 만큼 문제를 충분히 이해함
문제해결 방법	해결 방법을 제시하지 않거나 분명하지 않음	해결 방법이 문제의 부분만을 해결함	효율적이고 세련된 해결 방법으로 문제를 해결함
자기 논평	문제를 푼 것으로 그치거나 그 풀이와 무관하거나 부적절한 관찰을 함	문제를 풀고 나서 그 풀이의 부분적인 측면에 대하여 의미 있는 논평이나 관찰을 함	문제를 풀고 나서 그 풀이를 일반화하거나 의미 있는 논평이나 관찰을 함
수학 용어	문제 진술 이외의 수학 용어를 사용하지 않거나, 그 해를 의사소통하는 데 부적절하거나 부정확한 수학 용어를 사용함	문제의 부분해(또는 부적절한 해)에 도달할 만큼의 수학 용어를 사용함	문제의 해를 의사소통하는 데 적절한 수학 용어를 사용함
수학적 표상	부적절한 수학적 표상을 이용하거나 어떠한 수학적 표상도 이용하지 못함	풀이를 의사소통하기 위하여 어느 정도(대부분) 적절한 수학적 표상을 이용함	풀이를 의사소통하기 위하여 세련되고 정확한 수학적 표상을 이용함
풀이 설명	풀이의 설명이 불분명하고 체계적이지 않음	풀이의 설명이 부분적으로만 분명하고 체계적으로 되어 있음	풀이의 설명이 전체적으로 분명하고 상세하게 잘 조직화되어 있음

[표 10-2] **인디애나 주의 수행평가 채점 기준(박경미, 1999에서 재인용)**

평가 요소	1점	2점	3점	4점
추론	• 문제해결에 아주 제한적으로 추론을 이용 • 답을 정당화하지 않음 • 결론이 타당하지 않고, 예측이 비합리적임	• 문제해결에 추론을 이용하는 데 한계가 있음 • 답을 정당화하지 않음 • 결론이 타당하지 않은 부분이 있고 예측이 비합리적임	• 문제해결에 추론을 이용하는 만족스러운 능력을 가지고 있음 • 대부분의 답이 맞음 • 대부분 타당한 예측을 함	• 문제해결에 추론을 이용하는 최상의 능력을 가지고 있음 • 답이 모두 맞으며 이를 정당화함 • 옳은 결론을 이끌어냄 • 예측을 타당하게 함

개념적 지식	• 과제에 포함된 수학적 개념을 전혀 이해하지 못함	• 과제에 포함된 수학적 개념에 대하여 최저 수준으로 이해	• 과제에 포함된 수학적 개념을 만족스럽게 이해	• 과제에 포함된 수학적 개념을 완벽하게 이해
수학적 의사소통	• 과제를 완성하려는 노력에 있어 적절한 언어를 사용하지 못함	• 과제의 한 부분 한 부분을 완성함에 있어 적절한 언어를 사용하는 시도가 일반적으로 성공적이지 않음	• 과제의 해결을 위해 사용된 문제해결 접근에 있어 수학 용어와 기호를 포함한 언어를 만족스럽게 사용	• 과제의 해결을 위해 사용된 문제해결 접근에 있어 수학 용어와 기호를 포함한 언어를 명백하고 모순 없이 사용
절차	• 문제해결에서 수학적 절차를 사용하는 데 있어 아주 제한적인 능력을 보임 • 답안지가 틀린 계산과 식들로 가득함	• 문제해결에서 수학적 절차를 사용하는 데 있어 확실성과 능률성을 보이지 않음 • 계산은 빈번하게 틀리고, 과제에 사용된 다른 절차도 틀리게 수행	• 문제해결에서 수학적 절차를 사용하는 데 있어 만족스러운 확실성과 능률성을 보임 • 계산은 대개 정확하고 대부분의 경우 과제 완수에 사용된 다른 절차들을 신속하게 수행	• 문제해결에 필수적인 수학적 절차를 사용하는 데 있어 확실성과 능률성을 보임 • 계산을 정확하게 하고, 과제 완수에 사용된 다른 절차들을 신속하게 수행

손정화, 강옥기(2012)는 프로젝트 평가 기준에 대한 선행연구 결과 및 전문가 검토를 통해 [표 10-3]과 같이 6개 영역의 총 12개 평가 항목으로 구성된 프로젝트를 적용한 참평가 평가 기준표(학습과정 평가용)를 개발하였다. 그들이 개발한 평가 기준표는 프로젝트 과제 수행에 대한 개인별, 소집단별 평가에 활용할 수 있다.

[표 10-3] 프로젝트를 적용한 수학과 참평가 평가 기준표(손정화, 강옥기, 2012, p. 125)

영역	평가 항목	시도 못함 (0)	미흡 (1)	보통 (2)	우수 (3)	탁월 (4)
탐구를 실행하기	1. 과제를 확인하고 적당한 정보를 수집하기					
	2. 정보를 분석하기					
수학적 대안의 고려	3. 적절한 절차를 확인하고 체계적으로 연구하기					
	4. 결과를 해석하고 비평적으로 평가하기					

수학적 지식	5. 문제 상황의 수학적 공식화와 해석하기					
	6. 적절한 개념, 절차, 원리의 지식을 사용하기					
수학 정보의 조직	7. 사용된 수학 내용의 적절성을 파악하기					
	8. 사용된 수학의 정확성을 평가하기					
의사소통	9. 아이디어를 수학적으로 표현하기					
	10. 자료를 논리적으로 타당화하기					
청중 대상 고려	11. 프로젝트 목표와 관련된 내용을 명료하게 나타내기					
	12. 결론을 평가하기					
총평	개인별 학습					
	소집단 협동학습					

Taylor & Bidlingmaier는 [표 10-4]와 같이 정보 수집, 정보 해석, 정보 표현 및 공유의 3가지 영역으로 구성된 수학적 의사소통 평가 기준을 제안하였는데(이종희, 김선희, 채미애, 2001), 이는 프로젝트 과제 수행 과정에 대한 핵심적인 내용을 포함하고 있어 프로젝트 평가에 대한 채점 기준표를 작성할 때 참고 자료로 활용이 가능하다.

[표 10-4] Taylor & Bidlingmaier의 수학적 의사소통에 대한 채점 기준(이종희, 김선희, 채미애, 2001에서 재인용, p. 212)

수행 기준	1점	2점	3점	4점	NS
정보 수집: 계획하고, 자료에서 정보를 얻음	적절한 자료에서 거의 정보를 얻지 않는다.	적절한 자료에서 정보를 수집한다.	적절한 자료에서 적용 가능한 정보를 수집한다.	모든 적절한 자료에서 적용 가능한 정보를 수집한다.	시도하지 않음, 주제가 없음, 읽을 수 없음
정보 해석: 정보를 조직하고 이해를 명확히 하기	비조직적이거나 이해하기 어려운 방법으로 해석과 이해를 보여준다.	이해될 수 있는 방법으로 해석과 이해를 증명한다.	분명하고 조직된 방법으로 해석과 이해를 증명한다.	분명하고, 체계적이고, 조직된 방법으로 해석과 이해를 증명한다.	
정보의 표현 및 공유: 물리적/시각적 모델, 표, 차트, 그래프, 대수 표현,	과제, 상황, 청중에게 부적절할 수도 있는 양식으로 수학적 정보와 아이디	과제, 상황, 청중에게 받아들일 수 있는 양식으로 수학적 정보와 아이디	과제, 상황, 청중에게 기대된 양식으로 수학적 정보와 아이디어를 표현한다.	과제, 상황, 청중에게 효과적인 양식으로 수학적 정보와 아이디어를 표현	

언어를 통해 수학적 아이디어를 표현/청중에게 적절하게 표현	어를 표현한다.	어를 표현한다.		한다.	

프로젝트 평가는 학생들이 수행한 프로젝트 과정 및 결과에 대해 작성한 보고서를 통해 수행되는 경우가 종종 있으므로, 일반적인 연구보고서 평가 기준표를 토대로 채점이 이루어질 수도 있다. 백순근(1999)은 연구보고서의 평가 요소로 연구 영역 및 내용, 자료 수집 능력, 자료 분석 및 종합 능력, 보고서 작성 방법의 적절성을 제안하였다.

프로젝트 과제 수행에 대한 평가가 종종 발표 평가를 통해서도 이루어질 수 있어 발표 평가에 대한 채점 기준을 살펴보는 것도 의미가 있다. Montgomery(2002)는 내용과 조직, 시청각 매체, 개인 기여도, 발표 능력, 청중의 5가지 범주로 구성된 일반적인 발표 평가 채점 기준을 제안하였는데, [표 10-5]는 그가 제안한 채점 기준을 프로젝트 과제에 대한 발표 평가에 적용할 수 있도록 일부 내용을 수정한 것이다.

[표 10-5] **Montgomery(2002)의 평가 기준을 기반으로 한 프로젝트 발표 채점 기준**

평가 요소	1점	2점	3점
내용과 조직 (content and organization)	• 프로젝트 결과와 명확하게 연관되지 않은 많은 정보를 포함 • 뚜렷한 전환이 없음 • 내용의 조직에 있어 논리적 배열의 결여	• 프로젝트 결과와 관련된 충분한 정보 • 군데군데 세밀함과 깊이가 부족함 • 일부 전환이 갑작스럽고 몇 몇 아이디어들이 어떻게 관련되어 있는지에 대한 의문을 남김	• 프로젝트 결과와 명확하게 관련된 연구 기반의 풍부한 정보를 포함 • 프로젝트 결과를 뒷받침하는 예시 포함 • 적절한 전환 • 내용의 적절한 조직화
시청각 매체 (audiovisual media)	• 시청각 매체가 거의 또는 전혀 효과적으로 사용되지 않음 • 사용된 시청각 매체가 프로젝트 내용을 손상시킴	• 자료가 프로젝트 주제를 뒷받침하지만, 발표를 향상시키지는 못함 • 프로젝트 내용과 크게 관련이 없음	• 독특함 • 프로젝트 내용을 발전시킴 • 매체의 사용이 다양하고 적절함 • 발표를 향상시킴
개인 기여도 (contributions of individuals)	• 한두 명의 구성원들이 주도하고 있으며, 일부 구성원들은 발표 준비	• 대부분의 구성원들이 활발하게 참여하고 있으며, 프로젝트 내용에 대해서	• 각 구성원들이 발표에 동등하게 참여하며, 프로젝트 내용에 대해 잘

	가 안 되었거나 내용에 대해서 인지하지 못함	인지하고 있음	인지하고 있음
발표 능력 (speaking skills)	• 불분명한 발음 • 발표의 요점이 전체적으로 명확하지 않음	• 명확한 발음 • 목소리 크기 조정 필요 • 열정이 보이지 않음	• 안정적이고 명확한 발음, 적당한 목소리 크기 • 좋은 자세, 열정, 자신감이 보임
청중 (audience)	• 일부 관련 사실들을 제시했으나 그 내용이 프로젝트 주제에 벗어나거나 열정 없이 제시했고, 대부분의 경우 청중들의 관심을 끌지 못함	• 흥미로운 방식으로 프로젝트 결과 및 근거를 제시하고, 대부분의 경우 청중들의 관심을 끌었음	• 발표에 청중들을 참여시키고, 그들의 관심을 유지함 • 청중들에게 열정이 전해짐

지금까지 프로젝트 평가에서 활용할 수 있는 평가 요소 및 채점 기준에 대해서 살펴보았다. 본 절에서 제시된 채점 기준표를 그대로 사용하기 보다는 자신의 프로젝트 평가의 성격 및 목적에 맞는 평가 요소와 채점 요소를 선정하여 적절하게 변화시켜 활용하길 제안한다. 예를 들면, 프로젝트 평가의 목적이 학생들의 문제해결력 및 발표 능력의 평가라면 Vermont 주에서 개발한 수행평가 요소 중 문제 이해 및 문제해결 방법에 대한 채점 기준과 Montgomery(2002)가 제안한 발표 평가에 대한 채점 기준을 적절하게 접목해서 활용할 수 있다.

황혜정 외(2016)는 평가의 주체가 교사 자신만이 아니라 학생 자신이 될 수도 있으므로, 학생들 스스로 자기 자신이나 자신이 속해 있는 모둠의 프로젝트 수행 과정 및 활동 상황, 결과 및 소감 등을 회고하도록 하고 이에 대한 자기 평가나 동료 평가를 제안하였다. 다음의 [표 10-6], [표 10-7], [표 10-8]은 자기 평가, 동료 평가, 청중 평가에 활용할 수 있는 평가지의 예시이다.

[표 10-6] **자기 평가지**

▌자기 평가지

이번 활동의 학습목표를 어느 정도 수행했는지 스스로 평가해보고 상, 중, 하 해당하는 곳에 체크하시오.

평가 영역	평가 내용	평가		
		상 (3)	중 (2)	하 (1)
문제 해결	1. 프로젝트 과제 해결을 위해 여러 가지 방법을 생각해보았다.			
	2. 여러 가지 방법 중에서 최적의 방법을 선택하여 과제를 해결하였다.			
	3. 삼각형을 작도를 통하여 그릴 수 있다.			
추론	4. 프로젝트 과제의 결과를 미리 추측해 보았다.			
	5. 추측의 결과대로 나타났는지 전 과정을 되돌아 보았다.			
창의·융합	6. 프로젝트 평가를 위해 여러 가지 수학적 지식을 이용하였다.			
	7. 프로젝트 평가를 위해 다른 교과나 실생활 지식을 이용하였다.			
정보 처리	8. 프로젝트 진행에 적절한 도구나 교구를 이용하였다.			
의사 소통	9. 모든 토의나 다른 모둠의 발표 시 다른 학생의 의견을 경청하였다.			
	10. 자신의 의견을 말, 글, 그림 등을 사용하여 간결하고 정확하게 전달하였다.			
태도 및 실천	11. 다른 학생의 행동이나 의견을 존중하였다.			
	12. 프로젝트를 위해 모둠 구성원들과 협력하였다.			
	13. 어려움을 겪는 동료를 위해 도와주며 배려하였다.			
	14. 프로젝트에서 맡은 역할을 책임감 있게 수행하였다.			
	15. 프로젝트 평가에 적극적이고 끈기 있는 자세로 임하였다.			

<프로젝트 평가 소감>

활동을 한 후 수학 프로젝트 평가 활동에 대해 소감을 기록	
다른 모둠 또는 우리 모둠의 다른 친구의 활동 대해 배울 점 기록	

[표 10-7] **동료 평가지**

▌ 동료 평가

이번 활동의 학습목표를 수행하면서 모둠 구성원의 행동과 태도에 대해 가장 적합한 활동을 한 친구의 이름을 쓰시오.

평가 영역	평가 내용	평가(이름)
의사소통	1. 자신의 생각을 적극적으로 표현하고 의사소통하였다.	
	2. 다른 학생의 의견을 경청하였다.	
태도 및 실천	3. 프로젝트 활동에 참신한 아이디어를 제공하였다.	
	4. 다른 학생의 행동이나 의견에 존중하는 태도를 보였다.	
	5. 프로젝트를 위해 모둠 구성원들과 협력하였다.	
	6. 어려움을 겪는 동료에게 도움을 주었다.	
	7. 프로젝트에서 맡은 역할을 책임감 있게 수행하였다.	
	8. 적극적이고 끈기 있는 자세로 임하였다.	

[표 10-8] **청중 평가지**

▌ 청중 평가

모둠	내용 특징	잘된 점	부족한 점/개선할 점
1조			
•			
•			
•			
8조			

4.2 프로젝트 평가 설계 및 수행 시 유의점

학습자의 입장에서 프로젝트 평가가 보다 의미 있는 학습 경험으로 인식되기 위해서는 무엇보다 교사의 철저한 사전 평가 설계 및 평가 환경 조성이 요구된다. 먼저, 교사는 교육과정을 분석하고 학습요소를 재구조화하여 좋은 프로젝트 평가 과제(문항)를 발굴하고 디자인해야 한다. 이때 아무리 좋은 형태의 과제일지라도 학생들의 수준에 비해 너무 개방적이거나 단계화되지 않은 경우에는 학생들이 최종 목표에 도달하는 데 어려움이 있을 수 있으므로, 적당한 수준에서 단계적으로 과제를 제공하여 학생들이 과제를 해결하는 데 부족한 부분을 스스로 해결할 수 있도록 도와줄 필요가 있다. 둘째, 객관적이고 명확한 채점 기준표를 적용하고 그 결과를 제공해야 한다. 학생들은 즉각적이고 객관적 특성을 갖는 전통적인 평가 방식에 익숙하므로 교사의 관찰에 따른 주관적인 평가가 포함될 수밖에 없는 프로젝트 평가 방식에 대한 의문을 제기하는 경우가 많다. 그러므로 신뢰성 있는 평가 자료를 개발 및 적용하고 평가 결과를 즉각적으로 학생들에게 제공하여 피드백을 통한 수학적 성장이 이루어질 수 있도록 해야 한다. 셋째, 개별평가에 비해 소집단 기반 프로젝트 평가는 학생들의 수학적 의사소통 능력, 협업 능력, 창의적 사고력 등을 신장시킬 수 있는 가능성을 내포하고 있으므로, 가급적이면 개별 프로젝트 평가보다는 소집단 기반 프로젝트 평가를 수행하길 제안한다. 이때, 교사는 학생들이 프로젝트 과제 수행 과정에서 타인의 의견을 경청하고, 적극적으로 질문하고, 협력하며, 자신의 생각을 자유롭게 표현할 수 있도록 소집단 협력 학습 환경을 격려할 필요가 있다. 그러한 소집단 활동은 학생 자신의 배움을 지속적으로 성찰하고 반성 및 개선할 수 있는 기회로 작용할 수 있고, 결국 그러한 경험이 학생 성장을 촉진시키실 수 있는 원동력이 될 수 있을 것이다.

5 프로젝트 평가 적용 사례

5.1 프로젝트 평가 개요

기하 영역의 경우 학년이 거듭됨에 따라 추측 및 증명과 같은 정당화 활동이 매우 중요하다. 그러나 많은 중학생들이 기하 영역의 학습에 어려움을 느끼고 있으며, 특히, 삼각형의 합동조건을 바탕으로 한 정당화 활동에서 삼각형의 합동조건, 결정조건의 중요성을 이해하지 못한 채 암기를 바탕으로 한 기계적인 정당화 활동이 이루어지는 경우가 많다. 따라서 이 평가에서는 학생들의 학교생활에서 중요한 부분인 안전과 관련된 문제를 소재로 하여 학생들이 학습한 삼각형의 작도에 관한 내용을 안전표지판 만들기 프로젝트 활동에 적용해 볼 수 있는 기회를 제공하고자 하였다. 이를 통해 학생들의 삼각형의 결정조건 및 삼각형의 작도에 대한 이해뿐 아니라 수학에 대한 가치 인식 측면을 평가하고자 한다.

<table>
<tr><th>주제</th><td colspan="4">삼각형 작도를 활용한 안전표지판 만들기</td></tr>
<tr><th>대상 학년</th><td colspan="2">중학교 1학년</td><th>관련 단원</th><td>작도와 합동</td></tr>
<tr><th>성취기준</th><td colspan="4">[9수04-03]삼각형을 작도할 수 있다.</td></tr>
<tr><th rowspan="5">성취수준</th><td rowspan="3">학업
성취</td><td>상</td><td colspan="2">주어진 길이와 같은 선분, 크기가 같은 각에 대한 작도의 방법을 스스로 이해하고 주어진 조건에 맞는 삼각형을 작도 및 그 과정을 설명할 수 있다.</td></tr>
<tr><td>중</td><td colspan="2">주어진 길이와 같은 선분, 크기가 같은 각에 대한 작도의 방법을 경청하고 이해할 수 있으며 주어진 조건에 맞는 삼각형을 안내된 절차에 따라 작도할 수 있다.</td></tr>
<tr><td>하</td><td colspan="2">주어진 선분과 길이가 같은 선분을 작도하고 주어진 각과 크기가 같은 각을 작도할 수 있으며 삼각형의 작도 방법의 종류에 대해서 이해할 수 있다.</td></tr>
<tr><td rowspan="2">교과
역량</td><td>인지적</td><td colspan="2">문제해결력, 수학적 의사소통능력, 정보처리능력</td></tr>
<tr><td>정의적</td><td colspan="2">자기주도적 학습능력, 대인관계 능력, 의사소통능력, 태도 및 실천</td></tr>
<tr><th>출제 의도
및
평가 내용</th><td colspan="4">삼각형을 작도하는 데 있어서 주어진 선분 또는 각을 이용하여 작도하면서 기계적인 태도로 작도하는 것이 아닌 자신이 표현하고자 하는 삼각형을 스스로 구성할 수 있는지 평가하고, 이 과정을 통하여 삼각형의 결정조건을 이해하고 삼각형을 직접 탐색해 볼 수 있는 기회를 제공하여 삼각형의 작도를 이해하는 능력을 평가하고자 한다. 또한 적절한 수학적 용어를 사용하여 작도 방법을 설명할 수 있는지, 학교 안전표지판 제작 활동을 통해 수학적 가치를 인식할 수 있는지 평가하고자 한다.</td></tr>
<tr><th>평가 소요 시간</th><td colspan="4">1차시*2회 [총 90분]</td></tr>
<tr><th>평가 상의
유의점</th><td colspan="4">◦ 소집단 구성원 사이의 모둠활동 등 상호작용을 유심히 관찰한다.
◦ 학생들 스스로 디자인을 계획하며 삼각형의 작도 방법에 따라 작도하면서 서로의 활동에 대해 설명해주며 피드백을 주고받도록 한다.
◦ 소집단 활동이 끝나면 결과물에 대해서 학생들이 발표를 하며 자기 평가 및 동료 평가, 교사 평가를 통한 피드백을 통해 잘못된 부분에 대해 스스로 수정할 수 있는 기회를 제공한다.</td></tr>
<tr><th>기타</th><td colspan="4">기본도형 단원을 학습한 후 전체 단원을 정리하며 프로젝트 평가 활동을 진행한다.</td></tr>
</table>

5.2 프로젝트 평가 문항

안전표지판 만들기 평가 문항은 5개의 단계로 수행될 수 있다. 1단계에서는 학생들이 안전과 관련된 동영상 시청을 통하여 안전표지판 제작의 필요성을 느끼고 디자인 주제를 결정하도록 한다. 2단계에서는 수학적 개념을 적용하여 실제 안전표지판 제작을 위해서 모둠별 역할 및 제작 계획을 세우도록 한다. 3단계에서는 제작한 안전표지판을 심미적으로 표현해보도록 하고, 4단계에서는 프로젝트 결과를 발표하고 전시하여 공유하도록 한다. 5단계에서는 소집단 프로젝트 활동에 대한 자기 평가 및 동료 평가를 통해 프로젝트 수행 과정에 대해 스스로 평가하고, 반성할 수 있도록 한다.

나는야 학교안전전문가

하루 중에 가장 많은 시간을 보내는 곳이자, 우리의 삶의 큰 부분을 차지하는 학교에서의 안전은 매우 중요하다. 학교안전표지판을 직접 디자인하여 안전에 대한 의식을 고취시키고, 더 나아가 안전의식을 생활화하고 위험대처 능력을 향상하도록 한다. '디자인계획-문제해결-디자인표현-결론' 등의 단계 흐름을 따라가며 한 눈에 띄는 안전표지판을 디자인하여 표현한다.

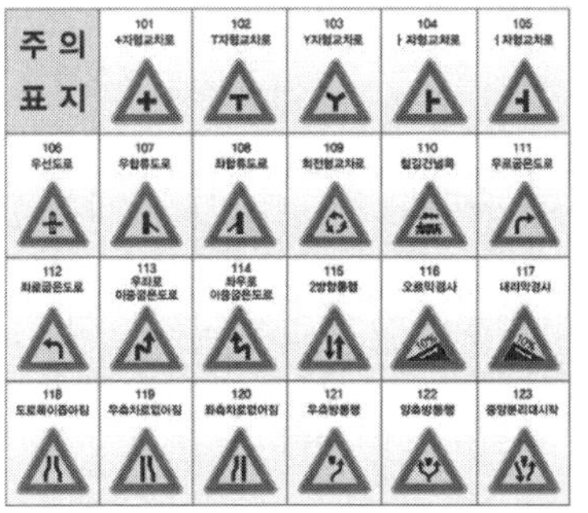

[예 : 교통안전 주의 표지판]

문항 다음에 제시하는 안전표지판 만들기 단계에 따라 나누어 준 모둠계획서 종이에 안전표지판을 만드시오.

[1단계] 안전관련 동영상 시청 및 디자인 주제 선정하기
[2단계] 계획 수립하기 : 모둠역할 정하기
[3단계] 자료를 이용한 실제 디자인 및 심미적 표현하기
[4단계] 안전표지판 발표 및 전시
[5단계] 자기 평가 및 동료 평가

5.3 프로젝트 평가의 실제

이 프로젝트 평가에서는 문제해결력, 개념적 지식, 절차, 수학적 의사소통, 태도 및 실천능력의 평가에 초점을 두었고, 학생의 성장과 산출물을 개인 및 동료 평가, 교사 평가를 통하여 종합적으로 평가할 수 있도록 [표 10-9]와 같은 채점 기준표를 구성하였다.

[표 10-9] 소집단 기반 프로젝트 평가(학교안전표지판 제작) 채점 기준표

<table>
<tr><th rowspan="2">영역</th><th rowspan="2">평가 항목</th><th colspan="3">수준</th></tr>
<tr><th>상 [5점]</th><th>중 [3점]</th><th>하 [1점]</th></tr>
<tr><td>문제해결 계획</td><td>1. 과제를 확인하고 계획 수립 및 모둠 구성원들의 역할 배분</td><td>문제해결에 필요한 삼각형을 그리기 위한 계획을 다양한 방법으로 세울 수 있으며 모둠 구성원들이 동등하게 참여할 수 있도록 역할을 나눔.</td><td>문제해결에 필요한 삼각형을 그리기 위한 계획을 세울 수 있으며 대부분의 구성원들이 참여할 수 있도록 역할을 나눔.</td><td>문제해결에 필요한 삼각형을 그리기 위한 계획을 세우는 데 어려움이 있으며 구성원들의 역할이 편중되어 있음.</td></tr>
<tr><td>개념적 지식</td><td>2. 문제해결을 위한 개념적 지식 사용하기</td><td>삼각형의 작도법 3가지를 이해하고 주어진 조건들을 사용할 수 있음.</td><td>삼각형의 작도법 2가지를 이해하고 주어진 조건들을 사용할 수 있음.</td><td>삼각형의 작도법 1가지를 이해하고 주어진 조건들을 사용할 수 있음.</td></tr>
<tr><td>절차</td><td>3. 수학적 개념을 바탕으로 과제해결을 위한 수학적 절차 사용하기</td><td>수학적 성질을 이용하여 컴퍼스와 눈금 없는 자의 기능을 능숙하게 활용하여 정확하게 삼각형을 작도할 수 있음.</td><td>수학적 성질을 이용하여 컴퍼스와 눈금 없는 자를 활용하기 위해 노력하였음.</td><td>수학적 성질을 아는 데 어려움이 있으며 컴퍼스와 눈금 없는 자를 활용하는 데 어려움이 있음.</td></tr>
<tr><td>수학적 의사소통</td><td>4. 수학적 용어를 사용하여 논리적으로 타당화하기</td><td>주어진 길이와 같은 선분, 크기가 같은 각에 대한 작도 방법을 모둠원들과 공유하고 설명할 수 있음.</td><td>주어진 길이와 같은 선분, 크기가 같은 각에 대한 작도 방법을 모둠원들과 공유하였으나 설명하지는 못함.</td><td>주어진 길이와 같은 선분, 크기가 같은 각에 대한 작도 방법을 모둠원들과 공유하는 데 어려움이 있음.</td></tr>
<tr><td>개인 태도 및 실천</td><td>5. 수학의 가치 인식 및 유용성 이해하기</td><td>삼각형의 작도에 대하여 관심과 흥미를 갖고 이를 활용한 안전표지판 제작을 통하여 실생활 유용성과 같은 수학적 가치를 인식함.</td><td>삼각형의 작도에 대하여 관심과 흥미를 갖고 이를 활용한 안전표지판 제작을 통하여 실생활 유용성과 같은 수학적 가치를 인식하기 위해 노력함.</td><td>삼각형의 작도에 대하여 관심과 흥미를 갖고 이를 활용한 안전표지판 제작을 통하여 실생활 유용성과 같은 수학적 가치를 인식하는 데 어려움이 있음.</td></tr>
<tr><td>동료 평가</td><td>6. 프로젝트 해결을 위해 협력하기</td><td>각 구성원들이 활발하게 참여하고 있으며 프로젝트 내용에 대해서 잘 인지하고 있음.</td><td>대부분의 구성원들이 활발하게 참여하고 있으며, 프로젝트 내용에 대해서 인지하고 있음.</td><td>한두 명의 구성원들이 주도하고 있으며 대부분이 프로젝트 내용에 대해서 인지하지 못함.</td></tr>
</table>

결과 평가	(청중 평가) 7. 발표능력, 전달력 평가하기	프로젝트 결과물 발표 내용이 청중들에게 잘 전달되었으며 관심을 끌었음.	프로젝트 결과물 발표 내용이 대부분의 청중들에게 전달되었음.	프로젝트 결과물 발표 내용이 청중들의 관심을 끌지 못함.
	(교사 평가) 8. 결과물 평가하기	프로젝트 목표에 부합되도록 결과물을 완성도 높게 제작하였음.	프로젝트 목표에 어느 정도 부합되도록 결과물을 제작하였음.	프로젝트 목표를 달성하지 못하였으며 결과물을 완성하지 못함.

[표 10-9]의 채점 기준표를 토대로 학교안전표지판 제작 프로젝트 수행 과정 및 결과물에 대한 평가 예시는 [그림 10-1]과 같다.

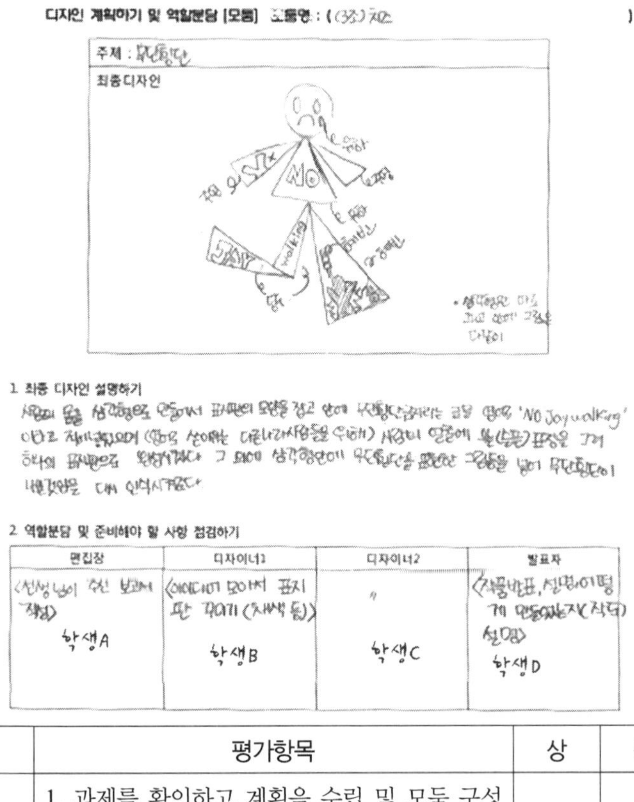

영역	평가항목	상	중	하
문제해결 계획	1. 과제를 확인하고 계획을 수립 및 모둠 구성원들의 역할 배분	✓		

학교안전표지판의 디자인에 대한 제작 계획을 세우며, 그에 맞는 모둠별 역할을 잘 분담한 것으로 보인다. 또한 디자인 계획 시 나타내고자 하는 표지판의 내용에 따라 다양한 삼각형을 이용하려는 노력을 하였다.

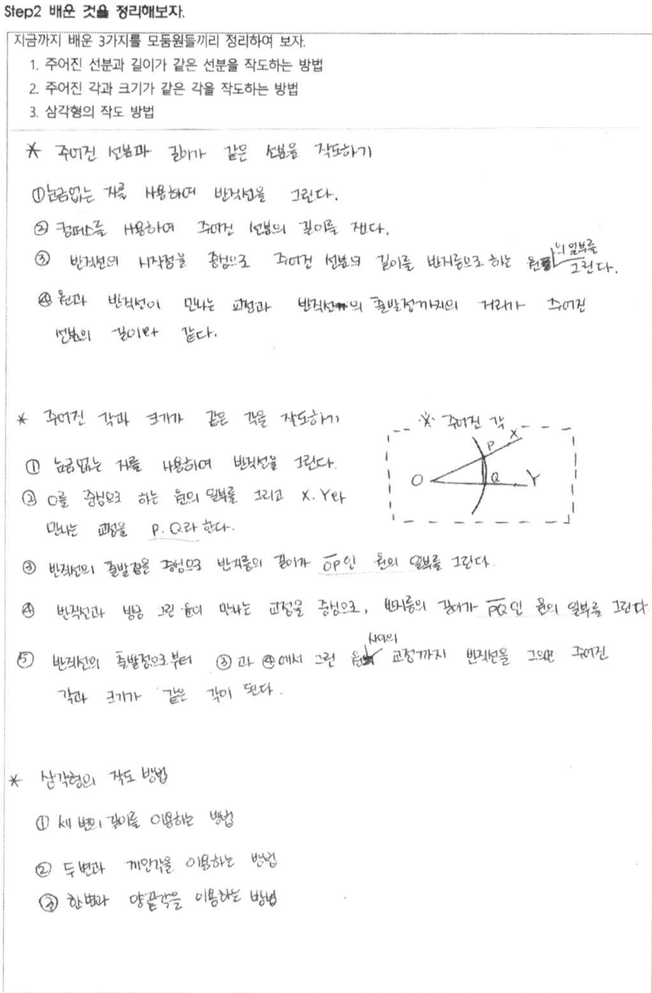

Step2 배운 것을 정리해보자.

지금까지 배운 3가지를 모둠원들끼리 정리하여 보자.
1. 주어진 선분과 길이가 같은 선분을 작도하는 방법
2. 주어진 각과 크기가 같은 각을 작도하는 방법
3. 삼각형의 작도 방법

※ 주어진 선분과 길이가 같은 선분을 작도하기

① 눈금없는 자를 사용하여 반직선을 그린다.
② 컴퍼스를 사용하여 주어진 선분의 길이를 잰다.
③ 반직선의 시작점을 중심으로 주어진 선분의 길이를 반지름으로 하는 원의 일부를 그린다.
④ 원과 반직선이 만나는 교점과 반직선의 출발점까지의 거리가 주어진 선분의 길이와 같다.

※ 주어진 각과 크기가 같은 각을 작도하기

① 눈금없는 자를 사용하여 반직선을 그린다.
② O를 중심으로 하는 원의 일부를 그리고 X, Y와 만나는 교점을 P, Q라 한다.
③ 반직선의 출발점을 중심으로 반지름의 길이가 $\overline{OP}$인 원의 일부를 그린다.
④ 반직선과 방금 그린 원이 만나는 교점을 중심으로, 반지름의 길이가 $\overline{PQ}$인 원의 일부를 그린다.
⑤ 반직선의 출발점으로부터 ③과 ④에서 그린 원 사이의 교점까지 반직선을 그으면 주어진 각과 크기가 같은 각이 된다.

※ 삼각형의 작도 방법

① 세 변의 길이를 이용하는 방법
② 두 변과 끼인각을 이용하는 방법
③ 한 변과 양끝각을 이용하는 방법

영역	평가항목	상	중	하
개념적 지식	2. 문제해결을 위한 개념적 지식 사용하기	✓		
수학적 의사소통	4. 수학적 용어를 사용하여 논리적으로 타당화하기	✓		

계획 단계에서 절차 단계로 넘어가기 전에 수학적으로 부족함이 있는 학생들에게 성장의 기회를 주기 위해 수학적 개념을 정리해보는 것이 필요하다. 위 모둠의 경우 선분의 길이, 각의 크기를 작도하는 방법에 대해서 모둠끼리 정리하여 확인해 보며 개념적 지식을 잘 정리하였다. 수학적 용어를 사용하여 논리적인 절차에 따라 설명하려는 노력이 보인다.

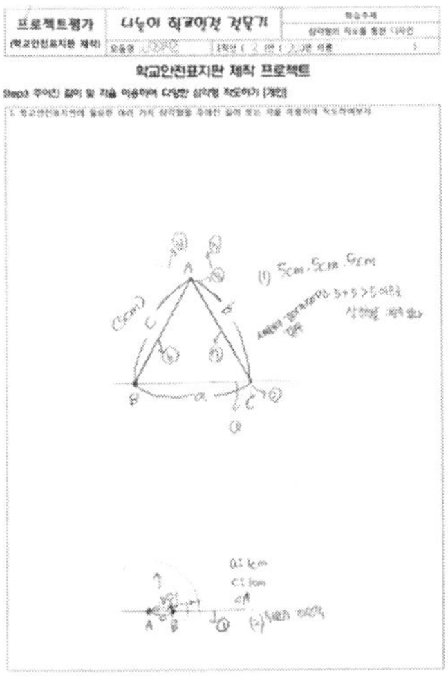

<A학생 개별활동지>

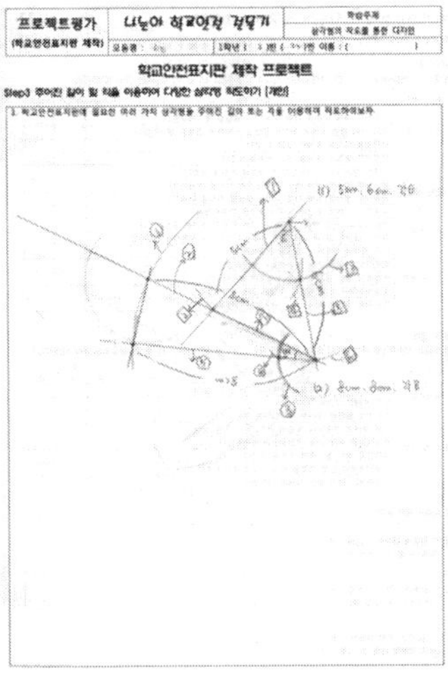

<B학생 개별활동지>

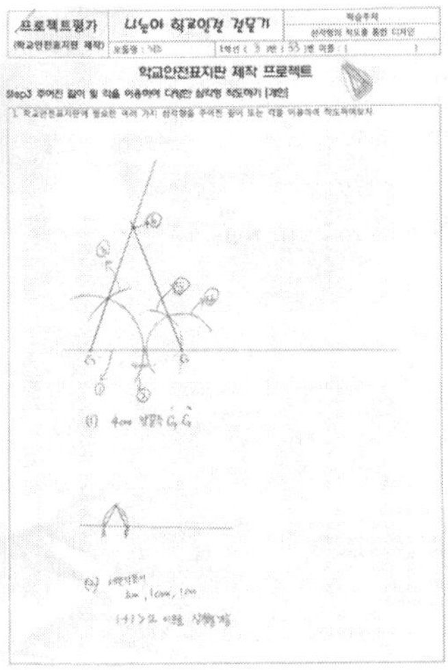

<C학생 개별활동지>

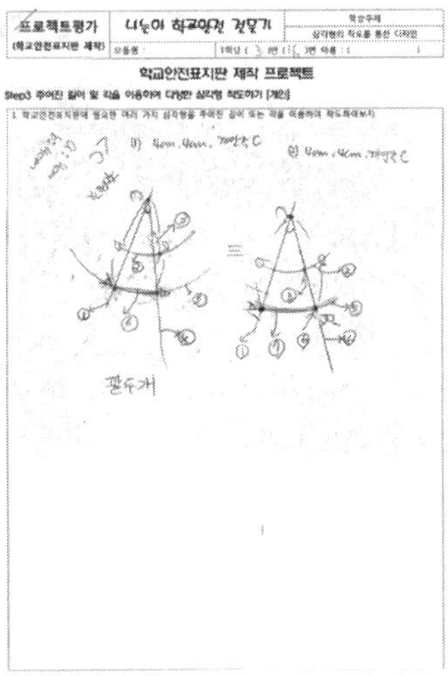

<D학생 개별활동지>

영역	평가항목	상	중	하
절차	3. 수학적 개념을 바탕으로 과제해결을 위한 수학적 절차 사용하기		✓	

작도 절차를 잘 이해하고 있으며 모둠 구성원 모두가 다양한 작도 방법으로 삼각형을 그릴 수 있는지 평가한다. 위 모둠의 예를 들면, 디자인 계획 시 나타내고자 하는 표지판의 내용에 따라 삼각형을 그리기 위해 어떤 조건들을 사용하고 그려야 하는지 절차적 지식에 대해 모둠 내 대부분의 학생들이 이해하고 있으나, A학생의 경우 정확한 절차에 대한 이해가 필요해 보인다. 특히 두 변과 끼인각을 이용하여 삼각형을 그리는 절차에 대한 완벽한 이해를 하고 있지 않다.

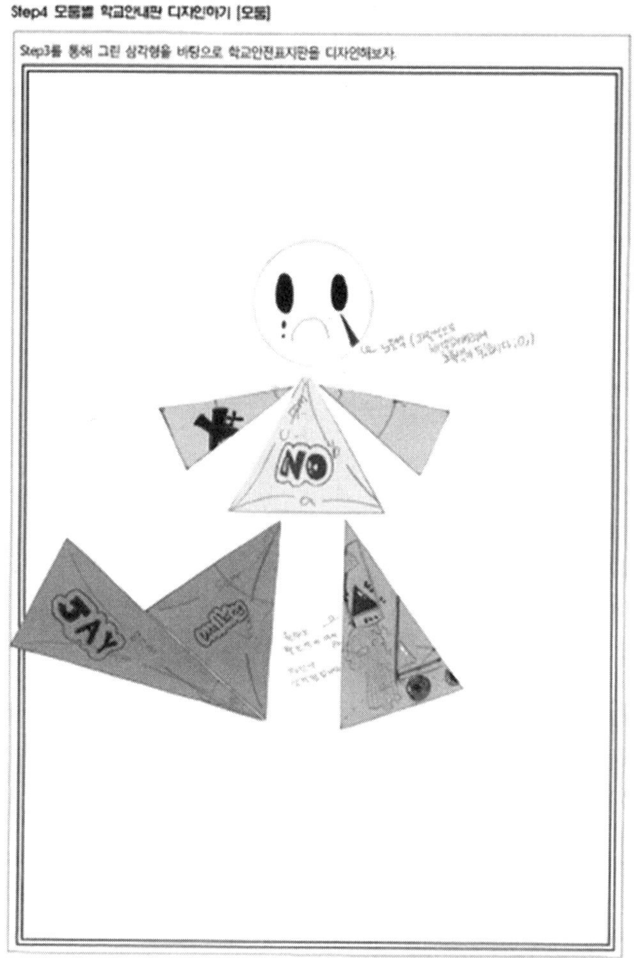

영역	평가항목	상	중	하
결과 평가	(청중 평가)7. 발표능력, 전달력 평가하기	✓		
	(교사 평가)8. 결과물 평가하기	✓		

모둠별로 제작한 산출물을 발표하는 시간을 갖으며 안전표지판 제작 과정을 친구들 앞에서 발표하며 청중들에게 평가받는다.

전체적인 산출물 결과에 대해서 수학적인 심미성 등의 안목을 바탕으로 프로젝트의 목표에 부합되는지 확인한다(삼각형을 바탕으로 제작된 사람인형은 사람들에게 교통사고의 끔찍한 심리상황을 전달하고 있음).

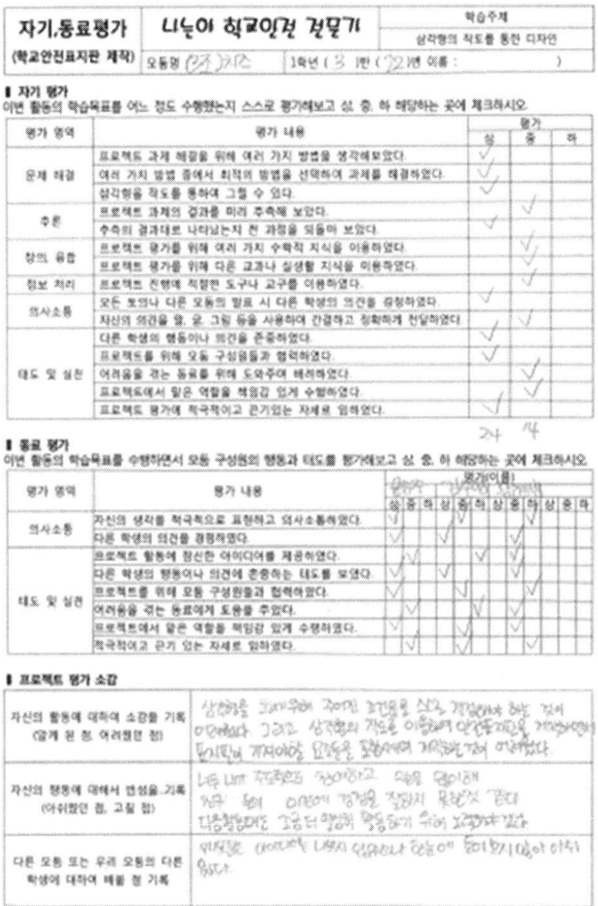
자기.동료평가
(학교안전표지판 제작)
■ 자기 평가
■ 동료 평가
■ 프로젝트 평가 소감

영역	평가항목	상	중	하
개인 태도 및 실천	5. 수학의 가치인식 및 유용성을 이해하기	✓		
동료 평가	6. 프로젝트 해결을 위해 협력하기	✓		

각 문항별 상-3점, 중-2점, 하-1점으로 하여 80% 이상의 득점을 한 경우 총평을 ‘상’ 으로, 50% 이상의 득점을 한 경우 ‘중’ 으로, 그 이하는 ‘하’ 로 평가한다. 이를 바탕으로 자기 평가에서는 개인 태도 및 소감문 분석을 통해 실천 능력을 평가한다. 이 학생의 경우 삼각형의 작도를 통한 안전표지판 제작이 힘들었지만 보람이 있었으며 스스로 활동에 대한 평가를 하며 다음 활동을 대비해 행동의 개선까지 다짐을 하고 있다.
동료 평가를 통하여 프로젝트 해결을 위해 각 구성원들이 활발하게 참여하고 있는지, 구성원들이 프로젝트 내용에 대해서 잘 인지하고 협력했는지 평가한다.

[그림 10-1] **프로젝트 평가 과제 산출물 및 평가지 예시**

5.4 평가 결과 보고

학교안전표지판 제작 프로젝트 수행에 대한 자기 평가, 동료 평가, 교사 평가를 통해 학생의 수학적 성장의 과정을 이해하고 되고 이를 생활기록부 교과 세부능력 및 특기사항에 작성하여 학생의 성장을 기록으로 남길 수 있다. 다음은 평가의 결과를 생활기록부에 기록한 예이다.

[표 10-10] **생활기록부 작성 예시**

우수	기본 도형 및 삼각형의 작도에 대한 이해가 완벽하여 주어진 자료를 바탕으로 삼각형의 작도를 활용하여 심미적인 안전표지판을 제작했을 뿐만 아니라 삼각형의 결정조건에 대한 수학적 성질을 정확하게 이해하고 있음. 또한 삼각형을 활용한 안전표지판 제작 시 모둠원 사이에서도 활발한 상호작용을 통해 문제를 해결하려고 하였으며 모둠의 문제해결 과정에서 오류를 찾아 바르게 수정하고 디자인 활동에 적극적으로 참여하여 맡은 역할을 성실히 수행함. 또한 삼각형의 작도에 대하여 관심과 흥미가 있으며 이를 활용한 안전표지판 제작을 통하여 실생활 유용성과 같은 수학적 가치를 인식하게 되었음.
보통	제작 시 필요한 삼각형을 주어진 선분과 길이가 같은 선분을 작도하고 주어진 각과 크기가 같은 각을 작도함으로써 안내표지판을 제작하였음. 주어진 선분과 길이가 같은 선분, 크기가 같은 각에 대한 작도 방법을 모둠원들과 공유하였고, 자신의 아이디어를 설득력 있게 말하는 것은 어려워하였지만 다른 모둠원의 의견을 경청할 수 있으며 수학적 성질을 이해하려는 노력을 함. 삼각형의 작도에 대하여 관심과 흥미를 갖고 이를 활용한 안전표지판 제작을 통하여 실생활 유용성과 같은 수학적 가치를 인식하기 위해 노력함.
노력 요함	문제해결에 필요한 삼각형을 그리기 위한 계획을 세우는 데 어려움이 있었으나 주어진 선분과 길이가 같은 선분, 크기가 같은 각에 대한 작도 방법을 모둠원들과 공유하며 수학적 내용에 대한 모둠 구성원들의 설명을 경청함. 그러나 삼각형의 작도에 대하여 관심과 흥미를 갖고 이를 활용한 안전표지판 제작을 통하여 실생활 유용성과 같은 수학적 가치를 인식하기 위해 많은 노력이 필요함.

6 나오는 글

이 장에서는 과정 중심 평가의 한 유형인 프로젝트 평가의 정의, 특징, 과제의 유형, 채점 방법, 프로젝트 평가의 적용 사례에 대해서 살펴보았다. 여러 연구자들이 수학과 교수-학습 과정에서 프로젝트 활용의 장점 및 그 가치에 대해서 강조하고 있으며, 다양한 연구를 통해서 프로젝트 학습의 긍정적인 교육적 효과가 보고되고 있다. 예를 들면, 황혜정 외(2016)는 학생들의 프로젝트 수행 경험은 그들의 수학에 대한 가치 인식, 창의적 사고, 비판적 사고 등과 같은 고차원적인 사고 능력의 신장과 더불어 의사소통 능력의 신장에도 기여할 수 있다고 제안하였는데, 중학교 1학년 학생들을 대상으로 이루어진 임상수, 고윤희(2005)연구에서 프로젝트 과제의 경험이 일반적인 수학적 과제의 경험에 비해서 학생들의 수학적 성향 및 수학 학습 태도에 긍정적인 영향을 주는 것으로 보고되었다. 이민희, 임해미(2013)의 연구에서도 융합적 프로젝트기반학습 경험이 고등학교 1학년 학생들의 21세기 역량 및 수학적 태도에 긍정적인 영향을 준 것으로 보고되었다.

수학 교과에서 프로젝트와 관련해서 이루어진 대부분의 선행연구가 주로 학습의 측면에서 프로젝트 학습의 효과를 파악하는 데 중점을 둔 반면, 평가의 측면에서 프로젝트 평가의 가치나 효과를 살펴본 연구는 많지는 않은 실정이다. 최근에 박정은(2019)은 평가의 측면에서 프로젝트 기반 평가의 가치 및 의의를 탐색하기 위하여 소집단 프로젝트 기반 평가와 소집단 (전통적인)문제해결 중심의 평가에 대한 학생들의 반응을 비교하여 살펴보았다. 그 연구에서는 소집단 프로젝트 기반 평가 활동이 전통적인 소집단 문제해결 중심의 평가 방법 보다 중학교 1학년 학생들의 수학에 대한 가치 인식 측면에서 매우 효과적인 것으로 나타났다. 이와 더불어 소집단 프로젝트 기반 평가 활동에 참여한 학생들은 프로젝트 평가 활동을 통해서 협동심, 의사소통, 평가 과제에 대한 흥미, 평가 과제 수행에 대한 자신감 등을 경험한 것으로 나타났으며, 연구에 참여한 대부분의 학생들이 프로젝트 기반 평가의 가치를 이해하고, 이를 선호하는 것으로 나타났다(박정은, 2019). 프로젝트 평가에 참여하면서 가장 좋았던 점을 묻는 질문에 학생들은 다음과 같이 응답하였다.

> 모둠원들과 함께 문제를 풀어나가고, 얘기하면서 수학 문제를 풀어서 재미있고, 더욱 문제가 쉽게 느껴졌다. 또한 가끔씩 등장하는 체험활동(삼각형으로 표지판 만들기) 같이 모둠원들과 어떤 내용으로 표지판을 할지 의논하고, 작도하고 해서 발표까지 정말 재미있었다. 게다가 이게 시험이라는 느낌도 나지 않아서 큰 부담감 없이 편하게 했다.(박정은, 2019, p. 45)

> 프로젝트 평가를 진행하면서 나 혼자 하는 것보다 주변 모둠원들과 같이 모르는 게 있으면 서로 공유하고 알려주고 디자인할 때 협력해서 오히려 내 자신이 더욱 더 성장하고 알게 된 것 같다. 그리고 모둠 안에서 모둠원끼리 각각 역할을 나눠서

나의 역할을 수행하는 과정이 보람있었다.(박정은, 2019, p. 44)

그러한 학생들의 반응을 통해서 소집단 협력학습을 통한 프로젝트 평가의 의의를 엿볼 수 있다. 프로젝트 평가는 학생들에게 전통적인 지필시험이 주는 부담감 및 압박감을 해소하는 데 도움이 되며, 평가를 통해서 학생 스스로 성장해 나갈 수 있는 기회 또한 제공할 수 있는 방법이다. 이에 학교 현장에서 학생 성장을 도모하기 위한 평가의 방법으로 프로젝트 평가가 보다 적극적으로 활용되길 기대해 본다.

참고문헌

- 교육부(2015). 수학과 교육과정. 교육부 고시 제2015-74 [별책 8]. 세종: 교육부.
- 박경미(1999). 수학과 수행평가. 백순근(편), 수행평가의 이론과 실제(pp. 239-295). 서울: 원미사.
- 박경미, 임재훈(1999). 수학과 수행평가 프로젝트법의 의의와 실제. 학교수학, 1(2), pp. 723-745.
- 박슬히, 신재홍, 이수진(2014). 중학생의 수학적 모델링 정교화 과정에 관한 사례 연구. 한국학교수학회논문집, 17(4), 657-677.
- 박정은(2019). 소집단 프로젝트 기반 평가 활동이 중학생들의 수학 교과에 대한 정의적 특성 및 학업성취도에 미치는 영향. 단국대학교 석사학위논문.
- 백순근(1999). 수행평가에 대한 이론적 기초. 백순근(편), 수행평가의 이론과 실제(pp. 19-75). 서울: 원미사.
- 상경아, 곽영순, 박지현, 박상욱(2016). 수학과학 성취도 추이변화 국제비교 연구: TIMSS 2015 결과 분석(연구보고서 No. RRE 2016-15-1). 서울: 한국교육과정평가원.
- 손정화, 강옥기(2012). 수학교육의 교수-학습 참평가 모형 및 예시 도구 개발-프로젝트법을 중심으로-. 학교수학, 14(1), pp. 109-134.
- 이민희, 임해미(2013). 수학사를 활용한 융합적 프로젝트기반학습(STEAM PBL)의 설계 및 효과 분석. 학교수학, 15(1), 159-177.
- 이종희, 김선희, 채미애(2001). 수학적 의사소통 능력의 평가 기준 개발. 수학교육학연구, 11(1), 207-221.
- 임상수, 고윤희(2005). 다양한 프로젝트 과제 활용이 수학적 성향과 학습 태도에 미치는 효과. 교육과학연구 백록논총, 7(2), 69-94.
- 임해미(2007). 프로젝트기반 수학수업에 대한 사례연구-자료분석(Data Analysis)을 중심으로-. 이화여자대학교 박사학위논문.
- 최승현, 박상욱, 황혜정(2014). PISA와 TIMSS 결과에 나타난 우리나라 학생의 정의적 성취실태 분석- 수학교과를 중심으로. 한국학교수학회논문집, 17(1), 23-43.
- 황혜정, 나귀수, 최승현, 박경미, 임재훈(2016). 수학교육학신론. 서울: 문음사.

• Fleming, D. S. (2000). A teacher's guide to project-based learning. Charleston, WV.: ERIC Database, ED469734.
• Montgomery, K. (2002). Authentic task and rubrics: Going beyond traditional assessments in college teaching, College teaching, 50(1), 34-40.
• Thomas, J. W. (2000). A review of research on project based learning. San Rafael. CA: The Autodesk Foundation. https://documents.sd61.bc.ca/ANED/educational Resources/StudentSuccess/A_Review_of_Research_on_Project_Based_Learning.pdf

제11장

포트폴리오를 통한 평가 도구 및 전략

김수환(청주교육대학교)

1 들어가는 글

전문 예술가의 포트폴리오와 같이, 개별 수학 포트폴리오는 단순한 작업 목록 이상이다. 그것은 수학의 흥미나 능력에 대한 학생의 폭넓은 관점을 제공하기 위하여 학생들에 의해 신중히 선택된 문서들의 수집이다. 포트폴리오에서의 항목들은 시험지에서 자율 반성 기록에 이르기까지, 숙제의 견본에서부터 원래 학생이 작성한 문제들에 이르기까지 광범위하다. 학생들이 그들의 작업 사례들에 관한 반성을 반드시 포함시키도록 하기 위하여 포트폴리오에 포함될 수 항목들의 수를 제한하는 것이 중요하다.

포트폴리오 평가는 교사 또는 학생이 일정한 기간 동안의 학습 자료와 결과물을 폴더에 모은 것을 가지고 학생의 학습 활동에 대한 수행 정도를 평가하는 수행평가의 한 방식으로 잘 알려져 있다.

2 포트폴리오의 개념과 단계

2.1 포트폴리오의 개념

Portfolio란, 옥스포드 영어 사전에는 '1. 정돈되지 않은 서류 종이, 복사물, 그림, 지도,

음악 등을 보관하는 용기 또는 상자; 2. 개인 또는 투자 기관이 소유하는 유가 증권들의 수집물'로 되어 있고, 웹스터 사전에는 '1. 서류 또는 그림들이 들어 있는 하나의 평면 운반용 상자; 2. 재정기관 또는 은행이 소유하는 상업적 서류 또는 재정가가 소유하는 유가증권들'로 나타나 있다.

이와 같은 사전적 의미에도 함축되어 있듯이, 경영학의 재무관리 분야에서의 포트폴리오란 주식의 분산 투자를 의미하며 그것은 위험의 분산을 위한 것이다. 이를 교육 평가의 관점에서 도입하여 이용하고 있음은 주지의 사실인 바, 그 이유는 말할 나위 없이 지필 검사나 결과 중심 평가의 한계점을 극복하기 위한 대안적인 평가도구로서 과정과 결과의 통합 평가를 위한 것으로 볼 수 있다. 뿐만 아니라, 학생의 약점보다는 강점을 부각시켜 개성을 존중하고 학습자 개인의 특성을 신장시키고자 하는 것으로 볼 수 있다.

포트폴리오 평가는 하나 이상의 주제나 문제에 대한 해결 과정을 모두 기록함과 아울러, 이들에 대한 반성적 자기 평가 결과들을 모아둔 것으로, 이를 통해 학생들은 자기 자신의 변화 과정을 알 수 있고 자신의 장점이나 약점, 성실성 여부, 잠재 가능성 등을 스스로 인식할 수 있다. 그리고, 교사들은 학생들의 과거와 현재의 상태를 쉽게 파악할 수 있을 뿐 아니라 앞으로의 발전 방향에 대한 조언을 할 수 있다. 즉, 포트폴리오 평가에 의해, 비고츠키가 말하는 아동의 근접발달영역(Mellin-Olsen, 1991; Vygotsky, 1978; 김수환, 1998 재인용)을 확인함으로써 아동의 잠재적 발달 수준을 평가해주기 위한 것으로 요약할 수 있다.

포트폴리오 평가는 학생과 교사간의 상호작용과 의사소통의 장으로서의 역할과 기능을 훌륭하게 수행할 수 있는 도구이다. 즉, 포트폴리오 평가를 실시함으로써, 우리는 학습자들의 문제해결과 의사소통 기능의 향상을 기대할 수 있을 것이다. 포트폴리오는 학습자가 수학의 주관적인 지식을 발표하거나 객관적인 지식을 나름대로의 방식으로 표상하는 도구로서의 역할을 할 수 있기 때문이다. 포트폴리오의 작성 과정에서는 수학적 기호의 사용을 지나치게 요구할 것이 아니라, 학생의 능력과 수준에 맞는 각각의 쓰기 유형들이 권장되어야 한다. 의사소통의 방법은 말하기, 듣기, 읽기, 쓰기 등이 있겠지만, 포트폴리오 평가의 과정에서는 특히 쓰기 의사소통에 초점을 두는 것으로 볼 수 있다(김수환, 1998).

2.2 포트폴리오 평가의 목적

포트폴리오 평가의 주요한 목적은 학생들의 사고, 시간의 경과에 따른 성장, 수학적인 연결성, 수학자로서의 자신들에 관한 관점, 그리고 문제해결 방법의 진전과 과정 등을 알아보는 것이다(Stenmark, 1991). 포트폴리오를 이용하는 이유도 학습자가 학습 내용에 참여하게 하고, 반성과 자기-평가 기능을 학습하고, 어떤 작품의 질이 높은 것인지를 이해하게 하고, 전통적인 평가와는 다른 학습자의 학습을 문서화하고 부모와의 소통도 촉진하는 등 여러 가지를 들 수 있다. Lambdin과 Walker(1994)는 포트폴리오 평가의 목적을 다음 세 가지로 요약하고 있다. 첫째, 포트폴리오는 시험 점수에만 의존하기 보다는 평가의 다양한 원천을 토대로 아동을 총체적으로 평가하기 위한 방법으로 기존의 평가에 비해 진일보한 평가 방법이 될 수 있다. 둘째, 포트폴리오 평가는 학생들의 자기 평가 기능을 발전시킴으로써 교사가 그들이 학습한 결과에 부과하는 점수를 맹신하지 않도록 해줄 수 있다. 셋째, 포트폴리오 평가는 교실에서 발생하는 다양한 수학 학습에 관하여 학생, 학부모, 교사간의 훌륭한 의사소통 수단이 될 수 있다.

2.3 포트폴리오의 내용

포트폴리오는 예술 작품의 평가를 위해서 오랫동안 이용되어 왔지만, 최근에 이르러 수학에도 이 기법을 이용하는 것이 강조되었다. 학생의 수학 포트폴리오에 특별한 문제해결 과제, 특별한 수필, 탐구, 프로젝트, 보고서 등을 포함시킬 수 있다. 이들은 지필, 오디오, 비디오테이프, 컴퓨터 디스크 등을 포함한 다양한 매체를 통하여 제시될 수 있다. 학생들이 포트폴리오를 모으게 하려면, 다음과 같은 많은 결정을 할 필요가 있을 것이다.

무엇을 포함시킬 것인가?
어디에 보관할 것인가?
얼마나 자주 피드백을 줄 것인가?
등급을 매길 것인가?

이러한 것들을 한번 결정하고 나면, 포트폴리오는 교사와 학생들에게 유용한 풍부한 정보의 원천이 될 수 있다.

수학 포트폴리오에 대하여 고려하여야 할 항목으로 다음과 같은 것을 들 수 있다(Koga & Lee, 1998).

개방형 과제, 프로젝트 집단보고서, 다른 교과 영역의 작품, 학생이 만든 문제, 예술 프로젝트, 서평, 학생의 일지 인용문, 내용 표, 복잡한 수학 문제에 대한 학생의 초안, 개정안, 최종안, 수학 개념에 대한 이해를 보여준 학생 활동에 대한 교

> 사의 설명과 묘사, 신문이나 잡지 기사, 학생이 포트폴리오 독자에게 쓴 편지나 각 항목에 대한 설명, 학생과 교사 간의 면담 오디오 테이프, 학생이 교구를 다루는 활동에 대한 사진이나 스케치, 학생의 오류나 오개념 수정을 보여주는 논문이나 글, 교사나 다른 학생에 의한 면담 기록, 일지 항목 사례, 학생의 기본 언어로 쓴 작품, 교사가 만든 체크리스트, 학생 작품 동영상, 수학 자서전, 수학 연구.

포트폴리오의 부가적인 이점은 학생을 위한 자기 평가 도구로서 그것이 지닌 가치이다. 학생들이 그 해 동안의 자신들의 성장을 알 수 있도록 날짜를 기재하는 것은 중요하다. 포트폴리오에 과제와 그것에 대한 반성을 기술해 두는 것도 도움이 된다. 전통적인 평가의 제한점 때문에, 많은 교육자들이 대안적인 형식의 평가를 실험해왔으며, 포트폴리오 평가의 장점을 많이 언급해왔다.

포트폴리오 평가는 학생들이 자신의 강점과 약점을 이해하는 것을 도와주며, 포트폴리오 평가를 통하여 수행에 대한 성공과 실패를 더욱 잘 연계할 수 있을 뿐 아니라 목표 상황을 촉진할 수 있다(Owings & Follo, 1992; Koga & Lee, 1998). 포트폴리오 평가는 결과뿐 아니라 과정의 평가에도 이용될 수 있으며, 학습과 평가의 통합도 가능하게 해준다. 또한 포트폴리오 평가를 토대로 한 학습은 보다 학습자 중심적이며, 평가가 점수에만 의존하지 않기 때문에 학습 양식에 근거한 수업이 더욱 쉽게 평가될 수 있다. 더욱이 포트폴리오는 학습자들의 진전에 관한 더 많은 정보를 제공하며 그들 자신의 학습에 책임지도록 고무한다. 그러므로, 학생들은 자신들의 평생학습에 대한 더 큰 책무를 가진 것으로 느끼게 해준다(Gilman et al., 1995). 다른 한편, 포트폴리오는 교사들의 일상적인 평가의 짐을 덜어준다. 요약하면, 포트폴리오는 다차원적인 형태의 평가로 전반적인 이해력과 사고력을 평가하도록 해준다(Koga & Lee, 1998).

포트폴리오 평가 활용 결과의 긍정적인 측면에도 불구하고, 몇몇 교육자들은 포트폴리오 평가의 단점도 적시하고 있다. 포트폴리오 평가가 교사들에게 계획과 문제 배포 등을 준비할 시간적 부담을 준다. 더욱이 학생들의 성취에 대한 평가를 정확하게 계량화 하는 것을 보증해주기가 어렵다. 포트폴리오 평가가 전통적인 것보다 더 주관적이며, 신뢰도와 타당도에 의문이 제기될 수 있다. 그리고 포트폴리오 내용 결정이 다른 평가 기법보다 더 어려울 수 있다(Koretz, 1994).

2.4 수학 포트폴리오의 4단계

한편으로는 포트폴리오는 학생의 노력, 발전, 혹은 성취에 대한 이야기를 알려주는 목적성이 있는 학생 작품의 수집으로 정의할 수도 있다. 따라서 거기에는 포트폴리오 내용 선정 학생 참여, 선정 기준, 장점 판단 준거, 그리고 학생의 자기-반성 증거 등이 포함되어야 한다(Arter, 1990; Danielson & Abrutin, 1997). 특별히, 포트폴리오는 개별 학생에 의해 만들어진 많은 작품의 임의적인 수집이 아니라 어떤 특별한 목적이 있는 수집품으로 구성되어야 한다. 이러한 관점에서 포트폴리오의 단계는 다음 4가지로 나누어 볼 수 있다.

첫째, 수집(Collection) 단계

교사는 포트폴리오의 목적을 정의하고 소통할 필요가 있다. 어떤 유형의 작품이 수집되고, 또한 어떤 유형이 수집되지 않을 것인지가 소통되어야 한다. 게다가, 포트폴리오 수집의 시간대 지정도 중요하다. 수학 포트폴리오에 포함되어야 할 적절한 내용은 다음과 같다.

> 숙제, 학생이 만든 문제, 학생 생각에 특별히 흥미롭거나 도전적인 문제, 다양한 풀이 방법이나 전략을 요하는 문제, 자료를 도표나 그래프로 만들어 발표하고 설명해야 하는 문제, 일상 생활에 수학이 어떻게 적용되는지에 관한 학생의 사례, (문제의 설명, 직면한 어려움, 가능한 해결, 최종 풀이나 산출물을 포함한) 조별 집단 탐구 결과, 학생의 장점과 끈기의 증거를 보여주는 문제의 사례, 성취를 보여주는 최선의 노력이나 시험 결과 사례, 기술 공학의 이용을 요하는 문제, 시간이 지남에 따라 발전을 보여주는 문제 사례, 장기적인 수학 탐구 문제.

둘째, 선정(Sellection) 단계

교사는 산출물이나 사례의 선정을 위한 준거를 개발하거나 학생들과 협력하여 그 준거를 수립할 수도 있다. 그 다음에 교사는 학생들에게 그 지침을 분명하게 소통할 필요가 있다. (포트폴리오 구성을 전하기 위하여) 내용 도표를 만드는 것이 도움이 될 수 있다. 가끔 포트폴리오는 학생이 포트폴리오 교육자에게 보내는 편지를 포함시키기도 한다.

셋째, 반성(Reflection) 단계

반성은 보통 수학적 과정과 수학자로서 발전하는 어떤 측면에 관한 (교사의 촉진이나 발문에 대한 반응과 쓰기에서 보통) 학생들이 그들의 사고를 명료화할 때 있는 일이다. 가령,

학생들은 왜 그들이 특정한 문제를 선정하였는지, 그들이 그 문제를 해결하는 방법에 관하여 특히 어떤 방법을 좋아하는지, 그들이 유사한 문제를 다음에 직면하게 될 때 무엇을 달리 할지, 그들의 개선 영역, 수학자로서의 그들의 장점 등을 논평할 때 반성이 일어난다.

포트폴리오 과정에서 어떻게 하면 반성이 체계적으로 구현될 수 있을지를 결정해야 한다. 교사는 보통 학생이 어떤 생산적인 방향으로 반응하도록 하는 촉진 방법을 구체화한다.

넷째, 투영(Projection) 단계

투영은 학생들에게 현재까지의 그들의 포트폴리오를 검토하고 평가하며, 그들의 발전을 축하하고 미래의 성장을 위한 목표를 설정할 기회 제공을 포함시키는 것이다.

아울러 중요하게 고려해야 할 점으로는, 첫째, 등급화 평가를 어떻게 할 것인가를 결정하는 것이다. 평가용 포트폴리오에 해당하는 항목에만 등급을 부여하고, 학생들이 합의한 채점 기준이나 체크리스트, 등급 척도를 이용한 명백한 준거에 따라 포트폴리오 항목을 평가하며, 포트폴리오의 완성도와 조직화도 평가한다. 둘째, 학부모들이 포트폴리오에 대하여 논평할 수 있는 방안을 강구한다. 셋째, 포트폴리오의 밤을 정하여 학생들이 회동하여 논의하는 자리를 마련한다.

3 포트폴리오 평가 유형 및 전략

3.1 포트폴리오 평가의 유형

포트폴리오 평가의 유형은 다음 세 가지로 나눌 수 있다(Singh, 2014; Columba & Doglas, 1995).유형 1은 전시용 대표 작품형(Showcase)으로, 학생이 가장 잘한 대표적인 작품에 주안점을 둔다. 다양한 작품이 재능의 폭을 반영하기 위하여 수집된다. 그러므로, 이 포트폴리오에서 학생은 자신이 가장 잘한 대표적인 작품이라고 생각하는 것을 골라 수집한다. 이러한 포트폴리오의 폴더는 교실의 공개적인 장소에 비치하여 학부모 방문 시에도 쉽게 열람할 수 있도록 한다.

유형 2는 교사-학생 포트폴리오(Teacher-Student Portfolio)로, '작업 포트폴리오' 또는 '작업 폴더'라고도 한다. 이는 교사와 학생간의 소통을 돕는 교사와 학생의 상호작용 포트폴리오이다. 교사와 학생은 포트폴리오의 내용에 대하여 가감할 것을 논의한다. 교사-학생 포트폴리오는 집단 프로젝트와 논문이 폴더에 수집되거나 전자파일로 수집된 교육용 포트폴리오라고 할 수 있다. 그것은 교사의 평가와 학생의 자기-반성을 함께 가지고 있다. 포트폴리오란 기본적으로 학생의 노력, 발전, 그리고 성취를 드러내주는 학생 작품의 목적을 가진 수집이다. 이러한 포트폴리오의 수집은 내용 선정에 학생이 참여하고, 장점을 판단하는 증거와 학생의 자기-반성의 증거 등을 포함해야 한다.

유형 3은 교사의 대안적인 평가 포트폴리오(Teacher Alternative Assessment Portfolio)로, 이러한 유형의 모든 항목들은 점수화하고, 등급을 매기어 평가한다. 교사는 학생 개별 포트폴리오를 오로지 교사의 평가 도구로만 이용한다. 이것은 집중형 포트폴리오로 총체적인 평가 모델이다. 전체 학년도에 걸쳐 수학 교과에서의 학생의 발전을 문서화하는 데 관심이 있는 교사는 구체적인 과제에 대한 학생의 자기 평가가 반영된 작품 사례를 포함하는 대안적인 평가 포트폴리오로 배가되는 발전적인 포트폴리오를 유지하도록 할 수 있다. 그러한 포트폴리오는 학생의 평가와 학부모 회의에서 이용될 수 있는 구체적인 문서를 제공해준다. 그것은 또한 교사들이 포트폴리오 체제를 이용하여 들어오는 학생들의 수업에 관한 정보를 얻는 데도 크게 도움을 준다. 그 결과 교사는 학년도가 시작하기에 앞서서 학생들의 능력과 수준을 더 잘 이해할 수 있다. 그리하여 교사가 상응한 계획을 수립할 수 있다.

3.2 포트폴리오 평가 전략

전시용 대표 작품형 포트폴리오는 학생이 가장 잘한 작품을 전시하기 위하여 설계된 반면, 대안적인 평가 포트폴리오는 학생의 작업이 매번 어떻게 발전하는지를 보여주는 학생의 전체적인 작품의 포괄적인 저장소가 된다.

요즈음의 기술공학이 정보를 본문, 그래프, 음향, 그리고 동영상 등의 형식으로 포착하고 저장하는 것을 가능하게 해주기 때문에, 학생들은 하나의 일관된 문서에 작문사례, 문제해결 풀이와 멀티미디어 발표를 저장할 수 있다. 이와 같이 디지털 전자-포트폴리오가(e-portfolio) 더욱 효과적이며 많은 학생들이 그들의 포트폴리오를 학급에 발표하는 데도 큰 자부심을 갖는 경향이 있다.

따라서 컴퓨터를 이용한 학생의 전자-포트폴리오 평가 수행이 흥미진진한 교육 혁신이다. 이러한 방법의 평가는 성취와 수행을 참으로 입증해줄 뿐 아니라 학생들이 수행한 작업에 대한 책임을 지도록 한다. 또한 이는 학생들이 다음에는 더 잘할 수 있도록 동기부여 해준다. 컴퓨터를 이용한 포트폴리오 평가 체제는 교육공동체뿐 아니라 기업체에도 동시에 유익하여 '4차 산업혁명과 정보화 시대'에 인기 있는 평가 도구로 지속되어야 한다.

4 포트폴리오 평가 도구

4.1 평가 도구로서의 학생 포트폴리오

대학 강의실에서는 포트폴리오 평가를 강조함에도 불구하고, 교실 현장에서는 평가 도구로서 포트폴리오 활용을 주저하는 이유는 무엇일까? 첫 번째 이유는 바로 포트폴리오가 주관적인 형식의 평가라는 점이다. 등급 기준이나 답안지 없이는 누구라도 주관적인 평가가 부담스러울 수밖에 없다. 둘째, 교사들은 가끔 포트폴리오의 목적과 교실에서 그 이용에 대한 확신을 갖고 있지 못하기 때문이다. 셋째, 포트폴리오가 학생의 학습을 평가하는 데 매우 효율적일 수 있는 방법인가에 대한 의문이 있기 때문이다. 다음 제안을 잘 고려하면 이러한 세 가지 요인들을 해소하는 데 도움이 되어 학생 포트폴리오를 교실에서의 학습 평가에 이용할 수 있을 것이다(McDonald, 2011).

먼저 포트폴리오의 목적을 설정하여라. 그 목적은 포트폴리오를 어떻게 이용할 것인지와 결부되어야 한다. 학생의 개선이 장기간에 걸쳐 이루어지기를 원하는가 아니면 어떤 구체적인 기능의 숙달을 바라는가? 시간이 경과함에 따라 학생의 학습의 양상이나 범주를 알고 싶어 하는지 아니면 다음 교사에게 인도될 학생의 탐구 사례 수집만을 원하는지 하는 것은 중요하다. 시간의 경과에 따른 아동의 완성된 탐구의 양과 개선의 정도를 학부모들에게 보여줄 구체적인 방법을 찾고 있는 것인가? 시간을 갖고서 어떤 자료를 수집하여 그것을 어떻게 이용할 것인지 하는 계획을 수립해야 한다.

그 다음에, 포트폴리오를 등급화 하려면 어떻게 할지를 결정해야 한다. 기능의 전반적인 숙달 정도나 수집된 탐구 작품 사례를 등급화하려면, 가장 효율적인 방법은 등급 척도를 이용하는 것이다. 포트폴리오를 등급화의 주요한 도구로 활용하고 평가의 신뢰도를 높이기 위해서는 그 평가를 도와줄 다른 교사의 도움을 받는 것도 중요하다. 그것은 학생의 성적을 잘 아는 교사가 학생들에 대하여 가질 수 있는 선입견을 보정하는 데도 도움이 된다.

마지막으로, 포트폴리오의 과정에서 학생의 참여가 중요하다. 학생 또한 포트폴리오의 목적과, 그것이 그들의 탐구 결과를 평가하는 데 어떻게 이용되며, 그 등급화가 어떻게 결정될지를 잘 이해하는 것이 중요하다. 학생이 과제를 제출하기 전에 그 포트폴리오에 담을 산출물에서 무엇이 기대되는지에 관한 목록이 학생에게 제공되어야 한다.

포트폴리오는 시행하기가 가장 쉬운 형태의 평가는 아니지만, 학습 평가를 위한 매우 효과적인 도구가 될 수 있다. 포트폴리오는 시간의 경과에 따라 특정 학생의 누적적인 노력과 학습을 보여준다. 그들은 학생의 개선과 기능 숙달에 관한 자료를 보여준다. 학생의 반성과 함께, 그 자료는 각 학생이 학습 과정에서 자신에게 중요한 것이 무엇인지, 어떻게 학습하는지에 관한 가치 있는 정보를 제공해준다.

4.2 평가 방법

포트폴리오 평가 방법으로는 3단계, 4단계, 5단계 등의 평정 척도가 많이 이용된다. 여기에서는 한 가지 사례로 4단계의 평정 척도를 갖는 수학에 대한 Vermont Portfolio Program (Petit, 1992; http//plainfield. bypass.com/bypass/users/union/skills.html, 1997; 김수환, 1998 재인용)의 문제해결과 의사소통 기능의 평가 기준을 다음 [표 11-1]과 같이 한국의 실정에 맞게 수정하여 제시하였다. 이 기준은 교사가 문제해결과 의사소통 기능 평가를 원활하게 수행하는 것을 돕기 위한 것이다. 이것은 꼭 이용해야 할 기준은 아니지만, 교사가 수업 활동에 대한 학생 자율 평가 기록이나 과제 수행 결과 기록 등을 할 때 이 기준을 참고로 논평할 수 있도록 하기 위한 것이다.

학습자가 주어진 문제 상황을 해결하는 과정을 문제 이해하기(PS1), 문제해결 방법(PS2), 문제해결 활동의 결과(PS3) 등 세 가지로 나눈 다음 그 각각을 네 가지의 수준, 즉 1수준, 2수준, 3수준, 4수준의 4단계 평정 척도로 평가한다. 또한 의사소통 기능을 수학 문장이나 방정식 등의 수학 용어(C1), 도표, 그래프, 표, 다이어그램, 모델 등의 수학적 표상(C2), 과제의 조직화에 해당하는 설명(C3) 등으로 나눈 다음 각각을 4단계의 평정 척도로 평가한다.

[표 11-1] 문제해결과 의사소통 기능 평가 기준

구분	1 수준	2 수준	3 수준	4 수준
문제 이해하기 (PS1)	문제의 이해 부족으로 착수하지 못함	문제의 부분적 이해, 부분해 도달	문제를 이해하였으나, 문제해결에 필요한 최소한의 정보를 알고 이용함	문제해결에 필요한 최소한의 정보를 초월한 특수한 요인들을 알고 이들을 지속적으로 옳게 적용
문제해결 방법 (PS2)	해결 방법이 작동되지 않거나 분명하지 않음	해결 방법이 문제의 부분만을 해결하거나 부분해에 도달함	해결 방법으로 그 문제를 해결함	해결 방법으로 그 문제를 해결하였을 뿐 아니라 그 방법이 효율적이며 세련됨
활동의 결과 (PS3)	문제를 푼 것으로 그만이거나, 그 풀이와 무관하거나 부적절한 관찰을 함	문제를 풀고 나서 그 풀이의 어떤 측면에 대하여 수학적으로 의미 있는 논평이나 관찰을 함	문제를 풀고 나서 그 풀이와 다른 수학 또는 실세계와의 수학적 관련을 지음	문제를 풀고 나서 그 풀이의 일반화를 하거나 그 풀이를 보다 복잡한 상황으로 확장함
수학 용어 (수학 문장이나 방정식) (C1)	문제 진술 이외의 수학 용어를 사용하지 않거나, 그 해를 의사소통하는 데 부적절하거나 부정확한 수학 용어를 사용함	문제의 부분해에 도달할 만큼만 이해함	문제를 이해하였지만, 그 문제의 해결에 필요한 최소한의 정보만 확인하고 이용함	그 문제의 해결에 필요한 최소한의 정보를 초월하여 특수한 요인들을 확인하여, 이들을 일관되고 옳게 적용함
수학적 표상 (도표, 그래프, 표, 다이어그램, 모델) (C2)	부적절한 수학적 표상을 이용하거나, 풀이를 의사소통하기 위하여 어떠한 수학적 표상도 이용하지 못함	풀이를 의사소통하기 위하여 적절한 수학적 표상을 이용하려고 함	풀이를 의사소통하기 위하여 적절한 수학적 표상을 정확하게 이용함	풀이를 의사소통하기 위하여 세련된 수학적 표상을 이용하려고 함
설명(과제의 조직화) (C3)	풀이의 설명이 분명하지 못함	풀이의 설명에 어떤 분명한 부분들이 포함됨	풀이의 설명이 분명하지만, 독자가 그 풀이를 이해하기 위하여 어떤 요소들을 채워넣어야 함	풀이의 설명이 전체적으로 분명하고, 상세하게 잘 조직화됨

5 포트폴리오 평가 적용 사례

우선, 실습과 반성을 통한 수학 예비교사의 평가 전문성 신장(김선희, 2012)에서 예비교사 스스로 자기 주도적 학습을 하게 된 데에는 포트폴리오의 역할이 크다고 보인다. 포트폴리오를 만들어 가는 과정에서 자신의 학습 상황을 점검하고 부족한 지식을 채우려는 노력이 스스로 과제를 만들고 결과를 구하려는 것으로 진행되었다고 보고한다.

둘째, 초등학교 수학과 수업에서 포트폴리오의 활용 가능성과 그 적용 방안에 관한 연구(이명희, 송상헌, 2002)에서 수업 준비 면에서는 교육과정과 교과서 단원 분석을 통해 해당 단원이 포트폴리오 과제 수행의 적합성 여부의 판단과 최종 수행 목표 설정, 아동의 흥미와 수준을 고려한 과제 선정과 시간 계획, 포트폴리오 산출물 설계, 수업 실제 면에서는 포트폴리오에 대한 충분한 숙지와 안내, 수학과 학습목표 달성을 위한 내용 충실함, 학생들의 자기 반성 시간 제공, 수업 후의 활용 면에서는 아동에 대한 평가 및 교사의 수업 반성 자료로 활용, 학부모 평가 실시 등의 그 활용 방안을 제시하고 있다.

셋째, 뉴질랜드 초등학교의 포트폴리오 평가에 관한 사례연구(최창우, 2008)를 통하여 얻은 시사점은 뉴질랜드 초등학교에서의 포트폴리오 평가는 다양한 관점에서 그리고 실생활 전반을 통하여 능동적으로 지식을 창출할 수 있는 방향으로 접근하고 있었으며, 교과서적이고 인위적인 문제가 아닌 실생활 상황 혹은 맥락을 통하여 그대로 여과 없이 다루고 있다는 데 그 특징이 있으며 언제나 교육과정의 각 영역을 골고루 다루면서 교육과정과의 연계성을 상대적으로 중시하고 있는 것으로 보인다고 보고한다.

넷째, 중등예비수학교사의 수업 능력 향상을 위한 교수-학습 포트폴리오(TLP-pMT: Teaching-Learning Portfolio for preservice Mathematics Teachers)) 활용 방안 연구(2014, 강현영)에서 TLP-pMT는 나의 수업 철학, 수업 노트, 수업 컨설트 일지, 지도안체크리스트, 수업평가표로 구성하였으며, 수업 능력 향상에 효과적이었으며, 수학교사교육을 위한 발전적인 시사점을 얻을 수 있다고 보고한다. '나의 수업 철학'은 중등수학예비교사들의 수업 정체성, 즉 어떤 신념을 가지고 수업에 임하는지에 대해 스스로 생각해보는 기회를 위해서 설정하고, '수업 노트'는 수업을 준비하기 위한 일종의 계획서이고, '수업 컨설트 일지'는 수업을 계획하거나 수업 후에 수업 내용과 관련된 모든 사항들을 기록하는 것이고, '지도안 체크리스트'는 자문위원, 수학 수석교사, 및 현장 수학교사들이 제공한 체크리스트이며, 설문조사를 통해 제작한 수업평가표로 초안 작성 후 수정 보완하여 최종 '수업 평가표'를 완성하였다.

다섯째, Hart(2006)는 포트폴리오 평가 집단이 노트 필기도 지속적으로 잘하고, 피드백을 받음으로써 더 어려운 문제에도 도전하려는 의욕을 가진다고 보고한다. 우수 반 학생들도 90분간 학습을 수행하기가 어려운데, 포트폴리오가 학생들을 조직화하도록 하고 학습을 통제하며 도전 문제를 수용하게 하여 좀 더 새로운 그 무언가를 하는 것을 즐기고 주의집중을 하게 하는 것으로 본다. 뿐만 아니라, 포트폴리오 수행 집단이 높은 수준의 자기 평가, 자기훈련, 체계화, 연구윤리의 증진을 보였으며, 학생과 교사 모두 수학 수업진행과정에서 정말 만족스러웠다고 한다.

여섯째, Wood(2006)는 과정 포트폴리오의 장점으로 학생의 기능 증진과 권한부여, 실제 수학과 동기부여, 소통 증진, 형성적 피드백, 학생의 학습 즐기기 등을 들고, 단점으로는 시간의 문제, 저장 및 접근성, 학생의 권한 부여로 생길 수 있는 문제점 등을 들고 있다. 전통적인 교사 중심의 권한이 학생과 공유함으로써 생길 수 있는 어려움이 발생할 수 있다.

5.1 초등학교와 중학교 포트폴리오 평가의 적용 사례

(1) 연구대상

① 충북의 어떤 초등학교 6학년 1학급 18명

② 서울의 어떤 남자 중학교 3학년 1학급 47명

(2) 수업 활동에 대한 학생 자율 평가 기록: 초등학생이 상대적으로 더 긍정적인 편

① 아주 못함 0(0%), 못한 편임 2(11.1%), 잘한 편임 13(72.2%), 아주 잘함 3(16.7%)

② 아주 못함 1(2.2%), 못한 편임 10(21.7%), 잘한 편임 27(58.7%), 아주 잘함 8(17.4%)

(3) 과제 수행 결과 기록: 초등학생이 상대적으로 더 긍정적인 편

① 아주 못함 0(0%), 못한 편임 4(22.2%), 못한 편임 13(72.2%), 아주 잘함 1(5.6%)

② 아주 못함 2(4.4%), 못한 편임 12(26.7%), 잘한 편임 24(53.3%), 아주 잘함 7(15.6%)

(4) 프로젝트 수업과 평가

프로젝트의 사전적 의미는 ‘실행 계획서, 계획’이지만, 수학 교육에서의 프로젝트의 의미는 보다 넓은 의미로 무엇을 할 것인가뿐 아니라 그것을 실제로 수행하여 자료를 제시하고 그 결과를 평가하는 것을 포함한다(Krulik & Rudnick, 1995; 김수환, 1998 재인용). 프로젝

트는 교사가 독단적으로 정하기보다는 교사는 안내자로서의 역할을 수행하고 학생의 노력에 의존하는 것이 바람직하다. 프로젝트는 협동학습의 기회를 제공한다. 협동학습은 학생들이 자기 집단의 다른 구성원들과 이야기할 뿐 아니라 그들의 결과를 학급 전체에 말하기와 쓰기의 형태로 의사소통하므로 그들의 의사소통 능력을 길러준다. 또한 협동적인 프로젝트를 함께 작업함으로써 학생들의 생활에 필요한 협동심을 길러준다. 프로젝트는 집단 토의와 사고뿐 아니라 개인적으로는 창의적인 사고의 기회를 제공해 준다(Krulik & Rudnick, 1995).

프로젝트 교수법은 중요한 방법임이 이미 알려져 있으며, 어떤 의미로는 1920년대 미국에서의 듀이의 생각과 결부되어 있다는 점에서 전혀 새로운 것은 아니다. 그러나, 오늘날의 수학 교육에서는 이 방법이 널리 이용되지 못하고 있다. 그것은 순수한 수학 교육에서 제공할 것이 너무 많다는 이유로 프로젝트 교수법을 소홀히 하고 있는 것이라 보여진다.

> 과제: <문제 상황> 걸리버 여행기를 읽고 나서
>
> 가령, 걸리버 여행기에 나오는 소인국의 중학교 1학년 학생의 평균 키는 18cm이고 거인국의 1학년 학생의 평균키는 540cm이라고 하자. 이때, 걸리버 여행기를 읽은 1학년 학생들이 소인국이나 대인국의 교실을 어떻게 설명할 수 있을까? 학생들은 소인국과 거인국 학생들의 교실, 학생용 책상, 교사용 탁자, 교과서, 공책, 연필 등의 크기를 어떻게 설명할 수 있을까? (도움말) 학생들이 제일 먼저 해야 할 일은 1학년 학생의 평균키에 대한 소인국과 거인국 학생들의 평균키의 비를 정하는 일이다. 통계청 자료에 의하면, 1학년 학생의 평균키는 150cm이라 한다(김수환, 1998).

① 「걸리버 여행기」 프로젝트 수업 평가 결과(6학년)

[표 11-2] 걸리버 여행기의 수업평가 결과(6학년)

평가 조	반성 및 소감	자기 평가	교사 논평
1	개인끼리 혼자서 하면 잘 풀리지 않지만 조끼리 협동하면서 푸니 더 쉽고 이해가 잘된다.	잘한 편임	조원들 간의 활발한 의사 교환과 협동으로 자세하게 문제를 해결하였음
2	이 문제를 풀 때 잘 몰라서 조금 해맸는데, 다음부턴 더 공부를 열심히 해서 아무리 어려운 문제도 막힘없이 풀 수 있도록 최선을 다하겠다.	아주 잘함	우선 초등학생들이 이 문제를 해결하는 데 많은 어려움을 겪는 것으로 보였다. (문제 해결을 위해) 정확한 셈을 위해 비례식을 세워 해결하는 등 풀이 과정이 명확하다

3	이 문제에 대해서 자세히 못 알아보았는데 더 자세히 알아보아야겠다. 풀이 과정과 문제를 더 자세히 알아보아야겠다.	잘한 편임	문제의 부분적 이해로 다양한 측정 활동이나 조원들 간의 의사소통이 활발하지 못했다. 또 해결 과정의 내용이 빠져 있고 결과만을 서술하였다.
4	조금은 이해가 가지 않았지만 조 아이들과 상의해서 하니 원리를 알 수 있었다.	잘한 편임	조원의 의사 교환이 충분치 못하였고, 다양한 측정 활동이나 풀이 과정도 나타나 있지 않다.

② 「걸리버 여행기」 프로젝트 수업 평가 결과(9학년)

[표 11-3] 걸리버 여행기의 수업평가 결과(9학년)

평가 / 조	반성 및 소감	자기 평가	교사 논평
1	실제로 소(대)인국에 있는 물건의 크기를 대략 측정해보니까 정말로 크기를 실감할 수 있었다. 또 닮음비를 이용해서 측정함으로써 비율에 대한 감각도 생겨서 매우 유용한 문제였다.	아주 잘함	문제해결에 필요한 충분한 수학적 지식을 갖고 있으며 닮음비를 활용하여 어림셈으로 문제해결함. 조원들 간의 충분한 의사 교환과 협동으로 분명하고 자세하고 확실하게 문제를 해결하였음.
2	닮음비를 이용해서 많은 것을 구할 수 있다는 것이 신기했다. 2학년 때 내용을 다시 생각하려니 어려웠다. 조원들의 협동으로 인해 무사히 끝낼 수 있었던 것 같다.	잘한 편임	문제를 충분히 이해하여 다양한 물건의 측정을 통해 문제해결을 꾀함. 풀이의 설명이 좀 더 일목요연하였으면 함.
3	나름대로 우리끼리 힘을 모아 치수를 구하고, 계산을 하는 것이 바쁘지만 재미있었다. 협동심을 길러주는 1시간인 것 같다.	잘한 편임	문제를 충분히 이해하고 닮음비를 이용하여 문제를 해결하였으며 도표를 그려서 좀 더 상세하고 세련되게 풀이 과정을 나타냈으며 자세하고 정확한 셈이 돋보임.
4	위 문제를 풀려고 할려면 비율을 잘 알아야겠다. 처음에는 무엇을 하는 줄 몰랐는데 친구들과 같이 하니까 쉬웠다.	잘한 편임	문제해결을 위해 조원들간의 수학적 지식의 교환이 잘 이루어졌으며 다양한 측정 활동을 통해 구체적이고 정확한 결론을 끌어낼 수 있었으며 해설이 잘 표현되어 있음.
5	아주 특별하고 재미있었다. 마치 과학 실험 하는 듯한 기분이 들었다. 앞으로도 자주 했으면 좋겠다.	잘한 편임	문제해결에 필요한 닮음에 관한 충분한 수학적 지식을 갖추고 있으며 협동을 통하여 문제해결에 힘썼으며 풀이 과정의 설명이 다양하고 상세하게 서술됨.

6	거인국과 소인국에서 사용하는 물건의 크기는 비율에 따라 엄청난 차이가 난다는 것을 알았다.	잘한 편임	문제를 이해하고 문제해결에 필요한 정보는 잘 알고 있으나, 해결 과정의 내용이 빠져 있으며 결과의 서술에만 급급한 인상이 있음. 그러나 다양한 활동이 돋보임.

5.2 예비교사의 전자 포트폴리오 평가의 적용 사례

과제: 모든 학생은 다음과 같이 매주 TDNA 성찰지를 작성하여 학습관리시스템(LMS)에 올린다. 여기서 T는 (예비)교사로서의 정체성이나 수업관 등의 교육관, D는 학습자 이해, 수업 목표 및 주제 분석, 수업 방법 및 평가 계획 수립(모형 및 자료 탐색과 개발) 등의 수업 설계 역량, N은 모의 수업 실습 , 현장 수업 실습 등의 수업 실행 역량, A는 타인 수업의 관찰, 분석 및 비평, 자기 수업의 관찰, 분석 및 비평(학생의 학습 결과물 이해 포함) 등의 수업 성찰 역량을 의미한다.

(1) 토론주제에 관한 각자의 의견을 OKMindmap으로 작성하여 TDNA 양식에 따라 학습관리시스템(LMS)에 올리고(예습), 동영상 내용과 각 탐구주제에 관한 OKMindmap과 각 탐구주제와 관련하여 자신이 만든 문제와 해결 과정을 제시된 양식에 따라 작성하여 학습관리시스템(LMS)에 올린다(복습).

(2) 학기 말에 각자 14개 주제 중의 자신의 대표적인 산출물을 자기 평가하여 학습관리시스템(LMS)에 올린다.

TDNA 성찰지 1

[강의1] 『수학특수교육, STEAM 수학』 ㅇㅇ교육대학교 학번 이름
<토론 주제 1> 수학 특수교육에 대한 OK 마인드맵(예습)과 로저 안톤센 강연 동영상 OK마인드맵(복습) 작성

[수학 탐구 문제 만들기 양식]
수학 탐구란 “수학의 원천이 되는 상황 또는 연구의 구실이 되는 실제 세계”로 정의한다.

<탐구 주제 1> STEAM 수학 관련 수학 탐구 문제 만들어 해결하기(복습)

(3) TDNA 사례

첫째, OK 마인드맵 과제제출 TDNA 사례이다. [그림 11-1], [그림 11-2]와 같다.

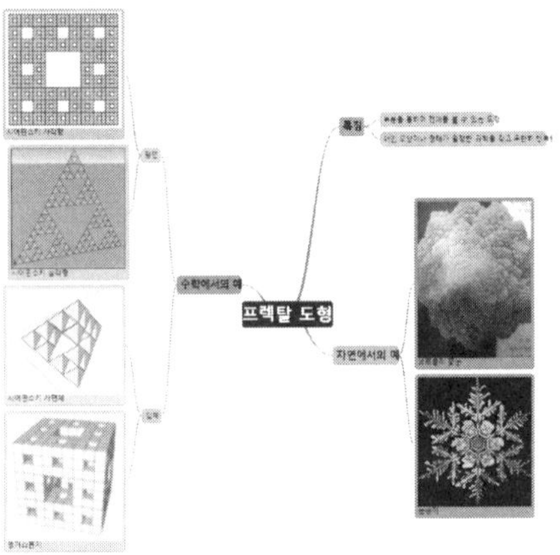

[그림 11-1] **사례1**

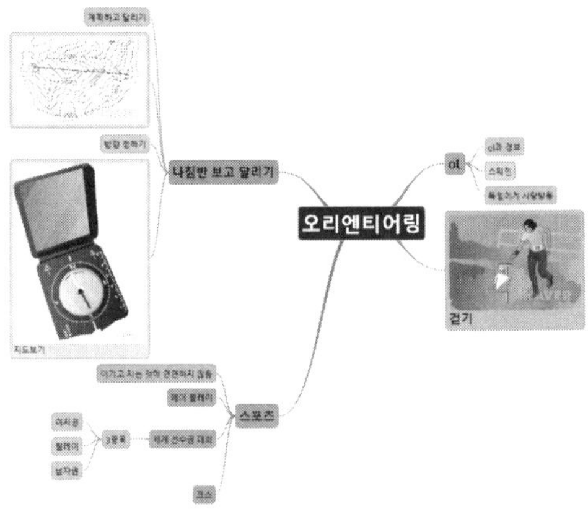

[그림 11-2] **사례2**

둘째, TESS를 이용한 쪽매맞춤 과제제출 TDNA 사례이다. [그림 3]~[그림 7]과 같다.

[그림 11-3] **사례3**

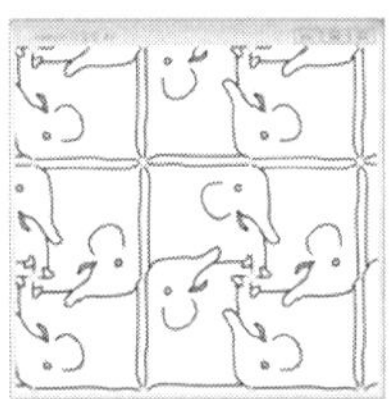

[그림 11-4] **사례4**

[그림 11-5] **사례5**

[그림 11-6] **사례6**

[그림 11-7] **사례7**

셋째, 스케치 업을 이용한 프랙털 도형 과제제출 TDNA 사례이다. [그림 11-8]~[그림 11-10]과 같다.

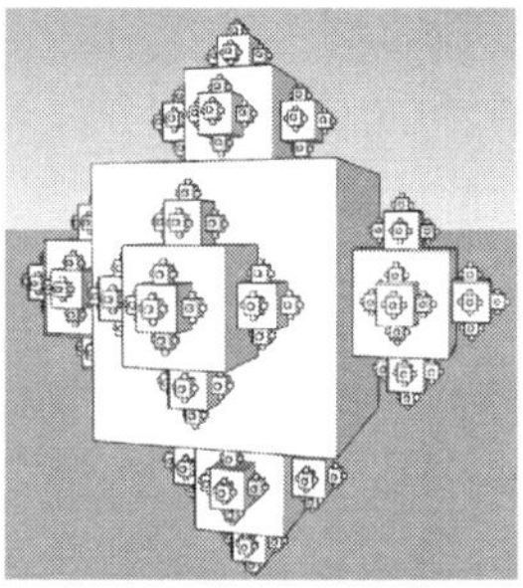

[그림 11-8] **사례8**

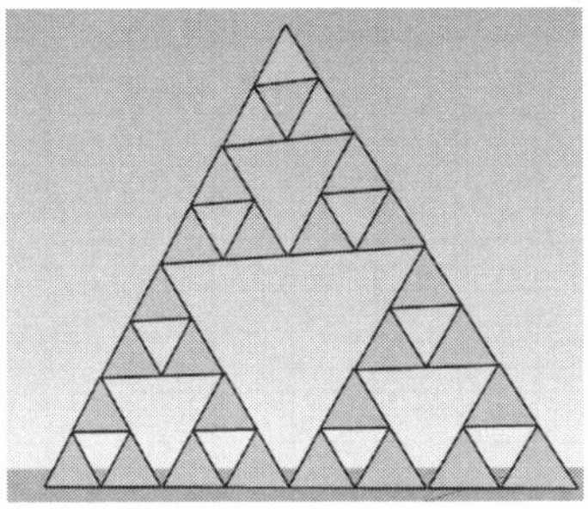

[그림 11-9] **사례9**

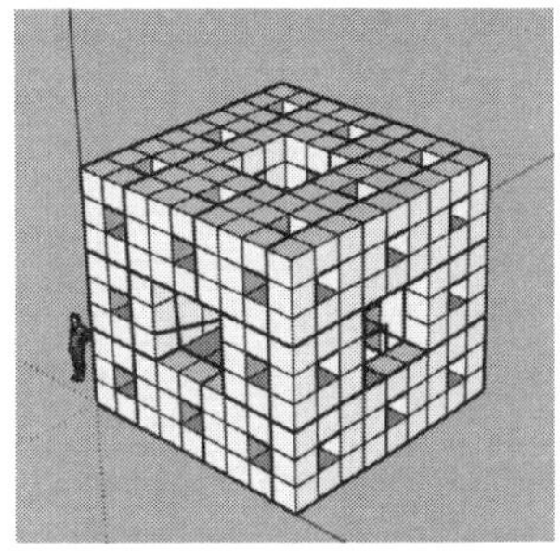

[그림 11-10] **사례10**

넷째, 모블로 탐구 과제제출 TDNA 사례이다. 이 사례는 두 가지 유형으로 구분된다. 먼저, 모블로 코딩 교육 프로그램 관련 수학 탐구문제 만들기에 대한 사례를 '함수 2개를 사용하여 다음 길을 완성해 봅시다.'로 제시한 결과물이다. [그림 11-11], [그림 11-12]와 같다. 두 번째는 '블록을 12개 이하 사용하고, 2개의 함수를 사용하여 목적지에 도착해 봅시다.'에 대한 것으로 그 해결 방법으로는 '(함수1: 위, 오른쪽) 3번 → (함수2: 아래, 오른쪽, 아래, 왼쪽) 2번 → (함수1: 위, 오른쪽) → (함수2: 아래, 오른쪽, 아래, 왼쪽)'이 있다.

[그림 11-11] **사례11**

[그림 11-12] **사례12**

(4) 과제제출 평가 결과

2018학년도 2학기 모교육대학교 3학년 26명의 예비교사가 14개 과제에 대한 전자 포트폴리오 제출 결과는 평균 11.65회로 83.2%의 제출 백분율을 보였다. 각 예비교사의 과제제출 실적은 성적 평가에 그대로 반영되었다. 물론 과제 제출 평가 결과가 좋지 않은 학생은 총괄적인 평가 결과에도 영향을 주는 것으로 드러났다.

No	TDNA 1(1)	TDNA 2(1)	TDNA 3(1)	TDNA 4(1)	TDNA 5(1)	TDNA 6(1)	TDNA 7(1)	TDNA 8(1)	TDNA 9(1)	TDNA 10(1)	TDNA 11(1)	TDNA 12(1)	TDNA 13(1)	TDNA 14(1)	계
1	1	1	0	0	0	1	1	1	0	1	0	1	1	1	9
2	1	1	1	0	1	1	1	1	0	0	0	0	0	0	7
3	1	1	1	1	1	1	1	1	1	1	1	1	1	1	14
4	1	1	1	1	1	1	1	1	1	1	1	1	1	1	14
5	1	1	1	1	1	1	1	1	1	1	1	1	1	1	14
6	1	1	1	1	1	1	1	1	1	1	1	1	1	1	14
7	1	1	1	1	1	1	1	0	0	0	0	0	1	1	9
8	1	1	0	0	1	1	1	1	1	1	1	1	1	1	12
9	1	1	1	1	0	1	1	1	1	0	0	1	1	1	11
10	1	1	1	1	1	1	1	1	1	1	1	0	1	1	13
11	1	1	1	1	1	1	1	1	1	1	1	1	1	1	14
12	1	0	0	0	0	0	0	1	0	0	0	0	1	1	4
13	1	1	1	1	1	1	1	1	1	1	1	1	1	1	14
14	1	1	1	1	1	1	1	1	1	1	1	1	1	1	14
15	1	1	1	1	1	1	1	1	1	1	1	1	1	1	14
16	1	1	1	1	1	1	1	1	1	1	1	1	1	1	14
17	1	1	1	1	1	1	1	1	0	1	0	1	1	1	12
18	1	1	1	1	1	1	1	1	1	1	1	1	1	1	14
19	1	1	1	1	1	1	1	1	1	1	1	1	1	1	14
20	1	1	1	1	1	1	1	1	1	1	1	1	1	1	14
21	1	1	1	1	1	1	1	1	1	1	1	1	1	1	14
22	1	1	1	1	1	1	1	1	1	1	0	0	0	1	11
23	1	0	1	0	0	0	0	0	0	0	0	0	1	1	4
24	1	1	1	1	1	1	1	1	1	1	1	1	1	1	14
25	1	1	1	1	0	0	1	1	1	1	1	1	1	1	12
26	0	0	0	0	0	0	0	0	1	1	1	0	0	0	3
															11.65(83.2%)

[그림 11-13] **평가 결과**

6 나오는 글

'포트폴리오 평가란 무엇인가?'라는 질문에 대한 2018년 모교육대학교 예비교사 2학년 학생들의 반응은 다음과 같았다. 어느 교실이건 가보면 교실 공간 여기 저기 학생들의 솜씨나 활동 장면이 진열되어왔다. 하지만 시대적 상황이나 기술 공학의 발전에 따라 그 모습도 아날로그 형식에서 디지털 형식으로 변모되어가는 것은 어찌할 수 없는 변화임에 틀림없다. 따라서 향후에는 전자 포트폴리오의 활용 방안에 대한 검토가 더욱 절실해질 것이라 생각된다.

참고문헌

- 강현영(2014). 중등예비수학교사의 수업 능력 향상을 위한 교수-학습 포트폴리오 활용 방안 연구. 학교수학, 16(3), 567-584.
- 김선희(2012). 실습과 반성을 통한 수학 예비교사의 평가 전문성 신장. 수학교육학연구, 22(2), 277-292.
- 김수환(1998). 수학교육 개선을 위한 포오트폴리오 평가의 활용 방안 연구. 수학교육, 37(2), 201-213.
- 이명희, 송상헌(2002). 초등학교 수학과 수업에서 포트폴리오의 활용 가능성과 그 적용 방안에 관한 연구. 학교수학, 4(3), 331-346.
- 최창우(2008). 뉴질랜드 초등학교의 포트폴리오 평가에 관한 사례 연구. 수학교육학연구, 18(1), 63-80.
- Columba, L. and Dogolos, K. A. (1995). Portfolio assessment in mathematics. Reading Improvement, 32(3), 174-176.
- Gilman, D. A., Andrew, R. and Rafferty, C. D. (1995). Making assessment a meaningful part of instruction, NASSP Bulletin, 79(573), 20-24.
- Danielson, C. & Abrutyn, L. (1997). An Introduction to Using Portfolios in the Classroom. Alexandria, VA: ASCD.
- Hart B. T. (2006). The Implementation of Portfolio Assessment into the Secondary Mathematics Curriculum. A thesis Submitted to the University of North Carolina Wilmington in Partial Fulfillment of the Requirements for the Degree of Master of Education.
- Koca, S. A. & Lee, H. J. (1998). Portfolio Assessment in Mathematics Education. ED434802. ERIC Clearinghouse for Science Mathematics and Environmental Education Columbus OH.
- Kortez, D. (1994). "The evolution of a portfolio program: The impact and quality of the Vermont Portfolio Program in its second year(1992-1993)." (ERIC Document ED 379 301).

- Lambdin, D. V. & Walker, V. L. (1994). Planning for classroom portfolio assessment. Arithmetic teacher. 41, Feb. 1994, 318-324.
- McDonald E. (2011). The New Teacher Advisor Student Portfolios as an Assessment Tool. Education World, http://www.educationworld.com/a_columnists/mcdonald/mcdonald025.shtml.
- Singh P. (2014). Enriched Assessment Styles in Mathematics. International Journal for Cross-Disciplinary Subjects in Education (IJCDSE), 5(4), 1804-1812.
- Stenmark, J. K. (1991). "Mathematics assessment: Myths, models, good questions and practical suggestions." (ERIC ED 345 943).
- Wood T. R. (2006). Portfolio Assessment in Primary School Mathematics: A Study of Pedagogical Implications. the Thesis for the Degree of Doctor of Mathematics Education of Curtin University of Technology.

Part 4

교사의 평가 전문성 신장

제12장

교사 지식과 수업 평가

황혜정(조선대학교)

1 교사 지식 개관

교사의 수업 전문성 발달을 독려하기 위해 이를 진단하고 평가하는 기준을 개발하는 것은 중요한 일이며, 이를 위한 수업 평가 기준은 교사의 전문성으로 대표되는 일련의 수업 관련 행위를 진단하고 평가하기 위한 것으로 판단된다. 교사의 수업 전문성을 제대로 진단하려면 제대로 된 평가 기준이 마련되어야 할 것이며, 결과적으로 이러한 평가 결과를 교사 자신의 전문적 학습 기회로 연계시켜 수업 전문성을 높여서 수업을 개선할 수 있을 것이다.

이러한 취지를 살려, 수학 교과를 비롯하여 모든 교과를 대상으로 교사의 전문성 신장을 위한 교사 수업 평가 기준, 즉 '교사 지식', '계획', '실천', '전문성(반성)'의 네 개의 평가 기준 영역과 그에 따른 하위 평가 요소 및 관찰 지표가 마련되었다(임찬빈, 이화진, 곽영순, 강대현, 박영석, 2004; 임찬빈, 이화진, 서지영, 차우규, 2005; 임찬빈 외, 2006). 이는 교사의 수업 전문성 발달을 독려하기 위해 교사의 수업 전문성을 진단하고 평가하는 기준을 개발하는 것이 중요하다는 인식하에 이뤄진 것이며, 또한 교사가 자기 평가(self-assessment)를 통해 필요한 평가 영역 및 기준을 선택하여 스스로 진단하고 이를 토대로 수업 개선의 여지를 마련하기 위한 것이었다. 다시 말해, 교사의 전문성이 교실 수업 살리기의 성패를 좌우하는 현 상황에서 공교육의 위상 강화와 교사 전문성 발달을 정책적으로 뒷받침하기 위하여 수업 평가 및 개선이 필요하고, 이를 위하여 합리적이고 효율적인 평가 기준의 마련이 필요한 시점이다.

하지만, 선행 연구들(임찬빈 외, 2004, 2005, 2006)을 통해 마련된 평가 기준은 해당 내용이 다소 추상적이면서 이론에 기반을 둔 형식적 측면이 강하였고, 또한 너무나 상세한 평가 기준 및 관찰 지표를 제시함으로써 교사가 스스로 일부를 선택하여 수업 평가의 수준이나 진위를 판가름하기란 쉽지 않다. 특히, 수업 평가는 수업 전, 수업 중, 수업 후의 모든 상황에서 가능할 터인데 이에 대하여 체계적으로 고려되지 않은 측면이 있다.

한편, "교사의 수업 전문성은 교과 내용을 교수하는 데 요구되는 교사 지식의 형성 여하에 달려 있다"라는 보다 근원적인 인식하에(Shulman, 1986), 교사 실천 지식, 즉 'Pedagogical Content Knowledge'(이하 PCK라 칭함)을 '내용 교수 지식'으로 명하고 이에 관한 연구가 시행되었다(최승현 외, 2007; 최승현, 2008). 실제로, 수학과 PCK 개념을 마련한 데 있어서 '내용과 교수법의 화합물'이라는 관점을 가지고 교과 내용을 학생들이 잘 이해할 수 있도록 표현하고 공식화하는 논의(Shulman, 1986; 1987), 교과 내용 지식과 교수법 지식 이외에 상황 지식을 추가하는 논의(Grossman, 1990), 교과 내용과 함께 학생 이해, 수업 매체 및 과정을 강조한 논의(Marks, 1990), Shulman의 논의를 기초로 교과 내용 지식을 실체적 지식과 구문론적 지식으로 구분한 논의(Smith, 1999), 내용 교수 지식(PCK)을 단순히 내용과 교수법의 화합물이 아니라 교과 교사가 교실에서 수행하는 모든 지식과 기술, 즉 교과 수업 전문성으로 확대한 논의(Gess-Newsome, 1999) 등을 일정 부분 수용하였다. 이렇게 하여 수학과 PCK 개념을 단순히 내용과 교수법의 교차뿐만 아니라, 수학교사가 교실 수업에서 나타내고 있는 교과 교사로서의 고유한 지식과 기능까지 포함하는 것으로 설정하였다. 교사가 갖추어야 할 전문적 지식에 관하여 연구한 가장 대표적 학자는 Sulman(1987)과 Grossman(1990)을 손꼽을 수 있으며, 이들의 견해는 교사 자격 부여를 위한 기준을 개발하거나 현직 교사의 전문성 발달 도모를 위한 프로그램을 개발하는 상황에서 준거를 마련하는 데 중요한 이론적 토대를 제공하였다.

2 수학과 PCK의 조작적 정의

수학과 PCK는 여러 문헌 연구에 기초하여 조작적으로 정의되었는데, 이는 '수업 목표', '수학 내용 지식', '교수 방법 및 평가 지식', '수학과 학습에 대한 학생 이해 지식', '수학과 수업 상황에 대한 지식' 요소로 구성되었으며, 동시에 이러한 요소들이 서로 결합한 지식으로 나타나는 것으로 정의되었다. 이를 도식화하여 나타내면 [그림 12-1]과 같고, 그 그림에서 제시한 바와 같이, 수학과 PCK 분석틀을 구성하는 첫 번째 차원은 수학교사가 지향하는 수학과 수업의 목표에 해당하며, 교과 지식 또는 기능의 이해, 적용, 탐구, 표현, 추론, 발견 등이 포함된다. 교육과정에 명시된 수학과 교육 목표를 교사가 지향하는 수학과 수업의 목표로 정리하면, 수학적 내용 전달 및 이해, 수학적 사고력 신장, 문제해결력 신장, 수학적 유용성 인식 등으로 정리할 수 있다. 다시 말하면, 수학과 PCK의 이 차원은 특정 학년에서 수학을 가르치는 목표를 말하며, 이는 일상의 수업 목표, 활동의 조직, 교재나 다른 교육 자료의 활용, 학생 과제의 내용, 학생 평가 등과 같은 수업과 관련된 의사 결정의 방향을 제시하는 지도의 역할을 한다.

수학적 내용 전달 및 이해, 수학적 사고력 신장, 문제해결력 신장, 수학적 유용성 측면에서의 수업 목표에 관해 간략히 살펴보겠다.

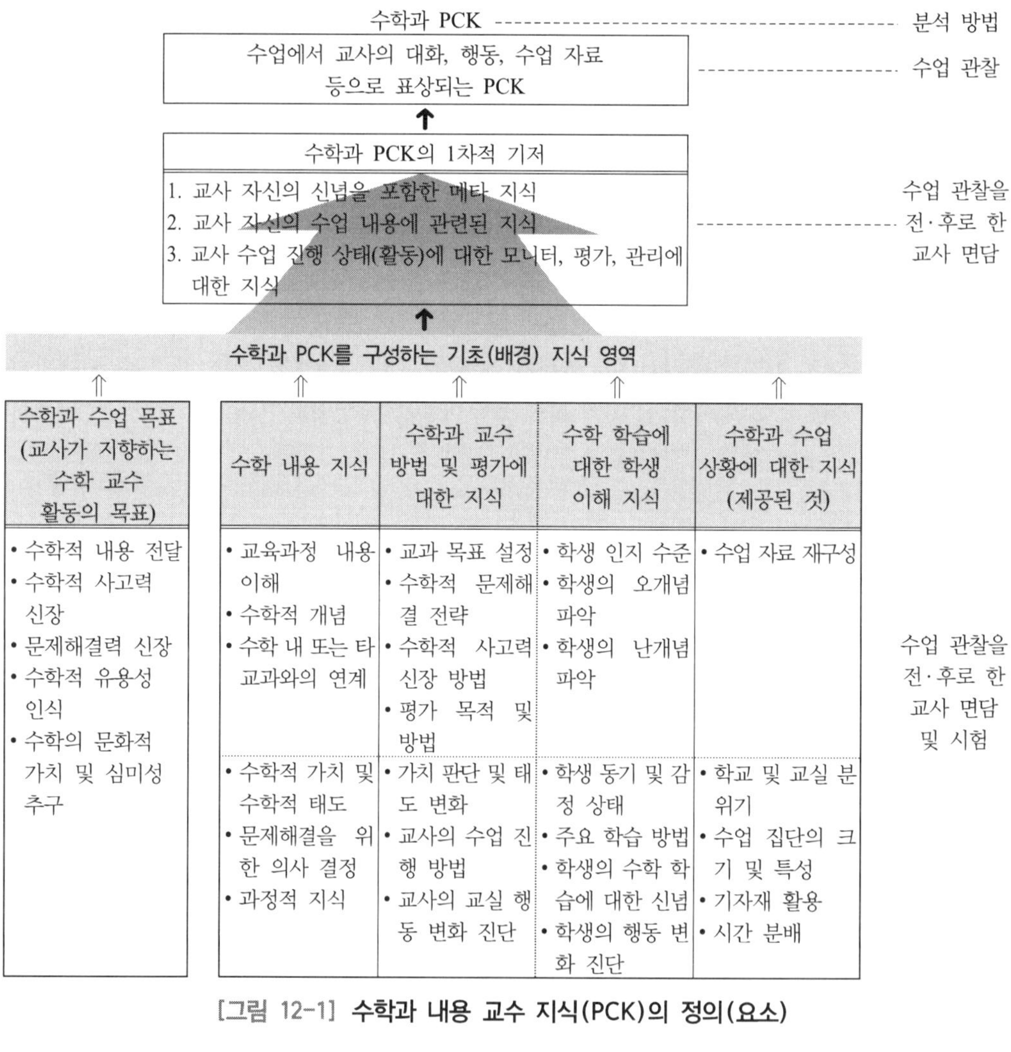

[그림 12-1] 수학과 내용 교수 지식(PCK)의 정의(요소)

2.1 수학적 내용 전달

수학교육의 궁극적 목적은 학생의 잠재력을 계발하고, 건전한 시민, 사회인으로서 역할을 하도록 돕는 데 있다. 다른 교과 교육이 그러하듯이 수학도 현대 사회와 미래 사회를 살아갈 건전한 시민으로서 그 사회를 지탱하는 문명적, 문화적 기저 중에서 수학을 기반으로 하는 것에 대하여 수학적으로 이해하는 눈을 기르기 위해 배우는 것이다. 이러한 수학적 안목 도모를 위해서는 수학 내용의 견실한 이해가 기본적으로 뒷받침되어야 한다. 만약 수학 수업에서 학생들이 기본적인 수학적 내용이나 개념을 충실히 이해하지 못한다면 그들의 사고는 그다음 단계로 발전되지 못하여 그들의 수학적 안목은 제대로 형성되어가지 못할 것이다. 학생들에게 있어서 수학적 개념을 이해하고 논리적으로 추론하게 하는 것은 그들의 정신력을 도야시키는 근원지가 되며, 동시에 이러한 도야는 수학적 안목 형성과 불가분의 관계에 있다.

따라서 수학 수업의 기본적인 목표는 학생들이 수학적 개념을 제대로 이해하여 표현하고 이를 통하여 그들의 사고가 진작될 수 있는 수학적 내용을 전달, 교수하는 것이다. 수학 수업에서 교사가 어떻게 교수하는가에 따라 수학적 활동을 통한 학생의 사고는 수학적 엄밀성을 적용할 수 있게 되며 학생의 사고 활동의 한 성향으로 내면화될 수 있다. 또, 수학에서 사용되는 정의를 비롯하여 수학적 성질이나 사실, 원리, 정리 등은 모두가 최소한의 언어로 최대한의 의미를 표현하려는 수단이다. 따라서 수학 내용에 관한 이러한 견고한 이해에 기초한 수학 수업을 통해 학생들은 간결하면서도 정확한 표현 능력을 갖추게 되며, 또한 학생 자신의 생각이나 의도를 간결하고 명확하게 표현하는 경험을 얻게 된다(황혜정 외, 2007). 이와 같은 수학 내용에 기초한 내재적, 외형적 경험 활동이야말로 인간과 환경이 관련된 현상을 보는 수학적 안목을 함양시키는 데에 풍부하면서도 강력한 수단이 될 것이다.

2.2 수학적 사고력 신장

수학 학습의 중요성을 강조하는 사람들은 흔히 수학이 '논리적인 사고력'을 길러준다고 주장하는데, 이는 수학교육에서 주장하는 수학적 사고력과 같은 개념이라 볼 수 있다. 한편, 이러한 정신적 기능은 어떤 특정한 '내용'과의 관련성보다는 사고하는 전략이라든가 방법적 측면에서 다뤄지기 때문에 특정 교과 내용에 국한된다고 보기는 어렵다.

수학이 논리적 사고력을 기르는 데 도움을 줄 수는 있지만, 반드시 수학만이 이 목표를 달성하는 유일한 방법은 아니며, 논리적 사고력의 발달은 어떻게 가르치느냐에 따라 상당한 영향을 받는다고 한다(Christiansen, Howson, Otte, 1986). 그러나 수학적 능력이 거의 없거나 전혀 없는 경우에도 논리적 증명 솜씨를 보일 수 있으며, 더욱이 종종 수학적 활동에서 흔히 나타나는 단순 반복형의 문제 풀이가 논리적 사고력을 발달시킬 수 있다고 보기는 어렵다(황혜정 외, 2007). 달리 말하면, 수학 학습의 최고 목표로 삼아온 사고력 능력의 신장이 반드시 수학 학습을 통해서만 가능한 것은 아니라는 관점도 있을 수 있지만, 그렇다고 하여 효과가 없다고 단언할 수도 없다. 오히려, 우리의 경험으로부터 수학 교과의 효과를 심증적으로 인정할 수도 있다. 수학이나 수학을 기초로 하는 학문을 전공한 사람들과 그렇지 않은 사람들이 성인이 되었을 때 사고방식이 다른 점을 보면 수학교육을 통해 사고양식이나 태도에 변화를 줄 수 있다는 점에서 수학교육의 효과를 부정하기는 어렵다. 실제로 수학 수업에서 무엇을 배웠는가가 아니라 어떻게 배웠는지가 사고력 신장에 영향을 미친다는 점에서 수학교사가 자신의 수업 목표를 어디에 두는가가 관건이 된다고 볼 수 있다.

2.3 문제해결력 신장

수학교육에서 가장 뚜렷한 목적은 어떤 문제를 해결하는 것이다. 실제로 수학교사가 수학적으로 사고하도록 가르친다는 것은 수학적인 안목으로 문제를 해결하는 능력을 개발한다는 것으로 받아들여도 무리가 없을 것이다. 다시 말해, 문제를 해결하는 과정에서 기초적인 수학적 지식이나 기능을 확실히 이해할 수 있으며, 창의적 사고, 비판적 사고, 의사 결정 능력과 같은 고등 정신 기능을 신장할 수 있으므로, 문제해결력의 신장을 통해 학생들의 사고력과 실생활에의 응용력을 길러 주는 것은 결국 수학교육의 궁극적인 목표가 된다고 볼 수도 있다. Polya(1962)는 수학 교수 과정에서 명제적 지식뿐만 아니라 방법적 지식도 가르쳐야 한다고 주장하였는데, 여기서 방법적 지식이란 문제를 풀고 증명을 하고 논증을 비판하며, 수학적 언어를 유창하게 구사하고, 구체적인 상황에서 수학적 개념을 인식하는 능력 등을 말하므로, 거의 문제해결력과 같은 개념으로 생각할 수 있다.

이처럼 문제해결을 통해 지식의 단순 암기와 적용, 알고리즘의 반복 연습에서 탈피하고 수학을 하는 활동을 경험할 수 있게 되므로, 문제해결력의 신장은 오래전부터 수학교육의 중요한 목표가 되어 왔다. 20세기 초에 이루어진 문제해결에 대한 논의는 1960년대의 새수학 운동과 1970년대의 '기본으로 돌아가기' 운동과 같은 격동기를 거치면서 크게 주목받지 못하다가 1980년대 기초 기능으로서의 문제해결력에 관한 관심이 높아지면서 수학 수업에서 문제해결력이 강조되었다. 특히, 미국의 수학교사협의회인 NCTM이 1980년의 "An Agenda in Action"에서 문제해결이 학교수학의 초점이 되어야 한다고 선언한 이래 1980년

대는 문제해결의 시대라고 할 만큼 다양하고 활발한 논의가 이루어졌다. 이후 NCTM이 1989년에 제안한 문제해결은 학교 교육의 모든 수준에서 첫 번째 규준(문제해결로서의 수학)으로 제시되어 있으며(NCTM, 1989), 2000년에 제안한 문제해결은 추론, 수학적 연결성, 의사소통, 표상과 더불어 중요한 목표로 강조되고 있다(NCTM, 2000). 이러한 수학 수업에서의 문제해결력은 우리나라의 교육과정에서도 지속적으로 강조되고 있다.

2.4 수학적 유용성 인식

수학의 유용성과 관련하여 "수학이 다른 과학의 기초가 되고 문명이 발달하는 초석이 되기 때문에 공부해야 한다"는 주장이 있으나, 보편적인 설득력을 띠지 못한다. 그 이유는 개인적인 것이기보다는 사회적인 관점이라야 할 '과학과 문명의 발달을 위한' 수학교육은 사실 극소수의 재능 있는 학생들에게 해당하며, 오히려 이들에게는 지금보다 더 깊이 있고 어려운 내용이 다뤄져야 하기 때문이다. 하지만 모든 사람에게 수학을 가르치는 이유는 무엇 때문인가? 중등학교 이상에서 다루어지는 수학 내용은 일상생활에서 직접 활용할 수 있는 경우가 그리 많지 않아, 수학의 실용성 측면에 대한 강조는 궁색한 면도 없지 않다.

오늘날의 정보화에 따른 세계화 현상은 수학에 대한 새로운 유용성을 배가시키고 있음에도 불구하고 여전히 수학을 실제로 필요로 하는 경우는 예전과 크게 다를 바 없이 특정인을 위한 것으로 여겨진다. 이처럼 '유용성'의 의미를 학교 밖의 주변에서의 실용성으로 한정한다면 이는 수학 교과뿐만 아니라 다른 교과에서도 마찬가지로 학교 교육의 목적은 무의미해진다. 예컨대, 수학 교과의 지식을 통해 계산하고, 사회 교과의 지식을 통해 지도를 보고, 과학 교과의 지식을 통해 별자리 보기를 하는 것에 그 실용성의 의의를 둔다면, 학교 교육의 존재 여부 및 가치는 논의될 필요가 없다. 이에 따라, 물건을 사고 난 후의 거스름돈의 계산과 같은 간단한 문제 상황뿐만 아니라 어떤 상품을 구입하기 위해 여러 자료를 조사하고 가격을 비교하고 구매 조건 등을 분석하여 최선의 선택을 하는 문제 상황까지도 수학적 유용성의 범주에 포함시켜야 한다. 결과적으로, 수학교사는 학생들이 수학의 유용성과 필요성을 깨달아 수학의 가치를 인식할 수 있도록, 수학 학습 내용을 실생활과 연결하여 제시해 줌으로써 학생들이 수학의 유용성을 인식하게 할 필요가 있다.

수학과 PCK 분석틀을 구성하는 두 번째 차원은 수학교사의 교수(수업) 전문성으로 수학 수업을 진행하기 위해 교사가 갖추거나 고려해야 할 전문성의 영역을 나타낸다. 이 교과별 교수(수업) 전문성에는 학습 과제를 설계하고 변형하며 선정하는 교수 과업, 학생을 위해 학습 목표를 설정하고 재조정하는 교수 과업, 수업 매체와 자원을 동원하고 활용하는 교수 과업, 수업 내용을 설명하고 이와 관련된 문제를 해결하는 교수 과업 등이 포함된다. 수학 교사가 갖추어야 할 수업 전문성의 요소들로 수학 내용 지식, 수학과 교수 방법 및 평가에 대한 지식, 수학 학습에 대한 학생 이해 지식, 수학과 수업 상황에 대한 지식 등이 포함된다. 다음 절에서는 교사 지식에 대해서 구체적으로 살펴보겠다.

3 교사 지식

교사 지식은 '교과 내용 지식', '학습자 이해 지식', '교수·학습 방법 및 평가 지식', '수업 상황 지식'으로 나뉘는데, 이 중 교과 내용 지식이 교사 지식 중 근간이 되므로 이에 관하여 구체적으로 살펴보기로 한다. 다른 지식 요소들에 대해서는 [표 12-1]의 수업 평가 영역, 평가 영역 설명, 평가 영역의 간추린 의미 부문에 제시된 내용을 참고하기 바란다.

수학 교과에서의 SMK는 수학은 교과가 본질적으로 가지고 있는 부분, 즉 수학에 대한 지식을 의미하는 것으로, 수학적 개념, 연결성, 표현 등에 대한 다양한 수준과 형태의 지식을 의미한다. 그렇지만 이때의 SMK는 대학 수준의 수학적 지식보다는 중등학교 수준에서의 수학 지식을 의미하는 것으로, 학교 교육과정에 대한 지식을 기반으로 개념에 대한 정의, 사례의 구분, 연결성 등을 포함하는 것으로 개념화하였다(황혜정, 2010). 따라서 이를 교수학적 변환의 관점에서 본다면 [그림 12-2]에서와 같이 학문으로 다루어지게 되는 수학이라는 지식이 '가르칠 지식'이라는 학교수학으로 전환된 것까지를 의미하게 된다.

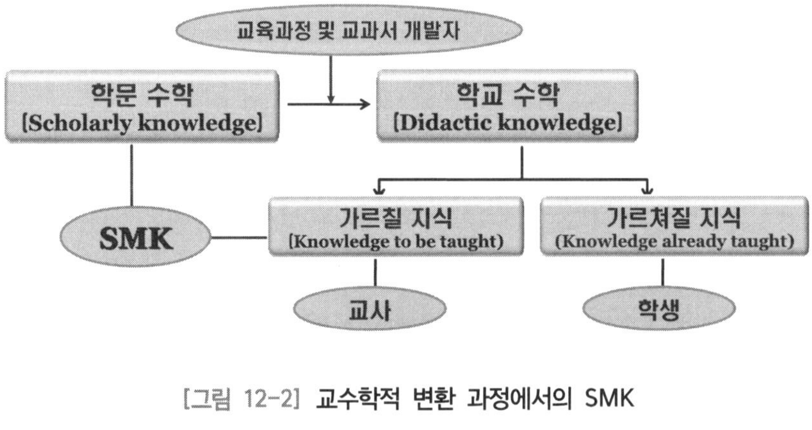

[그림 12-2] 교수학적 변환 과정에서의 SMK

다시 말하면, SMK를 가진 교사는 수학이라는 교과에 내재하는 다양한 관점을 이해하고 그에 따라 요소를 추출·분류할 수 있으며, 어떤 내용이 중요하고 어떤 내용이 부수적인지를 이해할 수 있다. 이뿐만 아니라 내용의 타당성·정당화의 근거·지식에 대한 다양한 관점들을 이해함으로써 수학 내에서 일반적으로 받아들여지고 있는 진리가 무엇인지, 왜 그러한 주장이 옳은지, 왜 그것을 알아야 하는지, 그리고 교과 안팎에서 혹은 이론과 실제에서 다른 내용과 어떻게 연결되는지도 학생들에게 정확하게 설명할 수 있다(조성민, 2006). 이를 바탕으로 동일한 현상을 다르게 설명하는 이론 간에 대립하는 논지를 어떻게 해결하여 하나의 교과로서 조직하는지를 이해하고 이러한 이론들의 발전 양상을 학생들의 실생활과 관련지어 설명할 방법을 모색해야 한다. 결국, 수학 지식은 수학이라는 학문에서 인정된 학교수학 지식으로 변환되는 것이며, 수학교사는 수학적 판단을 하는 데 있어 이러한 학교 지식을 이용하여 그 지식 간의 관계나 절차 및 의미를 명확하게 설명할 수 있어야 한다.

하지만, SMK가 부족하면 교사는 수학적 개념을 분리된 사실과 절차의 모임으로 가르치게 됨으로써 학습자의 유의미한 이해를 방해하고 수학의 본질을 잘못 표현하게 된다(Ball, 1988; Ball & McDiarmid, 1990). 즉, 수학 교과의 경우, 교사는 학생들에게 가르쳐야 할 수학적 지식보다는 더 높은 단계의 수학적 지식을 지녀야 학생들이 필요로 하는 내용을 그들이 가르치고자 하는 학생 수준에 알맞게 변형하여 지도할 수 있다. 따라서 제한적이고 잘 구조화되지 않은 지식을 가진 교사는 개념적 연결성과 유용한 표상 체계들을 충분히 제시하지 못한다. 다시 말하면, 아무리 쉬운 내용을 다루더라도 수학교사는 심도 있는 교사 내용 지식이 요구되며(Stein, Baxter, & Leinhardt, 1990), 이를 갖춘 경우라야 제대로 수학 지식을 전달할 수 있을 것이다. 이처럼, SMK는 PCK의 향상에 직접적인 영향을 미침으로 인하여 그 중요성이 더욱 강조되고 있다(Ma, 1999; Winsor, 2003).

4 수업 평가틀의 구조

지금부터, 교사의 전문성 향상을 위한 노력의 일환으로, 교사 자신이 우선 본인의 수업을 평가해 보고 이를 통해 수업을 개선할 수 있도록 하는 일에 관하여 살펴보기로 하자. 교사가 좋은 수업을 하기 위해서는 다음과 같은 요건을 갖추어야 한다.

- 교사가 알아야 할 것 ➡ 지식 보유
- 교사가 준비해야 할 것 ➡ 수업 계획
- 교사가 수행하여야 할 것 ➡ 수업 실행
- 교사가 전문성 발달을 위해 해야 할 것 ➡ 수업 반성

아는 것이 바로 수업의 실행으로 옮겨지는 것만은 아니지만, 일반적으로 교사가 계획을 세우고 준비하는 것은 수업에 영향을 주고, 이러한 모든 것은 실시한 수업에 대한 교사의 반성적 실천의 영향을 받게 된다. 이처럼 [지식 보유] ➡ [수업 계획] ➡ [수업 실행] ➡ [수업 반성]의 연계성이 존재한다([그림 12-3] 참조).

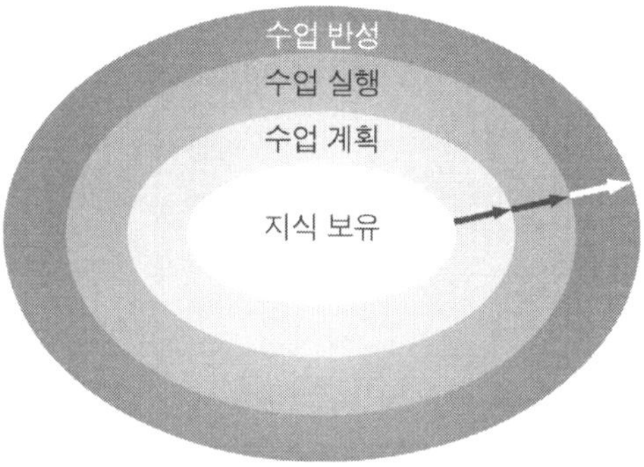

[그림 12-3] **수학 수업의 전문성 향상을 위한 수업 발전 단계**

각 교사 지식 요소의 내용을 토대로 수업 평가를 위한 영역 및 세부 내용을 정리하면 다음 [표 12-1]과 같이 나타낼 수 있다(황혜정, 2012).

[표 12-1] **각 교사 지식의 영역별 의미**

교사 지식	수업 평가 영역	평가 영역 설명	평가 영역의 간추린 의미
교과 내용 지식	▪ 교육과정 이해 및 재구성	교육과정 목표 및 내용에 관하여 정확히 이해하고, 이를 적절히 재구성하여 수업에 반영하는 것에 관한 지식	수학과 교육과정 목표 및 내용에 부합하는 수업 진행하기
	▪ 수학 내용 (학교수학 및 학문수학)	소양이 되는 학교수학 및 학문수학에 관하여 충분히 이해하고, 이를 수업에 적절히 반영하는 것에 관한 지식	학교(중등)수학 및 학문수학에 기초하여 내실 있는 수업 진행하기

	■ 방법적 지식	문제해결, 의사소통, 추론 등의 활동을 충분히 이해하고, 이를 효과적으로 수업에 반영하는 것에 관한 지식	문제해결, 의사소통, 추론 등의 활동을 적절히 반영하여 수업 진행하기
	■ 수학적 가치	수학적 가치와 중요성을 충분히 인식하고, 이를 수업에 적절히 반영하는 것에 관한 지식	수학적 가치와 중요성이 전달되도록 수업 진행하기
학습자 이해 지식	■ 학습자 수준	학습자의 인지 수준, 선행 지식, 학업 성취 수준 등을 파악하고 이를 적절히 수업 시간에 반영하는 것에 관한 지식	학습자 수준에 부합하는 학습 내용 및 과제, 활동을 수행하기
	■ 학습자 오개념	학습자의 오개념을 인지하고 이에 대처하는 것에 관한 지식	학습자의 오개념을 파악하여 적절한 피드백 주기
	■ 학습 동기	학습자의 관심 및 흥미도를 파악하고 이를 고취시키는 것에 관한 지식	학습자 수준이 반영된 적절한 수업 활동을 통하여 학습 동기 및 흥미 유발하기
	■ 수학적 태도	학습자의 자신감, 신념 등을 파악하고, 이를 증진시키는 것에 관한 지식	학습자의 수학 학습에 대한 긍정적 태도 증진시키기
	■ 학습 방법	학습자가 선호하는 학습 활동 및 방법을 파악하고, 이를 수업에 반영하는 것에 관한 지식	학습자가 선호하는 학습 활동 및 방법을 반영하여 수업 진행하기
교수·학습 방법 및 평가 지식	■ 수업 목표 및 내용 반영	교육 목표 및 내용을 파악하고 이에 적합한 교수 학습 방법을 수행하는 것에 관한 지식	수업 목표 및 내용에 적합한 수업 방법 이용하여 수업 진행하기
	■ 문제해결 활동 반영	수학적 문제해결과 관련된 전반적인 활동을 인지하고 이를 적절히 반영하여 교수 학습 방법을 수행하는 것에 관한 지식	수학적 문제해결 관련 활동을 적절히 활용하여 수업 진행하기
	■ 학습자 수준 및 태도 반영	학습자의 인지 수준 및 정의적 특성을 인지하고, 이를 적절히 반영하여 교수 학습 방법을 수행하는 것에 관한 지식	학습자 수준 및 태도에 부합하는 수업 방법 이용하여 수업 진행하기
	■ 발문 및 의사소통 활용	효과적 발문 및 의사소통에 관해 인지하고, 이를 적절히 활용하여 교수 학습 방법을 수행하는 것에 관한 지식	효과적 발문 및 의사소통을 수반하는 수업 방법 이용하여 수업 진행하기

	■ 평가 방법 및 절차 마련	수업 목표, 학습자 수준, 평가 목적 등에 따른 평가 방법 및 절차 계획하고 마련하기	평가 목적에 부합하는 평가 방법 및 절차 마련하기
	■ 평가도구 개발	학습 목표에 따른 평가목표, 문항, 기준 선정 및 실행에 관하여 인지하고 이를 수행하는 것에 관한 지식	평가 계획에 준하는 적절한 평가 도구 개발하기
	■ 평가 결과 활용	수업 개선 및 학습 처치를 위한 피드백 계획 및 실행에 교사가 인지하고 이를 수행하는 것에 관한 지식	수업 개선 및 학습 처치에 유용하도록 평가 결과 활용하기
수업 상황 지식	■ 도구 및 교구, 자료 활용	학습 목표와 학습자 수준에 적합한 공학적 도구, 교구, 또는 자료 등을 파악하고, 이를 준비하여 수업에 활용하는 것에 관한 지식	학습 목표와 학습자 수준에 적합한 공학적 도구, 교구, 또는 자료를 준비하여 활용하기
	■ 교실 환경 및 수업 집단 조성	여러 도구 및 교구, 자료의 효율적인 활용성을 이해하고, 이에 맞춰 수업 환경 및 집단을 구성하는 것에 관한 지식	공학적 도구, 교구, 자료 등의 효율적 활용을 위하여 적절한 수업 집단 및 교실 환경 조성하기
	■ 수업 분위기 및 학습 태도 조성	교사가 해당 수업 내용에 관한 학습자의 적극적 학습 태도 및 긍정적 수업 분위기를 인지하고, 이를 유도하는 것에 관한 지식	학습자의 적극적 학습 태도 및 긍정적 수업 분위기 유도하기
	■ 학생 관리 및 수업 상황 대처	학습자의 어려움 또는 질문 등을 인지하고, 이를 효율적으로 대처하는 것에 관한 지식	학습자의 어려움 및 질문 등을 합리적으로 처리하기

한편, 반성을 통한 교사 지식의 확장에 관하여 살펴보기로 하자. 이를 도식화하여 나타내면 [그림 12-4]와 같다. 즉, 교사는 해당 지식을 보유하고 있어야 하며, 그 후에 수업 계획이 가능하고, 또한 준비된 계획 정도에 따라 실행 가능성도 영향을 받게 될 것이다. 이와 같이, 교사가 보유한 지식의 정도, 이에 따른 수업 계획 및 실행은 교사 자신의 수업 반성으로 이어져야 하며, 이때 수업 반성은 지식 보유, 수업 계획, 수업 실행 부문의 정도를 가늠하고 그 결과에 따라 신속히 또는 꾸준히 수업 개선에 대처하여야 한다.

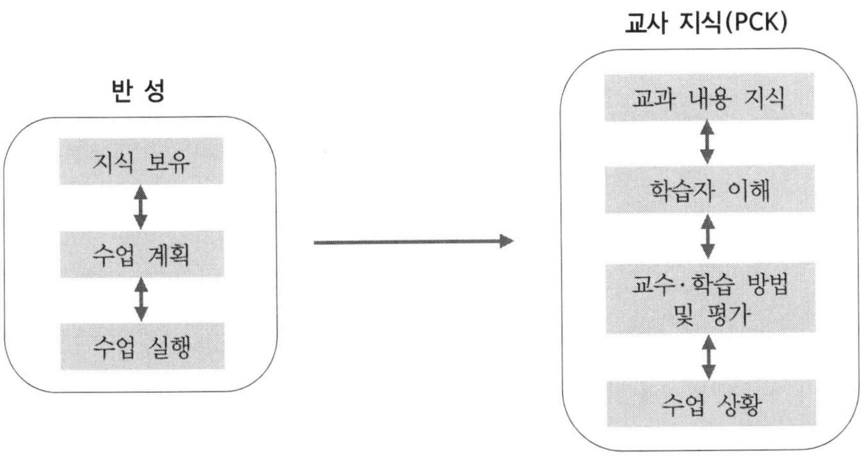

[그림 12-4] **반성을 통한 교사 지식 확장**

수학 수업을 위한 평가틀은 다음 [표 12-2]와 같이 수업 단계와 수업 평가 영역으로 구성될 수 있는데, 이때 수업 단계는 수업 전(지식 보유, 수업 계획), 수업 중(수업 실행), 수업 후(전문성 계발/반성)로 간주한다.

[표 12-2] **교사 지식에 관한 수업 평가틀**

교사 지식 (PCK)	수업 평가		수업 단계						
	평가 영역	평가 기준	수업 전		수업 중	수업 후			
						전문성 계발			
			지식 보유	수업 계획	수업 실행	수업 반성			
교과 내용 지식									
학습자 이해									
교수·학습 방법 및 평가									
수업 상황									

수학 수업 평가를 위한 평가 기준은 위의 [표 12-1]에서 알 수 있는 바와 같이 수업 평가 영역들로부터 마련될 수 있으며, 교사 자신의 수업 후, 반성에 초점을 둔 수업 평가 기준은 [표 12-3]과 같다. 이 표에서와 같이 평정척도법을 이용하여 평정척도를 3단계 정도로 두거나 5단계로 좀 더 세분화하여 사용하면 편리하다.

[표 12-3] 교사의 수업 반성에 초점을 둔 수업 평가 기준

수업 평가 영역		(해당 수학 내용에 관한) 수업 평가 기준	평정척도 (만족도)				
			0	1	2	3	4
교과 내용 지식	1. 교육과정 이해 및 재구성	수업 목표에 따라 내용 지도가 적절히 이루어진 수업이었다고 생각하십니까?					
	2. 수학 내용	교사 자신의 (학문수학 및 중등수학과 관련된) 사전 지식이 충분히 활용된 수업이었다고 생각하십니까?					
	3. 방법적 지식	수학적 문제해결, 의사소통, 추론, 연결성 등이 수업 내용에 맞게 적절히 반영되었다고 생각하십니까?					
	4. 수학적 태도	수학적 가치와 중요성이 충분히 전달된 수업이었다고 생각하십니까?					
학습자 이해 지식	1. 학습자 수준	학생들의 수준(인지, 선행 지식, 학업성취 등)이 충실히 반영된 수업이었다고 생각하십니까?					
	2. 학습자 오개념	해당 수업 내용에 관한 학생들의 오개념에 대해서 적절한 피드백을 제공한 수업이었다고 생각하십니까?					
	3. 학습 동기	학생들의 학습 동기 및 흥미 유발을 이끌기 위한 수업 활동이나 방법이 충분히 반영된 수업이었다고 생각하십니까?					
	4. 수학적 태도	학생들의 수학에 대한 긍정적 인식 및 적극적인 학습 태도를 증진시키기 위한 수업 활동 내지 방법이 적절히 반영된 수업이었다고 생각하십니까?					
	5. 학습 방법	학생들이 선호하거나 그들의 학습에 유익한 학습 활동 및 학습 방법을 충분히 반영한 수업이었다고 생각하십니까?					
교수·학습 방법 및 평가	1. 수업 목표 및 내용 반영	수업 목표 및 내용, 상황 등에 적합한 수업 방법이 적절히 활용된 수업이었다고 생각하십니까?					

수업 평가 영역		(해당 수학 내용에 관한) 수업 평가 기준	평정척도 (만족도)				
			0	1	2	3	4
지식	2. 문제해결 활동 반영	수학적 문제해결 활동(해결 과정 강조, 추론하기, 문제 만들기 등)이 적절히 반영된 수업이었다고 생각하십니까?					
	3. 학습자 수준 및 태도 반영	학습자 수준(인지, 학업성취 등) 및 태도가 충분히 반영된 수업이었다고 생각하십니까?					
	4. 발문 및 의사소통 활용	교사의 발문 및 교사와 학생, 또는 학생들 간의 의사소통 활동이 적절히 반영된 수업이었다고 생각하십니까?					
	5. 평가 방법 및 절차 마련	평가 목적에 부합하는 평가 방법 및 절차가 적절히 마련되었다고 생각하십니까?					
	6. 평가도구 개발	자신이 개발한 평가도구(평가 목표, 평가 문항, 채점 기준 등)가 적절히 활용되었다고 생각하십니까?					
	7. 평가 결과 활용	평가 결과가 수업 개선 및 학습 처치에 적절히 반영되었다고 생각하십니까?					
수업 상황 지식	1. 도구 및 교구, 자료 활용	공학적 도구, 교구, 자료 등을 학습 내용 및 학습자 수준에 맞춰 적절히 활용한 수업이었다고 생각하십니까?					
	2. 교실 환경 및 수업 집단 조성	공학적 도구, 교구, 자료 등의 효율적 활용을 위해 수업 집단 및 교실 환경을 적절히 구성한 수업이었다고 생각하십니까?					
	3. 수업 분위기 및 학습 태도 조성	학생들의 적극적 학습 태도 및 긍정적 수업 분위기를 충분히 유도한 수업이었다고 생각하십니까?					
	4. 학생 관리 및 수업 상황 대처	학생들의 어려움이나 질문 등에 대한 학생 관리 및 수업 상황 대처가 적절히 이뤄진 수업이었다고 생각하십니까?					

앞서 살펴본 수업 평가틀은 교사가 자신의 수업 계획 및 진행, 그리고 반성을 통해 수업 개선은 물론, 더 나아가 교사 지식의 확장을 이끌 수 있도록 하는 데 도움을 줄 것이다. 이때, 가급적 수업 후 즉각적으로 평가를 실시함으로써 자신의 수업 반성을 통하여 보다 수월하게 수업 개선이 이뤄질 수 있도록 하길 제안한다. 또, 학교 환경 및 수업 상황에 따라 동료 교사들과의 협력, 연구, 논의 등을 통하여 지속적으로 수업 개선을 도모하는 의지와 노력을 갖출 필요가 있다.

결론적으로, 수업 평가 요소는 기본적으로 교사들이 어떤 지식을 보유하고, 그 지식을 토대로 수업을 계획하고 그 계획에 따라 수업을 실행하며, 더 나아가 반성 및 개선 여부에 활용되어야 한다. 만약 한 교사가 교과 내용, 학습자 이해, 교수·학습 방법 및 평가, 수업 상황 등에 관한 지식을 보유한다면, 수업 계획 때나 수업 실행 때에 교사가 보유한 지식이 고루 반영되어 드러나야 하며, 수업 반성의 측면도 마찬가지이다. 하지만, 어떤 교사에 대해 지식의 보유, 계획, 실행, 반성 부문을 동시에 판단하기는 다소 무리가 있다.

일반적으로, 지식의 보유, 계획, 실행, 반성의 네 부문 중에서 가장 진단하기에 용이하고 필요한 부문은 실행 부문일 것이며, 또한 간편한 수업 평가를 위해서는 실행 부문에 초점을 두어 교사 스스로 자기 평가를 수행하는 것이 좋다.

한편, 수업 실행 측면의 평가 요소는 교사 자신은 물론 동료 교사의 판단에 따라 진단 및 평가가 가능하다. 이때, 평가 요소의 활용 단위(즉, 얼마만큼 수업을 진행한 후 평가를 할 것인가)는 교사의 수업 여건이나 상황에 따라 결정하도록 한다. 결국, 교사는 교수 활동에 대한 반성을 통해서 진정한 성장과 수월성을 이룰 수 있으며, 이의 중요성을 인식하도록 해야 할 것이다. 자신의 실천 결과를 이해하려고 노력하고 대안적인 실천 방법을 심사숙고함으로써 자신의 교수 영역과 관련된 전문적 지식을 확장하도록 해야 한다. 교사의 교수 활동에 대한 반성이 학생들의 학습과 상호 의존적이라는 것을 인식하고, 대부분 학생의 학습 상황 또는 문제해결 상황에서와 마찬가지로 교사는 자신의 전문 지식과 수업 설계 및 교수 활동의 결과를 반성하며 그 결과를 향후 교수 활동 개선을 위한 자료로 활용하도록 해야 한다. 또, 교사는 학교공동체 구성원으로서 그들의 전문성을 향상시키기 위해 동료 교사들과 협력하고 수업 개선을 위해 공동으로 노력하고, 교수 활동이 수학 수업의 한 요소이며 교육의 질은 전문적 공동체의 능력에 달려 있음을 인식해야 한다. 수학교사로서 전문적 책무성을 촉진하기 위해 교사는 교수 활동과 학생들의 발전에 대하여 동료들과 자주 논의함으로써 전문성은 단순히 자율성만을 의미하는 것이 아니라 공동의 노력임을 알아야 한다.

이와 더불어, 교사는 학부모와의 의사소통을 통해 교육과정 및 수업 프로그램, 그리고 개별 학생의 발달과 성취에 대하여 학부모와 긴밀한 협조 체제를 유지하여 수업 방법이나 체제와 같은 교실 상황에 대해 계속 알려주도록 해야 할 필요가 있다. 또한, 학부모와의 의사소통 영역이나 방법은 교사의 노력에 따라 개선될 수 있으며, 가능한 다양한 방법(가령, 학부모 수업 참관 기회를 제공하여 교사가 지향하는 수업 목표를 설명하거나 익숙하지 않은 방법을 학부모들이 직접 체험하거나 관찰하는 등)이 있음을 알도록 한다. 더 나아가, 교사는 전문성 발달을 위하여 지속적으로 노력하고 연구하는 자세를 가지는 것이 중요하며, 이때 교수 활동 개선은 교사 자신의 개인적 차원에서뿐만 아니라 동료들과의 집단적 책임으로 간주하고, 그럼으로써 교사의 전문성은 유지 또는 확장될 수 있음을 인식하도록 한다. 이처럼, 교사의 보유된 지식, 수업 계획, 수업 실행은 교사의 수업 반성과 더불어 동료 교사 및 학부모와의 협력 체제를 긴밀히 유지하며 지속적인 연구 자세 및 긍정적 성향을 나타낼 때 해당 교사는 보다 성숙되고 확장된 지식을 보유하고, 그러한 지식에 걸맞은 수업 계획 및 실행이 가능할 것이다.

참고문헌

- 임찬빈, 이화진, 곽영순, 강대현, 박영석 (2004). 수업 평가 기준 개발 연구(Ⅰ): 일반기준 및 교과(사회, 과학, 영어) 기준 개발(연구보고서 No. RRI 2004-5). 서울: 한국교육과정평가원.
- 임찬빈, 이화진, 서지영, 차우규 (2005). 수업 평가 기준 개발 연구(Ⅱ): 일반 기준 및 교과(영어, 도덕, 체육) 기준 상세화(연구보고서 No. RRI 2005-3). 서울: 한국교육과정평가원.
- 임찬빈, 이화진, 최승현, 오은순, 이경언, 이수정 외 (2006). 수업 평가 기준 개발 연구(Ⅲ): 일반 기준 및 교과(국어, 수학, 기술·가정, 음악, 초등)기준 상세화(연구보고서 No. RRI 2006-3). 서울: 한국교육과정평가원.
- 조성민 (2005). 교육과정 실행의 관점에서 본 수학교사 지식과 수업의 관련성 연구 : 고등학교 함수내용을 중심으로, 이화여자대학교 대학원 박사학위논문.
- 최승현 (2007). 교육과정 개정에 따른 수학과 내용 교수 지식(PCK) 연구(연구보고서 No. RRI 2007-3-2). 서울: 한국교육과정평가원.
- 최승현, 강대현, 곽영순, 장경숙 (2008). 교과별 내용교수지식(PCK) 연구(Ⅱ) - 중등 초임교사 수업컨설팅을 중심으로-(연구보고서 No. RRI 2008-2). 서울: 한국교육과정평가원.
- 황혜정 (2010). 교과 내용 지식(SMK)에 초점을 둔 수학 수업 평가 기준 고찰. 한국학교수학회논문집, 13(1), 45-67.
- 황혜정 (2012). 수학 수업에서 요구되는 교사 지식에 대한 평가 기준 재탐색. 수학교육논문집, 26(1), 29-55.
- 황혜정, 나귀수, 최승현, 박경미, 임재훈, 서동엽(2007). 수학교육학신론. 서울: 문음사.
- Ball, D. L. (1988). Knowledge and reasoning in mathematical pedagogy: examining what prospective teachers bring to teacher education. Doctoral dissertation. Michigan State University.
- Ball, D. L., & McDiarmid, W. (1990). The Subject-Matter Preparation of Teachers. In W. R. Houston (Ed.), Handbook for Research on Teacher Education. New York : Macmillan.
- Christiansen, B., Howson, A. G., & Otte, M. (1986). Mathematics as a School Subject.

Perspectives on mathematics education(pp. 49-99). The Netherland: D. Reidel Publishing Company.

- Gess-Newsome, J. (1999). Pedagogical content knowledge: An introduction and orientation. In J. Gess-Newsome, & N. G. Lederman(Eds.), Examining pedagogical content knowledge (pp. 3-17). Dordrecht : Kluwer.
- Grossman, P. L. (1990). The making of a teacher: Teacher Knowledge and teacher education. New York : Teachers College Press.
- Ma, L. (1999). Knowing and Teaching Elementary Mathematics: Teachers' Understanding of Fundamental Mathematics in China and the United States. Mahwah, NJ : Lawrence Erlbaum Associates.
- Marks, R. (1990). Pedagogical content knowledge : From a mathematical case to a modified conception. Journal of teacher education, 41(3), 3-11.
- National Council of Teachers of Mathematics(1989). The Curriculum and Evaluation Standards for School Mathematics. Reston, VA : Author.
- National Council of Teachers of Mathematics(2000). Principles and Standards for School Mathematics. Reston, VA : Author.
- Polya, G. (1962). Mathematical Discovery. New York : John Wiley & Sons, Inc..
- Shulman, L. S. (1986). Those who understand: Knowledge growth in teaching. Educational Researcher, 15(2), 4-14.
- Shulman, L. S. (1987). Knowledge and teaching: Foundations of the new reform. Harvard Educational Review, 57, 1-22.
- Stein, M. K., Baxter, J. A., & Leinhardt, G. (1990). Topic-matter knowledge and elementary instruction: A case from functions and graphing. American Educational Researcher, 27(4), 639-663.
- Winsor, M. S. (2003). Preservice mathematics teachers' knowledge of functions and its effect on lesson planning at the secondary level. Doctoral dissertation. University of Iowa.

제13장

교사의 평가 전문성 신장 사례

권나영(인하대학교)
이민희(충남대학교)

1 들어가는 글

2015 교육과정 개정과 함께 과정 중심 평가에 대한 관심이 증가하고 있다. 2015 개정 교육과정에서는 학생들의 학습 결과보다는 과정 중심으로 학습을 평가해야 한다는 부분을 강조하고 있다. 이는 개정 교육과정 총론(교육부, 2015)에서 '교육과정 구성의 중점' 부분을 살펴보면, "학습의 과정을 중시하는 평가를 강화하여 학생이 자신의 학습을 성찰하도록 하고, 평가 결과를 활용하여 교수·학습의 질을 개선한다"(p. 3)에 잘 명시하고 있다. 이와 같은 교육과정의 변화와 함께 학생들의 학습을 평가해야 하는 교사의 전문성에 있어서도 평가 전문성 부분이 중요해지고 있다.

2015 개정 교육과정이 실행되었지만, 최근까지도 학교 현장의 평가는 수행평가와 같은 과정 중심적 평가와 중간고사와 기말고사 같은 지필 중심적이고 결과 중심적인 평가가 혼용되고 있는 과도기적인 상황이다. 또한 학생의 변화와 성장에 중심을 두는 과정 중심 평가가 등장하기는 하였지만, 그 개념과 실행 방법에 대해 많은 논란과 논의가 이루어지고 있다(박지현, 진경애, 김수진, 이상아, 2018; 이경화 외, 2016). 반재천, 김선, 박정, 김희경(2018)의 과정 중심 평가에 대한 인식 조사 연구를 살펴보면, 교사별로 과정 중심 평가를 도입하는 것에 대해 연구 대상인 초·중학교 교사들은 68% 이상이 도입에 적극 또는 대체로 찬성하였다. 하지만 도입하게 될 경우 교사들에게 가장 필요한 것은 행정업무 경감과 학생 수의 적정화 같은 물리적인 교육 환경 외에 교과연구회 활성화를 통한 자율적 연구 분위기나 평가 전문성 연수 확대 등이 필요함을 언급하였다. 또한 이 연구 결과로부터 평가

과정과 결과의 공정성과 신뢰성 확보를 위해 교사의 자율성과 전문성을 존중하고 교사 공동체를 기반으로 평가의 책임을 분담할 수 있는 운영 절차에 대한 모형이 필요하다는 시사점을 얻을 수 있었다.

학생의 성장을 위한 과정 중심 평가가 초등학교부터 고등학교에 이르는 학교급 전체에 걸쳐 실행되는 과정은 이미 시작되었고 확대되고 있다. 이 과정에서 우리가 관심을 두는 것은 이러한 평가를 도입하였을 때 교사가 처하게 될 어려움과 필요한 지원들이 어떤 것인가 하는 것이다. 반재천 외(2018)의 연구에서 연구에 참여한 초·중학교 교사들(72% 이상)이 교사별로 과정 중심 평가를 도입했을 때 걱정하는 어려움으로 전문성 부족에 따른 다양한 평가 방법 적용의 어려움을 들었고, 교사 간 역량 및 성실성의 차이가 수업 및 평가의 질을 심화시킨다는 자유 의견 등이 있었다. 과정 중심 평가에서 교사의 평가권이 강화되기 위한 핵심 요소는 교사의 전문성이 바탕이 되는 것이다. 특히 교수·학습과 평가에 대한 타당성, 다양한 평가 과제 개발과 여러 방법 적용, 채점 기준안 개발 등과 관련하여 교사의 평가에 대한 전문성이 점점 더 중요해지고 있다.

과정 중심 평가에 대한 의미나 수행 방법에 대한 내용들은 교육과정 문서나 교육부 문서들을 통해 찾을 수 있으나 과정 중심 평가에 대한 개념의 이론적 배경에 대한 내용들은 많지 않다. 이 장에서는 교사의 평가 전문성이 어떤 것인지 알아보고 국내와 국외에서 실행된 교사를 위한 평가 관련 연수 프로그램의 사례들을 살펴보며 앞으로 교사의 평가 전문성을 위한 시사점에 대해 논의하고자 한다.

2 과정 중심 평가와 교사의 평가 전문성

교사의 평가 전문성이란 무엇인지를 살펴보기 이전에 평가가 무엇인지에 대해 생각해 볼 필요가 있다. 그래서 최근 이슈가 되고 있는 과정 중심 평가에 대해 간단히 알아본 후 교사의 평가 전문성의 개념과 관련된 선행 연구들을 살펴보겠다.

2.1 과정 중심 평가

전통적으로 이루어진 평가는 행동주의 학습 이론에 근거한 것으로 수업을 통해 이루어진 학습 결과를 평가하기 위해 지필 형태로 학생들의 성취도를 평가하는 것이 주된 목적이었다. 하지만 최근 변화하고 있는 평가는 성취도를 측정하는 것보다는 학생의 변화와 성장을 기록하고 교사가 학생의 학습과 참여를 돕기 위해 수업과 과제를 구성하는 데 필요한 것이라는 의미를 포함한다. 이런 의미에서 최근에는 과정 중심 평가를 강조하고 있다.

임은영(2017)은 과정 중심 평가가 학교 교육에 대한 변화의 필요성에서 출발한다고 하면서 미래 사회에서 요구하는 창의인재 육성을 위해 학교 평가가 바뀌어야 하고 그러기 위해서는 문제해결 과정을 중시하는 과정 중심적 평가가 필요하다고 보았다. 과정 중심 평가의 의미는 "교육과정 성취기준에 기반한 평가 계획에 따라 교수·학습 과정에서 학생의 변화와 성장에 대한 자료를 다각도로 수집하여 적절한 피드백을 제공하는 평가"로 정리된다. 2015 개정 수학과 교육과정에서 명시한 "수학과의 평가는 학습 결과 평가뿐만 아니라 과정 중심 평가도 실시하여 종합적인 수학 학습 평가가 될 수 있게 한다"(p. 41)에서도 과정 중심 평가에 대한 언급을 확인할 수 있다. 제2차 수학교육 종합계획(교육부, 2015a)에서도 과정 중심 평가의 도입을 통해 수학 수업이 학생 참여 중심 수업으로 변화하는 것을 추구하고 있다.

국내 여러 문헌에서 발견되는 과정 중심 평가의 개념은 국외에서도 최근 수행되고 있는 평가와도 내용이 비슷하며 특히 형성평가(Formative Assessment)의 최근 개념과 일치한다. 국내에서 언급되는 형성평가는 교수법을 개선하고 학생의 학습 개별화를 추구하며 학습 정도를 파악하는 역할도 하지만, 대체로 수업 도중에 학생에게 이루어지는 평가 정도로 인식되고 있다. 하지만 Silver와 Mills(2018)의 책에서 살펴보면 형성평가의 의미는 최근 좀 더 확대된 의미로 변화하였다고 한다. 그 내용을 좀 더 살펴보면, 학생과 교사를 위한 형성평가에 관심 있는 교육자들*(FAST SCASS)이 모여 팀을 이루고 2006년부터 형성평가의 개념에 대해 논의를 시작하였다. 이 그룹은 2017년도에 좀 더 업데이트된 개념을 내놓는데, 이 형성평가의 개념을 보면 최근 국내에서 언급하는 과정 중심 평가에서 강조하는 것과 비슷한 내용이 포함된다. 다음의 [표 13-1]은 Silver와 Mills(2018)의 책에 제시된 것으로 2006년과 2017년 FAST SCASS에서 제시한 형성평가의 개념을 정리한 것이다.

* Formative Assessment for Students and Teachers(FAST)와 State Collaborative on Assessment and Student Standards(SCASS)라는 그룹으로 각 주의 교육부에서 일하는 교육자들로 구성되어 있다.

[표 13-1] 2006년과 2017년 형성평가 정의의 유사점과 차이점(Silver & Mills, 2018, p. 5)

FAST SCASS 2006 정의	FAST SCASS 2017 정의
형성평가는 교사와 학생이 수업 중에 사용하는 과정으로, 의도된 교수 결과로 학생의 성취를 향상시키기 위해 계속되는 교수·학습을 조정하면서 피드백을 주는 과정이다.	형성평가는 모든 학생과 교사들이 교수·학습 과정에 사용하는 계획된 지속적인 과정으로, 의도된 지도에 따른 학습 결과에 대해 학생의 이해를 증가시키고 학생들이 좀 더 자기주도적 학습자가 되도록 돕는 과정이다. 형성평가 과정을 효과적으로 사용하기 위해 학생과 교사는 다음의 활동을 통합하는 것이 요구된다. • 광범위한 학습 진행에서 학습목표 명확히 하기 • 학생의 이해에 관한 증거를 찾고 분석하기 • 자기 평가, 자기 반성, 동료 평가에 참여하기 • 실행 가능한 피드백 제공하기 • 증거를 사용해서 학습 전략이나 다음 교수 단계를 조정하여 학습이 나아가도록 피드백하기

2.2 교사의 평가 전문성

2.2.1 평가 전문성 개념

평가에 대한 관점은 크게 두 가지로 '학습에 대한 평가(Assessment of Learning)'와 '학습을 위한 평가(Assessment for Learning)'로 구분된다. 이인제 외(2004)는 학습에 대한 평가는 전통적인 관점의 평가로, 학습을 위한 평가는 학생의 학습에 도움을 주는 평가로 보면서 학습을 위한 평가를 강조하였다. NCTM에서는 학교수학을 위한 원리 및 규준을 6가지로 제시하면서 평가규준을 제시하였다(NCTM, 2000). 여기에서 NCTM에 의하면 평가는 수학의 학습을 지원하는 것으로 교사가 교육적 결정을 내려야 할 때 정보를 제공하고 안내할 수 있어야 하며 학생에게는 학생들이 목표를 설정하고, 자신의 학습에 대한 책임을 지고, 좀 더 독립적인 학습자가 되는 데 도움이 된다고 제시하고 있다. 2015 개정 교육과정에서 강조하는 평가에서 교사의 역할은 창의·융합적 인재양성을 위해 학생이 무엇을 알고 있고 어떻게 학습을 해야 하는지 파악하고 그에 적합한 피드백을 제공함으로써 학생의 학습을 돕는 것으로 제시하고 있으며 NCTM에서도 일맥상통하게 교사의 역할을 주장했다. 같은 맥락으로 교육부(2018)는 '2018학년도 교원 연수 추진방향'을 제시하면서 학생의 학습을 위한 평가인 과정 중심 평가에 대한 교원 전문성 제고를 위한 연수를 실시할 것을 권장하였다. 즉, 최근 평가에 대한 관점은 학습에 대한 평가라기보다는 학습을 위한 평가에 좀 더 중심을 두고 있으며 이를 위해 교육의 목표와 방향, 시대적 변화에 맞는 교사의 평가 전문성 신장이 강조되고 있음을 알 수 있다.

교사의 평가 전문성이 강조되면서 이에 대한 용어의 정의 및 교사에게 요구되는 평가 전문성 규준, 지식 및 역량들에 대한 연구가 수행되고 있다. 먼저 교사의 평가 전문성의 정의와 관련하여 언급한 문헌들을 살펴보고자 한다. Siggins(1995)는 교사가 타당한 평가와 그렇지 못한 평가 사이의 차이점을 알고 무엇을 평가해야 하고 학생들이 왜 그렇게 했는지에 대한 해석을 해야 하며 적합한 평가 방법에 대해 알고 있는 것으로 평가 전문성을 정의하였다. 또한 Paterno(2001)는 평가를 행하는 실제적 상황에서 필요한 기본적 원리에 대한 지식뿐 아니라 상황에 따른 평가 방법을 구성하고 사용할 수 있는 능력이라고 정의하였다. 이인제 외(2004)는 교사가 학생 평가에 대한 전문 지식을 갖춘 상태에서 학생 평가를 계획, 실시, 결과 분석 및 해석 등에 대한 실제적 능력 및 자율성과 책무성을 겸비하였을 때 평가 전문성이 함양된 것이라 하였다. 같은 맥락으로 또한 이민희, 임해미(2015)는 평가하고자 하는 내용에 대한 이해를 바탕으로 평가 방법의 선택, 평가 문항의 개발 및 적용, 평가 의도에 따른 해석 능력을 평가 전문성이라 정의하였다. 즉, 교사의 평가에 대한 실행적 측면을 강조한 것으로 평가 방안의 선택 및 개발, 적용에 따른 결과의 해석 능력을 평가 전문성이라고 정의한 것이다.

한편, Webb(2002)은 교사의 평가 전문성을 학생이 무엇을 알고 있고 무엇을 할 수 있는지 평가할 수 있는 방법적 지식뿐만 아니라 평가 결과를 해석하고 학습과 수업의 효과를 향상시키기 위해 결과를 적용할 수 있는 방법을 아는 것으로 정의하고 있다. Beziat, Coleman (2015)은 교사는 학생들의 학습 결과를 측정하고 교사 스스로 수업의 효과를 판단하기 위해 타당하고 신뢰적인 평가 방법을 창안하고 실행할 수 있어야 하며 그 결과를 학생과 학부모에게 제공하여 학생의 학습 향상을 도울 수 있는 능력을 갖추어야 한다고 하였다. 이들은 앞선 정의들과 유사하지만 교사의 평가 전문성에 평가 결과를 수업의 향상에 적용할 수 있는 능력도 포함하면서 교수·학습과 평가의 유기성을 강조한 정의라 할 수 있다.

2.2.2 평가 전문성 규준

교사의 평가 전문성의 개념화와 더불어 평가 전문성에 대해 구체적인 요소들을 범주화한 평가 전문성 규준에 대한 연구도 지속적으로 수행되고 있다. 국외의 경우, 1990년에 이르러 AFT(American Federation of Teachers), NCME(National Council on Measurement in Education), NEA(National Education Association)의 조직들이 협력하여 학생 평가를 위한 7가지 교사의 역량규준을 개발하였다. 이를 토대로 교사의 평가 전문성 신장을 위한 교사

교육들이 실행되었고, 이후 Brookhart(2011)는 이 규준들을 수정·보완하여 11가지 규준으로 제시하였다. 국외 문헌에서 찾은 평가 전문성 규준에 대한 내용을 정리하면 다음의 [표 13-2]와 같다.

[표 13-2] 국외 교사의 평가 전문성 규준

AFT, NCME, NEA(1990)	
규준 1	교사는 교육적 결정을 내리기 위해 적합한 평가 방법을 선택하는 데 능숙해야 한다.
규준 2	교사는 교육적 결정을 내리기 위해 적합한 평가 방법을 개발하는 데 능숙해야 한다.
규준 3	교사는 외부에서 제공된 평가 방법뿐만 아니라 교사가 구성한 평가 방법에 의한 결과를 관리, 채점 및 해석하는 데 능숙해야 한다.
규준 4	교사는 학생 개인, 수업 계획 및 자료 개발, 학교 개선에 대한 결정을 내릴 때 평가 결과를 활용하는 것에 능숙해야 한다.
규준 5	교사는 학생의 평가에 대한 등급 부여 절차에 능숙해야 한다.
규준 6	교사는 평가 결과를 학생, 학부모, 그 외의 교육 관련자들에게 제공하는 것에 능숙해야 한다.
규준 7	교사는 비윤리적이고 부적절한 평가 방법 및 평가 정보의 사용을 인식하는 데 능숙해야 한다.

Brookhart(이민희, 임해미, 2015에서 재인용)	
규준 1	교사는 가르치고자 하는 내용 영역에서 학습을 이해해야만 한다.
규준 2	교사는 교육과정에 근거하여 적절한 학습 내용과 사고의 깊이를 성취하게 하고 평가할 수 있도록 의도를 명확히 나타낼 수 있어야 한다.
규준 3	교사는 학습 의도에 따른 성취수준이 무엇인지 학생들과 의사소통할 수 있는 전략을 가지고 있어야 한다.
규준 4	교사는 평가 가능성이 있는 범위 안에서 평가 방법을 선택하고 그 목적을 이해해야 한다.
규준 5	교사는 학생들에게 요구되는 특정 지식과 사고 기능을 확인할 수 있도록 수업 중의 질문이나 평가 문항, 수행평가 과제를 분석할 수 있는 능력을 가져야 한다.
규준 6	교사는 학생의 성적에 효과적이고 유용한 피드백을 제공할 수 있는 능력을 가져야 한다.
규준 7	교사는 학생의 학습, 성장 및 발전을 개선하기 위한 평가 기준을 구성할 수 있어야 한다.
규준 8	교사는 학생, 교실, 학교, 지역에 대한 판단의 결과를 해석하고 객관적 평가의 관리자가 될 수 있어야 한다.
규준 9	교사는 평가 결과를 해석하고 평가 결과에 근거한 교육적 판단을 추론할 수 있어야 한다.
규준 10	교사는 교육적 의견을 만들기 위해 평가 결과의 정보를 활용하여 학생을 도울 수 있어야 한다.
규준 11	교사는 자신이 수행한 평가에 합법적이고 윤리적인 책임에 대해 이해해야 한다.

AFT, NCME, NEA(1990)의 평가 전문성 규준은 학습 과정보다는 학습 결과를 평가하고 이에 대한 피드백을 제공하는 교사의 역량을 중심으로 구성된 것으로 학습에 대한 평가 측면이 강조된 것으로 볼 수 있다. 이후 Brookhart(2011)의 평가 전문성 규준은 학습 내용에 대한 이해를 시작으로 교수·학습과 평가를 연계하여 학습을 위한 평가 측면을 강조한 것으로 학생과 교사, 학부모 모두에게 학습에 대한 중요한 정보를 제공할 수 있는 역량이 강조된 것으로 볼 수 있다. 즉, 평가에 대한 시대적 동향에 따라 점차 변화된 것을 알 수 있다. 그러나 교사의 평가 전문성을 범주화하고 구체적으로 규준으로 제시한 것은 교사의 평가 전문성 향상에 중요한 역할을 한 것으로 판단할 수 있다.

국내의 경우, 한국교육과정평가원의 대규모 연구를 통해 교사의 평가 전문성을 위한 기준을 개발하였다. 이 기준안은 크게 내용기준과 수행기준으로 구분하였고 교사의 이론적 지식 측면과 실행적 측면의 지식을 토대로 두 개의 기준을 다시 네 가지로 2차 범주로 분류하였으며, 세부적 내용은 3차 범주로 구분하여 제시하였다(이인제 외, 2004). 내용기준 범주는 교육과정에 대한 지식, 교수·학습에 대한 지식, 교육평가에 대한 지식, 교과내용에 대한 지식을 하위요소로 포함함으로써 교사의 교수·학습과 관련된 교과내용 및 교수학적 지식을 모두 아우른다. 수행기준 범주는 평가 계획 및 준비, 평가 시행, 평가 결과 분석 및 해석, 평가 결과 보고 및 활용을 하위요소로 포함하면서 평가를 초점으로 한 실천적 지식을 강조한 것으로 볼 수 있다. 각 범주를 구체적으로 살펴보면 [표 13-3]과 같다.

교사의 평가 전문성 규준들은 앞서 언급한 평가 전문성의 정의 혹은 개념과 맥락을 같이 한다. 초반에는 정의를 좀 더 구체적으로 명시함으로써 교수·학습과 관련된 내용적 측면, 평가 계획 및 실행, 해석 및 종합, 피드백을 통한 교수·학습의 개선, 교사의 윤리적 책무성 등에 대해 기준안을 제시하면서 학습에 대한 평가에서 학습을 위한 평가에 적합한 규준으로 발전되었다. 또한 이후에는 교사의 평가 전문성 규준을 토대로 교사들의 전문성 정도를 측정하고 평가하기 위해 자기 평가 목록, 즉 자기 평가 설문이 개발되어 이를 통해 전문성 향상 정도를 파악하는 데 유용하게 사용할 수 있게 되었다. 이와 같이 교사의 평가 전문성에 대한 정의를 시작으로 구체적인 요소들과 세부 사항을 제시하면서 규준이 발전하고 그에 따른 과제나 활동들이 개발되어 교사의 평가 전문성 신장을 지원하고 있음을 알 수 있다. 다음에서 소개할 국내 사례 1의 경우는 평가 전문성에 대한 자기 평가 설문을 활용하여 교사들이 연수 프로그램 참여 전과 후에 평가 전문성에 대해서 스스로 평가를 실시한 사례이다.

[표 13-3] **국내 교사의 평가 전문성 규준 (이인제 외, 2004)**

대범주		세부기준
내용 기준	교육과정에 대한 지식	교육과정의 구성 철학과 추구하는 인간상 교과의 교육과정 목표 교과의 교육과정 내용 체계 교과의 교육과정 학년별 내용
	교수·학습에 대한 지식	학생과 학습 상황 교육목표 성취에 적합한 교수 전략 교육목표 성취에 적합한 교수 자료
	교육평가에 대한 지식	교육평가 및 유사 개념 교육평가의 방법 교육평가 시행 시 유의점 교육평가의 유형 교육평가 도구 개발 방법 결과 분석 방법 결과 활용 방법
	교과내용에 대한 지식	교과의 체계(구조) 교과의 핵심 지식 교육내용의 위계와 범위
수행 기준	평가 계획 및 준비	평가 목표 설정 평가 방법 선정 평가 시행 계획 평가 내용 결정 평가 도구 개발 평가 결과 분석 및 해석 계획 수립 평가 결과 활용 계획 수립
	평가시행	평가 환경 조성 평가 실시
	평가 결과 분석 및 해석	평가 실시 결과 채점 평가 실시 결과 해석 평가 실시 결과 분석 학습 증진 전략 수립
	평가 결과 보고 및 활용	평가 결과 통지 및 학습 증진 전략 제공 격려, 충고, 촉진, 지원 평가에 대한 평가

3 평가 전문성 향상을 위한 사례 조사

3.1 국내 사례 1

교사의 평가 전문성 신장에 대한 첫 번째 국내 사례는 현직 중등학교 수학교사를 대상으로 한 직무연수 중 '평가 문항 개발'과 관련된 연수 프로그램이다. 이 연수 프로그램은 평가 전반에 걸친 전문성 신장을 목표로 하기 보다는 평가 도구 개발 중에서도 학교현장에 가장 빈번하게 사용되는 평가 문항 개발과 관련된 연수이다. 이를 계획하고 실행한 최지선(2014)은 일반적으로 현직 교사를 대상으로 하는 평가 관련 연수를 예비교사교육 프로그램과 같이 15주라는 기간 동안 시행할 수 없기 때문에 현실적 상황과 이환철, 장미숙(2012)이 제시한 문항 개발과 관련된 연수 시간인 5시간을 고려하여 총 6시간 동안 진행하였다. 연수 프로그램 실행 과정은 다음 [표 13-4]와 같다.

[표 13-4] **연수 프로그램 과정(최지선, 2014)**

<table>
<tr><th>과정</th><th>차시 및 시간</th><th>활동</th><th>방법</th></tr>
<tr><td>사전평가</td><td>10분</td><td>평가 도구 개발 전문성 평가지 자가 평가</td><td></td></tr>
<tr><td>문제이해</td><td>1차시(20분)</td><td>개발된 문항(2문항)에 대한 개발 검토 의견 제시</td><td>강의</td></tr>
<tr><td rowspan="2">미니강의</td><td rowspan="2">1-3차시
(130분)</td><td>문항 개발 관련 이론 소개
- 문항 개발 원칙
<table>
<tr><th>수준</th><th>하위요소</th></tr>
<tr><td rowspan="2">교육과정 수준</td><td>교육과정 및 교과내용의 범위, 수준</td></tr>
<tr><td>평가 목적 부합 여부</td></tr>
<tr><td rowspan="4">문항 내적 수준</td><td>문항 오류</td></tr>
<tr><td>문항의 타당도, 변별도, 난이도</td></tr>
<tr><td>용어 수준</td></tr>
<tr><td>정확성, 단서</td></tr>
<tr><td rowspan="4">문항 외적 수준</td><td>문두(발문) 표현</td></tr>
<tr><td>선택지</td></tr>
<tr><td>배점</td></tr>
<tr><td>편집 체제</td></tr>
</table></td><td rowspan="2">강의, 토론</td></tr>
<tr><td>문항 개발 사례 소개
- 문항 개발 원칙에 따라 사례(3문항)논의</td></tr>
</table>

평가 문항 개발	4-6차시 (150분)	문항 검토 및 수정하기 - 문항 개발 원칙에 의거하여 문항(4문항)검토하기	팀내 토론 팀간 토론
사후 평가		평가 도구 전문성 평가지 자가 평가	

이 연수 프로그램에서는 교사 3-4인이 한 모둠으로 구성되어 모둠 내에서 토론을 하면서 문항을 '교육과정 수준, 문항 내적 수준, 문항 외적 수준'의 범주로 분석하고 이후 모둠 간 토론을 통해 문항 개발에 대한 아이디어를 공유하도록 하였다. 교육과정 수준은 학습 내용에 대한 지식적 측면에서 검토하는 것이고 문항 내적 수준은 문항 자체의 특성을 검토하는 것으로 볼 수 있다. 이 과정에서 교사들은 자신의 평가 전문성에 대한 반성적 사고의 기회를 갖게 되었다. 또한 앞서 안내한 평가 전문성 자기 설문지 중에서 평가 도구와 관련된 부분을 발췌하여 평가 도구 전문성을 자가 평가하였다. 이 연수 프로그램에서 교사들이 검토, 분석한 문항은 다음 [그림 13-1]과 같이 고등학교 수준의 수학 문항들이다.

◆ 내용 영역 : 미적분과 통계 기본, 정적분의 활용
◆ 행동 영역 : 이해
◆ 출제 의도 : 함수의 주기성과 정적분의 성질을 이용하여 정적분을 할 수 있는지를 평가한다.

1. 실수 전체에서 정의된 함수 $f(x)$가 다음 조건을 만족시킨다.

(가) $f(x)=\begin{cases} |x+1|-1 & (-2 \le x < 0) \\ -|x-1|+1 & (0 \le x \le 2) \end{cases}$
(나) 모든 실수 x에 대하여 $f(x)=f(x+4)$

이 때, $\int_{-2014}^{-2016} \{-f(-x)\}dx$의 값은?

① -2 ② -1 ③ 0
④ 1 ⑤ 2

◆ 내용 영역 : 수학 I, 여러 가지 수열
◆ 행동 영역 : 발견적 추론
◆ 출제 의도 : 주어진 도형에 나타난 수열의 일반항을 구할 수 있는지를 평가한다.

2. T_n은 한 변의 길이가 1인 정사각형의 각 변을 (n+1)등분하여 대각선 방향으로 각 정사각형에 문양 ◯을 넣은 것이다.

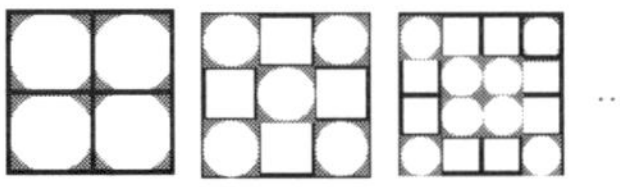

T_1 T_2 T_3

이때 T_n에 문양 ◯의 개수를 a_n이라 하자. 예를 들어 $a_1=4$, $a_2=5$, $a_3=8$ 이다. $a_{20}+a_{31}$의 값은?

① 90 ② 95 ③ 100
④ 105 ⑤ 110

[그림 13-1] 연수 프로그램에 사용된 검토 문항의 초안

최지선(2014)의 연구 결과를 보면 교사들이 문항 개발 원칙에 따라 두 문항을 검토하고 논의하면서 교육과정 수준에 초점을 두는 비율이 증가하였고 근거를 제시하지 않은 채 문항의 타당도, 변별도, 난이도에 대한 의견을 제시하는 것의 비율은 감소하였다. 교육과정 수준에 근거하여 문항을 분석, 검토하는 것은 과정 중심 평가의 방향과도 일맥상통한다. 과정 중심 평가는 교육과정에서 제시하는 성취기준을 중심으로 수업을 계획, 실행하는 과정에서 학생들이 나타내는 학습 과정에서 변화와 성장 정도를 평가하고 학생의 발전된 학습을 위해 교사 역시 자신의 수업을 개선하는 모든 과정을 포함한다. 즉, 교사가 교육과정 수준에 근거하여 문항을 분석하고 검토하려는 것은 과정 중심 평가의 효율적 실행에도 긍정적 영향을 미칠 것으로 예상된다.

[표 13-5] **연수에 사용된 문항 검토 및 분석의 예**

수준	연수 초	연수 중
교육 과정 수준	- 출제 의도와 무관한 개념을 너무 많이 요구하고 있다. - 치환은 출제의도와 무관한 것 같다.	- 출제 의도를 보니까, '정적분을 할 수 있다'가 있는데 이것을 판단하기 위해서 넓이 구할 때(정적분) 계산을 할 수 있도록 2차 함수나 3차함수를 고려했다. 이것저것 해 보다가 3차 함수로 바꾸기로 하였다. - 출제 의도에서 정적분의 계산을 할 수 있다고 해서, 정적분 계산을 강조하기 위해서 (함수의)양수 구간을 2차 함수로 바꾸었다. - (발문에서) 마이너스를 다 빼버렸는데, 의미가 없다고 생각했다. 있으면 평가 요소가 하나가 더 들어가니까 그럴 필요가 없다고 생각한다. - (평가 목표가 포함되어 있는) 정적분의 성질을(이해하는지를 문항에) 넣기 위해 적분 구간은 2015부터 2018까지로 바꾸었다.

앞의 [표 13-5]는 교사들이 [그림 13-1]의 검토 문항 중 첫 번째 문항에 대해 어떻게 교육과정 수준에 초점을 두어 연수 전과 연수 중 어떤 부분을 분석, 검토하였는지 살펴본 것이다. 문항1은 함수의 주기성과 정적분의 성질을 이용하여 정적분을 할 수 있는지 평가하는 문항으로 적분 구간에 따라 함수가 다른 형태로 제시되어 있다. 연수 초반에는 구체적으로 교육과정에 근거하여 분석하기보다는 단편적인 문항의 비평 의견들이 나타났다. 그러나 교사들은 연수에 참여하면서 평가 의도와 성취기준을 고려하여 구체적으로 어떻게 문항을 변형해야 하는지 근거를 제시하며 의견을 제시하였다. 이는 교사들이 자신의 생각과 다른 교사들과의 토론을 통해 문항에 대해 더욱 심도 있는 분석을 수행한 결과로 볼 수 있다. 즉, 교사들 사이의 생각을 공유하고 자신의 반성적 사고를 통해 평가 전문성을 신장시킨 사례이다.

3.2 국내 사례 2

교사의 평가 전문성 신장에 대한 두 번째 국내 사례는 강현영 외(2018)의 연구에 소개된 현직 초·중·고등학교 수학교사 60명을 대상으로 과정 중심 평가 연수 프로그램이다. 이 프로그램은 이론과 실제의 균형, 이론과 연계된 사례를 연수 이전에 개발하여 연수과정에 제시, 학교급의 특성 반영, 연수 참여 교사들의 협업을 통한 산출물 산출, 실습에 대한 반성 기회 제공의 다섯 가지 원칙을 반영하여 개발되었다. 과정 중심 평가 연수인 만큼 교육과정과 과정 중심 평가에 대한 이론을 9시간, 문항 개발 및 수정, 보완 등의 참여 시간을 11시간으로 구성하였다. 또한 과정 중심 평가에 대한 사례를 이론 강의에 제공하고자 현직교사와 연구자들의 협업을 통해 미리 개발한 후 연수 교사들에게 제시하였다. 특히, 이 연수는 초·중·고등학교 수학교사들이 모두 참여하였기 때문에 학교급 특성을 고려하여 연수를 실행하였고 교사 공동체의 장점을 반영하여 모둠별 과제 설계를 실시하였다. 연수 프로그램의 구체적인 실행 과정은 다음의 [표 13-6]과 같다.

강현영 외(2018)에 제시된 수학교사 연수 프로그램에서는 수업과 평가가 일관성을 이루도록 과제를 개발하는 과정에서 과정 중심 평가에 기반을 둔 수업 설계에 중점을 두었다. 그리고 수학 교과 역량을 평가하기 위한 다양한 방안에 대해 연수 참여 교사의 발문과 이에 대한 연구자의 응답을 통해 수학 과정 중심 평가를 설계하는 실습을 진행하였다. 이때 양적 평가가 아닌 자기 평가 양식을 설계하면서 학생의 학습을 평가하고 수업을 개선하기 위한 정보를 수집하려는 교사들도 있었다.

특히, 이 연수 프로그램에서는 교사 공동체를 바탕으로 한 반성 활동 과정에서 연수 교사, 사례 개발 교사, 전문가, 그 외의 연수 참여 교사들의 토론을 통해 반성적 사고뿐 아니라 평가 전문성 신장의 기회를 갖게 되었다. 이것을 보여주는 하나의 사례로 연수 교사가 고등학교 2학년을 대상으로 수학적 귀납법을 지도하기 위해 도미노를 이용한 과정 중심 평가를 설계한 것에 대해 사례 개발 교사와 상호작용을 한 것을 살펴볼 수 있다. 다음의 내용은 강현영 외(2018)에서 제시된 예시이다.

[표 13-6] **연수 프로그램 과정(강현영 외, 2018)**

단계	시간	주제	운영방식
이론 강의	6시간	과정 중심 평가의 개념 및 절차 과정 중심 평가와 피드백 학교급별 과정 중심 평가의 주요이슈 - 성취기준에 따라 수업과 평가 설계 방안 - 학생 수준을 반영한 평가 방법 및 채점 기준 작성	전체 학교급별
사례탐색	3시간	학교급별 과정 중심 평가의 사례 소개 - 연수교사의 질의, 응답을 통한 안내	학교급별
설계실습	7시간	수학 과정 중심 평가 설계 및 제작 실습 - 단원에 따른 과정 중심 평가 계획, 차시별 수업 및 평가 계획, 활동지, 평가 방법 별 채점 기준 계획에 대한 실습(모둠별 활동) 수학 과정 중심 평가 설계 및 제작 결과 발표	학교급별
수정 및 보완	2시간	수학 과정 중심 평가 설계 및 제작에 대한 수정 및 보완 우수 실습 사례 전시	학교급별 전체
토론	2시간	수학 과정 중심 평가 실행을 위한 제언	전체

> **사례 개발 교사**: 저는 이 수업이 잘 살려졌으면 좋겠다는 생각을 해봅니다. 도미노 하나를 집중해서 설계를 해볼 수도 있지만 도미노와 수학적 귀납법과의 차이를 찾아내는 과정에서 자칫 억지로 구분 혹은 차이점을 찾기 위한 소모적인 고민이 나올 수 있지 않을까 싶습니다. 왜냐하면 도미노는 수학적 귀납법을 설명할 수 있는 비유적인 예이기 때문입니다. 그래서 오히려 제 개인적인 생각은 학생들이 수학적 귀납법을 우선 1차시라도 배운 상황이라면 정말 잘 이해하여 받아들인 상태인지를 위하여, 우리 주변에서 이런 도미노의 예처럼 수학적 귀납법으로 설명해볼 수 있는 예를 찾아보도록 하고 발표와 질의응답을 평가로 넣는다면 발표를 준비한 팀은 수비적인 입장에서 본인들이 찾은 예와 그 예를 설명하면서 강조점을 두는 지점들이 있을 것 같아요. 질문을 하는 다른 조들의 입장에서는 공격수의 입장에서 "저 예는 이런 이런 부분 때문에 수학적 귀납법의 예시로는 어렵지 않을까요?", 뭐 이러한 활동을 할 수 있지 않을까 싶기도 합니다.(p. 335)

수학적 귀납법을 학생들이 흥미롭게 접근하고 이해하도록 하기 위해 연수 참여 교사는 도미노라는 소재를 사용하여 수업을 진행하고 학습이 이루어져 평가하는 수업 안을 설계하였다. 이때 이미 과정 중심 평가와 관련된 사례를 개발한 교사는 도미노라는 소재가 수학적 귀납법의 은유적 소재이기 때문에 수업에 적용하는 데 있어 주의해야 하며, 평가에 있어서 학생들이 수학적 귀납법을 다양한 관점으로 생각해보고 표현하는 것에 초점을 두면 효과적일 것이라는 의견을 제시하였다. 이 과정은 교사 공동체와 일치하는 활동은 아니지만 일정 부분 교사 공동체의 아이디어를 사용한 내용이라고 할 수 있다. 교사 공동체는 수업을 개선하고 학생의 학습을 돕는 역할을 위해 교사들의 탐구 및 실행을 상호 협력하는 관계를 지향한다. 강현영 외(2018)에서 제시된 과정 중심 평가의 연수 프로그램에서는 참여 교사, 사례 개발 연수자인 교사, 전문가들의 토론을 통한 상호작용 과정을 중요하게 활용하였는데 이것은 교사 공동체의 특징을 반영한 것으로 볼 수 있다. 즉, 교사공동체 모델을 연수 프로그램에 적용함으로써 과정 중심 평가를 중심으로 한 수학교사의 평가 전문성 촉진을 시도한 사례라 할 수 있다.

3.3 국외 사례 1

첫 번째 국외 사례는 미국의 ETS 평가 전문가들이 개발한 KLT 프로그램이다. 이 프로그램을 이해하기 위해서는 우선 형성평가(Formative Assessment)에 대한 이야기부터 짧게 언급해야 한다. 미국에서는 학생들의 완전 학습을 돕기 위한 방안으로 형성평가를 도입하여 활용하였다. 형성평가는 미국의 교육평가학자인 Scriven이 1967년에 처음 고안하였고 Bloom이 1969년 교실에 적용을 제안하면서 널리 활용되기 시작하였다. 그러다가 1998년 런던대학교의 Paul Black과 Dylan Wiliam 교수가 형성평가에 대한 논문을 발표하면서 다시 현장교사와 교육전문가들의 관심을 받게 되고 점차 확산되기 시작하였다. 이후 2003년에 ETS(Educational Testing Service)는 영국의 Wiliam 교수를 초청하여 교사를 위한 형성평가 연수 프로그램인 KLT(Keeping Learning on Track)을 만들기 시작하였고 2006년까지 개발 프로젝트를 진행하였다. 프로젝트 이후 ETS에서는 지속적으로 KLT 프로그램을 개발시켜 2009년 최종 KLT 실행 이론 모형을 확정하여 발표하였다(Leahy & Wiliam, 2009). 프로그램이 개발된 이후에는 꾸준히 교사 대상 연수가 진행되고 있다.

KLT 프로그램은 기본적으로 교사 학습 공동체(Teacher Learning Community: TLC)를 조직하여 형성평가 기법을 학습한 후 수업에 적용하고 TLC를 통해 동료교사와 상호교류하면서 서로 학습하도록 설계되어 있다(Thum, Tarasawa, Hegedus, Yun, & Bowe, 2015). KLT 프로그램은 일회성으로 끝나는 연수가 아닌 다년간에 걸친 프로그램으로 교사를 위한 KLT 기초 과정, TLC 리더 기초 과정, KLT 프로그램 모듈로 크게 구분된다. 준비 과정은

KLT 기초 과정과 TLC 리더 기초 과정을 합하여 3일간 반나절씩 집합 연수로 운영되고, 이후 프로그램은 학기 중에 프로그램 모듈을 학습하고 자신의 수업에 적용한 뒤 TLC 교사들과 토론하고 정보를 나누는 시간으로 운영된다. 자세한 프로그램의 내용은 다음의 [표 13-7]에 제시되어 있는데, ETS(2012)에 기초한 것으로 김진규(2015)의 논문에 번역된 내용을 이용하였다.

[표 13-7] **KLT 프로그램 구성 (ETS, 2012; 김진규, 2015에서 재인용)**

<table>
<tr><th>과정</th><th colspan="2">세부 내용</th><th>비고</th></tr>
<tr><td>KLT 기초 과정</td><td colspan="2">1일차
1) KLT 프로그램 개요와 이론적 배경 소개
2) 학습목표 명료화 및 공유 전략 설명
3) 효과적인 토의, 질문, 학습 과제 설계 전략 설명
4) 학습자에게 피드백 제공 전략 설명
5) 학생 자기 평가 및 동료 평가 전략 설명
6) 교사 학습 공동체 활용 방법 및 액션 플랜 작성 방법</td><td rowspan="3">리더 준비 연수 과정</td></tr>
<tr><td rowspan="2">TLC 리더 기초 과정</td><th>자료제공자로서의 연수 과정</th><th>학습촉진자로서의 연수 과정</th></tr>
<tr><td>2,3일차
1) 자료 제공자로서의 다양한 역할, 기대, 지원 방법
2) 동료 교사들에게 KLT프로그램 시기, 장소, 방법
3) 자료 제공자가 수행할 업무 매뉴얼
4) KLT 프로그램 준비, 기획, 실행 등에 관한 내용</td><td>2,3일차
1) 학습 촉진자로서 다양한 역할, 기대, 지원방법
2) 형성평가 전문성 제고 방법과 TLC 활용 방법
3) 집단역학의 중요성, 성격 유형 인식 기회 제공
4) TLC 회의 구조와 운영 방법, 모듈 활용 방법
5) 각 모듈의 새로운 학습을 위한 TLC 회의의 구조와 내용을 토의
6) TLC 리더로서 활용하는 교사 워크북, TLC 리더 핸드북과 매뉴얼</td></tr>
<tr><td>KLT 프로그램 모듈</td><td colspan="2">1) 참여 교사의 학습-생산적, 협력적, 지원적 회의 운영, 형성평가 5대 전략
2) 수업의 시작과 종료-학습목표 제시, 학습 강화, 학생 정보 활용 방법
3) 형성적 피드백-활동에 대한 점수 부여 절차, 사고력 증진 형성평가 기법
4) 고차적 연결 질문의 특징-고차적 연결 질문 특징, 예시 분석 및 토의
5) 고차적 연결 질문의 작성-질문 특성 복습, 질문 작성, 토의, 수정
6) 소집단 수행 과제 실행
7) 학생 자신과 동료 활성화
8) 반성과 향후 계획</td><td>1년차 연수과정 (8개모듈)</td></tr>
</table>

	여름 방학 기간 중 진행되는 자기주도적인 개별 연수 1) 1년차 연수 과정 반성하기 2) 형성평가 수준 향상하기 3) 형성평가 관점 확장하기 4) 통합적인 접근 방법 시도하기 5) 교실 학습 계약과 연계하기	개인 연구 연수 과정
	1) 교실 학습 계약 체결-개인 연구 결과 반성 및 논의, 도전 과제와 새 모듈 탐색, 새로운 형성평가 실행 학습 계약 체결 2) 모든 수업목표 달성하기-학습목표 검토와 다양한 형성평가 기법 학습, 현행 학습목표 공유 및 평가 방법 반성, 학습목표 공유에 초점 수업 계획서 작성 3) 질문-응답-행동 회로; 질문-각 부분 역할 고려, 질문 실제에 대한 긍정, 부정적 특징 분석, 취약점 수정 및 보완 기회 제공 4) 질문-응답-행동 회로; 응답-교실 전개 회로의 응답에 초점, 수업에 활용할 학생 학습의 증거 제공 5) 질문-응답-행동 회로; 행동-교실 전개 회로의 행동에 초점, 수업에 활용할 학생 학습의 증거 제공 6) 학생 학습을 지원하는 기록 관리 시스템-점수나 등급보다 형성적 피드백을 제공하는 기록, 학습 진전도 확인 및 수업에 유용한 자료 제공의 기록 7) KLT 교실에서 맞춤형 개별 수업-다양한 맞춤형 개별 수업과 형성평가 동원한 KLT, 교사들이 사용한 형성평가 기법에 대한 반성 8) 반성과 향후 계획-지난 2년간 TLC 경험과 형성평가 경험에 대한 반성, 향후 3년차 연수 과정에 대한 계속 여부 논의	2년차 연수과정 (8개모듈)

KLT 프로그램은 2004년에 시범적으로 적용한 뒤 캘리포니아를 비롯한 14개 주에서 활용되고 있다. 2012년부터는 미국 북서부평가협회(Northwest Evaluation Association; NWEA)가 KLT 프로그램을 위탁 운영하도록 허락받아 운영하고 있다(김진규 2015). NWEA 연구팀(Thum, Tarasawa, Hegedus, Yun, Bowe, 2015)은 2년 동안 연구를 진행하는데, 2012-2013 학년도*와 2013-2014학년도에 걸쳐 아이다호 주의 Meridian 교육청의 협조 아래 프로그램의 효과를 평가하는 연구를 수행하였다. 이들의 설문조사 결과 KLT에 참여한 교사들의 수업 실제에 변화가 있었고 학생들의 참여 시간도 증가하는 긍정적인 변화를 확인하였다. 2년간의 KLT를 마친 후 형성평가에 대한 가치를 묻는 설문에서 교사들은 눈에 띄는 변화를 보였다. 또한 참여 교사들은 프로그램 참여 경험에 대해 긍정적인 평가를 보고했고 TLC를

* 미국의 경우 9월에 1학기가 시작하기 때문에 학년도가 두 해에 걸쳐 나타난다. 2012-2013인 경우 2012 가을 학기와 2013 봄 학기가 해당된다.

통한 동료와의 교류 활동도 프로그램에서 가장 도움 되는 면이라고 언급했다. 연구 결과에서 보면 교사들이 학생들과 학습 기대에 대해 논의하는 횟수가 2차년도에는 훨씬 더 증가했고 학생들의 학습에 대한 증거를 설명하는 것이 2차년도에도 더 증가했다고 밝혔다. 하지만 이들의 연구에서는 KLT가 학생들의 학업성취도에 직접적인 효과를 주었는지는 확인하지 못하였다고 한다.

3.4 국외 사례 2*

두 번째 소개할 국외 사례는 미시건주 교육청(Michigan Department of Education)에서 개발한 FAME이라는 프로그램이다. FAME(Formative Assessment for Michigan Educators)은 교사와 관리자들의 형성평가(formative assessment)에 대한 활동을 돕기 위해 고안된 교사 연수 프로그램이다. 이 프로그램은 2008년부터 시작되었는데 2018년 현재까지 미시건주 교육청과 미시건 평가 협회(Michigan Assessment Consortium)와 함께 주관하여 운영되고 있다.

FAME의 목적은 일관된 교육과정, 균형 잡힌 평가, 효과적인 지도의 체계를 통해 학생의 학습과 성취를 향상시키는 것이다. 기본적으로 FAME의 운영은 지역의 코치들과 학습 팀 구성원들(Learning Team Members, LTMs)로 팀을 이루어 진행된다. 이를 위해 코치들은 지속적으로 양성되고 학습 팀을 구성하여 함께 연수를 진행한다.

매해 새로운 FAME 팀이 시작되는데, 그 과정은 다음과 같다. 컨퍼런스를 통해 혹은 현재 FAME의 멤버이거나 출판물 등을 통해 이 프로그램에 대해 알게 된 개인이나 교육자 그룹이 신청을 한다. 한 그룹이 형성되었을 때 그 중 한 명이 코치 역할을 하겠다고 동의하면 미시간 교육청에 신청서를 내고 그 팀의 코치가 된다. 코치가 결정되고 새로운 학습 팀이 구성되면 FAME 프로그램이 시작된다. 코치는 웹과 집합 연수 등을 통해 별도로 연수를 받아야 한다. 가을이 되면 코치와 학습 팀은 하루 동안 운영되는 연수인 '형성평가: 학습 시작하기 세션'에 함께 참가한다. 이 연수는 참가자들에게 FAME 프로그램에 대한 설명과 함께 형성평가 과정, 학습 팀 모델에 대해 설명한다. 이후 코치는 미시건주 교육청에서 지원하는 8일간의 추가 세미나(Cognitive Coaching Foundation Seminar)와 4일간의 다른 교육(Adaptive Schools Foundation Training)을 받게 된다. 코치들도 별도로 그룹을 형성하여 운영된다. 현재 코치들의 그룹을 지원하는 팀(Regional Leads)이 운영되는데 이전 코치를 했던

* 이 절의 내용은 FAME의 웹사이트(www.famemichgam.org)에서 가져온 것이다.

사람들이 새로운 코치나 다시 코치를 하고 싶어 하는 사람들을 돕는다. 코치 지원 팀은 새로운 학습 팀들을 운영하는데 있어서 코치 혼자 동떨어져 있다는 느낌을 주지 않도록 가까이에 도움을 줄 수 있는 사람이 있다는 것을 알려주는 중요한 역할을 한다. 또한 코치 지원팀이 코치들과 아이디어를 교환하는 포럼을 만드는 일정을 잡기도 한다. 이러한 연수들이 진행되고 나서 학습 팀에 있는 교사들은 각자 자신의 수업에서 배운 내용을 적용해 수업을 계획하고 평가를 진행한 뒤 다시 그 과정을 팀원들과 나누고 서로 피드백을 받는다.

FAME 웹사이트에는 여러 성공 사례들이 소개되어 있는데 그중 코루나(Corunna)지역의 공립학교들의 경우 지역 차원에서 이 프로그램을 받아들이기로 해서 2017~2019학년도에는 220명의 학교 운영자 및 교사와 1800명의 학생들이 있는 코루나 공립 학교들에서 운영을 하였다. 몇몇 학교 교육자들은 2011년도부터 FAME에 참여하고 있는 경우도 있었다고 한다. 학습 팀은 교사들의 자유 의지로 참여하도록 하여 코루나 중학교에서 먼저 참여하기 시작하였다. FAME은 3년간의 계획으로 운영에 참가하였는데, 처음에는 교사 한 명과 관리자 한 명 이상이 참여하여 학습 팀이 시작되었고 해가 끝날 때 다른 교사들을 초대하게 해서 팀의 운영을 참관하게 하는 방식으로 그 다음 해의 팀원을 늘려 나갔다. 2017~2018년도에는 한 개의 초등 팀과 두 개의 중학교 팀, 두 개의 중고등학교 팀이 운영되었다. FAME과 형성평가에 대한 연수 이후 코루나 지역에서의 참여자들은 이러한 연수 운영에 관리자들의 지원이 매우 절실하다고 했지만, FAME에 참여하는 것 자체는 매우 중요하고 학습 팀이 매우 좋았다고도 하였다. 이 연수는 단순히 이론 강의를 듣는 것으로 끝나는 것이 아니라 강의를 들은 후 자신의 수업 계획을 코치와 학습 팀이 도와주었고 수업에서 학생들과 함께 형성평가를 진행해 보고 자신의 학습 팀과 논의를 하는 과정들을 거치게 하였다. 이 프로그램 역시 학습 팀이라는 교사 학습 공동체 형식을 함께 운영하여 교사들의 평가 전문성 향상에 기여한 것이라고 볼 수 있다.

4 나오는 글

지금까지 교사의 평가 전문성 개념을 살펴보고 평가 전문성 향상을 위한 국내외의 사례들을 소개하였다. Mills, Strutcens, Petit(2018)는 형성평가에 관한 여러 문헌들을 검토하면서 형성평가가 학생들의 학습 변화에 무척 중요할 것이라고 주장한다. 평가는 단순히 학생들의 성취도를 측정하는 것이 아니라 평가의 변화를 통해 수업이 변화되기 때문에 중요한 것이다. 이러한 관점에 동의한다면 교사의 평가 전문성은 변화해야 할 교사의 전문성을 생각하는 데 있어 매우 중요한 분야가 될 수 있다.

국내와 국외의 경우 소개한 프로그램 사례들이 약간 차이가 있는데, 국내의 경우는 교사의 평가 전문성과 관련된 장기적인 프로그램으로 구체적으로 개발된 것을 찾기 힘들었고, 단기적인 교사 연수에 대한 정보들만 확인할 수 있었다. 국외의 경우는 최근 우리나라 2015 개정 교육과정에서 강조하는 과정 중심 평가와 동일한 맥락인 형성평가(formative assessment)에 대한 장기 교사 연수 프로그램들이 개발된 것이 있어 소개하였다. 우리나라와는 교육 상황이 다르기 때문에 앞에서 소개한 사례들을 비교 분석하기는 힘들지만, 국외의 사례로 소개한 미국의 프로그램들은 일회성 연수가 아닌 2년 이상 운영되는 장기 프로그램으로 계획되었거나 또는 한 번 개발된 프로그램을 지속적으로 발전시키면서 운영하고 있는 프로그램이었다. 우리는 다른 교육 분야를 모두 알지는 못하지만 저자들이 경험한 국내의 수학교사 연수의 경우는 대부분 최근 변화되는 교육과정에 맞춘 내용들에 대한 연수이기 때문에 일회성 연수가 많고 한국과학창의재단이나 연구재단의 지원을 받은 연구들도 일 년 이하로 운영되고 끝나는 경우들이 대부분이었다. 하지만 본 장에서 소개한 국외 사례처럼 수학교사만을 위한 연수가 아니더라도 교사들을 위해 장기적인 연수 프로그램을 계획하고 운영될 수 있다는 것으로부터 앞으로 수학교사 평가 전문성 신장을 위한 프로그램 개발에 대한 시사점을 얻고자 한다.

첫째, 교사의 평가 전문성 신장을 위한 프로그램 개발에는 프로그램 개발 적용에 대한 과정과 결과에 대한 기록이 반드시 포함될 필요가 있다. 우리가 살펴본 국내 사례의 경우는 실제 학교현장에 적용한 후 수정하거나 보완한 것에 대한 정보를 찾을 수 없었다. 그리고 논문들의 경우 제한된 페이지에 연수에 대한 정보들을 알려주고 있어서 실제 프로그램이 운영된 이후의 상황에 대해서는 알기 힘들다. 국내의 경우 개별 학교(자사고, 과학중점고등학교, 혁신학교 등)에 따라 학교의 상황이 달라 동일한 과제를 적용하더라도 다른 결과가 나타날 수 있기 때문에 현장 적용에 따른 결과를 확인하는 것이 반드시 필요하다. 물론 초·중·고 학교급에 따른 차이도 연구의 대상이 될 것이다. 따라서 평가 전문성 신장을 위한 프로그램을 개발한다면 단순히 프로그램을 개발하고 운영하는 과정에 대한 것뿐만 아니라 운영 이후 일정 기간 동안 학생들의 학습에 어떤 변화가 있는지, 교사들의 수업에는 어떤 변화가 있는지 등을 추적 조사하는 것도 포함될 수 있도록 하는 것이 무척 중요하다.

둘째, 교사의 평가 전문성 신장 프로그램 개발에 교사 공동체를 활용하는 것이 필요하다. 앞에서 소개한 국내 사례 중 최근 연구는 교사 공동체를 활용하여 연수 프로그램을 적용하는 것을 시도하였다. 하지만 교사 공동체에 관한 관심이 높은 것에 비해 평가 전문성 신장과 관련한 교사 공동체 활용 사례들은 많지 않다. 국외 사례로 소개한 두 프로그램들은 모두 교사 공동체를 활용하고 있다. 어떤 의미에서 보면 장기적으로 운영하기 위해서는 교사 공동체를 활용하는 것이 매우 효과적일 수 있다는 것이다. 집합 연수로 운영되는 연수들은 단기적으로 운영하기 때문에 프로그램에서 팀으로 과제를 수행하는 방법들도 많이 사용하지만, 이환철, 장미숙(2012)의 연구에서 알 수 있듯이 이러한 집합 연수의 경우 학교로 돌아갔을 때 큰 효과를 볼 수 없다. 하지만 교사 공동체를 활용한다면 학교로 돌아간 이후에도 지속적으로 공동체 모임을 유지하면서 본인의 수업 향상과 학생들에 대한 정보를 공유하고 서로 피드백을 받을 수 있기 때문에 장기적으로 연수를 운영하고자 한다면 교사 공동체를 활용하는 것이 반드시 필요할 것이다.

셋째, 예비수학교사를 위한 평가 전문성 함양 교육 프로그램 개발이 필요하다. 앞에서 소개한 내용들은 모두 현직교사를 위한 평가 전문성 연수와 관련된 것들이었다. 최근 과정 중심 평가가 많이 강조되고 있지만 앞으로 시대 변화에 따라 평가 방향과 평가 방법이 계속 개선되고 변화해 갈 것이다. 현직교사가 된 이후에 반복되는 연수를 하는 것도 중요하지만, 예비교사 단계에서부터 평가 전문성을 함양하여야만 앞으로 변화하는 시대에 대비할 수 있는 평가 역량을 기를 수 있을 것이다. 교사의 평가 전문성 역량은 단순히 현재 교육과정에서 강조하는 평가 방법을 알고 수행하는 것이 아니라 앞으로 변화해 갈 시대와 학습자를 대비해 평가와 수업을 통합하는 역량이어야 한다. 이를 위해 예비교사 단계에서부터의 교육을 충실히 하는 것이 중요하다.

마지막으로 국외의 사례를 조사하면서 최근 2015 개정 교육과정에서의 과정 중심 평가와 최근 변화된 형성평가의 의미의 유사성을 발견할 수 있었다. 과정 중심 평가는 교육부에서 소개한 자료를 바탕으로 많은 연수들이 이루어지고 있지만, 과정 중심 평가에 대한 이론적 배경에 대한 소개나 이론 설명들이 부족한 편이다. 단순히 방법적인 면들만 알아서는 과정 중심 평가를 반영한 수업 변화가 쉽지 않다. 어떤 이론적 기반에서 이루어진 방법인지에 대한 이해를 바탕으로 한다면 알려진 방법 외에 다른 방법으로 수업을 변화하여 평가를 적용할 수 있는 방안을 개발하는 것도 가능해 질 것이다. 이런 의미에서 평가에 관한 이론적 기반이 튼튼한 연수 프로그램을 개발하는 것도 필요할 것이다.

참고문헌

- 강현영, 고은성, 이동환, 이화영, 탁병주, 조진우, 김선희(2018). 수학과 과정 중심 평가 교사 연수 프로그램 개발 연구. 수학교육학연구, 28(3), 321-343.
- 교육부(2015). 초·중등학교 교육과정 총론, 교육부 고시 제2015-80호 [별책 1], 세종: 교육부.
- 교육부(2015a). 제2차 수학교육 종합계획(2015~2019). 세종: 교육부.
- 교육부(2018). 2018년도 교원 연수 중점 추진방향. Retrieved from https://www.moe.go.kr/boardCnts/view.do?boardID=327&lev=0&statusYN=C&s=moe&m=0305&opType=N&boardSeq=72445.
- 김진규(2015). 미국 교사의 형성평가 연수 프로그램 사례 분석과 시사점. 교육문화연구, 21(5), 95-114.
- 박지현, 진경애, 김수진, 이상아(2018). 과정 중심 평가 내실화 방안 연구(ORM, 2018-49). 충북: 한국교육과정평가원.
- 반재천, 김선, 박정, 김희경(2018). 교사별 과정 중심 평가에 대한 교사의 인식. 교육과정평가연구, 21(3), 105-130.
- 이경화, 강현영, 고은성, 이동환, 신보미, 이환철, 김선희(2016). 과정 중심 평가의 실행을 위한 방향 탐색. 수학교육학연구, 26(4), 819-834.
- 이민희, 임해미(2015). PISA 문항을 활용한 예비 수학교사의 평가 전문성 신장 방안. 수학교육학연구, 25(2), 157-175.
- 이인제, 이범홍, 박정, 진재관, 김옥남, 서수현, 김신영(2004). 교사의 학생평가 전문성 신장모형과 기준(연구보고서 No. RRE 2004-5-2). 서울: 한국교육과정평가원.
- 이환철, 장미숙(2012). 수학교육 관련 교사 연수현황 분석을 통한 정책 방안 모색. 한국학교수학회논문집, 15(1), 171-182.
- 임은영(2017.2). 과정 중심 평가의 개념과 의미. 행복한 교육. Retrieved from http://happyedu.moe.go.kr/happy/bbs// selectHappyArticleImg.do?nttId= 7238&bbsId=BBSMSTR_000000000192.
- 최지선(2014). 현직 수학교사 문항 개발 연수의 평가 도구 개발 전문성 향상 효과. 수학교육학연구, 24(2), 253-267.

- American Federation of Teachers (AFT), National Council on Measurement in Education(NCME), & National Education Association(NEA) (1990). Standards for teacher competence in the educational assessment of students. Retrieved from http://www.unl.edu/buros/bimm /html/article3.html.
- Beziat, T. L. R., & Coleman, B. K. (2015). Classroom assessment literacy: evaluating pre-service teachers. The Researcher, 27(1), 25-30.
- Educational Testing Service(2012). Keeping learning on track program: Summary. Princeton, NJ: The Author.
- Formative Assessment for Michgan Educators(2019). https://famemichigan.org/
- Leahy, S., & Wiliam, D. (2009). From teachers to schools: Scaling up professional development for formative assessment. Paper presented at the Annual meeting of the American Educational Research Association, San Diego, CA.
- Mills, V. L., Strutchens, M. E., & Petit, M. (2018). Our evolving understanding of formative assessment and the challenges of widespread implementation. In E. A. Silver & Mills, V. L. (Eds.), A fresh look at formative assessment in mathematics teaching(pp. 3-10). Reston, VA: The Author.
- National Council of Teachers of Mathematics. (2000). *Principles and standards for school maathematic*s. Reston, VA: Author.
- Paterno, J. (2001). Measuring success: A glossary of assessment terms. Building cathedrals: Compassion for the 21st century. Retrieved July 24, 2003, Retrieved from www.angelfire.comlwa2/ buildingcathedrals/measuringsuccess.html.
- Stiggins, R. J. (1995). Assessment literacy for the 21st century. Phi Delta Kappan, 77, 238-238.
- Thum, Y. M., Tarasawa, B., Hegedus, A., Yun, X., & Bowe, B. (2015, March). Keeping Learning on Track: A case study of formative assessment practice and its impact on learning in Meridian School District. Portland, OR: Northwest Evaluation Association.
- Webb, N. (2002, April). Assessment literacy in a standards-based urban education setting. In annual meeting of the American Educational Research Association, New Orleans. Retrieved fromhttp://www.wcer.wisc.edu/ archive/ mps/ AERA2002/ Assessment%20literacy%20NLW%20Final%2032602.pdf.

제14장

학업성취도평가 및 대학수학능력시험에 대한 이해

서보억(충남대학교)

1 들어가는 글

평가는 수학교육활동에서 중요한 한 부분이다. 수학교육 활동에서 실시되는 평가의 경우, 교사에게는 자신의 수업을 피드백하여 수업을 개선하는 수단이자, 학생들의 학업성취정도를 가늠하는 도구이며, 또한 학생에게는 자신의 학업성취정도를 확인하고 자신을 연마할 수 있는 중요한 잣대가 된다. 하지만, 우리나라에서 수학 학습결과에 대한 평가는 이것보다 더 중요한 한 가지가 더 있다. 그것은 평가 결과를 통한 서열화와 한 줄 세우기이다. 이러한 서열화는 수학과 관련된 평가 행위를 고부담 평가로 바꾸어 놓았고, 교육의 주체인 학생, 교사, 학부모, 학교경영자, 교육청 관리자 모두가 평가 결과에 민감하게 반응하는 결과를 초래하고 있다.

우리나라에서 실시되고 있는 평가는 여러 종류가 있다. 다양한 평가의 종류를 시험을 주관하는 주체에 따라 국가수준의 평가, 교육청수준의 평가, 학교수준의 평가로 세분화할 수 있다. 이러한 세분화는 한국의 교육과정이 국가수준교육과정, 지역수준 교육과정, 학교수준 교육과정으로 구분한 것과 같은 맥락이다.

첫째, 국가주관으로 계획하고 시행하는 국가수준 평가로는 대학수학능력시험(College Scholastic Ability Test, CSAT; 이하, 대수능), 국가수준학업성취도평가(National Assessment of Educational Achievement, NAEA; 이하, 성취도평가), 고등학교입학시험(High School Entrance Test, HSET; 이하 고입시험), 초등학교 3학년 기초학력진단평가 등이 있다. 국가수준에서의 시험은 매우 체계적이고 철저한 관리 하에 실시되는 특성을 지니고 있고, 매년 규칙적으로 일정한 시기에 실시된다.

둘째, 교육청주관으로 계획하고 시행하는 교육청수준 평가로는 초등학교 3, 4, 5학년, 중학교 1, 2학년이 대상이 되는 교과학력 진단평가(이하, 진단평가), 고등학교 1, 2, 3학년이 대상이 되는 전국연합학력평가(이하, 전국연합) 등이 있다. 진단평가는 2008년에 처음 도입되어 매 학년도 초인 3월(한국은 매년 3월 1일에 새 학년이 시작됨)에 실시되고 있고, 전국연합은 매년 6회 규칙적으로 실시하여 고등학교 학생들의 학력의 변화를 관찰하고 있다.

셋째, 학교주관으로 시행되는 학교수준 평가는 각 학교급 및 단위학교의 사정에 따라 다소 차이가 있지만 한국에서는 보편적으로 실시되고 있는 평가체계는 일정한 틀을 유지하고 있다. 일반적으로 초, 중, 고등학교의 경우 1년에 4차례의 평가가 실시된다. 1학기 중간시험, 1학기 기말시험(혹은 1학기 1차시험, 1학기 2차시험), 2학기 중간시험, 2학기 기말시험이 그것이다.

이러한 세 가지 유형 중에서 어느 정도 신뢰성이 있고, 체계적인 평가 틀이 갖추어진 국가에서 주관하고 있는 평가에 대해 살펴보고자 한다. 그 중에서도 국가수준학업성취도평가와 대학수학능력시험을 중심으로 교사의 평가전문성 신장에 도움을 제공하고자 한다. 국가수준학업성취도 평가는 2019학년도부터 적용되는 2015 개정 교육과정에 따른 평가체제의 변화를 중심으로 진술하고, 대학수학능력시험은 급변기인 만큼 그동안의 변화에 초점을 맞추어 진술하였다.

2 국가수준 학업성취도 평가에 대한 이해

2.1 개관

국가수준에서 학교 교육의 질을 점검하고 개선하기 위해 교육의 성과를 체계적으로 평가하려는 노력의 일환으로 1998년 이후 교육과학기술부(이하 교과부)의 위탁을 받아 한국교육과정평가원(Korea Institute for Curriculum and Evaluation)(이하 KICE)에서 매년 '국가수준학업성취도평가'를 시행해오고 있다. 2007년까지 성취도평가는 국가수준에서 교육의 질 관리에 중점을 두고 표집평가를 시행해왔다. 그런데 최근에는 학생 개인의 수학 학업성취도를 파악하여 기초학력을 성취했는지를 점검함으로써 학부모들에게 그 정보를 제공하고, 개별 학교가 교육적 책무를 다하고 있는지를 점검하며, 국가가 학생들의 수학 기초학력을 책임지고 완성하게 하는 국가의 교육적 책무 이행 정도의 파악도 중요한 목적으로 대두되고 있다. 이러한 필요성에 의해 교과부에서는 성취도평가를 2008년부터 전수평가 체제로 전환하였다(김성열 외, 2009). 이러한 전수평가체제는 2016년까지 지속되었으나, 교육여건의 변화로 2017년부터는 표집평가로 시행해 오고 있다. 특히, 2019학년도부터는 고등학교의 경우, 2015 개정 교육과정에 따라 평가가 실시됨에 따라 큰 틀의 변화가 생겼다.

이러한 변화를 겪은 성취도평가의 목적은 다음과 같다.

첫째, 중·고등학교 학생의 수학 학업성취도를 체계적이고 과학적으로 진단하고, 학업성취도의 변화 추이를 파악한다. 이를 바탕으로 국가 경쟁력 제고를 위한 교육의 방향을 설정하고, 구체적이고 실효성 있는 정책을 개발하는 기본적 준거를 제공한다.

둘째, 학생 개인의 수학 학업성취도를 파악하여 기초학력을 성취했는지를 점검한다. 학생 개인의 학업성취 수준을 학생과 학부모에게 제공하여 그들의 교육적 의사결정에 도움을 주고, 교사들에게는 수학 부진 학생을 파악하고 지도하게 함으로써 학습부진 학생을 최소화하게 하며, 단위 학교나 교육청에서는 책무성 이행 여부를 평가 받는다.

셋째, 성취도평가 결과를 통해, 수학 교육과정에 규정된 교육목표에 비추어 학생들이 어느 정도 그 목표에 도달하였는지 파악함으로써, 수학 교육과정의 문제점과 정착 정도를 파악하고 수학 교육과정 개선에 기초가 되는 참고 자료를 제공한다.

넷째, 수학 문항 분석, 수학 학업성취도와 배경변인과의 관련성 분석을 통해 수학 교수·학습 방법 개선 및 수학 교육환경 개선을 위한 기초 자료를 산출한다. 학생들의 성향이나 환경, 학교 환경, 교사 환경 등 학업성취도와 관련이 있는 다양한 배경변인을 조사하여 교실을 둘러싼 여러 요인들 가운데 학생들의 학업성취도와 밀접하게 관련이 있는 요인들을 확인하고, 그 관련 정도를 파악함으로써 효과적인 수학 교수·학습 방법 개발, 수학 교육환경 개선 등에 필요한 기초 자료를 산출한다.

다섯째, 참신하고 타당한 수학 평가 도구를 개발하여 공개함으로써 학교 현장의 수학 평가 방법을 개선하는 데 기여한다.

이와 같은 목적에 따라 성취도평가가 시행되어 왔는데 전수평가가 처음 실시된 2008년 이전까지는 표집학교의 학생에 대한 학교급별 '보통학력 이상, 기초학력, 기초학력미달' 3단계에 대한 비율만 산출하였지만, 2009년 성취도평가 이후 2016학년도까지는 전체 학생의 수학 성취도와 수학 문항 분석 결과를 다룰 수 있게 되었고, 현재는 2008년 이전처럼 표집학교에 대한 정보만을 산출하고 있다.

2.2 평가 체제

성취도평가는 수학 교육과정에서 규정하고 있는 수학 교과목표와 수학 내용을 제대로 학습하였는지를 파악하기 위한 국가수준의 평가를 말한다. 평가원에서는 1998년에 수행된 '국가수준 교육성취도 평가 방안 연구'(김명숙 외, 1998)에서 2년 주기로 평가하는 국가수준 교육성취도 평가계획을 세우고 2000년까지 이 계획에 따라 성취도평가가 시행되었다. 2001년부터 현재까지는 교과부와 시·도 교육청의 요구에 따라 평가 대상과 내용이 확대된 형태의 평가체제로 성취도평가를 실시해 왔다. 2007년까지는 전국 초, 중, 고등학생이 3%~5%를 표본으로 추출하여 성취도평가를 실시하였고 2008년 이후부터 전수평가를 실시하고 있다. 성취도평가가 2008년부터 전수평가로 실시되면서 평가 시행, 채점 등 일련의 과정에서 여러 가지 변화가 있었다. 그 후 2017학년도부터는 다시 표집평가로 전환되었고, 현재에 이르고 있다.

2.2.1 평가 시기, 대상 학년과 평가 과목

2010년 성취도평가 시행 시기는 2009년에 10월에 시행했던 것과 달리 6월로 조정되었다. 이는 2학기 동안 수학 기초 학력 미달 학생에 대한 보정 교육 기간을 확보하고, 서답형 문항의 채점을 방학 중에 실시함으로써 채점에 참여하는 수학 교사들의 수업결손 문제를 해결하기 위해서이다. 평가 시기가 조정됨에 따라 고등학교 1학년의 경우, 중학교 3학년과의 차별성이 약해서 고등학교의 평가 대상 학년을 2010년부터는 고등학교 2학년으로 변경하였다. 이러한 기조는 현재까지 이르고 있다.

2.2.2 2015 개정 수학과 교육과정에 따른 평가 틀

2.2.2.1 평가틀의 특징

학업성취도 평가는 국가 수준에서 학교교육의 질을 체계적으로 관리하고 학교 차원의 책무성을 강화함으로써 국가 경쟁력을 강화하고자 시행되는 시험으로 교육과정 기반의 준거참조 평가의 성격을 유지하고 있다(양성현, 김성경, 동효관, 박수민, 2018). 2015 개정 교육과정의 적용에 따라 개정 교육과정의 특성을 반영하여 교과별로 평가 영역, 역량 등을 고려하여 평가틀을 마련하였다. 2015 개정 교육과정은 역량 중심 교육과정을 표방하여 교과교육을 포함한 학교 교육 전 과정을 통해 중점적으로 기르고자 하는 핵심역량 6가지를 제시하였다(교육부, 2015). 이에 학업성취도 평가의 평가도 2015 개정 교육과정의 변화를 수용하여 교과 수준의 교과역량과 같은 역량 요소를 평가 상황에 적용하였다. 이에 학업성취도

평가에서는 이들 역량 요소를 반영하여 2015 개정 교육과정을 점검할 필요가 있으며, 특히 교과 교육과정에 기반하여 평가 문항을 개발하므로 출제 체제에 교과역량을 반영할 수 있도록 하였다.

이러한 기조에 따라 이명애 외(2017)는 '2015 개정 교육과정 적용에 따른 학업성취도 평가 체제 발전 방안 연구'에서 교과별 3차원 평가틀을 제안하였는데, 이 틀을 2019학년도부터 적용하게 되었다. 수학과의 3차원 평가틀은 '교과 영역', '교과역량', '맥락'의 3차원을 제시하고 있다. 여기서 '영역'은 '2015 개정 교육과정의 교과 내용 영역을 재구성한 것'으로, 구성요소는 교과 교육과정에서 제시한 영역 구분을 기반으로 하였고, '역량'은 '2015 개정 교육과정의 교과역량을 재구성한 것'으로 교과에서 중점적으로 기르고자 하는 능력(역량)을 평가하기 위한 것이며, '맥락'은 '교과에서 문항 해결에 필요한 상황을 설정한 것'으로 학생들이 문항에 제시된 문제를 해결하는 데 있어서 실제적으로 경험하게 되는 상황을 의미한다([표 14-1] 참조).

[표 14-1] 국가수준학업성취도평가의 평가틀(동효관 외, 2018, p. 18)

차원		설명
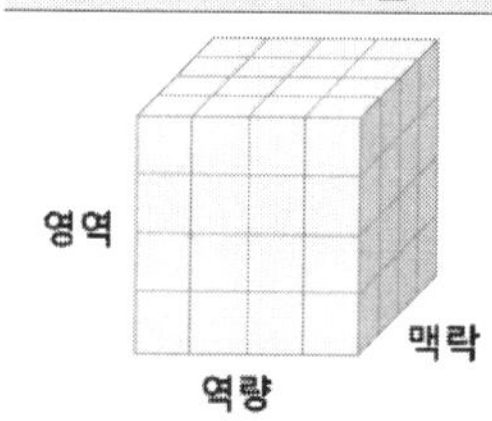	영역	2015 개정 교육과정의 교과 내용 영역을 재구성한 것으로 교과의 내용을 평가하기 위한 것
	역량	2015 개정 교육과정의 교과역량을 재구성한 것으로 교과에서 중점적으로 기르고자 하는 능력(역량)을 평가하기 위한 것
	맥락	교과에서 문항 해결에 필요한 상황을 설정한 것

2.2.2.2 수학과 평가틀

이에 수학과에서는 차원별 구성요소를 [표 14-2]와 같이 설정하였다. 기존의 중학교와 고등학교의 수학 내용 영역은 '수와 연산', '문자와 식', '기하', '함수', '확률과 통계'이다. 행동 영역은 기존의 행동 영역 구분의 문제점을 수정·보완하여 '계산', '이해', '문제해결', '추론'의 4개 영역으로 구분한 것과는 큰 차이가 있다.

[표 14-2] 국가수준학업성취도평가의 수학과 평가틀(동효관 외, 2018, p. 33)

차원		설명
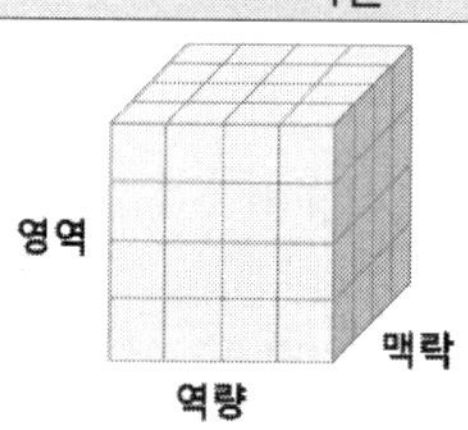	영역	2015 개정 교육과정의 교과 내용 영역을 재구성한 것으로 교과의 내용을 평가하기 위한 것
	역량	2015 개정 교육과정의 교과역량을 재구성한 것으로 교과에서 중점적으로 기르고자 하는 능력(역량)을 평가하기 위한 것
	맥락	교과에서 문항 해결에 필요한 상황을 설정한 것

먼저 영역에 대해 살펴보자. 수학과는 학업성취도 평가의 초창기부터 지금까지 내용 영역과 행동 영역의 2차원으로 이루어진 평가틀을 사용해 왔다(고정화 외, 2008). 2015년 국가수준학업성취도 평가때 부터 사용하고 있는 2009 개정 교육과정을 적용한 고등학교 수학과의 평가틀에서 내용 영역은 '다항식', '방정식과 부등식', '도형의 방정식', '집합과 명제', '함수', '수열', '지수와 로그'이고, 이는 학업성취도 평가의 고등학교 수학과 평가 범위에 해당하는 2009 개정 수학과 교육과정의 '수학Ⅰ', '수학Ⅱ' 과목의 영역과 동일하였다. 물론, 이러한 기조는 2015 개정 교육과정에 따른 NAEA 수학과 평가틀에서도 '영역'은 수학과 교육과정의 내용 영역을 준용하였다. 이때 학업성취도 평가의 고등학교 수학과 평가 범위에 해당하는 '수와 연산', '문자와 식', '함수', '기하', '확률과 통계'의 5개 영역으로 구성하였다.

두 번째는 역량이다. 2015 개정 수학과 교육과정을 학업성취도 평가에 적용하기 위한 새로운 수학과 평가틀을 구안할 때, 교육과정에서 강조한 수학과 교과역량에 기반을 두어야 할 필요성이 제기되었다. 이에 교육과정에서 제안한 교과역량을 기반으로 [표 14-3]과 같은 NAEA 평가틀에서의 교과역량을 제시하였다.

[표 14-3] **국가수준학업성취도평가의 수학과 역량(동효관 외, 2018, p. 35)**

구성요소	설명	하위요소
계산·이해	여러 가지 계산 방법 및 절차를 능숙하게 구사할 수 있고 수학의 기본 개념, 원리, 법칙 및 그 관련성을 파악하여 타당한 개념적 사고를 형성할 수 있는 능력	계산, 이해
추론	수학적 사실을 추측하고 논리적으로 분석하고 정당화하는 능력	발견추론, 연역추론
창의·문제해결	여러 수학적 지식, 기능, 경험을 연결하거나 수학과 타 교과나 실생활의 지식, 기능, 경험을 연결·융합하여 새로운 지식, 기능, 경험을 생성하고 문제를 해결하는 능력, 해결 방법을 알고 있지 않은 문제 상황에서 수학의 지식과 기능을 활용하여 해결 전략을 탐색하고 최적의 해결 방안을 선택하여 주어진 문제를 해결하는 능력	내적 문제해결 외적 문제해결
정보처리	다양한 자료와 정보를 수집·정리·분석·활용하고 적절한 공학적 도구나 교구를 선택·이용하여 자료와 정보를 효과적으로 처리하는 능력	정보 수집 및 정리 정보 분석 및 활용

여기서 한 가지 유념할 부분은 2015 개정 교육과정의 수학과 교과역량인 '의사소통'은

핵심역량으로부터 모든 교과에 반영된 역량이므로 평가틀의 하위요소에 반영하는 것이 이상적이지만, 선다형 문항의 비율이 높은 지필평가 환경에서 의사소통하는 능력을 타당하게 평가하기 어려워 보여 역량에서 제외하였다는 점이다. 이에 NAEA 수학과 평가틀의 '역량'의 구성요소로 '의사소통'은 포함하지 않았다.

셋째, 맥락이다. 맥락은 실제 상황을 기반으로 문항을 설계하기 위해 문제해결에 필요한 상황을 설정하는 것이다. PISA의 경우, '개인적', '사회적', '학문적' 맥락으로 구성하고 있지만, '개인적' 맥락과 '사회적' 맥락을 구분하기 어렵기 때문에 개인적 맥락과 사회적 맥락을 구분하지 않았다. 최종적으로는 NAEA 수학과 평가틀의 '맥락' 구성요소는 '실생활'과 '학문'으로 구분하였다([표 14-4] 참조).

[표 14-4] **국가수준학업성취도평가의 맥락 변인(동효관 외, 2018, p. 39)**

구성요소	설명
실생활	수학적 지식, 기능 등을 활용하여 실생활과 관련된 문제를 해결하는 상황
학문	수학의 여러 가지 계산 방법이나 절차를 적용하거나 수학적 지식, 기능 등을 활용하여 수학 내적 문제를 해결하는 상황

2.3 평가지

먼저 동등화 설계 변경으로 인한 검사지 종수의 변화에 대하여 알아보면 다음과 같다. 성취도평가에서는 학생들의 학업성취도가 얼마나 변화하는지에 대해 밝히기 위하여 검사 간 난이도 차이를 통계적으로 조정하는 과정 즉, 동등화(equating)를 통하여 다른 연도에 실시된 검사 점수를 상호 비교할 수 있도록 하고 있다. 2009년 성취도평가의 경우에는 공통문항 비동등 집단설계(common item non-equivalent groups design)를 활용한 문항 반응 이론(item response theory)에 의한 진점수동등화 방법(true score equating)을 사용하여 2009년 성취도평가 결과를 기준 연도인 2003년 성취도평가의 척도로 연계하였다(고정화 외, 2008). 이와 같은 동등화를 위하여 2009년 성취도평가에서는 수학 A형과 수학 B형 2종의 검사지를 사용하였다. 그런데 2010년 이후에는 검사동등화를 위하여 외적가교문항(external anchor items)을 사용한 비동등 집단설계를 하였다. 이 설계에 따라 검사지는 일반형과 표집형이 만들어졌다. 표집형의 경우 중학교 3학년과 고등학교 2학년은 3종이 만들어졌다. 수학 검사지 종수가 2009년까지는 A, B형이었는데, 2010년 성취도평가에서부터 2018학년도

성취도평가까지는 수학검사지 종수가 중·고등학교의 경우 일반형, 표집형 A, B, C형 4종을 개발하였다. 2019학년도부터는 일반형, A, B, C, D형 다섯 유형으로 개발된다. 2009년도의 B형, 2018학년도까지는 A, B, C형, 2019학년도부터는 A, B, C, D형을 비공개로 하는데, 이는 다음 연도 평가 결과와의 동등화를 위한 것이다.

2018년 성취도평가 검사지의 문항 구성에 있어서는 2009년과 동일하게 선다형 문항과 서답형 문항으로 구성하였다. 하지만 시험 시간에 있어서 초등학교는 40분으로 동일하지만 중학교과 고등학교는 2009년의 70분에서 2010학년이후 60분으로 10분이 단축되었다. 또한 2019학년도부터는 다시 10분이 줄어들어 50분간 시험을 실시하게 된다. 이와 같이 평가 시간을 단축한 이유는 학생들의 평가 부담을 완화해주기 위해서였다. 이와 같은 시험 시간의 단축으로 인하여 중학교와 고등학교의 수학 평가 문항 수를 일부 축소하였다.

2.4 결과에 대한 분석

지금까지 한국에서 실시되는 국가수준에서의 수학 성취도평가에 대한 일반적인 상황을 살펴보았다. 이제 구체적으로 수학 성취도평가가 어떻게 분석되고 그 결과는 어떠한지에 대해 살펴보기로 하자. 수학 성취도평가 결과를 정확하게 이해하기 위해 한국교육과정평가원에서 발표한 최근의 기술보고서를 바탕으로 고찰해 보고자 한다. 여기서 살펴볼 고찰의 대상은 2015학년도부터 2017학년도 중학교 3학년, 고등학교 2학년의 수학 성취도평가 결과이다. 본 자료는 한국교육과정평평가원 2018년도 보고서(양성현, 김성경, 동효관, 박수민, 2018)를 요약 정리하였다.

2.3.1 중학교 3학년 수학 성취도평가 결과

먼저 중학교 3학년 학생들의 수학 성취도평가 결과를 살펴보자. 이를 위해 먼저 중학교 3학년 전체 집단, 성별 및 지역별 수학과 학업성취도 척도점수와 성취수준별 비율을 알아보았다.

• 중학교 전체 집단의 학업성취도 평가 결과

중학교 3학년 학생 전체, 성별 및 지역별로 수학과 학업성취도의 평균과 표준편차를 분석함으로써 중학교 3학년 학생들의 수학 학업성취도에 대한 개략을 살펴보자. 이 결과는 중학교 3학년의 2015년부터 2017년까지의 수학 학업성취도 평가 결과를 분석한 것이다. 2015~2017년 학업성취도 평가 중학교 3학년 수학과의 응시 학생 수와 성취도 점수의 평균 및 표준편차는 [표 14-5]와 같다. 2017년 분석 대상 학생 수는 13,293명이며, 평균점수는 196점, 표준편차는 41.89로 나타났다. 2016학년도 대비해서 학생 수가 감소한 것은 전수조사에서 표집조사로 변경되었기 때문이다.

[표 14-5] **2015~2017년 중학교 3학년 학업성취도 점수 평균과 표준편차(양성현 외, 2018, p. 19)**

연도	학생 수	평균	표준편차
2015	581344	199	42.59
2016	51254	201	43.39
2017	13293	196	41.89

2015~2017년 학업성취도 평가에서 중학교 3학년 수학과 성취수준별 비율을 보면, [표 14-6]과 같다. 2017년의 경우, 우수학력 17.9%, 보통학력 49.7%, 기초학력 25.3%, 기초학력 미달 7.1%로 나타나 보통학력, 기초학력, 우수학력, 기초학력 미달의 순으로 비율이 높게 나타났으며 이는 통계적으로 유의미하다고 발표하였다. 2015~2017년 성취수준별 비율 변화의 특성을 살펴보면 첫째, 우수학력의 비율은 2015년 대비 2016년에 증가하였고 2016년 대비 2017년에 통계적으로 유의미한 감소를 보였고, 둘째, 보통학력의 비율은 2015년 대비 2016년에 증가하였고 2016년 대비 2017년에는 통계적으로 유의미한 증가를 보였고, 셋째, 기초학력의 비율은 2015년 대비 2016년에 감소하였고 2016년 대비 2017년에는 통계적으로 유의미한 감소를 보였으며, 넷째, 기초학력 미달의 비율은 2015년 대비 2016년 증가하였고 2016년 대비 2017년에는 통계적으로 유의미한 증가를 보인 것으로 확인된다.

[표 14-6] **2015~2017년 중학교 3학년 성취수준별 비율(%) (양성현 외, 2018, p. 20)**

구분	우수학력	보통학력	기초학력	기초학력미달
2015	18.8	47.4	29.2	4.6
2016	19.9	48.4	26.8	4.9
2017	17.9	49.7	25.3	7.1

• 중학교 성별 집단의 학업성취도 평가 결과

2015~2017년 학업성취도 평가에서 중학교 3학년 수학과 성별 성취수준 비율을 나타내면 [표 14-7]과 같고 성별 성취수준 비율 변화의 특성을 살펴보면 다음과 같다(양성현 외, 2018). 첫째, 우수학력의 비율은 남학생의 경우 2015년 대비 2016년에 증가하였고 2016년

대비 2017년에 통계적으로 유의미한 감소를 보였으며, 여학생의 경우 2015년 대비 2016년에 감소하였고 2016년 대비 2017년에는 통계적으로 유의미한 감소를 보였고, 둘째, 보통학력의 비율은 남학생의 경우 2015년 대비 2016년에 증가하였고 2016년 대비2017년에는 통계적으로 유의미하지 않은 증가를 보였으며, 여학생의 경우 2015년 대비2016년에 증가하였고 2016년 대비 2017년에 통계적으로 유의미한 증가를 보였고, 셋째, 기초학력의 비율은 남학생의 경우 2015년 대비 2016년에 감소하였고 2016년 대비 2017년에 통계적으로 유의미하지 않은 감소를 보였으며, 여학생의 경우 2015년 대비 2016년에 감소하였고 2016년 대비 2017년에 통계적으로 유의미한 감소를 보였으며, 넷째, 기초학력 미달의 비율은 남학생과 여학생의 경우 모두 2015년 대비 2016년에는 증가하였다.

[표 14-7] **2015~2017년 중학교 3학년 성별 성취수준 비율(%) (양성현 외, 2018, p. 22)**

구분	성별	우수학력	보통학력	기초학력	기초학력미달
2015	남	19.0	45.7	29.5	5.7
	여	18.6	49.3	28.9	3.3
2016	남	21.4	46.1	26.6	5.9
	여	18.3	50.9	27.1	3.8
2017	남	19.4	47.1	25.3	8.2
	여	16.2	52.6	25.2	6.0

• 중학교 지역별 집단의 학업성취도 평가 결과

2015~2017년 학업성취도 평가에서 중학교 3학년 수학과 지역별 성취수준 비율을 나타내면 [표 14-8]과 같고 지역별 성취수준 비율 변화의 특성을 살펴보면 다음과 같다(양성현 외, 2018). 첫째, 우수학력의 비율은 대도시의 경우 2015년 대비 2016년에 증가하였고 2016년 대비 2017년에 통계적으로 유의미하지 않은 감소를 보였으며, 중·소도시의 경우 2015년 대비 2016년에 증가하였고 2016년 대비 2017년에는 통계적으로 유의미한 감소를 보였으며, 읍·면지역의 경우 2015년 대비 2016년에 증가하였고 2016년 대비2017년에는 통계적으로 유의미하지 않은 감소를 보였고, 둘째, 보통학력의 비율은 대도시의 경우 2015년 대비 2016년에 증가하였고 2016년 대비 2017년에는 통계적으로 유의미하지 않은 증가를 보였으며, 중·소도시의 경우 2015년 대비 2016년에 증가하였고 2016년 대비 2017년에는 통계적으로 유의미한 증가를 보였으며, 읍·면지역의 경우 2015년 대비 2016년에 증가하였고 2016년 대비 2017년에 통계적으로 유의미하지 않은 증가를 보였고, 셋째, 기초학력

의 비율은 대도시의 경우 2015년 대비 2016년에 감소하였고 2016년 대비 2017년에 통계적으로 유의미하지 않은 감소를 보였으며, 중·소도시의 경우 2015년 대비 2016년에 감소하였고 2016년 대비 2017년에 통계적으로 유의미한 감소를 보였으며, 읍·면지역의 경우 2015년 대비 2016년에 감소하였고 2016년 대비 2017년에 통계적으로 유의미하지 않은 감소를 보였으며, 넷째, 기초학력 미달의 비율은 대도시의 경우 2015년 대비 2016년에는 변화가 없었고 2016년 대비 2017년에는 통 시의 경우 2015년 대비 2016년에 증가하였고 2016년 대비 2017년에는 통계적으로 유의미한 증가를 보였으며, 읍·면지역의 경우 2015년 대비 2016년에 증가하였고 2016년 대비 2017년에 통계적으로 유의미하지 않은 증가를 보인 것으로 확인된다.

[표 14-8] **2015~2017년 중학교 3학년 지역별 성취수준 비율(%) (양성현 외, 2018, p. 26)**

구분	성별	우수학력	보통학력	기초학력	기초학력미달
2015	대도시	23.3	46.9	25.6	4.2
	중소도시	17.2	48.2	29.9	4.7
	읍면지역	10.2	46.5	37.8	5.5
2016	대도시	24.6	48.0	23.2	4.2
	중소도시	18.4	49.1	27.4	5.1
	읍면지역	10.9	47.1	35.7	6.3
2017	대도시	23.2	48.7	21.6	6.5
	중소도시	16.0	51.1	25.4	7.5
	읍면지역	9.2	48.6	34.5	7.7

2.3.2 고등학교 2학년 수학 성취도평가 결과

두 번째로 고등학교 2학년 학생들의 수학 성취도평가 결과를 살펴보자. 이를 위해 먼저 고등학교 2학년 전체 집단, 성별 및 지역별 수학과 학업성취도 척도점수와 성취수준별 비율을 알아보았다.

• 고등학교 전체 집단의 학업성취도 평가 결과

고등학교 2학년 학생 전체, 성별 및 지역별로 수학과 학업성취도의 평균과 표준편차를 분석함으로써 고등학교 2학년 학생들의 수학 학업성취도에 대한 개략을 살펴보자. 이 결과는 고등학교 2학년의 2015년부터 2017년까지의 수학 학업성취도 평가 결과를 분석한 것이다. 2015~2017년 학업성취도 평가 고등학교 2학년 수학과의 응시 학생 수와 성취도 점수의 평균 및 표준편차는 [표 14-9]와 같다. 2017년 분석 대상 학생 수는 14,809명이며, 평균 점수는 195점, 표준편차는 47.93으로 나타났다. 2016학년도 대비해서 학생 수가 감소한 것은 전수조사에서 표집조사로 변경되었기 때문이다.

[표 14-9] **2015~2017년 고등학교 2학년 학업성취도 점수 평균과 표준편차(양성현 외, 2018, p. 111)**

연도	학생 수	평균	표준편차
2015	452516	198	47.11
2016	439686	197	43.13
2017	14809	195	47.93

2015~2017년 학업성취도 평가에서 고등학교 2학년 수학과 성취수준별 비율을 보면, [표 14-10]과 같다. 2017년의 성취수준별 비율을 보면, 우수학력 28.3%, 보통학력 47.5%, 기초학력 14.3%, 기초학력 미달 9.9%로 나타났다. 성취수준별 비율은 보통학력, 우수학력, 기초학력, 기초학력 미달의 순으로 높게 나타났으며, 2015~2017년 성취수준별 비율 변화의 특성을 살펴보면 첫째, 우수학력의 비율은 2015년 대비 2016년에 증가하였고 2016년 대비 2017년에 통계적으로 유의미하지 않은 감소를 보였고, 둘째, 보통학력의 비율은 2015년 대비 2016년에 감소하였고 2016년 대비 2017년에는 통계적으로 유의미하지 않은 감소를 보였고, 셋째, 기초학력의 비율은 2015년 대비 2016년에 증가하였고 2016년 대비 2017년에는 통계적으로 유의미한 감소를 보였으며, 넷째, 기초학력 미달의 비율은 2015년 대비 2016년 소폭 감소하였고 2016년 대비 2017년에는 통계적으로 유의미한 증가를 보인 것으로 확인된다(양성현 외, 2018).

[표 14-10] **2015~2017년 고등학교 2학년 성취수준별 비율(%) (양성현 외, 2018, p. 112)**

구분	우수학력	보통학력	기초학력	기초학력미달
2015	28.5	51.8	14.2	5.5
2016	30.6	47.6	16.6	5.3
2017	28.3	47.5	14.3	9.9

- **고등학교 성별 집단의 학업성취도 평가 결과**

2015~2017년 학업성취도 평가에서 고등학교 2학년 수학과 성별 성취수준 비율을 나타

내면 [표 14-11]과 같고 성별 성취수준 비율 변화의 특성을 살펴보면 다음과 같다(양성현 외, 2018). 첫째, 우수학력의 비율은 남학생의 경우 2015년 대비 2016년에 증가하였고 2016년 대비 2017년에 통계적으로 유의미하지 않은 감소를 보였으며, 여학생의 경우 2015년 대비 2016년에 증가하였고 2016년 대비 2017년에는 통계적으로 유의미한 감소를 보였고, 둘째, 보통학력의 비율은 남학생의 경우 2015년 대비 2016년에 감소하였고 2016년 대비 2017년에는 통계적으로 유의미하지 않은 감소를 보였으며, 여학생의 경우 2015년 대비 2016년에 감소하였고 2016년 대비 2017년에 통계적으로 유의미하지 않은 증가를 보였고, 셋째, 기초학력의 비율은 남학생의 경우 2015년 대비 2016년에 증가하였고 2016년 대비 2017년에 통계적으로 유의미한 감소를 보였으며, 여학생의 경우 2015년 대비 2016년에 증가하였고 2016년 대비 2017년에 통계적으로 유의미하지 않은 감소를 보였으며, 넷째, 기초학력 미달의 비율은 남학생의 경우 2015년 대비 2016년에는 감소하였고 2016년 대비 2017년에는 통계적으로 유의미한 증가를 보였으며, 여학생의 경우 2015년 대비 2016년에 증가하였고 2016년 대비 2017년에는 통계적으로 유의미한 증가를 한 것으로 확인된다(양성현 외, 2018).

[표 14-11] **2015~2017년 고등학교 2학년 성별 성취수준 비율(%) (양성현 외, 2018, p. 115)**

구분	성별	우수학력	보통학력	기초학력	기초학력미달
2015	남	29.2	50.1	14.1	6.7
	여	27.7	53.6	14.4	4.3
2016	남	32.0	45.4	16.8	5.9
	여	29.1	50.0	16.3	4.6
2017	남	31.1	43.1	14.0	11.8
	여	25.3	52.1	14.7	7.9

- **고등학교 지역별 집단의 학업성취도 평가 결과**

2015~2017년 학업성취도 평가에서 고등학교 2학년 수학과 지역별 성취수준 비율을 나타내면 [표 14-12]와 같고 지역별 성취수준 비율 변화의 특성을 살펴보면 다음과 같다(양성현 외, 2018). 첫째, 우수학력의 비율은 대도시의 경우 2015년 대비 2016년에 증가하였고 2016년 대비 2017년에 통계적으로 유의미하지 않은 감소를 보였으며, 중·소도시의 경우 2015년 대비 2016년에 증가하였고 2016년 대비 2017년에는 통계적으로 유의미한 감소를 보였으며, 읍·면지역의 경우 2015년 대비 2016년에 증가하였고 2016년 대비 2017년에는

통계적으로 유의미하지 않은 증가를 보였고, 둘째, 보통학력의 비율은 대도시의 경우 2015년 대비 2016년에 감소하였고 2016년 대비 2017년에는 통계적으로 유의미하지 않은 감소를 보였으며, 중·소도시의 경우 2015년 대비 2016년에 감소하였고 2016년 대비 2017년에는 통계적으로 유의미한 증가를 보였으며, 읍·면지역의 경우 2015년 대비 2016년에 감소하였고 2016년 대비 2017년에 통계적으로 유의미하지 않은 감소를 보였고, 셋째, 기초학력의 비율은 대도시의 경우 2015년 대비 2016년에 증가하였고 2016년 대비 2017년에 통계적으로 유의미한 감소를 보였으며, 중·소도시의 경우 2015년 대비 2016년에 증가하였고 2016년 대비 2017년에 통계적으로 유의미한 감소를 보였으며, 읍·면지역의 경우 2015년 대비 2016년에 증가하였고 2016년 대비 2017년에 통계적으로 유의미하지 않은 감소를 보였으며, 넷째, 기초학력 미달의 비율은 대도시의 경우 2015년 대비 2016년에는 감소하였고 2016년 대비 2017년에는 통계적으로 유의미한 증가를 보였으며, 중·소도시의 경우 2015년 대비 2016년에 감소하였고 2016년 대비 2017년에 통계적으로 유의미한 증가를 보였으며, 읍·면지역의 경우 2015년 대비 2016년에 증가하였고 2016년 대비 2017년에 통계적으로 유의미한 증가를 보인 것으로 확인된다.

[표 14-12] **2015~2017년 고등학교 2학년 지역별 성취수준 비율(%) (양성현 외, 2018, p. 119)**

구분	성별	우수학력	보통학력	기초학력	기초학력미달
2015	대도시	32.4	49.7	12.7	5.3
	중소도시	26.0	53.0	15.3	5.7
	읍면지역	23.6	54.8	15.9	5.7
2016	대도시	34.7	45.8	14.8	4.7
	중소도시	28.1	48.4	17.9	5.6
	읍면지역	25.2	51.2	17.9	5.8
2017	대도시	33.7	44.7	12.6	9.0
	중소도시	24.2	50.9	15.3	9.6
	읍면지역	25.8	44.6	16.4	13.2

3 대학수학능력시험에 대하여

3.1 개관

대학수학능력시험(CSAT: College Scholastic Ability Test, 이하 수능)은 매년 11월 둘째 혹은 셋째 목요일에 실시되는 대학입학을 위한 시험이다. 수능은 1993학년도까지 실시되었던 학력고사의 반복 훈련 및 암기 위주 학습의 문제점을 개선하여, 사고력 중심의 대학입학 선발고사이다(이근님 외, 1998). 수능은 1993년 8월 실시된 1994학년도 수능을 시작으로 벌써 27년 동안 시행되고 있으며, 우리나라에서 가장 역사가 긴 대학입학 시험이다(이종승 외, 2004; 김신영, 2009).

제5차 교육과정에서부터 시작된 수능은 2009 개정 교육과정에서도 그대로 유지되었고, 2년 전 공고된 2015 개정 교육과정에서도 그 틀이 유지될 것으로 보인다. 그동안 몇 차례의 변화된 교육과정에 따라 조금씩 변화하기는 하였지만 기본적인 틀에는 큰 변화가 없다(양길석, 2010). 비록 수능이 차지하는 영향력은 점차 축소되고 있지만, 최저등급제를 유지하는 등 수능은 여전히 대학입학에서 가장 중요한 요인 중의 하나이다. 게다가 수능은 1993년 처음 도입된 이래 학생, 학부모, 교사를 비롯한 모든 국민의 관심을 받고 있는 고부담 시험이고, 대학입시에서 가장 핵심적인 역할을 맡고 있다는 이유로 본질적인 목적 외에 고등학교 교육과정의 운영, 교육격차, 사교육비 등 많은 부분에 영향을 미치고 있다.

2016년 11월에 실시된 수능이 2009 개정 교육과정에 따른 첫 수능이었지만, 급격한 교육과정의 변화로 인해 2020년 11월에 실시되는 수능은 2015 개정 교육과정에 따른 첫 수능이 치루어지게 된다. 그런데, 2017년 2015수능체제를 결정하지 못함에 따라 2020년 수능은 과도기에 놓이게 되었다. 왜냐하면, 교육과정은 2015 개정 교육과정을 적용되지만, 수능체제는 2009 개정 교육과정에 준하기 때문이다. 그리고 2021년 11월 수능부터 2015 개정 교육과정에 따른 수능이 치루어진다. 따라서, 2019학년도 고등학교 1, 2, 3학년은 모든 학년이 서로 다른 방식의 수능을 치루는 혼란의 시기가 된 것이다.

3.2 수학의 평가 체제

2019학년도를 기준으로 볼 때, 수학은 ‘가’형과 ‘나’형으로 구분된다.

수학 ‘가’형은 2009 개정 교육과정(교육과학기술부 고시 제2011-361호)의 내용과 수준에 맞추어 수학적 사고력을 측정할 수 있도록 출제하고 있다. 수학 가형의 출제 범위에 속하는 과목은 '미적분 Ⅱ', '확률과 통계', '기하와 벡터'이고, 출제 과목 이외 일반 과목의 내용은 간접적으로 출제된다. 수학 가형의 출제 문항 수는 '미적분 Ⅱ' 10문항, '확률과 통계' 10문항, '기하와 벡터' 10문항으로 전체 출제 문항 수는 30문항이다. 다만 각 과목의 출제 문항 수는 수학 가형의 전체 내용과 수준에 따라 20% 내에서 조정이 가능하고, 배점은 교육과정상의 중요도, 소요 시간, 난이도 등을 고려하여 2점, 3점, 4점으로 차등 배점한다. 문항 유형별 출제 비율은 5지선다형 70%(21문항), 단답형 30%(9문항)이며, 단답형은 정답이 3자리 이하의 자연수가 되도록 출제한다.

수학 나형은 2009 개정 교육과정(교육과학기술부 고시 제2011-361호)의 내용과 수준에 맞추어 수학적 사고력을 측정할 수 있도록 출제하고 있다. 수학 나형의 출제 범위에 속하는 과목은 '수학Ⅱ', '미적분Ⅰ', '확률과 통계' 이고, '수학Ⅰ'의 내용은 간접적으로 출제된다. 수학 나형의 출제 문항 수는 '수학 Ⅱ' 10문항, '미적분Ⅰ' 10문항, '확률과 통계' 10문항으로 전체 출제 문항 수는 30문항이다. 다만 각 과목의 출제 문항 수는 수학 나형의 전체 내용과 수준에 따라 20% 내에서 조정이 가능하고, 배점은 교육과정상의 중요도, 소요 시간, 난이도 등을 고려하여 2점, 3점, 4점으로 차등 배점한다. 문항 유형별 출제 비율은 5지선다형 70%(21문항), 단답형 30%(9문항)이며, 단답형은 정답이 3자리 이하의 자연수가 되도록 출제한다.

3.3 대학수학능력 시험의 수학의 변화

3.3.1 수학영역의 계열 및 과목, 출제내용

수학영역은 범교과적인 성격을 지닌 국어영역과 영어영역과는 달리 교과 내용 중심으로 출제한다. 계열 공통으로 한 유형의 시험이 치루었던 1994학년도 수능을 제외하고는 문과/이과/예체능 혹은 문과/이과라는 계열별 시험을 실시하였다. 즉, 1994학년도 수능에서는 계열 구분 없이 '일반수학'과 '수학Ⅰ'에서 출제되었지만, 1995학년도 수능부터는 계열별로 출제 과목이 달랐다. 제5차 교육과정이 적용되었던 1995학년도~1998학년도는 인문계열 및 자연계열 두 유형이 제공되었고, 제6차 교육과정이 적용되었던 1999학년도~2004학년도 수능에서는 인문계열, 자연계열, 예체능계열 세 유형의 시험이 제공되었다. 제7차 교육과정이 적용된 2005학년도~2011학년도는 교육과정의 취지를 살리기 위하여 계열 구분을 없애고, 선택 과목별 구분에 따라 '가'형과 '나'형의 두 유형이 제공되었다. 선택 과목별 구분이기는 하지만, 실질적으로 '가'형은 대체로 자연계열에 진학하고자 하는 학생들이 선택하고, '나'형은 인문 혹은 예체능계열에 진학하고자 하는 학생들이 주로 선택하였다. 2007 개정 교육과정이 적용된 2012학년도~2016학년도 수능에서는 초반에는 '가'형과 '나'형이 제공되었지만, 2015학년도부터는 'A'형과 'B'형 두 유형이 제공되었다. 2011개정 교육과정이 적용되는 2017학년도부터 2020학년도까지는 '가'형과 '나'형이 제공되었다. 2015 개정 교육과정이 적용되는 첫해인 2021학년도에는 '가'형, '나'형으로 제공되지만, 2022학년도부터는 공통수능과 함께 선택과목 수능으로 제공된다. 공통과목은 수학1, 2이고 선택과목으로는 확률과 통계, 미적분, 기하이다. [표 14-13]은 1994학년도부터 2022학년도 수능이 출제과목의 변화내용이다. 또한 수능 과목에서 다루는 내용은 [그림 14-1], [그림 14-2]와 같다.

[표 14-13] 교육과정에 따른 수학영역의 출제 과목

<table>
<tr><th colspan="2">구분(학년도)</th><th>예체능('나'형)</th><th>인문계열('나'형)</th><th>자연계열('가'형)</th></tr>
<tr><td colspan="2">제5차 교육과정
(1994~1998)</td><td colspan="2">일반수학, 수학Ⅰ</td><td>일반수학, 수학Ⅱ</td></tr>
<tr><td colspan="2">제6차 교육과정
(1999~2004)</td><td>공통수학</td><td>공통수학, 수학Ⅰ</td><td>공통수학, 수학Ⅰ, 수학Ⅱ</td></tr>
<tr><td colspan="2">제7차 교육과정
(2005~2011)</td><td colspan="2">수학I</td><td>수학Ⅰ, 수학Ⅱ, 선택과목(미분과 적분, 확률과 통계, 이산수학 중 택1)</td></tr>
<tr><td rowspan="3">2007 개정
교육과정</td><td>2012~2013</td><td colspan="2">수학Ⅰ, 미적분과 통계기본</td><td>수학Ⅰ, 수학Ⅱ, 적분과 통계, 기하와 벡터</td></tr>
<tr><td rowspan="2">2014~2016</td><td colspan="2">인문계열('A'형)</td><td>자연계열('B'형)</td></tr>
<tr><td colspan="2">수학Ⅰ, 미적분과 통계기본</td><td>수학Ⅰ, 수학Ⅱ, 적분과 통계, 기하와 벡터</td></tr>
<tr><td colspan="2" rowspan="2">2009 개정 교육과정
(2017~2020)</td><td colspan="2">인문계열('나'형)</td><td>자연계열('가'형)</td></tr>
<tr><td colspan="2">수학Ⅱ, 미적분Ⅰ, 확률과 통계</td><td>미적분Ⅱ, 확률과 통계, 기하와 벡터</td></tr>
<tr><td rowspan="2">2015 개정
교육과정
(2021)</td><td>2021</td><td colspan="2">수학Ⅰ, 수학Ⅱ, 확률과 통계</td><td>수학Ⅰ, 확률과 통계, 미적분</td></tr>
<tr><td>2022~</td><td colspan="3">공통과목: 수학Ⅰ, 수학Ⅱ, 선택과목: 확률과 통계, 미적분, 기하</td></tr>
</table>

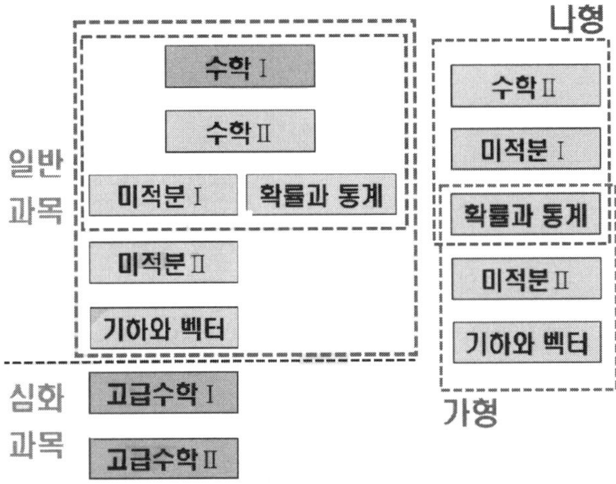

[그림 14-1] **2020학년도 수학 수능 과목**

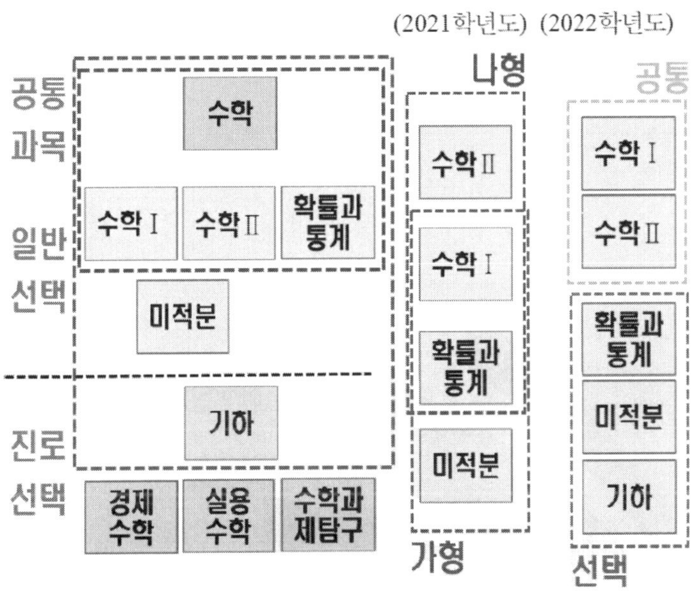

[그림 14-2] **2021~2022학년도 수학 수능 과목**

[그림 14-1], [그림 14-2]에 보는 것처럼, 2020학년도와 2021학년도, 2022학년도의 수능 시험의 체제는 모두 다르다. 이러한 차이를 구체적으로 구분하기 위해 인문계열과 자연계열로 구분하여 각 교육과정별 시험의 내용을 제시하면 [표 14-14]와 [표 14-15]와 같다.

[표 14-14] 인문계열 수학영역 시험의 내용

교육과정	과목	내용 영역
제5차	일반수학	수학의 기초: 초·중학교 내용, 통합 교과 내용 집합과 명제, 수의 체계, 다항식, 유리식과 무리식, 방정식, 부등식, 지수와 로그, 함수, 유리함수와 무리함수, 지수함수, 로그함수, 삼각함수, 평면좌표, 직선의 방정식, 원의 방정식, 포물선의 방정식, 도형의 이동, 부등식의 영역
	수학 I	행렬과 그 연산, 수열, 알고리즘과 순서도, 수열의 극한, 함수의 극한과 연속성, 다항함수의 미분법, 도함수의 활용, 다항함수의 적분법, 적분법의 응용, 순열과 조합, 확률, 통계
제6차	공통수학	수학적 기초, 집합과 명제, 수와 식, 방정식과 부등식, 도형의 방정식, 함수, 지수함수와 로그함수, 삼각함수
	수학 I	행렬, 수열, 극한, 다항함수의 미분법, 다항함수의 적분법, 확률, 통계
제7차	수학 I	행렬, 지수와 로그, 지수함수와 로그함수, 수열, 수열의 극한, 순열과 조합, 확률, 통계
2007 개정	수학 I	행렬과 그래프, 지수함수와 로그함수, 수열, 수열의 극한
	미적분과 통계 기본	함수의 극한과 연속, 다항함수의 미분법, 다항함수의 적분법, 확률, 통계
2009 개정	수학 II	집합, 명제, 함수, 유리함수와 무리함수, 등차수열과 등비수열, 수열의 합, 수학적 귀납법, 지수, 로그
	미적분 I	수열의 극한, 급수, 함수의 극한, 함수의 연속, 미분계수, 도함수, 도함수의 활용, 부정적분, 정적분, 정적분의 활용
	확률과 통계	경우의 수, 순열과 조합, 분할, 이항정리, 확률의 뜻과 활용, 조건부확률, 확률분포, 통계적 추정
2015 개정	수학 I	지수와 로그, 지수함수와 로그함수, 삼각함수, 등차수열과 등비수열, 수열의 합, 수학적 귀납법
	수학 II	함수의 극한, 함수의 연속, 미분계수, 도함수, 도함수의 활용, 부정적분, 정적분, 정적분의 활용
	확률과 통계	순열과 조합, 이항정리, 확률의 뜻과 활용, 조건부확률, 확률분포, 통계적 추정

[표 14-15] 자연계열 수학영역 시험의 내용

교육과정	과목	내용 영역
제5차	일반수학	수학의 기초: 초·중학교 내용, 통합 교과 내용 집합과 명제, 수의 체계, 다항식, 유리식과 무리식, 방정식, 부등식, 지수와 로그, 함수, 유리함수와 무리함수, 지수함수, 로그함수, 삼각함수, 평면좌표, 직선의 방정식, 원의 방정식, 포물선의 방정식, 도형의 이동, 부등식의 영역
	수학Ⅱ	방정식, 부등식, 행렬과 그 연산, 수열, 알고리즘과 순서도, 삼각함수와 복소수, 수열의 극한, 함수의 극한과 연속성, 미분법, 도함수의 활용, 적분법, 적분법의 응용, 타원과 쌍곡선, 공간도형, 공간좌표, 벡터, 순열과 조합, 확률, 통계
제6차	공통수학	수학적 기초, 집합과 명제, 수와 식, 방정식과 부등식, 도형의 방정식, 함수, 지수함수와 로그함수, 삼각함수
	수학Ⅰ	행렬, 수열, 극한, 다항함수의 미분법, 다항함수의 적분법, 확률, 통계
	수학Ⅱ	방정식과 부등식Ⅱ, 일차변환과 행렬, 삼각함수Ⅱ, 복소수Ⅱ, 이차곡선, 공간도형, 벡터, 미분법, 적분법
제7차	수학Ⅰ	행렬, 지수와 로그, 지수함수와 로그함수, 수열, 수열의 극한, 순열과 조합, 확률, 통계
	수학Ⅱ	방정식과 부등식, 함수의 극한과 연속성, 다항함수의 미분법, 다항함수의 적분법, 이차곡선, 공간도형과 공간좌표, 벡터
	미분과 적분	삼각함수, 함수의 극한, 미분법, 적분법
	확률과 통계	자료의 정리와 요약, 확률, 확률변수와 확률분포, 통계적 추정
	이산수학	선택과 배열, 그래프, 알고리즘, 의사결정과 최적화
2007 개정	수학Ⅰ	행렬과 그래프, 지수함수와 로그함수, 수열, 수열의 극한
	수학Ⅱ	방정식과 부등식, 삼각함수, 함수의 극한과 연속, 미분법
	적분과 통계	적분법, 순열과 조합, 확률, 통계
	기하와 벡터	일차변환과 행렬, 이차곡선, 공간도형과 공간좌표, 벡터
2009 개정	확률과 통계	경우의 수, 순열과 조합, 분할, 이항정리, 확률의 뜻과 활용, 조건부확률, 확률분포, 통계적 추정
	미적분Ⅱ	지수함수와 로그함수, 삼각함수, 미분법, 적분법
	기하와 벡터	평면곡선, 평면벡터, 공간도형과 공간벡터
2015 개정	수학Ⅰ	지수와 로그, 지수함수와 로그함수, 삼각함수, 등차수열과 등비수열, 수열의 합, 수학적 귀납법
	확률과 통계	순열과 조합, 이항정리, 확률의 뜻과 활용, 조건부확률, 확률분포, 통계적 추정

교육과정	과목	내용 영역
	미적분	수열의 극한, 급수, 여러 가지 함수의 미분법, 여러 가지 미분법, 도함수의 활용, 여러 가지 적분법, 정적분의 활용
	수학Ⅱ	함수의 극한, 함수의 연속, 미분계수, 도함수, 도함수의 활용, 부정적분, 정적분, 정적분의 활용
	기하	이차곡선, 벡터의 연산, 평면벡터의 성분과 내적, 직선과 평면, 정사영, 공간좌표

3.3.2 수학영역의 시험 체제 및 문항수

1994학년도 수능에서는 모든 문항이 계열 공통으로 출제되었고, 문항수는 20문항이 출제되었다. 1995학년도 이후에는 항상 30문항이 출제되었다. 인문계열과 자연계열의 공통 문항수는 1995학년도와 1996학년도 수능에서는 22문항, 1997학년도는 21문항, 1998학년도는 20문항이다. 즉, 초기 수능에서는 전 문항 또는 총 30문항의 70% 내외의 문항이 계열 공통문항으로 출제되었다. 1999학년도~2004학년도 수능은 인문계열, 예체능계열, 자연계열 3계열로 구분되었는데, 인문 계열은 30문항 중 25문항이 예체능 또는 자연 계열과 공통인 문항이었고, 단독으로 출제된 문항은 5문항뿐이었다. 자연 계열의 경우에는 21문항이 인문 계열과 공통인 문항이었고 9문항이 계열 단독으로 출제되었다. 제7차 교육과정에서는 선택 과목의 구분이 있을 뿐, 계열의 구분이 존재하지 않았다. 즉, '가'형과 '나'형으로 구분되어 출제되었다. 이미 2005학년도 수능부터는 문·이과 구분이 존재하지 않는 수능체제였음을 알 수 있다. 다만, 학생들의 진로에 따라 '가'형과 '나'형을 선택할 수 있는 선택 수능이었다. 그렇기 때문에 각 유형에 공통인 출제 과목에서 출제된 문항은 '가'형과 '나'형 모두에 출제되었다. 즉, '가'형의 '수학Ⅰ'에서 출제된 12문항은 모두 '나'형과 공통으로 출제되었고, 나머지 18문항은 '가'형에서만 출제되는 과목인 '수학Ⅱ'와 심화 선택 과목('미분과 적분', '확률과 통계', '이산수학')에서 출제되었다. 2007 개정 교육과정이 적용되는 2012학년도 수능에서는 '가'형과 '나'형의 공통문항 수가 줄어든다. 먼저, '가'형과 '나'형의 공통과목인 수학Ⅰ에서 출제되는 7~8문항은 공통으로 출제되었다. 그리고 '가'형의 수학Ⅱ와 적분과 통계 내용 중에서도 '나'형의 미적분과 통계 기본에서 다루는 내용과 중복되는 내용은 '공통으로 출제될 수 있다'고 하였다. 2009 개정 교육과정이 적용된 첫 수능인 2017학년도 수능에서는 각 과목별로 10문항씩 총 30문항이 출제되었는데, 시험과목별로 동일한 비율로 출제되었다. '가'형가 '나'형의 공통과목인 확률과 통계에서 공통문항이 출제되었다. 이상에서 살펴본 1994~2017학년도 수능 수학영역의 출제에 대한 문항수를 정리하면 [표 14-16]과 같다.

[표 14-16] 교육과정 변천에 따른 출제 문항수 및 특징

학년도	시험유형	총배점 (문항 배점)	시험시간 (분)	문항 유형 및 문항수	특징
1994	공통	40점 (2점)	70	5지선다형 20문항	• 영역 명칭 : 수리·탐구(I) • 2회(1, 2차) 실시 • 문항별 균등 배점
1995 ~ 1996	인문 예·체능	40점 (1, 1.5, 2점)	90	5지선다형 30문항	• 문항 수 10개 증가 • 차등 배점 • 시험 시간 20분 증가 • 인문계와 예·체능계 문항 동일
	자연				
1997 ~ 1998	인문 예·체능	80점 (2, 3, 4점)	100	5지선다형 80% 단답형 20% 총 30문항	• 단답형 주관식 20%(6문항) 출제 • 문항 배점 각각 2배 증가 • 시험 시간 10분 증가 • 전 계열 공통 문항 70%, 계열별 문항 20% 출제
	자연				
1999 ~ 2001	인문	80점 (2, 3, 4점)	100	5지선다형 80% 단답형 20% 총 30문항	• 제6차 교육과정 적용 • 계열별 출제 범위 및 출제 비율 변동 • 인문계와 예·체능계 문항 달라짐(공통수학 문항은 동일)
	예·체능				
	자연				
2002 ~ 2004	인문	80점 (2, 3, 4점)	100	5지선다형 80% 단답형 20% 총 30문항	• 영역명 수정 : 수리 영역 • 9등급제 시행
	예·체능				
	자연				
2005 ~ 2011	가 형	100점 (2, 3, 4점)	100	5지선다형 70% 단답형 30% 총 30문항	• 단답형 주관식 30%(9문항) 출제 • 제7차 교육과정 적용 • 영역별 선택 응시 • 고1수학 - 출제 범위에서 제외 • 문제지 유형이 2개로 축소
	나 형				
2012 ~ 2013	가 형	100점 (2, 3, 4점)	100	5지선다형 70% 단답형 30% 총 30문항	• 2007 개정 교육과정 적용 • 영역별 선택 응시 가능
	나 형				
2014 ~ 2016	A 형	100점 (2, 3, 4점)	100	5지선다형 70% 단답형 30% 총 30문항	• 2007 개정 교육과정 적용 • 영역별 선택 응시 가능 • A형은 기존의 '나'형, B형은 기존의 '가'형
	B 형				
2017 ~ 2020	가 형	100점 (2, 3, 4점)	100	5지선다형 70% 단답형 30% 총 30문항	• 2009 개정 교육과정 적용 • 영역별 선택 응시 가능 • '가'형은 기존의 B형, '나'형은 기존의 A형
	나 형				

4 나오는 글

지금까지 우리나라에서 실시되고 있는 수학교육활동으로서의 평가의 다양한 형태에 대해 살펴보았다. PISA, TIMSS에서 매년 우수한 성적을 올리고 있는 근원에는 한국의 수학교육 평가 체제가 중요한 역할을 하고 있다는 생각을 세삼 느끼게 했다. 잘 짜여진 시험 출제 체제와 우수한 평가 문항, 학생들의 사고를 자극하는 난이도 있는 문항, 다양한 유형의 학교 평가 활동 등을 대표적인 사례로 꼽을 수 있었다.

우리나라에서 실시되고 있는 평가는 여러 종류가 있다. 시험을 주관하는 주체에 따라 국가수준의 평가, 교육청수준의 평가, 학교수준의 평가로 세분화할 수 있었다. 국가수준의 평가로는 대수능, 고입시험, 성취도평가 등이 있고, 지역수준의 평가로는 전국연합, 교과학습 진단평가 등이 있으며, 학교수준의 평가로는 지필평가, 수행평가가 있다.

국가주관의 평가 중에서 입학시험의 성격을 지닌 평가 중 대학수학능력시험에 대해 구체적으로 살펴보았다. 수능시험은 5지선다형 및 서답형 30 문항으로 구성되고 고등학교에서 학습한 일부 내용을 출제범위로 가진다. 또한 국가수준에서 학교 교육의 질을 점검하고 개선하기 위해 실시하는 성취도평가에 대해 살펴보았다. 성취도평가는 2008년 이후부터 전수평가로 시험 체제가 바뀌었고, 시험대상은 중학교 3학년, 고등학교 2학년이다. 출제는 국가에서 정한 NAEA 수학과 성취기준에 기반을 두고 있고, 검사결과는 4가지 수준 즉, 우수학력, 보통학력, 기초학력, 기초학력 미달로 구분하여 분석된다.

우리나라에서 실시되는 지역주관 평가는 지역수준에서 학생의 기초학력을 확인하거나 학업성취정도를 점거하는 기능이외에 대학입학시험을 대비한 사전 준비의 성격을 지니고 있다. 국가수준이나 학교수준에 비교해서 체계성이나 완성도가 다소 낮은 경향이 있다. 대표적으로는 고등학교 1, 2, 3학년을 대상으로 실시하는 전국연합과 초등학교 3, 4, 5학년 및 중학교 1, 2학년을 대상으로 하는 교과학습 진단평가가 대표적이다.

학교수준의 평가는 각 학교급별에 따라 다소 차이가 있지만 가장 일반적인 평가 체제는 1년회 4회 실시하는 지필평가와 수업 중 혹은 수시로 실시하는 수행평가로 이분화될 수 있다. 한국에서는 고등학교에 입학하거나 대학에 입학하기 위해서는 학교성적이 매우 중요한 기초자료가 되기 때문에 거의 모든 학생에 학교 평가에 큰 관심을 가지고 있다. 학교수준에서 시행되는 가장 보편적인 평가 방법으로는 서술형 및 논술형 평가, 구두시험, 실기시험, 객관식 혹은 단답형 지필시험, 프로젝트 연구보고서, 공책검사, 수학독후감, 포트폴리오, 수업태도, 숙제 검사 등이 있다.

현재 우리가 시행하는 거의 모든 평가는 고부담 평가라고 보아도 무난하다. 시험 문항 하나, 하나가 학생, 학부모, 교육관계자의 높은 관심의 대상이 있고, 문항의 완성도 뿐 아니라 문항의 수준까지 평가되고 있는 실정이다. 우리나라에서 불고 있는 평가에 대한 높은 관심은 평가 문항에 대한 수준을 해마다 발전시키고 있고, 이를 통해 고난이도 문항, 높은 수준의 문항 뿐 아니라, 간단하지만 수학적 가치가 높은 5지선다형 문항이 해마다 개발되고 있다. 우리나라에서 일고 있는 평가에 대한 이러한 전통은 학생들에게 높은 수준의 사고를 요구하게 되었고, 이는 곧 높은 학업성취 결과로 이어진 것으로 판단된다. 향후 평가 체제가 어떻게 변화할지는 예측하기 어렵지만 평가에 대한 높은 관심은 꾸준히 유지될 것이라는 관측이 지배적이다.

참고문헌

- 김성열, 남명호, 정은영, 김성숙(2009). 국가 경쟁력 제고를 위한 국가수준 학업성취도평가의 발전 방향(한국교육과정평가원 포지션페이퍼 ORM 2009-5-1). 서울: 한국교육과정평가원.
- 김명숙, 노국향, 박정, 부재율, 양길석(1998). 국가수준 교육성취도 평가 방안 연구(연구보고서 No. RRE 98-8). 서울: 한국교육과정평가원.
- 고정화, 서보억, 이학렬, 양길석, 송미영, 최인봉, 김희경, 유진은 (2008). 2007년 국가수준 학업성취도 평가 연구- 수학 -(연구보고서 No. RRE 2008-5-3). 서울: 한국교육과정평가원.
- 동효관, 김경주, 강민경, 장의선, 성경희, 양성현, 김성경, 이재봉, 구자옥, 박상복, 김소연, 최원호, 김용진, 이기영(2018). 2015 개정 교육과정에 따른 국가수준 학업성취도평가 출제방안 연구(연구보고서 No. RRE 2018-4). 서울: 한국교육과정평가원.
- 양성현, 김성경, 동효관, 박수민(2018). 2017년 국가수준학업성취도 평가 결과 분석 -수학-(연구보고서 No. RRE 2018-81-3). 서울: 한국교육과정평가원.
- OECD(2009). PISA 2009 Assessment Framework : Key competencies in Reading, Mathematics and Science.

제15장

PISA 및 TIMSS 평가에 대한 이해

임해미(공주대학교)

1 들어가는 말

각 국가에서는 시대적, 사회적 요구에 부응하는 인재를 기르기 위해 양질의 교육과정을 개발하고, 교육과정에서 의도한 바가 학교에서의 수업을 통해 학생들에게 충실히 전달될 수 있도록 우수한 교사를 양성하고 교수 학습 방법을 개선하는 등 다양한 교육적 노력을 기울이고 있다. 이와 같은 국가의 교육적 노력이 어느 정도 달성되었는지를 국제적인 수준에서 가늠하고 교육정책과 교육과정 등을 개선하기 위한 다양한 정보를 얻기 위해 실시하는 것이 바로 국제 학업성취도 평가이다.

수학과 관련하여 시행되고 있는 대표적인 국제 학업성취도 평가로는 크게 PISA와 TIMSS를 들 수 있다. 이 두 평가 중에서 역사적으로 더 오래된 것은 국제교육성취도평가협회(International Association for Evaluation of Education Achievement, 이하 IEA) 주관의 TIMSS(the Trends in Mathematics and Science Study)이다. TIMSS는 1959～1967년에 이루어진 제1차 국제수학비교연구(First International Mathematics Study, FIMS)로부터 시작되었으며, 현재의 TIMSS 평가의 틀을 갖춘 것은 TIMSS 1995부터라고 볼 수 있다. 이후 4년을 주기로 평가가 시행되어 최근에는 TIMSS 2019 연구가 이루어지고 있다.

TIMSS가 교육과정에 대한 학생들의 이해 정도를 점검하는데 주된 목적이 있다면, PISA(Programme for International Student Assessment)는 교육과정을 통해 학생들이 실생활을 살아가기 위한 역량, 특히 수학적 소양을 어느 정도 갖추었는지를 평가하는 데 목적이 있다. PISA는 경제협력개발기구(Organization for Economic Cooperation and Development, 이하 OECD) 주관으로 시행되며, OECD에서 학생들에게 요구되는 역량을 규명하기 위해 실시한 DeSeCo 프로젝트로부터 비롯되었다(OECD, 2005). PISA는 PISA 2000부터 3년을 주기로 평가가 시행되어 최근에는 수학이 주영역인 PISA 2021의 시행을 앞두고 있다.
PISA와 TIMSS는 평가의 목적이 다른 만큼 평가틀과 평가문항이 차별화되지만, 대규모로 시행되는 국제 학업성취도 평가라는 점에서 컴퓨터 평가로의 변화, 행렬표집에 따른 평가도구의 설계 등의 측면에서는 유사점도 나타난다. 지금부터 두 평가의 평가도구의 특징에 대해 구체적으로 살펴보고자 한다.

2 OECD PISA 평가의 특징

2.1 PISA 평가의 특징*

PISA 연구는 국제 공통으로 합의된 평가틀 하에서 학생의 성취도를 통해 OECD 회원국의 교육 시스템을 모니터링하기 위해 1997년부터 시작되었다. PISA는 해당 영역의 전문가와 참여국의 교육부와 연구자가 협력하여 각국의 문화적, 교육과정의 차이를 최소화하면서 국제 비교 연구를 진행하며, 그 결과는 교육정책을 결정하는 데 중요하게 활용된다. PISA 결과는 교육적 타당성과 신뢰성을 보장하기 위해 강력한 측정 기법을 도입하고 있다(OECD, 2013). 또한 PISA는 영어와 프랑스어의 2종의 평가도구를 산출하기 때문에 참여국이 서로 다른 언어로 된 검사 도구를 사용하여 신뢰로운 데이터를 산출하기 위해서 엄격한 절차를 따라 번역 및 번안 작업을 하고 있으며, 시행의 모든 단계를 표준화한 구체적인 시행 매뉴얼을 공유하여 평가를 시행하고 있다(구자옥 외, 2015).

PISA는 대부분의 참여국의 의무교육과정이 끝나는 만 15세 학생들이 현대사회의 시민으로 참여하는데 필수적인 핵심 지식과 기술을 얼마나 습득하고 있는지에 대한 소양(literacy)을 평가한다. 초기의 PISA는 읽기, 수학, 과학의 세 영역을 평가했지만 이와 더불어 특정 주기에는 주요한 영역 및 역량과 관련된 새로운 선택 영역을 추가하여 평가를 시행하고 있다. 예를 들어 PISA 2003에는 문제해결력, PISA 2012에는 컴퓨터 기반 문제해결력, PISA 2015에는 협력적 문제해결력(Collaborative Problem Solving), PISA 2018에는 글로벌 역량(Global Competence)을 참여국이 선택하여 평가에 참여하도록 하고 있으며, PISA 2012 이후부터 금융소양(Financial Literacy) 영역도 추가되었다(OECD, 2013; 구자옥 외, 2015;

---

* http://www.oecd.org/pisa에 수록된 정보를 바탕으로 작성함.

구자옥 외, 2016).

PISA는 읽기, 수학, 과학 영역에 대해서는 주기마다 주영역과 보조영역을 두어 해당 영역이 주영역인 주기에는 새로운 요구에 부합하는 평가틀과 이에 따른 평가 문항을 개발하여 평가하고 있다. 보조영역인 주기에는 문항을 개발하지 않고 주영역에 사용된 평가문항을 사용한다. 현재까지 수학이 주영역인 주기는 PISA 2003, PISA 2012였으며, 현재 PISA 2021에 대한 연구가 진행되고 있다. PISA는 초기에는 지필평가로 시행하였으나 PISA 2006부터 과학 영역에 대한 컴퓨터 기반 평가를 도입하기 시작하여 수학이 주영역이었던 PISA 2012에는 지필평가와 컴퓨터 기반 수학 평가(Computer Based Assessment of Mathematics; CBAM)를 시행하였으며, PISA 2015부터는 전 영역을 컴퓨터 기반 평가로 시행하고 있다. [표 15-1]은 주기별 참여국 수, 평가 영역과 평가 방식을 나타낸 것이다. PISA 참여국 수는 OECD 회원국과 비회원국을 포함하여 최근에는 80여개국으로 점차 증가하고 있는 추세이다.

[표 15-1] **주기별 평가 영역과 평가 방식**

주기	2000	2003	2006	2009	2012	2015	2018	2021
참여국 수	32	41	57	65	65	72	80	예정
읽기	○	○	○	○ + ◎	○	◎	◎	◎
수학	○	○	○	○	○ + ◎	◎	◎	◎
과학	○	○	○ + ◎	○	○	◎	◎	◎
추가 영역 (우리나라 참여)		○ 문제 해결력			◎ 컴퓨터 기반 문제 해결력	◎ 협력적 문제 해결력	◎ 글로벌 역량	

○: 지필평가, ◎: 컴퓨터 기반 평가, 음영: 주영역

2.2 PISA의 수학 평가틀

PISA는 다음과 같은 수학 소양을 평가하는 것을 목적으로 한다. 수학 소양(mathematical literacy)은 다양한 맥락에서 수학을 형식화하고, 이용하고, 해석하는 개인적인 능력이다. 여기에는 현상을 기술하고 설명하며 예측하기 위해 수학적 추론과 수학적 개념, 절차, 사실, 도구를 사용하는 것을 포함한다. 수학 소양은 개인이 실세계에서 수학의 역할을 인식하고, 건설적이고 참여적이며 반성적인 시민에게 요구하는 근거 있는 판단과 결정을 할 수 있도

록 돕는다(조지민 외, 2012, p. 27; OECD, 2017, p. 67).

PISA의 수학 평가틀은 수학 소양을 면밀하게 평가하기 위한 것으로, PISA 2000에 초안이 개발되었으며 수학이 주영역이었던 PISA 2003과 PISA 2012를 거치면서 개선되었다. PISA 2012에 개발된 수학 평가틀은 수학이 보조영역인 PISA 2015와 PISA 2018에도 적용되었다*. PISA 2012의 평가틀은 각국의 수학자, 수학교육자, 평가 전문가, 테크놀로지 전문가, 연구방법 전문가를 포함한 수학 전문가 그룹(Mathematics Expert Group, MEG)이 개발하고 40개국 이상의 약 170명의 전문가가 검토하여 수정 보완하였다(OECD, 2017, p. 66). PISA 2012부터 PISA 2018까지 사용된 수학 평가틀은 [표 15-2]와 같다(조지민 외, 2012; OECD, 2017).

[표 15-2] PISA 2012~PISA 2018의 수학 평가틀(조지민 외, 2012, p. 29-30; OECD, 2017, pp. 67-76).

차원	하위요소	세부 내용
수학적 내용	공간과 모양	공간과 모양에 대한 지식은 우리 주변의 시각적 세계, 예를 들어 패턴, 대상의 속성, 위치와 방향, 대상의 표현, 시각 정보의 암호와 해독, 위치 정보 등에서 마주하게 되는 광범위한 현상들과 관련됨.
	변화와 관계	변화와 관계는 유기체의 성장, 음악, 계절의 변화, 직원 수, 경제 상황과 같은 다양한 상황에서 나타남. 대수식, 방정식과 부등식, 표와 그래프 표현을 포함하는 함수 및 대수와 관련된 현상을 기술하고, 모델링하며, 해석하는 데 중심적인 역할을 함.
	불확실성과 자료	불확실성과 자료와 관련된 지식은 변동 가능한 부분에 대한 인식, 변동의 양화에 대한 감각, 측정의 불확실성과 오류 가능성에 대한 자각, 확률을 아는 것 등이 포함됨
	양	양에 대한 지식은 실세계에 가장 많이 스며들어 있으며 실세계와 관련된 본질적인 수학 개념임. 여기에는 대상, 관계, 상황의 속성에 대한 양화, 이러한 양화의 다양한 표현에 대한 이해, 양에 기초한 해석과 논증을 판단하는 것 등이 포함됨. 실세계에서 양을 다루는 것에는 측정, 세기, 축적, 단위, 지표, 상대적 크기 등에 대한 이해가 포함되며, 양적 추론에는 수 감각, 수와 관련된 다양한 표현들, 연산, 암산, 어림 등의 활동이 포함됨.

* PISA 2021에는 기존의 수학 평가틀을 토대로 수학적 추론을 강조하는 새로운 평가틀이 현재 개발 중에 있음(OECD, 2018). 이 평가틀은 OECD의 새로운 역량 프로젝트인 'Future of Education and Skills: The OECD Education 2030 (OECD Education 2030)'의 Mathematics Curriculum Document Analysis Project (MCDA)와 연계되어 각국의 수학과 교육과정에서의 수학 역량을 분석하는 틀로 활용될 예정임
(출처: http://www.oecd.org/education/2030/international-curriculum-analysis.htm)

차원	하위요소	세부 내용
수학적 과정	형식화하기	학생들이 얼마나 효과적으로 문제 상황에서 수학을 사용하는 능력을 인식하고 구체화할 수 있는지, 그리고 맥락화된 문제에서 수학적 형식을 형식화하기 위해 요구되는 수학적 구조를 찾을 수 있는지를 나타냄. 수학적 상황을 형식화하는 데에는 실세계 맥락 문제의 수학적 측면을 구체화하고, 의미 있는 변수를 구체화하기, 문제 또는 상황에서 규칙성, 관계, 패턴을 포함한 수학적 구조를 인식하기 등의 활동이 요구됨.
	이해하기	학생들이 얼마나 연산과 조작을 잘 수행하는지, 수학적으로 형식화된 문제로부터 수학적 해를 구하기 위해 그들의 개념과 지식을 얼마나 잘 적용할 수 있는지를 나타냄. 수학적 개념, 사실, 절차, 추론을 '이용'하는 데에는 수학적 해를 구하기 위해 전략을 고안하고 실행하기, 대략적인 해를 구하기 위해 테크놀로지를 포함한 수학적 도구를 사용하기 등의 활동이 포함됨.
	해석하기	학생들이 수학적 해와 결과를 어느 정도 파악하고 있으며, 이를 실세계의 문제 맥락에서 해석할 수 있는지, 그 결과나 결론이 합리적인지 아닌지를 판단할 수 있는지를 나타냄. 수학적 결과를 해석, 적용, 평가하는 과정에는 수학적 결과를 실세계 맥락의 문제에 다시 대입하여 해석하기, 실세계 맥락의 문제에서의 수학적 해의 합리성 평가하기 등의 활동이 포함됨.
맥락	개인적	개인적 맥락의 문제는 학생 자신, 자신의 가족, 동료 집단에서의 활동과 관련됨. 음식 준비, 쇼핑, 게임, 개인의 건강, 개인의 운송수단, 스포츠, 여행, 개인적인 일정, 재정 운영 등과 관련된 문제들이 포함됨.
	과학적	과학적 맥락의 문제는 수학을 자연계 또는 과학 및 공학과 관련된 문제 또는 주제에 응용하는 것과 관련됨. 날씨 또는 기후, 생태계, 의학, 우주과학, 유전학, 측정, 수학과 관련된 문제들이 이에 포함됨.
	사회적	사회적 맥락의 문제는 지역사회, 국가, 세계에서 일어나는 사회적 맥락의 활동과 관련됨. 투표, 공공 운송기관, 정부, 공공 정책, 인구통계, 광고, 국가 통계 및 경제 등과 관련된 문제들이 이에 포함됨.
	직업적	직업적 맥락의 문제는 직업 세계에서 일어나는 활동과 관련됨. 측정하기, 원가계산, 배열하기, 급여지급 및 회계, 품질관리, 일정관리, 재고조사, 설계, 건축, 직업과 관련된 의사결정 등과 관련된 문제들이 포함됨.

위의 [표 15-2]에 나타난 바와 같이 PISA의 수학 평가는 실제적인 수학 소양을 평가하기 위해 맥락, 수학적 내용, 수학적 과정의 세 차원을 축으로 갖는 3차원 평가틀을 기반으로 한다. '수학적 내용'은 공간과 모양, 변화와 관계, 불확실성과 자료, 양으로 구분된다. 이러한 수학 내용 영역의 구분은 순수 수학에서 대수, 해석, 기하, 확률과 통계 등으로 구분하는 것과는 다소 차이가 있는데, 이는 PISA가 실생활 맥락에서의 수학 소양을 평가하기 때문이

다. '수학적 과정'은 문제해결 과정에서 요구되는 수학적 능력과 관련되며, 형식화하기, 이해하기, 해석하기로 구분된다. 이는 실생활 맥락에서의 문제 상황을 수학 문제로 형식화하고, 수학적 개념, 절차, 사실, 도구를 이용하여 수학 문제의 해를 구하고, 구한 해를 실생활 맥락에서 해석하는 것으로 수학적 모델링과 관련된다. 마지막으로 '맥락'은 문제가 배경으로 하는 상황을 의미하며, 개인적, 과학적, 사회적, 직업적 맥락으로 구분된다. 이는 학생 자신, 자신의 가족, 동료 집단에서의 활동과 관련된 개인적 맥락, 수학을 자연계 또는 과학 및 공학과 관련된 문제에 응용하는 것과 관련된 과학적 맥락, 지역사회, 국가, 세계에서 일어나는 사회적 맥락, 직업 세계에서의 활동과 관련된 직업적 맥락을 의미한다(조지민 외, 2012, pp. 29-30; OECD, 2017, pp. 67-76).

한편 PISA 2012에서는 수학적 과정에서 필요한 기본 수학 역량(Fundamental Mathematics Capabilities, 이하 FMC)을 의사소통, 수학화, 표현, 추론과 논증, 문제해결을 위한 전략 고안, 상징적·형식적·기법적 언어와 조작의 사용, 수학적 도구의 사용의 일곱 가지로 정의하였는데(조지민 외, 2012, p. 31; OECD, 2017, pp. 70-71), 이는 덴마크의 역량 연구 프로젝트인 KOM(Kompetencer og mathematiklæring) 프로젝트를 근간으로 한다(Niss, 2015). KOM 프로젝트에서 규명한 역량들은 PISA의 첫 주기인 PISA 2000의 초기 수학 평가틀(OECD, 1999)에 반영되었으며, 이후 PISA 2003 평가틀(OECD, 2003)에서는 '수학화 순환 모형'을 제시했는데, 이때 수학화를 뒷받침하기 위해서는 사고와 추론, 논증, 의사소통, 모델링, 문제 설정 및 해결, 표현, 상징적·형식적·기법적 언어 사용, 도구 사용의 여덟 가지 역량이 요구된다고 하였다. PISA 2012에는 수학화 순환 모형에 포함된 형식화하기, 이용하기, 해석하기의 수학적 과정을 강조하면서, 이전 주기까지 '수학 역량'이라고 불렀던 역량들을 수학적 과정 중에 요구되는 FMC으로 명명하였다(임해미, 이민희, 2015). PISA에서의 수학적 과정과 FMC의 관계는 [표 15-3]과 같다(구자옥 외, 2016; OECD, 2017).

[표 15-3] **수학적 과정과 FMC의 관계(구자옥 외, 2016, p. 27; OECD, 2017, pp. 71-72).**

수학적 과정 / FMC	형식화하기	이해하기	해석하기
의사소통	상황에 대한 모델을 만들기 위하여 설명, 질문, 과제, 대상, 이미지를 읽고, 해독하고 이해하기	해를 정교화하고, 해를 구하는데 포함된 작업을 제시하고, 중간 단계의 수학적 결과를 요약하고 나타내기	문제 상황에 맞게 설명과 논증을 구성하고 의사소통하기

수학적 과정 / FMC	형식화하기	이해하기	해석하기
수학화	실생활 문제에 포함된 기본적인 수학 변수와 구조를 파악하고, 활용할 수 있는 가설 세우기	수학적인 해결 과정으로 이끌거나 신속한 해결을 위한 맥락을 이해하고 활용하기	적용된 수학적 모델의 결과로 구해진 해의 정도와 한계를 이해하기
표현	실세계 정보를 나타낼 수 있는 수학적 표현 만들기	어떤 문제에 대하여 상호작용할 때 다양한 표현을 이해하고, 관련짓고, 이용하기	상황에 따라 다양한 형태로 제시되는 결과를 이해하고 활용하기, 상황을 나타내는 둘 또는 그 이상의 표현을 비교하고 평가하기
추론과 논증	실세계 상황을 위하여 고안된 기호를 설명하고 정당화하기	수학적 결과나 해를 결정하는데 이용된 과정과 절차를 설명하고 정당화하기, 수학적 해를 구하기 위해 정보를 연결하거나 일반화하고 여러 단계의 논증 만들기	수학적인 해에 대하여 심사숙고하고, 수학적인 해가 맥락화된 문제를 뒷받침하거나, 반박하거나, 단서가 될 수 있도록 하는 설명과 논증 만들기
문제해결을 위한 전략 고안	맥락화된 문제를 수학적으로 다시 구성하기 위하여 계획이나 전략을 선택하고 고안하기	여러 단계의 절차를 거쳐서 수학적 해, 결론, 일반화를 이끌어 낼 수 있는 효과적이고 지속 가능한 통제 기제를 활성화하기	맥락화된 문제에 따라 수학적 해를 해석하고, 평가하거, 타당화하기 위하여 전략을 고안하고 실행하기
상징적, 형식적, 기법적 언어와 조작의 사용	기호, 형식적 언어를 이용하여 실생활 문제를 나타내기 위하여 적절한 변수, 기호, 다이어그램, 표준화된 모델을 사용하기	알고리즘을 적용하는 것뿐만 아니라 정의, 규칙, 형식적 체계를 바탕으로 하는 형식적 구인을 이해하고 활용하기	문제의 맥락과 수학적 해의 표현 사이의 관계를 이해하기, 맥락에 따라 해를 해석하고 해의 실행가능성과 제한점을 측정하는데 이해를 활용하기
수학적 도구의 사용	수학적 구조를 인식하고 수학적 관계를 나타내기 위하여 수학적 도구를 사용하기	수학적 해를 구하는 과정과 절차에 도움을 줄 수 있는 여러 가지 도구를 알고 적절하게 사용하기	주어진 문제의 맥락에서 수학적 해의 합리성과 그 해가 갖는 한계 및 제한점을 확인하기 위하여 수학적 도구를 사용하기

2.3 PISA의 수학 평가 문항

PISA 수학 문항은 하나의 단위문항 내에 여러 개의 하위문항이 포함된 형태를 갖는다. 단위문항은 문제의 상황 또는 맥락을 제시하는 도입부(stimulus)로 시작되며, 하위문항은 이 도입부를 공통적인 배경으로 갖는다. 여기서는 PISA 2012의 결과보고서(OECD, 2014)에 소개된 '차고(Garage)'와 '후지산 등반(Climbing Mount Fuji)' 문항을 중심으로 PISA 수학 평가 문항의 특징에 대해 살펴보고자 한다*.

먼저 '차고(Garage)' 문항의 문제 상황과 하위문항은 [그림 15-1]과 같다. 이 문항은 두 개의 하위문항으로 구성되는데, 이 두 하위문항은 모두 공간적인 시각화와 건물을 짓기 위한 계획을 읽어낼 수 있는지와 관련되므로 '공간과 내용'에 해당한다. 또한 건축, 페인팅 또는 건물을 세우는 프로젝트를 완성할 수 있는지와 관련되므로 '직업적' 맥락에 해당하며, 다이어그램으로부터 수학적 정보를 도출하기 위해 기본적인 수학 역량 중 '표현'을 활성화할 것을 요구한다. 이처럼 두 하위문항은 수학적 내용, 맥락, FMC는 동일한 특징을 갖지만, 수학적 과정은 '하위문항 1'은 '해석하기', '하위문항 2'는 '이용하기'에 해당된다.

'차고(Garage)'의 '하위문항 1'은 정면에서 건물을 바라본 3차원 겨냥도를 보고 동일한 건물의 후면에서의 3차원 겨냥도를 찾는 공간적 역량을 요구하며, 정답은 C이다. 다이어그램은 실세계에서 후면에서의 위치를 해석할 수 있는지와 관련되므로 이 문항은 '해석하기'에 해당된다. 이 문항을 풀기 위해 어떤 학생들은 머릿속에서 건물을 회전시켜보는 직관적인 공간적 시각화 능력을 활용했을 수 있고, 명확한 추론을 통해 해결했을 수도 있다, 또 다른 학생들은 문이나 창문, 가까운 모퉁이 등의 상대적인 위치를 분석하여 선다형 문항의 선택지를 하나씩 지워가면서 문제를 풀이했을 수 있다. 이처럼 PISA 문항은 다양한 방법으로 문제를 해결할 수 있는 것이 특징이라고 할 수 있다. PISA 평가 문항은 평균 500점, 표준편차 100점인 척도점수로 산출되며, 성취수준을 최저 1수준부터 최고 6수준까지로 구분하는데**, PISA 2012에서 '하위문항 1'에 대한 정답자의 국제 평균은 419.6점으로 1수준과 2수준의 경계에 있는 난이도가 낮은 문항으로 나타났다.

'차고(Garage)'의 '하위문항 2'는 건축 계획을 이해하고, 피타고라스 정리를 '이용'하여 직사각형의 면적을 계산할 수 있는지를 평가한다. 이 문항은 구성형 문항으로 학생들의 응

---

* PISA 2012 한국어 공개문항은 『송미영 외(2013). OECD 국제학업성취도 평가 문항 자료집 : PISA 2000~PISA 2012 지필평가』에서 인용함.

** PISA의 성취수준은 6수준(669점 이상), 5수준(607점 이상 ~ 669점 미만), 4수준(545점 이상 ~ 607점 미만), 3수준(482점 이상 ~ 545점 미만), 2수준(420점 이상 ~ 482점 미만), 1수준(358점 이상 ~ 420점 미만)으로 구분됨.

답에 따라서 만점과 부분점수가 부여되는데, PISA 2012에서 정답자의 국제 평균이 687.3점으로, 6수준 이상의 학생들이 해결할 수 있는 난이도가 매우 높은 문항으로 나타났다. 이 문항에서는 정면과 측면으로 제시된 그림에서 정확한 정보를 추출하고 이해할 수 있는 매우 높은 수준의 표현 역량을 요구하며, 주어진 정보를 활용하여 복잡한 계산을 정확하게 수행할 수 있는지를 평가한다.

차고 (Garage)

차고 제조 회사의 '기본'형은 창문과 출입문이 각각 하나씩 있는 모델들이다. 경준이는 '기본'형에서 다음의 모델을 선택하였다. 창문과 출입문의 위치는 아래와 같다.

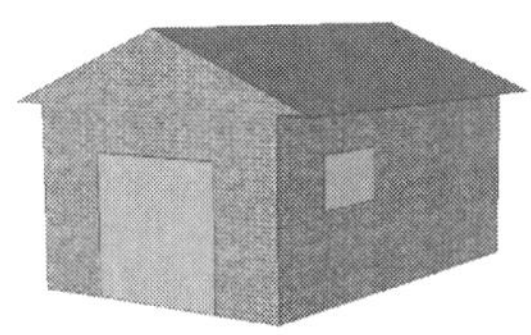

[하위문항 1] 오른쪽 그림은 서로 다른 '기본' 형 모델들을 뒤쪽에서 본 모습을 나타낸 것이다. 이 중에서 경준이가 위에서 선택한 모델과 일치하는 것은 하나뿐이다. 경준이가 선택한 모델은 어떤 것인가? A, B, C, D 중 하나를 골라 ○표 하시오.

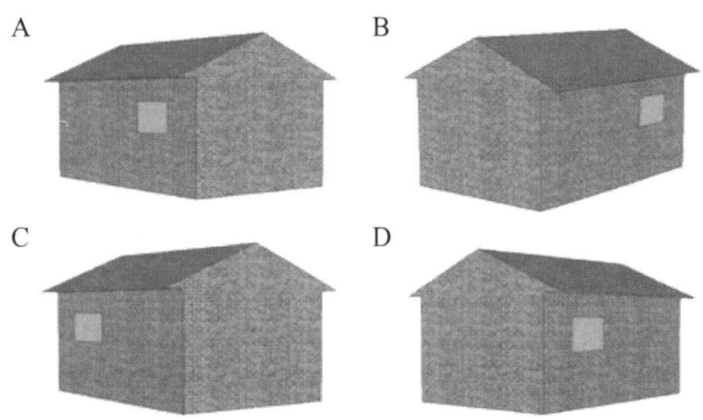

[하위문항 2] 아래의 두 그림은 경준이가 선택한 차고의 규격을 m 단위로 보여준다.

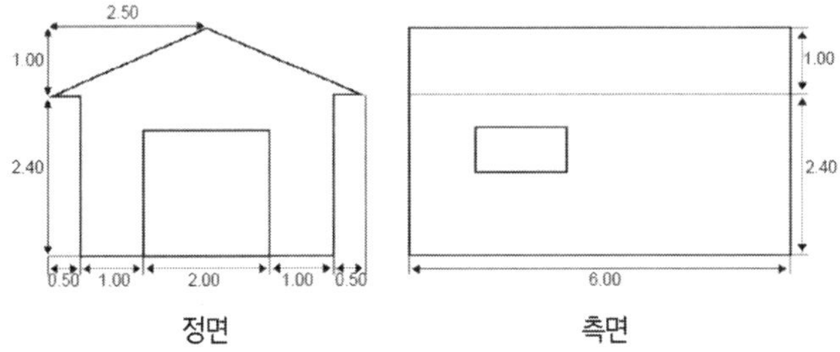

지붕은 크기가 같은 직사각형 두 개로 만들어졌다. 지붕 전체의 넓이를 계산하시오. 풀이 과정을 쓰시오.

[그림 15-1] PISA 평가 문항 : 차고(Garage)

[그림 15-2]는 '차고(Garage)'의 '하위문항 2'에 대한 채점 기준이다(OECD, 2014). 이 문항은 만점과 부분점수로 구분되며, 부분점수 내에서도 학생의 응답 반응을 유형화하기 위해 코드를 구분하였다. 영점의 경우에도 학생들이 문제를 해결하고자 노력했으나 틀린 경우와 응답을 하지 않은 경우를 구분하여 채점하였다. 이처럼 구성형 문항의 채점 기준을 세분화하는 것은 학생들이 나타내는 오류나 실수를 파악하여 교수 학습을 개선하는데 활용할 수 있다.

[만점]

코드 20: 31에서 33 사이의 값. 풀이 과정은 있어도 되고 없어도 무방함. [단위 (m^2)의 기재 여부는 채점에 포함하지 않음]
- $12\sqrt{7.25}\ m^2$
- $12 \times 2.69 = 32.28m^2$
- $32.4m^2$

[부분점수]

코드 10: 피타고라스의 정리를 옳게 사용하는 과정을 보였으나 계산 실수가 있는 경우 또는 길이를 잘못 사용하였거나 지붕 한 면의 넓이를 두 배 하지 않은 경우
- $2.5^2 + 1^2 = 6,\ 12 \times \sqrt{6} = 29.39$ [피타고라스의 정리는 옳게 사용했지만 계산에 오류가 있음]
- $2^2 + 1^2 = 5,\ 2 \times 6 \times \sqrt{5} = 26.8m^2$ [잘못된 길이를 사용하여 계산함]
- $6 \times 2.6 = 15.6$ [지붕 넓이를 두 배 하지 않음.]

코드 11: 피타고라스의 정리를 사용한 과정이 없으나 지붕의 세로 길이를 2.6에서 3 사이의 값으로 타당하게 구하고 나머지 계산을 옳게 한 경우
- $2.75 \times 12 = 33$
- $3 \times 6 \times 2 = 36$
- $12 \times 2.6 = 31.2$

[영점]

코드 00: 기타
- $2.5 \times 12 = 30$ [지붕의 세로의 길이를 추정한 값이 2.6에서 3 사이에 있지 않음]
- $3.5 \times 6 \times 2 = 42$ [지붕의 세로의 길이를 추정한 값이 2.6에서 3 사이에 있지 않음]

코드 99: 무응답

[그림 15-2] PISA 평가 문항 : 차고(Garage)

한편 '후지산 등반(Climbing Mount Fuji)' 문항의 문제 상황과 하위문항은 [그림 15-3]과 같다(OECD, 2014; 송미영 외, 2013). 이 문항은 3개의 하위문항으로 구성되는데, 수학적 내용에서 '후지산 등반'의 '하위문항 1'과 '하위문항 3'은 날짜와 측정값을 계산하는 것과 관련되므로 수학적 내용의 '양' 영역에 해당하며, '하위문항 2'는 시간, 속력, 거리 사이의 관계를 묻고 있기 때문에 수학적 내용의 '변화와 관계'에 해당한다. 또한, 수학적 과정과 관련하여 '하위문항 1'과 '하위문항 2'는 문제에 답하기 위해 수학적 모델을 만들어야 하므로 수학적으로 상황을 '형식화하기'에 해당하며, '하위문항 3'은 단위를 정확하게 변환하고 평균을 계산하여 수학적 사실, 개념, 절차, 추론을 이용하는 것과 관련되므로 '이용하기'에 해당된다. 한편, 모든 하위문항은 후지산을 오르는 것과 관련된 공적인 접근에 대한 정보 및 자료를 토대로 하므로 '사회적' 맥락에 해당한다(OECD, 2014; 송미영 외, 2013).

한편, 이 세 하위문항과 관련된 기본 수학 능력은 다음과 같다. 우선 '하위문항 1'은 낮은 수준의 의사소통, 수학화, 표현, 추론과 논증 능력을 요구하며, 보통 정도의 전략 고안 능력, 전체 날짜 수를 계산하고 평균을 구하는 기법적 지식을 요구한다. 이 문항은 선다형 문항으로 정답은 C이고, PISA 2012에서 정답자의 국제 평균이 464점으로, 2수준의 학생들이 해결할 수 있는 난이도가 낮은 문항으로 나타났다.

'하위문항 2'는 수치적 응답만을 요구하므로 낮은 수준의 의사소통 및 표현 능력, 속도, 시간, 거리의 세 요소를 잘 조합하여 계획을 수립하는 전략 고안 능력, 중상 수준의 수학화 능력과 속도와 거리로부터 시간에 대한 식을 세우고 정확히 계산해야 하는 상징적, 형식적, 기법적 언어 및 조작 능력, 추론과 논증 능력을 요구한다. 이 문항은 구성형 문항으로 정답은 오전 11시이고, PISA 2012에서 정답자의 국제 평균이 641.6점으로, 5수준의 학생들이 해결할 수 있는 난이도가 높은 문항으로 나타났다.

'하위문항 3'은 낮은 수준의 의사소통 능력과 표현 능력, '하위문항 1'과 유사하거나 높은 정도의 전략 고안 및 추론과 논증 능력, 실세계에서의 양에 대한 이해를 묻고 있고, 계산 과정에서 단위의 변환을 해야 하므로 비교적 높은 수준의 수학화 능력 및 상징적, 형식적, 기법적 언어 및 기술을 요구한다. 이 문항은 구성형 문항으로 정답은 40이고, 0.4(m)나 단위를 변환하는 과정에서 오류가 있는 4000 등 단위와 관련된 오류를 보인 경우에는 부분 점수를 부여하였다, PISA 2012에서 정답자의 국제 평균은 610점으로, 5수준의 학생들이 해결할 수 있는 난이도가 높은 문항으로 나타났다(OECD, 2014; 송미영 외, 2013).

후지산 등반 (Climbing Mount Fuji)

후지산은 일본에 있는 유명한 휴화산이다.

[하위문항 1] 후지산은 매년 7월 1일에서 8월 27일까지만 대중에게 등반이 허용된다. 이 기간 동안 약 200000명이 후지산을 등반한다. 후지산의 등반객 수는 하루 평균 약 몇 명인가?

A 340 B 710 C 3400 D 7100 E 7400

[하위문항 2] 후지산을 오르는 고템바 산길의 길이는 약 9km이다. 등산객은 18km의 산행을 오후 8시까지 마쳐야 한다. 사토시는 평균 시속 1.5km로 산을 오르고, 내려올 때는 그 두 배의 속력으로 내려올 수 있다고 예상하였다. 이 예상 속력은 휴식과 식사 시간을 포함한 것이다. 사토시가 예상 속력으로 등반하여 오후 8시까지 돌아오려면 늦어도 몇 시에는 출발해야 하는가?

[하위문항 3] 사토시는 고템바 산길을 따라 걸을 때 자신의 걸음 수를 세기 위하여 만보계를 착용하였다. 사토시가 산 위에 올랐을 때 22500 걸음이 만보계에 표시되었다. 9km의 고템바 산길을 걸어 올라갈 때 사토시의 평균 보폭은 약 얼마인가? cm로 답하시오.

[그림 15-3] PISA 평가 문항 : 후지산 등반(Climbing Mount Fuji)

3 TIMSS 평가도구의 특징

3.1 TIMSS 평가의 특징

수학은 일상에서 살아가는데 매우 중요하며 많은 직업 분야에서 수학 소양이 요구된다. 이러한 실제적인 유용성 이외에도 수학을 학습하고 수학적 역량을 개발하면 문제해결력을 향상시킬 수 있고, 그 과정에서 끈기와 인내심을 기를 수 있다(Grønmo et al., 2013, p. 10;

김수진 외, 2013). 이와 같은 수학에 대한 중요성에 대한 인식은 그 국가에서의 수학교육이 얼마나 잘 이루어지고 있는지를 국제적으로 비교하고 점검할 필요성을 가져왔다.

국제교육성취도평가협회 IEA에서는 국제적인 수준에서 4학년과 8학년의 수학과 과학 성취도를 주기적으로 평가하여 추이변화를 파악하고 성취도와 교육맥락 변인 간의 관계를 파악하기 위해 TIMSS를 시행하고 있다. 국제비교 연구는 1958년 유럽 각국의 교육연구자들이 독일 함부르크의 유네스코 교육연구소(UNESCO Institute for Education: UIE)에서 교육성취도 국제비교연구를 수행하기로 합의하고, 1959년에 12개국이 제1차 수학성취도 국제비교연구를 실시할 것을 확정하고 IEA를 설립함으로써 시작되었다. IEA는 1960년에 수학, 과학, 읽기 등 6교과에 대한 국제비교연구를 수행한 후, 1964년에는 수학 교과에 대해 12개국이 참여하는 제1차 국제수학비교연구(First International Mathematics Study, FIMS), 1982～1983년에는 20개국이 참여하는 제2차 수학교육비교연구(Second International Mathematics Study, SIMS)가 시행하였다. 1995년에는 제3차 국제비교연구(Third International Mathematics and Science Study, TIMSS)부터는 다시 수학과 과학을 평가하게 되었으며, 1999년에는 TIMSS-R(Third International Mathematics and Science Study-Repeat)을 실시하였다. 이후 제4차 국제비교연구부터는 Third를 Trend로 변경하여 현재의 TIMSS(the Trends in Mathematics and Science Study)로 명명하였다(박정, 2000; 박정, 2004).

TIMSS는 학생들의 성취도를 설명할 수 있는 포괄적인 요소로 교육과정을 상정하고, 교육의 과정을 설명하는 개념적인 성취모형을 [그림 15-4]와 같이 제시하면서, 의도된(intended) 교육과정, 실행된(implemented) 교육과정, 성취된(attained) 교육과정의 세 가지 측면을 검토하고자 하였다. 국가·사회적 맥락에서 의도된 교육과정은 교육체제 설문과 교육과정 분석을 통해 조사하고, 학교 및 수업 상황에서 실행된 교육과정은 학교 및 교사설문을 통해 조사한다. 또한 학생들에게 성취된 교육과정은 학생 성취도 검사와 학생 설문 결과에 대한 분석을 통해 조사한다(Mullis & Martin, 2013, p. 4; 상경아 외, 2016, pp. 8-9).

TIMSS는 4년 주기로 반복 시행되는 연구로, 평가 대상인 4학년이 다음 주기에는 8학년이 되어 참여하기 때문에 참여 집단의 시간에 따른 성취도 및 태도를 분석할 수 있다는 장점이 있다. 우리나라는 TIMSS가 처음 시작된 TIMSS 1995 이후 현재까지 지속적으로 연구에 참여하고 있으며, TIMSS 1995에는 4학년과 8학년이 모두 참여했으나 TIMSS 1999부터 8학년만 참여하다가 TIMSS 2011부터 다시 4학년과 8학년이 모두 참여하고 있다.

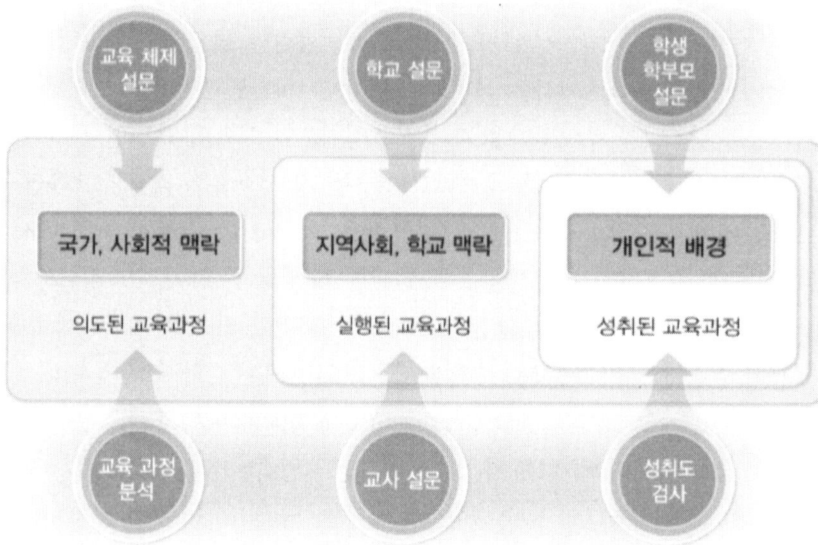

[그림 15-4] **TIMSS의 평가도구와 평가 모형과의 관계(상경아 외, 2016, p. 9)**

최근 시행된 TIMSS 2019는 평가 방식을 기존의 지필 평가에서 컴퓨터 기반 평가로 전환했다는 점에서 TIMSS의 변화를 예고하고 있다. IEA에서는 TIMSS 2023부터 컴퓨터 기반 평가로의 전면적인 전환을 앞두고 TIMSS 2019에는 컴퓨터 기반 평가와 지필평가를 병행 실시하여 참여국별로 두 가지 평가 방식 중 하나를 선택할 수 있도록 하였다. 이때 두 가지 평가 방식을 구분하기 위해 컴퓨터 기반 평가를 eTIMSS, 지필평가를 paperTIMSS로 각각 지칭하였다(Mullis & Martin, 2018; 상경아 외, 2018, p. 3).

한편, TIMSS 평가틀에서 제시하고 있는 여러 하위요소를 충분히 측정하기 위해서는 평가 문항의 수가 많아야 한다. 그러나 한 학생이 많은 문항을 풀이할 수는 없기 때문에 TIMSS 등의 국제 학업성취도 평가에서는 행렬표집(matrix sampling) 방식을 사용해 전체 문항 중 일부만을 포함하는 여러 개의 검사형을 제작하고, 개별 학생은 자신에게 할당된 검사형에만 응답하도록 하고 있다. 행렬표집 방식에 따라 TIMSS 2015 본 검사에서는 총 14권의 검사지로 평가를 시행했다. 각 검사지는 수학과 과학의 2개 영역으로 구성되는데, 다시 각 영역은 2개의 문항군으로 구성되기 때문에, 한 권의 검사지에는 2개의 수학 문항군과 2개의 과학 문항군이 포함되며 총 문항 수는 약 50～60개 정도이다(상경아 외, 2017, p. 13).

3.2 TIMSS의 수학 평가틀

TIMSS의 수학 평가틀은 크게 내용 영역(Content dimension)과 인지 영역(Cognitive dimension)으로 나누어지며, 국제적인 동향과 참여국 및 전문가 집단의 의견을 반영하여 주기마다 평가틀을 개선하고 있다. 가장 최근에 시행된 TIMSS 2019를 기준으로 평가틀을 살펴보면, TIMSS 2015의 평가틀과 유사하지만 참여국의 교육과정, 성취기준 등을 반영하여 일부 내용이 수정되었다. 또한 TIMSS 2019는 eTIMSS로의 전환에 초점을 두어 디지털과 지필평가에 모두 적합한 형태로 수학 평가틀이 변화되었다(Mullis & Martin, 2017).

우선 내용 영역을 중심으로 살펴보면, 4학년 수학의 내용 영역은 수(Number), 측정과 기하(Measurement and Geometry), 자료(Data)의 세 영역으로 구성되며, 수학 8학년 내용 영역은 수(Number), 대수(Algebra), 기하(Geometry), 자료와 확률(Data and Probability)의 네 영역으로 구성된다. 내용 영역별 하위요소와 문항 비율은 [표 15-4]와 같다(Mullis & Martin, 2017).

[표 15-4] TIMSS 2019 수학 내용 영역별 하위요소 및 비율

학년	내용 영역	하위요소	비율	
			하위	전체
4학년	수	범자연수	25%	50%
		식·방정식·관계	15%	
		분수와 소수	10%	
	측정과 기하	측정	15%	30%
		기하	15%	
	자료	읽기, 해석하기, 자료 표현하기	15%	20%
		문제를 해결하기 위해 자료를 사용하기	5%	
8학년	수	정수	10%	30%
		분수와 소수	10%	
		비, 비율, 백분율	10%	
	대수	식, 연산, 방정식	20%	30%
		관계와 함수	10%	
	기하	기하적 도형과 측정	20%	20%
	자료와 확률	자료	15%	20%
		확률	5%	

TIMSS 2019에는 이전 주기와 마찬가지로 eTIMSS와 paperTIMSS의 평가 방식과는 무관하게 4학년은 계산기 사용이 금지되며, 8학년은 계산기 사용이 허용된다. 이때 8학년은 계산기 사용이 허용되기는 하지만 계산기 사용의 영향을 받지 않는 문항이 출제되기 때문에 계산기 사용이 시험의 유불리에 영향을 주지 않는다. 8학년의 eTIMSS의 경우에는 학생이 직접 가져온 계산기 사용은 허용되지 않고 화면상에 제시되는 계산기(on-screen calculator)를 사용하여 문제를 해결해야 된다. 이처럼 평가가 컴퓨터 기반 방식으로 전환되면 세심하게 고려해야 될 부분이 많으며, 특히 평가 문항이 컴퓨터 기반 방식에 적합하게 새로 개발된 경우에는 학교에서의 교수 학습도 컴퓨터 기반으로 이루어졌을 때 학생들이 평가 환경에 낯설어하지 않고, 실제로 시행된 교수 학습과 연계된 평가로서의 의미를 가질 수 있을 것이다.

TIMSS 2019 수학 평가틀의 인지 영역은 알기(Knowing), 적용하기(Applying), 추론하기(Reasoning)의 세 영역으로 구성되며 4학년과 8학년에 공통으로 적용된다. '알기' 영역은 8학년보다 4학년에서 비중이 높고, '추론하기' 영역은 4학년보다 8학년에서 비중이 높다. '적용하기' 영역은 4학년과 8학년의 비중이 동일하도록 설정하고 있다. 인지 영역별 하위요소와 문항 비율은 [표 15-5]와 같다(Mullis & Martin, 2017).

[표 15-5] TIMSS 2019 수학 행동 영역별 하위요소 및 비율

학년	인지 영역	하위요소	비율	
			4학년	8학년
4학년/8학년	알기	회상하기, 인식하기, 분류·정렬하기, 계산하기, 인출하기, 검색하기, 측정하기	40%	35%
	적용하기	결정하기, 표현·모델링하기, 실행하기	40%	40%
	추론하기	분석하기, 통합·종합하기, 평가하기, 결론 도출하기, 일반화하기, 정당화하기	20%	25%

한편, TIMSS의 경우 참여국의 교육과정을 토대로 평가를 실시하며, 그 결과로부터 참여국들은 교육과정 개선 및 질관리를 위한 직접적인 정보를 얻을 수 있다. 이를 위하여 IEA에서는 TIMSS 평가 내용 중 'TIMSS 본검사가 시행되는 학년의 학년 말까지 가르치려고 의도한 TIMSS 수학·과학의 주제 수(Number of TIMSS Mathematics and Science Topics Intended to Be Taught by the End of Grade)에 대한 조사 결과와 평가 문항과 교육과정의 일치도 분석 결과(Test-Curriculum Matching Analysis: 이하 TCMA)를 통해 TIMSS 평

가 문항과 참여국의 교육과정 일관성을 분석한다(김수진 외, 2012, p. 15). TIMSS 2015에서 TCMA를 분석한 결과, 우리나라의 수학과 교육과정과 TIMSS 2015 4학년 평가 문항 간에는 77.0%의 일치율이 나타났으며, 8학년에서는 95%의 일치율을 보였다(상경아 외, 2016, pp. 19-21).

TIMSS의 TCMA 결과는 우리나라의 교육과정을 국제적으로 비교하여 점검하는데 도움이 된다. 최근 결과가 발표된 TIMSS 2015를 중심으로 살펴보면, 우리나라의 8학년(중학교 2학년)은 초등학교 1～3학년은 7차, 4～6학년은 2007 개정, 중학교는 2009 개정 교육과정에 해당하는 교육을 받았다. TIMSS 2015 평가틀과 2009 개정 수학과 교육과정의 내용 요소를 비교했을 때, 우리나라의 중학교 2학년 이하의 교육과정에 포함되지 않는 내용으로는 '수' 영역에서는 제곱근과 무리수, '기하' 영역에서는 피타고라스의 정리, 평면도형에 대한 기하학적 변환(평행이동, 대칭이동, 회전이동), '자료와 가능성'* 영역에서는 평균, 중앙값, 최빈값, 범위, 분포에 대한 내용 등이 있었다(김수진 외, 2015). 이와 같은 분석 결과는 교육과정 개정 연구에 반영되어 우리나라의 2015 개정 수학과 교육과정에서 피타고라스의 정리가 중학교 3학년에서 중학교 2학년으로 이동하는 근거가 되었다(박경미 외, 2015).

3.3 TIMSS의 수학 평가 문항**

TIMSS는 본검사에 사용한 문항 중 일부는 공개하고 있는데, 이 절에서는 8학년의 내용 영역인 수, 대수, 기하, 자료와 가능성 영역별로 TIMSS 2015 공개문항을 살펴보고자 한다. 먼저 [그림 15-5]는 쌓아 올린 의자의 높이를 찾는 '수' 영역의 선다형 문항으로, 인지 영역은 '적용하기'이다. 이 문항에 대한 우리나라의 평균 정답률은 72.1%로 국제평균 정답률 39.8%보다 높게 나타났다. TIMSS 2015는 2009 개정 수학과 교육과정과 관련되는데, 교육과정 문서에서 "함수의 개념은 다양한 상황에서 한 양이 변함에 따라 다른 양이 하나씩 정해지는 두 양 사이의 대응 관계를 이용하여 도입한다."와 같은 유의점을 제시하여, 상황 속에서 함수를 찾는 교수 학습 방법을 강조하고 있으며, 학생들이 초등학교에서부터 수의 규칙을 찾는 내용을 학습해왔기 때문에 다른 국가와 비교하여 정답률이 높게 나타난 것으로 보인다.

* TIMSS 2015의 내용 영역 중 '자료와 가능성'은 TIMSS 2019에 '자료와 확률'로 변경됨.
** 이 절의 내용은 상경아 외(2017) 『TIMSS 2015 공개 문항집』을 토대로 작성하였음.

재형이네 집에는 그림과 같이 의자가 쌓여 있다. 의자 하나의 높이는 49cm 이다. 의자 2개를 쌓았을 때, 그 높이는 55cm이다. 의자 6개를 쌓았을 때, 바닥부터 맨 위에 있는 의자까지의 높이는?

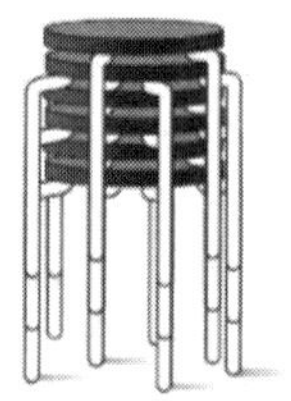

① 79cm ② 85cm
③ 110cm ④ 165cm

답지반응분포 (%)	①	②	③	④	무응답
	72.1	14.0	5.3	8.6	0

[그림 15-5] TIMSS 2015 공개 문항 : 수 영역

다음 [그림 15-6]은 x, y에 대한 무리식에서 x의 값이 주어졌을 때 y의 값을 구하는 '대수' 영역의 선다형 문항으로 인지 영역은 '알기'이다. 이 문항의 국제평균 정답률은 53.9%이고, 우리나라의 정답률은 58.9%로 큰 차이가 없지만, TIMSS 상위 성취국인 싱가포르의 정답률은 93.2%에 이른다. 우리나라 학생들의 정답률이 싱가포르보다 큰 폭으로 낮게 나타난 이유는 우리나라는 중학교 3학년 과정에서 제곱근과 무리수를 다루지만 싱가포르는 중학교 2학년 과정에서 이미 배웠기 때문인 것으로 보인다. TCMA 분석 결과, 참여국 가운데 중학교 2학년에서 무리식을 다루지 않는 국가는 한국, 일본, 뉴질랜드, 스웨덴의 4개국이었는데, 이러한 연구 결과는 우리나라의 교육과정을 국제적인 기준에서 점검하고 차기 교육과정의 학년별 내용 요소를 결정할 때 활용할 수 있다.

$y=\sqrt{x-9}$, $x=25$일 때, y의 값은?

① 3 ② 4
③ 8 ④ 16

답지반응분포 (%)	①	②	③	④	무응답
	2.3	58.9	13.0	24.6	1.2

[그림 15-6] TIMSS 2015 공개 문항 : 대수 영역

다음 [그림 15-7]은 그림자를 이용하여 건물의 높이가 16m임을 구하는 '기하' 영역의 구성형 문항으로 인지 영역은 '추론하기'이다. 이때 사용되는 수학 개념은 '도형의 닮음'으로 우리나라는 대체로 중학교 2학년에 다루고 있으며, 우리나라의 평균 정답률은 국제평균 정답률인 15.9%보다 매우 높은 61.3%로 나타나 해당 내용 요소에 대한 우리나라 학생들의 이해도가 높음을 알 수 있다.

주영이는 맞은 편 건물의 꼭대기가 반사되어 보이는 물웅덩이의 근처에 서 있다. 주영이가 물웅덩이를 바라보는 각도는 $y°$이고, 반사각의 크기도 $y°$이다.

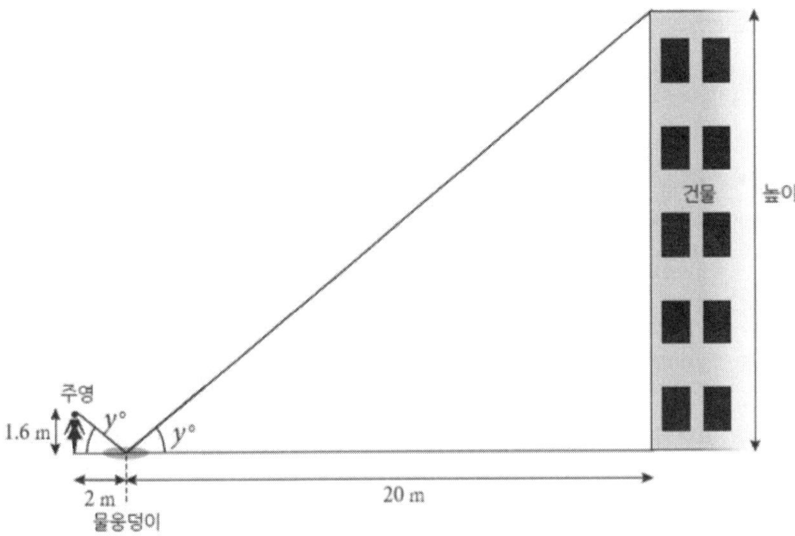

그림과 같이 키와 거리가 주어져 있을 때, 건물의 높이는 얼마인가?

답: ______________ m

응답 유형(%)	정답	오답	무응답
	61.3	32.3	6.4

[그림 15-7] **TIMSS 2015 공개 문항 : 기하 영역**

마지막으로 [그림 15-8]은 설문조사 결과를 보고 해석을 잘못한 이유를 설명하는 '자료와 가능성' 영역의 구성형 문항으로 인지 영역은 '추론하기'이다. 주어진 막대그래프는 기준점이나 단위 등이 표시되지 않았고 막대그래프의 값과 막대그래프의 길이가 정비례하지 않아, 막대그래프에 주어진 값을 이용하여 설문조사 결과를 해석해야 한다. 이 문항의 국제평균 정답률은 27.2%로 매우 낮은 편이었다. 우리나라의 정답률은 40.1%로 국제평균보다 높았지만, 다른 문항의 정답률과 비교하면 낮은 편이었다. 2009 개정 수학과 교육과정의 중학교 1학년에서 "주어진 자료를 표나 그래프로 나타내고, 이를 해석할 수 있다."와 같이 자료 해석에 관한 다루고 있지만(교육과학기술부, 2011), 학생들은 실제적인 그래프를 해석하는 것을 어려워함을 알 수 있다.

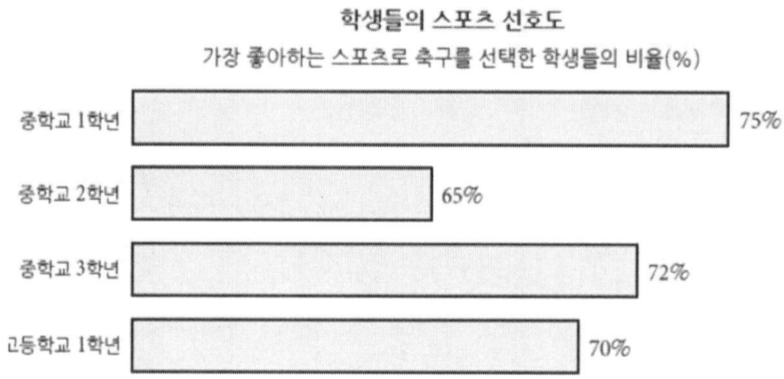

정호는 중학교 1학년에서 고등학교 1학년까지의 학생들을 대상으로 가장 좋아하는 스포츠를 조사하였다. 학년별로 100명이 응답하였다. 위의 그래프는 가장 좋아하는 스포츠로 축구를 선택한 학생들의 비율을 나타낸 것이다.
정호는 중학교 1학년과 2학년의 결과를 비교해 보았다. 정호는 중학교 1학년에서 축구를 선택한 학생 수가 2학년에서 축구를 선택한 학생 수의 두 배라고 생각하였다. 정호가 위의 그래프를 보고 잘못 생각하게 된 이유를 설명하시오.

응답 유형(%)	정답	오답	무응답
	40.1	49.3	10.5

[그림 15-8] **TIMSS 2015 공개 문항 : 자료와 가능성 영역**

4 나오는 글

지금까지 수학 영역에서 시행되는 대표적인 국제 학업성취도 평가인 PISA와 TIMSS의 특징에 대해 살펴보았다. PISA는 최근 우리나라를 비롯하여 전 세계적으로 강조되고 있는 수학 관련 역량을 평가하기 때문에, PISA 결과는 우리나라의 수학교육에서 역량 교육이 충실히 이루어지고 있는지를 점검하는데 활용할 수 있다. 우리나라는 PISA 수학 영역의 순위가 점차 낮아지고 있는데, 최근 PISA 평가가 컴퓨터 기반 평가로 이루어지고 있음을 감안할 때 우리나라의 수학교육이 테크놀로지 환경에서의 역량을 기르는데 적절히 대응하지 못하고 있는 것은 아닌지 점검할 필요가 있다.

OECD는 DeSeCo 프로젝트에 이어서 'Future of Education and Skills: The OECD Education 2030 (OECD Education 2030)' 프로젝트를 수행하면서 각국의 교육과정이 어느 정도 수준에서 역량을 반영하고 있는지에 대한 국제 비교 연구를 진행하고 있다. 특히 수학과의 경우는 곧 시행될 PISA 2021과 평가틀을 공유하여 교육과정과 교과서를 새롭게 강조되는 역량을 중심으로 분석하고 국제 학업성취도 평가를 통해 학생들의 성취를 연계 분석하는 계기가 될 것으로 보인다. PISA는 수학 분야에서 하나의 평가를 넘어서서 미래를 살아갈 학생들에게 요구되는 역량을 규명하고 참여국의 역량 교육 현황을 수학교육 전반에서 분석하는 잣대의 역할을 할 수 있으며, 우리나라의 수학 교수 학습의 방향을 견인하는 역할을 할 수 있을 것이다.

TIMSS는 우리나라의 수학과 교육과정의 학년별 내용 요소가 적절히 분배되어 있는지, 학생들이 내용 요소를 어느 정도 이해하고 있는지에 대해 유용한 정보를 제공한다. TIMSS 결과는 우리나라의 교육과정을 국제적인 수준에서 점검하고 차기 교육과정 개선의 기초 자료로 활용될 수 있다. 또한 주기별로 4학년과 8학년의 변화를 조사하며, 동일 집단의 학생들의 4년 동안의 성취도 및 태도 변화를 살펴볼 수 있다는 점에서 의미가 있다.

한편 PISA와 TIMSS는 수학 성취도와 더불어 수학에 대한 동기, 자신감 등 정의적 태도뿐만 아니라 학생, 교사, 학교 설문을 통해 교수 학습에 대한 다양한 정보를 제공한다. 국제 학업성취도 평가를 통해 수집된 정보는 기초 통계치만으로도 국제비교가 가능한 유용한 자료일 뿐만 아니라, 학생들의 수학 성취도와 상관을 분석하면 교수 학습 개선에 영향력 있는 변수를 찾아낼 수도 있다. 한 예로, 임해미 외(2016)의 연구에서는 PISA 2012 수학 성취와 다양한 교육맥락 변인과의 상관을 분석했는데, 우리나라는 수학교사의 지시, 수학 수업 분위기, 순수 수학에 대한 학습 경험이 수학 성취도에 정적인 영향을 주는 것으로 나타났다. TIMSS에서도 수학교사 설문을 통해 수학 수업 활동, 수학 수업 시간에 컴퓨터를 이용한 활동의 종류 등을 조사하고 있는데(상경아 외, 2018), 교사 및 수업 변인과 성취도 간의 영향력을 분석하면 교수 학습 개선을 위한 방안을 발견할 수 있다. 이처럼 국제 학업성취도 평가는 참여국 간의 '순위'를 매기는 것이 아닌 참여국에서 이루어지는 교육을 여러 측면에서 바라보고 추이 변화를 분석하여 교육과정, 교수학습 및 평가를 개선하고 교육정책을 개발하는 데 주요한 목적이 있다.

참고문헌

- 교육과학기술부(2011). 수학과 교육과정. 교육과학기술부 고시 제2011-361호 [별책 8]. 서울: 교육부.
- 구자옥, 김성숙, 이혜원, 조성민, 박혜영(2016). OECD 국제 학업성취도 평가 연구: PISA 2018 예비검사 시행 기반 구축(연구보고서 No. RRE 2016-2-1). 서울: 한국교육과정평가원.
- 구자옥, 김성숙, 임해미, 박혜영, 한정아(2015). OECD 국제 학업성취도 평가 연구: PISA 2015 본검사 시행 보고서(연구보고서 No. RRE 2015-6-2). 서울: 한국교육과정평가원.
- 김수진, 동효관, 박지현, 김지영, 진의남(2013). 수학·과학 성취도 추이변화 국제비교 연구: TIMSS 2015 평가기반구축(연구보고서 No. RRE 2013-7-3). 서울: 한국교육과정평가원.
- 김수진, 이재봉, 박지현, 이문수(2015). TIMSS 2015 문항과 교육과정의 일치성 분석을 통한 수학·과학 교육 내용 검토 : TIMSS 2011-2015 추이 문항을 중심으로. KICE 2015 이슈페이퍼(연구자료 ORM 2015-50-2). 서울: 한국교육과정평가원.
- 박경미 외(2015). 2015 개정 수학과 교육과정 시안 개발 연구Ⅱ(연구보고서 No. BD15110002). 서울: 교육부, 한국과학창의재단.
- 박정, 정은영, 김경희, 한경혜, 이서영(2004). 수학·과학 성취도 추이변화 국제비교 연구 : TIMSS 2003 결과 보고서(연구보고서 No. RRE 2004-3-2). 서울: 한국교육과정평가원.
- 박정, 홍미영, 김성숙, 전현정(2000). 국내 평가 결과 분석 연구(Ⅱ) : 제3차 수학·과학 성취도 국제비교 반복 연구(TIMSS-R)(연구보고서 No. RRE 2000-7). 서울: 한국교육과정평가원.
- 상경아, 곽영순, 박지현, 박상욱(2016). 수학·과학 성취도 추이변화 국제비교 연구: TIMSS 2015 결과 분석(연구보고서 No. RRE 2016-15-1). 서울: 한국교육과정평가원.
- 상경아, 이채희, 김현경, 최지선(2018). 수학·과학 성취도 추이변화 국제비교 연구 : TIMSS 2019 예비검사 시행 및 결과 분석(연구보고서 No. RRE 2018-14). 서울: 한국교육과정평가원.
- 상경아. 곽영순, 최지선(2017). TIMSS 2015 공개문항 분석 자료집 : 수학, 과학. 한국교

육과정평가원(연구자료 ORM 2017-68). 서울: 한국교육과정평가원.

- 송미영, 임해미, 박혜영, 최혁준(2013). OECD 국제학업성취도 평가 문항 자료집 : PISA 2000~PISA 2012 지필평가(연구자료 ORM 2013-64-1). 서울: 한국교육과정평가원.
- 임해미, 이민희(2015). PISA 2012 공개 문항을 활용한 예비수학교사의 수학내용지식 분석 사례연구. 한국수학교육학회, 수학교육, 52(3), 207-222.
- 임해미, 이현숙, 김성숙(2016). 우리나라, 싱가포르, 일본, 핀란드의 PISA 2012 수학 성취와 교육맥락변인의 구조적 관계 분석. 교과교육학연구, 20(2), 97-110.
- 조지민, 동효관, 옥현진, 임해미, 정혜경, 손수경, 배제성(2012). OECD 국제 학업성취도 평가 연구: PISA 2012 본검사 시행보고서(연구보고서 No. RRE 2012-3-1). 서울: 한국교육과정평가원.
- Grønmo, L. S, Lindquist, M, Arora, A, & Mullis, I. V. S. (2013). TIMSS 2015 Mathematics Frameworks. In Mullis, I. V. S, Martin, M. O.(ed.). TIMSS 2015 Assessment Frameworks. MA: TIMSS & PIRLS International Study Center.
- Mullis, I. V. S., & Martin, M. O. (2013). TIMSS 2015 Assessment Frameworks. Chestnut Hill, MA: TIMSS & PIRLS International Study Center, Boston College.
- Mullis, I. V. S., & Martin, M. O. (2017). TIMSS 2019 Assessment Frameworks. Boston College, TIMSS & PIRLS International Study Center. Retrieved from http://timssandpirls.bc.edu/timss2019/frameworks/
- Mullis, I. V. S., & Martin, M. O. (2018). TIMSS 2019 Progress Report. 5thd Meeting of National Research Coordinators, Stockholm, Sweden, August 12-17, 2018, unpublished.
- Niss, M. (2015). Mathematical Competencies and PISA. In Assessing Mathematical Literacy (pp. 35-55). Springer International Publishing.
- OECD (1999). Measuring student knowledge and skills: A new framework for assessment. OECD Publishing.
- OECD (2003). PISA 2003 Assessment Framework: Mathematics, Reading, Science and Problem Solving Knowledge and Skills. OECD Publishing.
- OECD (2005). The definition and selection of key competencies: executive summary. Retrieved from: http://www.oecd.org/pisa/35070367.pdf
- OECD (2013). PISA 2012 Assessment and Analytical Framework: mathematics, reading, science, problem solving and financial literacy. OECD Publishing.

- OECD (2014). PISA 2012 Results: What students know and can do - Student performance in Mathematics, Reading and Science (Vol. I, Revised Edition). OECD Publishing.
- OECD (2018). Governing Board PISA 2021 MATHEMATICS FRAMEWORK (FIRST DRAFT). 45th meeting of the PISA Governing Board. 23-25 April 2018, Stockholm, Sweden.

참조 웹사이트

- http://www.oecd.org/pisa
- http://www.oecd.org/education/2030/international-curriculum-analysis.htm

찾아보기

ㅎ

기타

■ **집필진** (가나다순)
고상숙(단국대학교)
권나영(인하대학교)
권점례(한국교육과정평가원)
김동근(청구고등학교)
김민정(서울아주초등학교)
김수환(청주교육대학교)
김현주(한광여자고등학교)
박정은(수진중학교)
서보억(충남대학교)
서봉건(복자여자고등학교)
옥보명(단국대학교 대학원)
유재근(홍천중학교)
이민희(충남대학교)
임해미(공주대학교)
조현공(자운고등학교)
주홍연(용동중학교)
채은숙(서울아주초등학교)
한혜숙(단국대학교)
황혜정(조선대학교)

한국/대한수학교육학회 2018년 연보

수학 교수 · 학습 향상을 위한 평가

편 집 서보억 · 한혜숙
펴낸이 조경희
펴낸곳 경문사
펴낸날 2019년 4월 30일 1판 1쇄
등 록 1979년 11월 9일 제1979-000023호
주 소 04057, 서울특별시 마포구 와우산로 174
전 화 (02)332-2004 팩스 (02)336-5193
이메일 kyungmoon@kyungmoon.com
facebook facebook.com/kyungmoonsa

값 27,000원

ISBN 979-11-6073-308-2